이안 와트의 소설발생론과 장르 정치학

이안 와트의 소설발생론과 장르 정치학

김봉률 지음

도서출판 동인

목 차

1부 이안 와트의 소설발생론 비판

I. 서론 15

II. 와트의 사상 배경과 문학사 연구 방법론
    1. 와트에 대한 비평의 흐름 31
    2. 와트의 사상 배경 45
    3. 와트와 문학사 연구방법론 67

III. 소설과 로망스의 관계
    1. 와트의 소설발생론에 나타난 소설과 로망스의 문제 87
    2. 고대소설 발생론과 장르시론 109

IV. 산문 담론 기원설과 와트의 형식적 리얼리즘 비판
    1. 소설의 영국 산문담론 기원설 145
    2. 와트의 형식적 리얼리즘 미학 169

V. 소설 발생의 주체 문제
    1. 중산층의 등장과 소설의 발생 203
    2. 여성의 등장과 소설의 발생 228

VI. 결론 279
    Abstract 291

2부 장르정치학: 소설의 발생과 영어권 쇼비니즘

1. 문제제기 ·· 297
2. 절대주의 시대와 소설 발생 담론 ··· 300
3. 소설의 발생과 영국 민족주의 ··· 306
4. 소설의 발생과 미국 민족주의 ··· 318
5. 마무리 ·· 332
Abstract ··· 334

- **인용문헌 ... 336**
- **찾아보기 ... 345**

서 문__

    이 책은 지은이의 박사학위 논문인 「이안 와트의 소설의 근대영국 발생론에 대한 비판」과 『영어영문학』에 실린 「장르 정치학 ―『소설의 발생』과 영어권 쇼비니즘」을 결합한 것이다. 박사학위 논문은 와트의 소설발생론이 자본주의 중심적, 남성 중심적, 중산층 중심적 가정을 가지고 있다는 결론 아래 산문담론 기원설과 형식적 리얼리즘, 소설발생의 주체 문제 등을 중심으로 비판을 시도한 것이라면, 뒤의 논문은 와트의 소설발생론이 영어권, 특히 미국적 쇼비니즘의 산물임에 초점을 두고 비판을 하였다.
    와트의 소설발생론은 소설이 WASP(WhiteAnglo-SaxonProtestants)의 산물이라는 것이다. 자본주의 시대에 프로테스탄트인 중산층 백인 남성이 소설을 발생시켰다는 이러한 논리는 1, 2차 대전 후 힘의 중심이 영국에서 미국으로 옮겨가고 미국의 지배층이 WASP라는 사실에 의해 미국 대학을 중심으로 제도화되고 지배담론이 된다. 더구나 미국소설의 기원은 로망스이고 영국 소설의 기원은 리얼리즘(소설)이라는 것은, 그리고 리얼리즘은 그 앞선 형식으로서 유럽적 로망스를 인정하지 않는다는 점에서 아이러니하다. 이런 아이러니는 미국소설인 로망스가 언제든지 리얼리즘적인 영국소설의 기원으로 될 수 있는 장르

정치학을 가능하게 한다.

또한 와트의 『소설의 발생』은 전후 미국 냉전시대의 산물이다. 소련을 비롯한 사회주의 진영의 사회주의 리얼리즘에 대항해서 중산층 주도의 리얼리즘을 재구축할 필요가 있었던 것이다. 와트의 소설발생론은 이런 점에서 문학사가 보여주는 당파성의 아주 큰 예이다. 이 당파성은 근대 지상주의와 유럽중심주의에서 비롯된다.

와트의 소설발생론을 받아들이면 동아시아의 소설발생사 연구와 어긋난다. 우리나라에서 소설의 발생은 중국의 영향을 받아 15세기에 이루어졌다고 보지만 일본의 소설은 자생적으로 10-11세기에 일어난 것으로 보고 있다. 그런데 각 문명권마다 근대 이전에 독자적으로 소설이 발생되었다고 믿는 동시에 이안 와트의 소설 발생론 역시 분열적으로 믿고 있다. 이런 분열적 태도는 고대소설을 단순한 오락거리였다고 폄하하고, 근대소설은 리얼리즘으로 진정 소설이라 할 수 있다는 진화론적, 진보적 역사 인식에서 유래한다.

막스 베버나 탈코트 파슨즈의 이상형(ideal type) 모델은 이런 입장을 강화하는 연구방법론이다. 베버는 『프로테스탄티즘 윤리와 자본주의 정신』에서 '보편적 의의와 가치를 지닌 문화적 현상이 오직 근대 서구문명에서만 일어났다'고 전제하고 근대 서구문명에 나타난 자본주의, 도시, 프로테스탄티즘 윤리 등을 이상형으로 제시한다. 근대 서구문명에서 일어난 자본주의와 프로테스탄티즘의 산물이 소설이기 때문에, 와트에게는 오직 근대 영국에서만 일어난 소설만이 소설의 보편적 가치와 의의를 지니게 되고 발생의 기원이 된다.

근대문학, 즉 소설의 종언이 선언되는 시점에서 소설의 발생을 문제 삼고 그것을 책으로 낸다는 것은 시의성이 없고 유행이 지난 낡은 것일 수도 있다. 하지만 와트의 소설발생론을 비판이나 여과장치 없이 그대로 지배담론으로 내버려두는 것은 학문적으로 무책임한 일이다. 마이클 매키온이나 베네딕트 앤더슨, 가라타니 고진 뿐 아니라 소설담론을 펼치는 학자들은 거의 모두 와트의 소설발생론을 출발점으로 삼고 있다. 예를 들면, 앤더슨은『상상의 공동체』에서 소설이 근대문학의 대표적 주자로서 국민적 동일성을 상상케 하여 국민국가(nation and state)의 형성에 절대적으로 기여했기 때문에 근대의 산물이라고 주장하고 있다. 또한 가라타니 고진이 소설의 기원으로서의 근대영국에 대해서는 많은 유보를 달기 하지만,『근대 문학의 종언』에서 20세기 말에는 근대 국민국가가 이미 확립되었기 때문에 그 동일성을 상상할 필요가 없으므로 이미 소설의 역할은 끝났고 오락거리로서의 영화나 만화에도 못 미치는 주변부 장르로 전락했다고 한다.

이 책은 이런 주장에 동의하지 않는다. 소설은 자본주의라는 사회구성체와 존망을 같이 하는 중산층 부르주아의 장르가 아니라, 중하층과 여성 대중(민중)의 등장과 밀접한 관련을 지닌 장르이다. 역사상 소설의 발흥은 고대 헬레니즘 시대의 그리스 로망스, 12-13세기의 궁정풍 소설, 17세기 절대주의 시대의 자유연애 소설, 18-19세기 부르주아 의회시대의 소설, 20세기의 사회주의 리얼리즘 소설 등으로 크게 나누어진다. 이들 시대의 특징은 광범위한 중하층의 등장으로 위기를 느낀 기존의 지배계급과 대안세력들이 정치적 헤게모니를 두고 다투던 시기였다고 볼 수 있다.

와트나 앤더슨의 소설론은 18-19세기 부르주아 의회시대의 소설을 염두에 둔 것이며 이 시대 소설의 특징은 국민국가 형성기에 부르주아가 정치적 헤게모니를 장악해나가는 과정에서 일정한 역할을 부여받았다 할 수 있다. 이런 관점에서 보면 가라타니 고진의 근대문학의 종언이라는 것은 한편으로는 신자유주의에 의한 광범위한 중하층 대중의 몰락을 의미하고, 다른 한편으로는 사회주의의 몰락 이후 세계자본이나 국내 독점 자본과 정치적 헤게모니를 다툴 대안세력의 부재를 의미하는 것이다.

영화나 텔레비전은 현대사회에 발생한 장르로 시각적, 구술적 문화를 주도하여 대중적 열광을 받지만 자국 내의 대자본이나 세계자본에 절대적으로 종속되어 있다. 시가 귀족적이고 비실용적인 까닭에 소설이 고대에 등장하면서부터 중하층과 여성 대중의 장르가 된 것은 읽기 쉬운 산문이라는 것도 있지만 무엇보다 대중 자신이 서사의 주인공이 될 수 있기 때문이다. 중하층 대중은 소설을 통해 자신의 삶의 존재를 자각하고 자신의 삶에서 주인공이 된다. 비록 정치적 헤게모니를 장악한 세력(귀족이든 기사계급이든 부르주아든)에 의해 이데올로기적으로 조정될 수도 있지만 중하층 대중, 즉 민중에게 자아 정체감의 빌미를 제공하는 것은 거의 대부분 소설이다.

저자 서문은 책의 내용에 대한 성실한 안내가 되어야 하지만 소설의 존재 이유 나아가 이 책의 존재 이유 자체를 의문시하는 풍토(와트의 소설발생론에 대한 언급 자체를 낡은 시대적 사유라고 보는)에서는 그 존재의의를 밝히는 것이 훨씬 중요하다. 그런데 이것은 저자 스스로 소설과 책의 존재의의에 대한 불안감의 반영일 수도 있다. 저자 자신도 와트의 소설발생론에 대해 의문 자체를 품을 수 없었다. 사랑과 자본주의와 소설의 관계를 역사적으로 규명하려던 시도과정에서 남녀의 대등한 성적 관계를 형상화한 그리스 소설을 접하고 자본주의와 소설의 견고한 사슬을 부술 수 있었다.

이 책의 I부에서는 와트의 소설발생론에 대해 집중적으로 비판한다. 우선 영국과 미국에서 와트 이론에 대한 비판적 흐름이 어떻게 형성되어 있는지를 고찰한다(2장 1절). 그 다음에는 그의 사상사적 배경이 냉전 후 미국을 풍미하던 탈코트 파슨즈의 기능주의 사회학과 B. F. 스키너의 행동주의에서 비롯됨을 밝히고(2장 2절) 그런 사상사적 배경이 그의 주장의 요체라 할 수 있는 형식적 리얼리즘에서 어떻게 드러나는가를 밝혔다(4장 2절). 소설은 로망스의 합법적 자식이라는 관점에서 와트의 단절과 차이의 연구방법론이 지닌 허점을 비판적으로 다루었으며(2장 3절, 3장 1절) 소설이 허구가 아니라 뉴스처럼 사실에 입각한, 그 당시 산문담론에서 유래하였다는 산문담론 기원설에 대해서는 와트가 결국은 소설을 '로망스의 종교적 윤색'으로 본 것을 들어 비판하였다(4장 1절).

'중산층의 등장과 독자층과 소설의 발생'이라는, 와트를 가장 유명하게 만든 삼겹의 명제에 대해서는 와트의 충실한 추종자인 매키온이나 데이비스 등도 비판적 관점을 지니고 있다는 것을, 그리고 와트의 자료와 논리 속의 중산층은 그가 주장하는 중간층(middle-class)이 아니라 당시 지배층으로 부상하는 중상층 부르주아(소득 10%이내)라는 것을, 그리고 사실상 18세기 소설의 발현은 중하층과 여성 대중의 등장을 통해 이루어졌음을 논증하였다(5장 1절). 소설발생의 주체 문제에서 남성작가를 지목하고 여성작가를 배제한 와트의 이론에 대해 여성작가들이 소설발생의 공과에서 '과'만 가지고 어떻게 배제되었는가를 역사적으로 추적하였다(5장 2절). 그리고 와트가 리차드슨의 『파멜라』를 소설의 발생작으로 보았지만, 저자는 18-19세기 부르주아 의회시대의 소설을 개시한 작품으로 보고 이 작품은 프로테스탄트 남성 부르주아들(WASP)이 영국사회를 장악하고 시도한 영국사회의 재청교도화의 산물이라 보았다.

이 책의 II부에서는 18세기 중엽의 영국 남성작가의 소설이 소설의 기원으로 된 것은 20세기 중엽 미국의 아카데미즘에 의해 제도화된 것이며, 나아가 짧은 전통과 역사를 지닌 미국이 소설의 발생까지 전유하게 되는 장르 정치학의 과정을 중점적으로 다루었다. 물론 소설을 남성 작가의 전유물로 만들고 소설을 도덕화하고 제도화시킨 것은 팽창주의의 일로를 걷던 영국의 민족주의 문학사였다.

그리고 18세기 중엽 영국사회에서 문자해독(literacy)과 '글쓰기'를 다루는 최근의 문화연구가 어떻게 와트 소설발생론의 아우라를 만들어가는 가에 대해서도 고찰하였다. 시대적 특징으로서 소설 읽기를 강조하면 프랑스의 소설이 발생작으로 되고, 소설 쓰기를 강조하면 영국의 소설이 발생작으로 되고, 활자어를 강조하면(앤더슨은 민족주의를 만든 것은 언문일치가 아니라 활자어라고 주장함) 소설의 발생은 낸시 암스트롱의 주장대로 미국에서 일어난다. 이런 정황을 보면 와트의 소설발생론에서 번져나간 파생담론이 문화연구와 문학연구를 통하여 어디로 귀결되는지 잘 알 수 있다. 장르 정치학의 당파성이 그대로 드러난다.

    이 책에서 와트의 소설발생론에 집중하여 반론과 비판을 하다 보니 대안적 소설발생론의 길은 많이 탐색하지 못하였다. 와트에 대한 비판 과정 속에서 부분적으로 밖에 소설의 지형도를 그리지 못했다. 저자는 18-19세기 부르주아 의회시대의 소설에만 몰두해 있는 소설 담론을 고대까지 확장하고자 한다. 동아시아나 아랍권이 아닌, 서구의 소설은 서사시와 서정시, 비극 등의 장르가 순차적으로 발생했던 고대 그리스에서 마지막 장르로 발생하였다. 이들 장르의 발생과 변천에 관한 연구는 고대 그리스 소설의 발흥연구에 앞서 다루어질 필요가 있다. 이렇게 연구가 확장되면, 와트의 소설발생론을 전제로 하여 18세기 중엽에 대한 공시적 연구에만 몰두하는 소설 발생의 문제는 문학사적 장르론과 소설론 뿐 아니라 거시적인 문예철학적, 역사적 차원으로 확대된다.

    이 책은 많은 논쟁의 불씨를 지닌 시험적인 성격을 지니고 있다. 많은 비판과 질책을 바란다. 부족하지만 이 책의 논쟁적 가치를 알아보고 출판을 허락하신 동인 사장님 이성모님께 진심으로 감사드리며 편집팀에게도 감사를 드린다.

2007. 2

1부
이안 와트의 소설발생론 비판

I. 서론

1. 문제제기

　　1957년에 출간된 이안 와트(Ian Watt)의 『소설의 발생』(*The Rise of the Novel*)은 18세기 소설에 관한 연구서로서 뿐만 아니라 소설 일반에 대한 발생학적 연구로 이미 고전의 반열에 올라 있다. 그는 '독서대중으로서의 중산층의 등장과 소설의 발생' 사이의 연관성에 착안하여 연구를 시작했으나 점차 문학작품과 세계와의 관계에 초점을 맞추면서 철학과 역사와 경제적 이데올로기, 미학이론, 문학사회학 등을 포괄하여 폭넓은 학제 간 연구의 성과물로 이 책을 완성하였다. 와트는 신비평의 단점을 극복하고 역사주의와 형식주의를 결합하는 종합의 절정을 이루었으며, 소설을 여타 장르와 양식에서, 여러 정신과학 가운데 어떤 것보다도 정신적 학문의 꽃으로 만들었다. 특히 19세기 리얼리즘 소설의 미숙한 발생기적 작품으로 여겨져 소홀히 다루어지던 18세기 영국소설은 와트 이후 하나의 중요한 연구 분야로 자리잡게 되었다.

『소설의 발생』은 출간 이후 그것이 끼친 영향만큼이나 다양한 비판과 논쟁에 휩쓸리게 된다. 18세기 영국소설에 관한 연구 분야에서 뿐 아니라 소설론 분야에서도 이를 둘러싼 논쟁은 매우 뜨겁다. 이 논쟁은 소설에 대한 본질적 정의를 요구하는 질문으로 확대되면서 학자에 따라서는 소설의 기원을 근대 영국이 아니라 고대 그리스와 로마, 심지어 동방에서 찾을 수 있다고 주장하기도 한다. 그러나 와트의 소설발생론이 지닌 영어권 중심적, 자본주의 중심적, 중산층 중심적, 남성 중심적 전제는 여전히 견고하다. 우리나라의 경우도 이에 대한 연구 상황은 와트의 이론에 대한 무비판적 수용으로 일관하고 있다. 와트의 이론을 지지하는 입장에서 쓴 여건종의 논문 두 편이 있을 뿐(1997, 1999), 와트의 소설발생론에 대한 논쟁과 비판의 과정은 전혀 소개조차 되지 않았다.

원래 정전이나 국민문학은 피동적 가치 부여에 의해 결정되므로 시대와 집단에 따라 다시 씌어질 수 있다. 테리 이글턴(Terry Eagleton)은 "이른바 문학의 정전이라거나 국민문학의 의문의 여지없는 '위대한 전통'이라는 것은 특정한 시기에 특별한 이유로 특수한 사람들에 의해 형성된 구성물로서 인식되어야 한다"(21)고 한다. 본래부터 가치 있는 문학작품이나 전통이라는 것은 없다는 것이다. 와트가 정전으로 삼은 18세기 중엽 다니엘 디포우(Daniel Defoe), 사무엘 리차드슨(Samuel Richardson), 헨리 필딩(Henry Fielding) 등 남성 3인조의 작품에 대해서 뿐 아니라, 이 작품들을 정전으로 제시한 와트의 『소설의 발생』역시 하나의 입장에 의해 형성된 구성물이므로 새로운 관점에 의해 충분히 다시 씌어 질 수 있는 것이다.

와트는 '소설이 근대 영국에서 디포우, 리차드슨, 필딩에 의해 발생되었다'고 주장한다. 이 간단한 그의 주장은 몇 가지 전제와 명제를 포함하고 있다. 첫째는 소설이 영국에서 발생했다는 주장은 영국 중심적일 뿐 아니라 영어를 사용하는 미국 중심적 견해이기도 하다는 영어권 쇼비니즘적 전제이고, 둘째는 '소설은 자본주의만의 형식'이라는 주장은 자본주의 중심적 가정이다. 셋째는 중산층의 출현과 그로 인한 독서대중의 등장에 따라 소설이 발생했다는 명제이고, 넷째는 와트가 17세기 이후 등장한 여성작가들을 배제하고 18세기 중엽의 남성 3인조 소설가들이 소설을 발생시켰다고 주장하는 데서 남성 중심적 가정이 작용하고 있다는 것이다.

문학사가 지닌 공통의 기능 가운데 아주 중요한 하나는 민족 공동체와 국가 정체성의 감정을 지탱시키는 것이기 때문에 자국 중심주의가 불가피할 수도 있다. 하지만 데이비드 퍼킨스(David Perkins)는 문학사란 "민족적 전통 뿐 아니라 사회집단의 의식을 형성하는 것에도 적용된다"(180)고 본다. 문학사는 한 국가 뿐 아니라 계급, 지역, 인종, 젠더 등의 범주를 지닌 개별 사회집단의 의식을 형성함으로써 개별 집단의 전통을 형성하고 그 정체성을 강화시키는 쪽으로 진행된다. 문학사가들은 현재의 가치들과 일치해서 전통을 변형시키며, 민족적 전통성을 특성화하며, 나아가 현재를 다시 만들고자 한다.

퍼킨스의 말대로 문학사가 민족적 정체성이나 전통뿐만 아니라 다양한 사회집단의 의식을 형성하는 것에도 적용된다고 할 때, 사회집단은 정체성과 공동체의 감정을 제공받는 집단과 제공받지 못하는 집단으로 나뉠 수 있다는 것에 주목해야 한다. 제국으로서의 영국의 정체성을 강조한다면 비영어권이나 비제국적 나라들의 정체성은 상실되며, 같은 민족, 같은 국민이라 하더라도 중산층 이상의 남성의 정체성이 강조되면 중하층 이하의 남성들과 일반 여성들의 정체성은 훼손되기 마련이다.

와트의 소설발생론에 대해 유럽 대륙의 많은 비평가들은 대체적으로 영어권 중심적 가정을 제외한 나머지 문제들에 대해서는 전면 찬성 또는 부분 찬성을 표한다. 여성주의 비평가들은 남성 중심적 가정을 비판하면서 17세기 여성작가들을 발굴, 재평가하지만 나머지에 대해서는 부분적으로 동조하기도 한다. 필자가 여기서 '와트 류 비평가'라고 일컫는 비평가들은 실증적인 측면에서나, 문학사 연구방법론적 측면에서 부분적으로 와트의 이론을 수정, 비판하기도 하지만 대체적으로 이 네 가지 전제와 가정들에 모두 동조하여 와트의 이론을 확대 강화하는 사람들이다.

이와 달리 필자는 영어권 중심의 소설 발생론을 부정하고 지역이나 민족에 따라서 각각 '소설'과 유사한 형식을 발생시켜왔다는 것, 그리고 자연히 이러한 형식의 발생은 자본주의 경제체제에서가 아니라 그 이전부터 발생하여 향유되었다는 것, 자본주의의 부상하는 중산층이 소설을 발생시켰다기보다는 시가 귀족적 형식이었던 데 비해 산문 소설은 예로부터 여성과 중하층 부르주아의 형식이었다는 것, 그리고 여성들이 주인공으로서, 독자로서 그리고 작가로서 소설 발생과 그 이후의 번성에 직간접적 영향을 끼쳤다는 전제와 가정을 지니고 출발하고자 한다.

1) 소설의 근대영국 발생론의 주요 가정과 전제

앞에서 제시한 네 가지 전제와 가정에 대해 좀 더 살펴보기로 한다. 이 주요 문제들은 영어권 쇼비니즘, 자본주의 중심주의, 중산층에 의한 소설발생, 남성주도의 소설발생이지만, 첫째 전제와 둘째 전제에 의해 도출된 핵심 의미 범주인 형식적 리얼리즘을 첨가하여 고찰하기로 한다.

첫째, '소설이 근대 영국에서 발생했다'는 와트의 주장은 영국문학사의 한계를 넘어 하나의 장르로서 소설의 발생적 기원을 근대 영국에 두고 있는 것이다. 와트를 비롯한 영미문학계의 주류들이 변신시킨 이러한 주장에는 서구문학 전반에서 소설의 기원을 18세기 중엽, 그것도 영국으로 고정시키려는 의도가 숨어 있다고 볼 수 있다. 이에 대해 윌리엄 워너(William Warner)는 다음과 같이 쓰고 있다.

> 이안 와트의 『소설의 발생』(1957)과 더불어 수식어 '영국'은 암시만 될 뿐 사라진다. 이제 '영국 소설'의 발생이란 '전체'(the) 소설, 즉 모든 소설의 발생을 나타내는 말이 된다. 부분이 전체가 된 꼴이다. 이러한 방식으로 민족주의적 문학사는 영국에서 소설을 향상시키고 촉진하고자 했던 최초의 사람들이 우려했던 것, 즉 영국 소설이 늦게 나타난 것이며 다른 것에 빚을 지고 있다는 것에 대한 근심을 극복해낸다. (2000, 33)

워너의 주장은 핵심을 잘 지적하고 있다. 『소설의 발생』은 영국소설이 늦게 나타났기 때문에 다른 나라로부터 많은 영향을 받았다는 콤플렉스를 떨쳐버리려고 할 뿐 아니라, 서구 소설의 기원을 넘어 동아시아를 포함한 모든 세계의 소설의 기원까지도 '18세기 중엽의 영국'에 두는 마술을 포함하고 있다.

이 점과 관련하여 마거릿 앤 두디(Margaret Anne Doody)는 영국의 주류 문학사가들이 기본적으로 민족주의적 당파성을 지니고 있다고 말한다. 그는 자신의 저서인 『소설에 대한 진실된 이야기』(The True Story of the Novel)의 서문에서 소설 기원의 발생 주체를 영국 청교도들과 상인들로 보는 영어권 비평가들의 경향은 장르와 역사에 관해서 매우 편협한 견해라고 하면서 "어떤 쇼비니즘이 영어권 비평가들로 하여금" 16세기와 17세기 초기에 매우 뚜렷하게 보이는 스페인 소설들을 무시하고 소설이 본질적으로 영국적이고 영국이 소설 쓰기의 선구자인 것처럼 보이게 했다고 비판한다(1). 두디는 스페인의 『돈키호테』를 두고 보아도 가톨릭과 근대 초기의 경제적 배경 역시 소설을 발생시킬 수 있음을 알 수 있다는 것이다.

그렇다면 『소설의 발생』이 1950년대에 미국에서 더 열광적으로 환영받고 미국에서 더 많이 제도화된 것은 어떻게 설명할 수 있을 것인가? 호머 브라운(Homer Brown)은『소설의 발생』이 미국에서 제도화된다는 것은 "영국문학이 미국 고유의 것으로 간주된다는 것, 그리고 미국 자체의 제도 속에서 특이하게 미국적인 방식으로 읽힌다"(1996, 28)는 것이라 본다.『소설의 발생』을 제도화시킨 대학교육을 비롯한 미국 제도권의 의도는 비미국적인 영문학의 정전 수립을 통해 미국비평이 영국문학을 전유하려는 것으로 볼 수 있다. 영문학을 영국문학이 아니라 영어로 된 문학으로 범위를 확대한다면 그것은 미국문학의 우산으로 들어오게 되는 것이다.

브라운에 의하면 미국 비평계가 18세기 중엽 영국의 리얼리즘 소설을 소설의 발생작으로 보는 것은 미국적 콤플렉스의 정치학과 관련이 있다. "미국에서 소설의 운명을 관계 짓는 것이 로망스라는 것은 (영국에서) 그 파생관계가 완고하게 거부된 옛 가족이라는 점에서 훨씬 아이러니"(1996, 12)라는 브라운의 언급은 미국의 로망스라는 젊은 장르는 영국문학에서 낡고 허황된 것으로 거부되어 저차원의 장르로 인식되어 소설과는 완전히 다른 것으로 취급받았다는 점에서 아이러니이고, "소설의 나중 경험이 소설의 오래되고 보다 원초적이며 보다 귀족적인 선배를 산출해낸다는 기이한 현상을 문학사가 만들어낼 수밖에 없게 된다"(1996, 31)는 점에서 또 하나의 아이러니임을 보여준다. 이러한 두 겹의 아이러니를 통해 학제간의 정치학과 장르 정치학이 미국이 영국적 기원에 빚지고 있다는 콤플렉스를 어떻게 떨쳐버리고자 한 것인지 가늠하게 한다.

이처럼 영국적 쇼비니즘이나 미국적 콤플렉스의 문제는 영어권이라는 영어 공동체 속에서 공감을 일으키며, 영미비평계에서『소설의 발생』을 제도화시킨다. 그 결과 스페인어, 프랑스어, 이탈리아어로 된 다른 유럽의 소설들은 발생학적 사건에서 배제되고, 나아가 영어권 지역에서 주변부적인 문학으로 치부된다.

두 번째로 와트의 주장에서 문제가 되는 것은 소설이 자본주의의 발생과 더불어 출현된 형식이라는 것이다(와트 1984, 12). 자본주의를 가장 성공적으로 발전시켜가던 영국의 비평계는 중세와의 단절과 차이를 강조함으로써 장르에서도 이런 자의식적 단절과 차이를 강조한다. 프랑스에서는 le roman, 이탈리아에서는 il romanzo, 독일에서는 der Roman인데 소설과 로망스를 구별하지 않고 모두 소설(romance)로 통일하지만 유독 영국은 소설과 로망스를 구분한다. 두디는 이런 생각에 대해 18세기 중엽 이래로 앵글로-색슨 전통은 리얼리즘이 제시한 범주를 소설이 고수해야 한다는 불안을 끊임없이 보여왔고 '리얼리즘'의 기준 때문에 종종 영국과 미국의 비평가들은 소설을 공정하게 보지 못했기 때문에 나타나는 결과라고 주장한다(1996, 15).

근대소설과 그 이전의 소설을 장르의 차이로 구별하지 않고 다만 소설이라 하는 것은 유럽대륙에서뿐만 아니라 우리나라에서도 마찬가지다. 18세기 전후의 영국의 문학계에서도 소설과 로망스는 구별되지 않고 로망스가 오히려 소설을 포괄하는 범주였다. 클라라 리브(Clara Reeve)가 1785년에 쓴 『로망스의 발달』(*The Progress of Romance*)에서나 존 던롭(John Dunlop)이 1814년에 쓴 『소설의 역사』(*History of Fiction*)에서 소설과 로망스는 구분되지 않고 소설은 로망스의 연장선상에서 파악되었던 것이다.

그렇다면 로망스의 유사변종으로 여겨졌던 새로운 이야기 '소설'(novel)이 어떻게 해서 정관사가 붙은 소설(the novel)로 보편적 명칭을 갖게 되었는가를 살펴보는 것은 중요하다. 19세기에는 로망스와 다른, 자본주의적 특성을 지닌 형식임을 자의식적으로 강조하기 위해서 소설이라고 하였다면 20세기 중반 이후의 와트와 와트 류 비평가들은 두 개의 새로운(new, novel) 사회적 힘, 즉 청교도주의와 자본주의라는 두 힘에 의해 18세기 중엽에 로망스와는 다른 새로운 문학형식이 발생하였다고 소설(novel)이 지닌 원래의 뜻을 재해석하였다. 그래서 이들에게 소설이란 순수하게 근대 영국 자본주의의 산물이란 뜻을 지닌다.

두디는 "근대의 형식으로 의기양양하게 승리한 소설을 만들어내는 데 많은 투자가 이루어졌던 것 같다. 영어권의 학생들은 1957년에 그 이름으로 발간된 와트가 제공한 '소설의 발생'에 대한 그림을 믿도록 교육받아왔다"(1996, 서문 2)고 한다. 영어권 비평가들은 소설이란 시간적, 공간적으로 철저하게 단절된 영국만의 공간, 18세기 중엽만의 시간에서 배태되었다고 주장함으로써 보편적 장르인 소설을 가장 영국적인 것으로 포장해버린다. 그래서 소설은 보편적 장르가 아니라, 18세기의 사실적 산문 담론양식에서 유래한, 영국 자본주의에 특수한 장르가 되었다. 이 논리에는 가장 영국적인 것을 가장 세계적인 것으로 간주하였던 제국주의와 팽창주의의 역사적 논리가 스며들어 있다.

그런데 문제는 이것이 영국의 쇼비니스트에게 국한된 것은 아니다. 다른 유럽의 비평가들 역시 이 혐의로부터 자유로울 수 없다. 영국에서 주장된 근대소설발생론이 유럽과 미국으로 전파되어 다른 나라의 비평가들 역시 그 틀을 벗어나지 못한다(두디 1996, 서문 2). 이것은 역사 이래 자본주의가 다른 시대와 뚜렷이 구별되고 단절되며, 또한 가장 발전적이고 진보적이라는 견해에서 도출된다. 자본주의는 역사상 가장 발전된 단계이며, 그 자본주의를 추진해온 동력이 부르주아의 혁명성이라는 견해로부터 문학장르 역시 과거와는 뚜렷이 구별되지 않을 수 없게 되는데, 그것이 역사적 필연성으로서의 산문형식인 소설이라는 것이다.[1]

결국 영국 민족주의 문학사가들에게는 쇼비니즘의 덫이, 유럽 다른 나라의 비평가들에게는 자본주의적 필연성이라는 덫이 놓여 있어서 이들은 더 이상 시

---

[1] 이러한 주장은 헤겔의 『미학』에서 정점에 이른다. 게오르그 루카치(Georg Lukacs)는 소설은 근대의 산물이라 주장하고, 노스롭 프라이(Northrop Frye)도 하위모방으로 대표되는 소설을 근대에만 발생 존재한 것으로 보았으며(나중에 순환되어 어느 시기에 다시 존재한다 하더라도), 그리고 에릭 아우얼바하(Eric Auerbach)는 『미메시스』(Mimesis)에서 그 이전의 모든 허구적 양식들이 어떻게 근대의 리얼리즘 소설로 수렴되는가를 목적론적으로 서술하고 있다.

야를 넓히지 못한 것이다. 소설의 근대영국 발생론은 자본주의 중심적 역사관의 산물이다. 자본주의 이전의 역사는 자본주의 발달을 위한 전단계이거나 미개시대로 격하되어 독자적인 역사적 공간과 시간을 배정받지 못한다. 자본주의가 늦게 발달한 비서구 지역은 소설이라는 문학적, 지적 형식을 결여하게 되고, 서구 자본주의로부터의 영향에 의해서만 소설을 발생시킬 수밖에 없게 된다.

첫째 전제와 둘째 전제의 결합에 의해 와트는 『소설의 발생』의 핵심 의미 범주인 형식적 리얼리즘을 도출하고 있다. 그에게 소설은 18세기 중엽 디포우와 리차드슨이 개시한 형식적 리얼리즘만을 뜻했고, 형식적 리얼리즘은 곧 소설이었다(와트 1984, 32; 34). 아우얼바하의 『미메시스』의 목적론적 가정처럼, 와트는 18세기 중엽의 디포우, 리차드슨, 필딩의 소설들이 그 이후의 모든 소설을 예견하고 그 발전의 씨앗을 완전히 품고 있으며 당시의 모든 정치저널이나 산문담론이 소설로 목적 지향적이었다고 본다(Richetti 1969, 2; 브라운 1997, 서문 5). 와트에게 디포우, 리차드슨, 필딩이 개시한 소설은 새로운 문학형식이었으며, 일반적 소설 형식 그 자체를 의미했다. 이 형식적 리얼리즘은 '수법'의 리얼리즘으로 로망스 양식의 소설을 모두 배제할 뿐 아니라 자연주의 소설이나 사회주의 리얼리즘 소설, 역사 소설들을 모두 배제한다. 형식적 리얼리즘 소설은 디포우, 리차드슨에서 출발하여 제인 오스틴을 거쳐 19세기 리얼리즘에서 절정에 이르렀다가, 르네 웰렉(René Wellek)에 의하면, 20세기 초 제임스 조이스(James Joyce)나 버지니아 울프(Virginia Woolf)가 사용한 '의식의 흐름' 기법에까지 이르는 연속성을 유지한다고 주장된다(1985, 23). 하지만 형식적 리얼리즘 소설은 다른 한편으로 서유럽 자본주의에 나타나는 소설, 그 가운데서도 지극히 제한적 위치를 차지할 뿐이다.

세 번째로 문제가 되는 것은 중산층의 등장과 그로 인한 독서대중의 등장에 따라 소설이 발생되었다는 3중적 명제이다(와트 1984, 35; 48; Downie 2000,

310; 헌터 1990, 66-67). 모더니즘 이후 사회주의권이나 마르크스주의자들은 사회주의 리얼리즘으로서의 소설의 가능성에 주목하여 소설연구나 창작에 몰두한 반면 미국이나 서구 유럽은 시를 현대의 병든 문명을 치유할 수 있는 구원의 장르로 여겨 시창작과 시 연구에 몰두했다. 이런 상황에서 와트의 『소설의 발생』은 서구 중심의 소설발생 주체와 미학을 수립하면서 새로이 소설의 시대를 열고자 하였다. 특히 소설발생의 주체 문제에서 사회주의 리얼리즘의 프롤레타리아 주체와 대비되는 중산층 주체의 문제는 『소설의 발생』을 하나의 책이라는 물질성을 떠나 독단적 교리의 자리를 차지하게 하였던 것이다. 그것은 한편으로는 프롤레타리아 주체의 사회주의 리얼리즘 때문에 빼앗긴 소설의 종주권을 영미 자본주의가 되찾는 것처럼 보여졌고, 다른 한편으로는 중산층의 자유주의적 지도력을 강화하여 냉전 후 미국 사회의 통합을 강화하려는 시도의 한 방편으로 보여졌기 때문이다.

이 3중적인 발생 명제는 그 동안 너무나 당연한 것으로 치부되어 비판에서 제외되었으나 최근 들어 와트의 추종자들 사이에서도 비판의 대상이 되고 있다(Downie 2000, 310). 레너드 데이비스(Lennard Davis)는 부상하는 중산층과 산업화가 모든 변화의 주요 동인으로 여겨졌다 하더라도 그렇게 많은 문화적 변화의 부담을 중산층에게 모두 짐 지울 수 있는가 의문시하면서 와트의 중산층 명제는 틀린 것은 아니지만 불완전한 것이라 비판했다(1997, 43). 그리고 마이클 매키온(Michael McKeon)도 18세기 중엽 소설을 발생시킬 정도의 자의식적 계급으로서 중산층이 과연 존재했는가라는 의문에서 출발하여 오히려 인쇄술이 소설을 발생시켰다고 보는 것이 더 적절하다고 했다(51).

와트의 '부상하는 중산층'(the rising middle-class)은 18세기에 이미 지배계급이 된 중상층(high-middle-class)으로서 그들이 소설발생의 주체가 될 수 없다고 본다. 18세기의 '소설의 발생'과 번성은 민중적 장르로서 중하층(low-middle-class) 부르주아와 여성들의 등장과 관련이 있으며, 17세기 이후 발달한 상공업을 배경으로 고대소설에 이어 리얼리즘적 양식이 다시 발현된 것이라 할 수 있다. 따라서 와트가 18세기 중엽 남성 3인조의 소설을 소설의 발생적 사건으로 본 것은 여성과 중하층의 소설을 남성과 중상층이 이데올로기적으로 전유하려는 시도라 보는 것이 더 타당하다.

네 번째로 문제가 되는 것은 17세기 이후 여성작가들을 배제하고 18세기 중엽의 남성 3인조 소설가들이 소설을 발생시켰다는 남성 중심적 가정이다(와트 1984, 298; Backscheider and Richetti 서문 9). 와트는 근대 초기인 17세기의 소설가들을 배제하는데 그 이유는 그 당시의 소설들이 정치적이고 선정적이라는 이유도 있지만, 이 시대의 소설계를 주로 여성들이 지배하였다는 사실 때문이기도 하다. 그래서 3인조 여성작가들인 아프라 벤(Aphra Behn), 들라비에르 맨리(Delaviere Manley), 일라이자 헤이우드(Illiza Heywood) 등뿐만 아니라 제인 바커(Jane Barker), 엘리자베스 로우(Elizabeth Rowe), 페넬로프 아우빈(Penelope Aubin)과 메리 데이비즈(Mary Davys) 등과 같은 여성작가들을 완전히 배제하고 소설 발생을 주도한 사람들을 남성작가들로 설정한 것 역시 여성주의 비평계에서 뿐 아니라 이제 대부분 남성 비평가들로부터도 비판의 대상이 된다.

와트의 소설의 근대영국 발생론에 나타난 이런 전제와 가정들은 영어권 쇼비니즘을 제외하고는 그가 대부분 논제로 삼아 논의를 전개한 것이다. 와트가 중심 논제로 삼지 않은 영어권 쇼비니즘의 문제는 II부에서 별도의 논문으로 다루기로 하고 제 3장과 제 4장, 그리고 제 5장에서 이러한 전제와 가정들을 순차적으로 고찰하고자 한다.

2) 와트 연구방법론 비판

와트와 와트 류 비평가들의 영어권 쇼비니즘적, 자본주의 중심적, 중산층 중심적, 남성 중심적 전제와 명제들이 제국 남성의 입장에서 선언적 측면과 이데올로기적 측면에서만 제시된 것은 아니다. 사회과학적 방법론의 원용과 문학사를 바라보는 체계적이고 일관성 있는 이론화 작업, 풍부한 실증적 자료가 결합된 것이다. 따라서 이 방법적인 면들을 종합한 와트의 문학사 연구방법론에 대한 해명 없이 여러 가지 전제와 명제들을 비판한다는 것은 불가능하다. 여기서 그의 연구방법론이 기반하고 있는 기본 입장과 오류를 고찰해보기로 한다.

와트의 연구방법론의 첫 번째 측면은 막스 베버(Max Weber)의 이상형(ideal type)을 토대로 한 탈코트 파슨즈(Talcott Parsons)의 개념체계를 소설의 존재진술보다 우선시한 것이다. 와트에게 개념체계는 형식적 리얼리즘인데 이것은 소설의 유일무이한 특성이 되어 이 개념에 맞지 않는 것은 개념의 충족요건을 결여하게 되므로 소설이 아닌 로망스가 된다. 이러한 방법론적 측면은 자본주의와 그 이전의 시대를 결정적으로 분리시켜 차이와 단절에 주목한 결과에서 비롯된다(와트 1984, 12). 그런데 와트는 소설 발생에 대한 실제 서술과정에서는 자신의 전제와 달리 중세와 자본주의를 단절시키지 않고 중세 르네상스와 근대 초기의 고전주의를 같은 시대적 특징을 지닌 것으로 보았다. 그런 후 도덕성을 기준으로 하여 근대 초기와 18세기 중엽을 구분하여 근대 초기와 소설발생의 연관을 사라지게 하였다.

두 번째의 측면은 현재의 입장이나 위치에서 과거의 문학사를 재단한다는 것이다(브라운 1997, 172). 문학사에서 과거와 현재의 관계 설정은 중요하다. 현재의 개념체계로서만 과거 소설의 존재 진술을 변경할 수는 없다. 우리가 문학사를 쓰거나 읽는 이유는 기본적으로 현재의 관심에서 비롯되고 과거가 우리의 관심과 관념을 받쳐주는 수단으로 필요하다할지라도 과거에 대한 잘못된 재현은 문학사의 가장 중요한 기능이 아니다. 50년대 냉전기의 미국 사회에서 소설을 제도화시키고 이데올로기화시키려 했던 작업의 연장선상에서 와트는 18세기 소설을 본 것이다. 만약 현재의 입장에서 자기 성찰적 노력 없이 과거를 돌아보게 되면 과거의 문학사는 현재화되고 자신의 타자성을 상실한다. 퍼킨스는 문학사 연구에서 지향하는 바를 과거의 문학이 지닌 "낯선 정신성"으로 표현하고 있다(184). 즉 현재의 이해관계에 의해 굴절되고 왜곡된 과거가 아니라 "과거에 대한 객관적 지식이라는 이상"을 지녀야 한다고 본다. 그런 이상이 없다면 "과거의 타자성은 완전히 무한하게 주관적이며 이데올로기적인 재전유 속으로 용해되어버릴 것"이기 때문이다(185). 따라서 문학사의 기능은 과거에 대한 재전유가 아니라 과거의 문학을 우리와 멀리 떨어진 것으로 두어 객관성을 유지한 채 그 타자성을 느끼게 하는 것이라 할 수 있다.

와트의 연구방법론에서 세 번째로 문제가 되는 측면은 이 '형식적 리얼리즘'의 개념 체계가 개별 텍스트 사이의 차이와 유사성에 의존하는 분류방법을 기반으로 하고 있다는 것이다. 텍스트란 여러 다양한 측면들을 함유하기 때문에 텍스트들 상호간의 차이와 유사성의 문제로 와트 류 비평가들이 말하는 문학의 종적 차이인 장르의 차이를 만들어낼 수는 없다. 개별 텍스트의 차이와 유사성을 기반으로 할 때 분류는 우연적이며 비합리적으로 되고 논리적 분업의 규칙을 지키기 어렵게 된다. 더구나 이 차이와 유사성을 근거로 하여 하나의 범주로 텍스트나 저자를 분류한다는 것도 어려운 일이다. 따라서 분류 체계는 개별 작품의 똑같은 특징들의 변이에 근거를 두어야 한다. 보편적 장르로서 소설을 설정하여 로망스와의 관계에서도 개별 작품들의 차이와 유사성보다는 그 변이와 파생관계에 초점을 맞추어야 한다. 근대 영국소설은 소설의 발생작이 아니라 로망스의 합법적 자식이고 고대소설의 후계자가 된다.

3) 글의 구성

이 글은 과거의 문학사를 현재의 시선에서가 아니라 그 타자성을 인정하는 관점에서 고대소설 발생론과 여성주의적 입장을 견지하여 다음과 같은 구성으로 와트의 『소설의 발생』을 중심으로 소설의 근대영국 발생론을 비판하기로 한다.

이러한 시도로서 제 2장 1절에서는 와트의 『소설의 발생』을 둘러싼 비평적 흐름을 고찰하고, 2절에서는 와트가 대륙의 마르크시즘과 영국의 경험적 도덕주의를 종합하려고 노력했으나 사적 유물론적 관점과 개인주의 미학 사이에서 동요되다가 파슨즈의 구조기능주의 사회학적 방법론과 B. F. 스키너(B. F. Skinner)의 행동주의로 안착한 것을 살펴본다. 3절 '와트의 문학사 연구방법론'에서는 차이와 새로움에 주목한 역사적 인식이나 장르론적 인식이 주된 비판의 대상이 된다. 그 가운데 '필딩의 존재'가 와트 이론의 아킬레스건임을 보여주고 형식적 리얼리즘 내부에 로망스를 받아들임으로써 생기는 와트의 이론적 절충을 비판한다.

제 3장 1절의 '와트의 소설발생론에 나타난 소설과 로망스의 문제'에서는 소설과 로망스는 문학적 종이 다른 존재가 아니라 연속선상에서 파악해야 하며, 소설은 로망스의 합법적 자식임을 주장한다. 유럽 대륙에서처럼 소설을 로망스라 부르기보다 영어권 방식으로 'romance'와 'novel' 둘 다 소설(novel)로 부를 것을 제안한다.2) 2절에서는 고대 헬레니즘 시대와 로마시대에 소설이 발흥했다는 고대소설 발생론을 소개하고3) 로망스와 리얼리즘의 대립을 소설 양식의

---

2) 이 글에서는 소설(novel)로 통일하여 로망스를 포함시키고자 한다. 그러나 와트나 대부분의 비평가들이 근대 초기의 소설이나 그 이전의 소설들을 대부분 로망스로 지칭하였기 때문에 글을 전개하는 과정에서 로망스와 소설이 부분적으로 혼용될 수도 있지만 최대한 변별하여 쓰려고 노력하고자 한다.
3) 이것은 어디까지나 영국을 비롯한 유럽적 소설 형식의 문제이다. 아시아나 아랍, 아프리카의 소설 발생의 문제는 또 다른 문제이다.

문제로 정리하고자 한다. 중세의 소설은 로망스 양식이 지배적이고, 고대 그리스 로마와 근대 자본주의의 소설은 리얼리즘 양식이 지배적인 것으로 된다.

제 4장 '산문담론과 형식적 리얼리즘'의 1절 '소설의 영국 산문담론 기원설'에서는 18세기 정치저널이나 정치 에세이에서 소설로 발전했다는 와트의 주장을 부정하고, 18세기 초에 다양하게 개발된 이들 담론 형식들이 자신들의 대중 전파력을 높이기 위해 일부 소설적 기법을 차용한 것으로 보아야 하며 소설 역시 이런 담론들을 내부에 포함하긴 하지만, 소설의 본질은 '사실'이나 담론에 있는 것이 아니라 '허구'에 있다고 주장한다. 그리고 2절의 '와트의 형식적 리얼리즘 미학 비판'에서는 와트가 소설의 요체라 주장하는 형식적 리얼리즘의 정의, 개인주의 미학과의 관련성, 핍진성과 사실성, 개인적 체험의 문제, 묘사와 특수성의 문제, 언어관에서 언어와 존재의 일치 등을 다룬다.

제 5장 1절은 와트의 가장 야심적인 명제인 '독서대중으로서의 중산층의 등장과 소설의 발생'을 비판하고자 한다. 그가 수요공급의 법칙을 소설 발생의 주요인으로 설정한 것에 대한 비판뿐만 아니라 문자 해독층으로서 중산층의 등장을 소설의 발생과 연관시킨 것도 비판의 대상이 된다. 실제로 리얼리즘 소설의 등장은 여성들과 중하층 대중의 등장으로 고대소설 이후 다시 발현되었다고 볼 때 와트의 '소설의 발생'은 허버트 쇄플러(Herbert Schöffler)가 말하는 "영국의 재청교도화"(하우저 3권 92 재인용)와 관련이 있는 것으로 지배계급이 된 '부상하는 중산층'이 프로테스탄티즘 윤리에 따라 소설을 통하여 이들 대중들을 통제 조작하기 위한 것이라 볼 수 있다. 2절 '여성들의 등장과 소설의 발생'에서는 여성주의적 차원에서뿐 아니라 실증적 차원에서도 가장 도전을 많이 받고 있는 '남성작가 주도의 소설발생론'을 비판하여 '여성들의 등장과 소설의 발생' 과정을 고찰하기로 한다.

와트의 '소설발생론'이 정통이론으로 받아들여지고 있다면 그 부분 부분의 이론을 적용하거나 비판하기는 용이해도, 그리고 그의 소설발생론을 흠집 내기는 쉬워도 그의 이론을 권좌에서 완전히 물리치기는 쉽지 않다. 특히 그의 소설발생론을 비판하는 것을 더 어렵게 하는 것은 "와트는 여전히 살아있다"라는 데이비스의 말대로 그의 추종자들이 아직까지 막강하게 학계에 포진하고 있고, 영미국의 대학에서 와트의 소설발생론 자체가 제도화되어 고등교육과정에서나 연구과정에서 그대로 가르쳐지고 있기 때문이다.

지금은 어떤 하나의 입장으로 된 문학사가 전체 문학사를 대표해서는 안 되는 시대이다. 와트와 와트 류 비평가들의 소설의 근대영국 발생론에 대한 비판의 궁극적 목적은 여성작가들의 소설발생론처럼 이 소설발생론이 하나의 부분사인 영국의 형식적 리얼리즘의 소설사로 여겨지게끔 만드는데 있다. 이런 목적을 수행하기 위해, 와트가 부분사를 전체사로 치환시켜버린 것에 비판의 초점을 맞추고 로망스를 포함하는 범주로서 소설을 통시대적인 연속체로서 고찰하는데 그 의의를 둔다.

II. 와트의 사상 배경과 문학사 연구 방법론

1. 와트에 대한 비평의 흐름

1) 와트 이전의 '소설의 근대영국 발생론'

    지금까지 우리나라 영문학계에서는 와트의 '소설발생론'이 역사적이며 진보적인 접근으로 수용되어 왔을 뿐만 아니라 완전히 정전화되어 더 이상의 논의가 이루어지지 않고 있다. 이에 비해 영국이나 미국의 영미문학계에서는 꾸준하게 와트의 이론에 대한 문제제기가 이어지고 있으며, 특히 1980년대에서 1990년대에 이르는 시기에는 상당한 진척이 이루어지고 있는 실정이다. '근대 영국 중산층 남성 주도의 소설 발생론'이라는 영어권 영미문학계의 주류 소설 발생설에 대한 비판은 최근 들어 수정주의적(revisionist) 흐름[4]을 크게 형성해

---

4) 수정주의적(revisionist) 흐름이란 다시 보자는 비평적 흐름이다. 대개 수정주의는 원칙에서 벗어난다는 느낌을 받기 때문에 어폐가 있는 말이기는 하다. 하지만 여기서 수정주의자들의 주장은 그에 대립되는 정통주의자란 말이 기존의 견해가 지닌 왜곡과 편파성이 심하기 때문에 도덕적, 역사적 정통성

왔다. 이 수정주의적 비평의 흐름은 아직 정통 이론을 바꿀 정도는 아니지만 꾸준하게, 그리고 폭넓은 문제인식과 제기를 통해 와트의 이론적, 실증적 토대를 무너뜨리고 있다. 하지만 와트에 대한 이런 비판에도 불구하고 와트의 이론은 견고한데 그것은 와트의 소설발생론이 제도화되고 정전화된 것은 이론적 정합성이나 실증적 연구의 차원이 탁월하고 훌륭하다기보다 이데올로기적 차원이 더 중심에 자리잡고 있기 때문이다.

와트가 18세기 중엽에 소설이 발생했다고 주장하는 것은 18세기 중엽에 소설이 발생했다는 역사적 진실 문제라기보다 1957년 『소설의 발생』 출간 당시에 디포우와 리차드슨, 필딩 등의 소설을 발생작으로 제도화시킨 것으로도 볼 수 있다. 이런 소설의 제도화 과정은 꾸준하게 있어 왔는데 그것은 '소설의 도덕화'5)의 과정과 '민족주의 문학사' 속에서의 소설의 위치 설정 과정으로 나타난다.

브라운은 '소설의 도덕화'가 곧 소설의 제도화 과정이었다고 주장한다. 브라운은 '소설의 도덕화' 측면에서 고찰하여 1950년대 영국과 미국 대학에서 『소설의 발생』을 제도화시킬 수 있었던 것은 그에 앞서는 제도화의 두 순간이 있었기 때문이라고 한다. 브라운은 "하나의 중요한 순간은 제인 오스틴(Jane Austen)의 소설(와트가 인정하듯이)과 월터 스콧(Walter Scott)의 소설과 비평(와트가 무시하는)이 있었던 1820년대로 이후 30년간 위대한(그리고 아주 해로

을 지닐 수 없어 새로이 보아서 중심을 잡자는 것이다.
5) '소설의 도덕화' 과정은 크게 두 가지로 나뉜다. 하나는 여성과 관련된 것이고 또 하나는 헨리 제임스(Henry James)나 F. R. 리비스(F. R. Leavis)가 주창한 것이다. 여성과 관련된 것은 리차드슨 이후 여성의 욕망을 다룬 소설들이 저급의 문학이 되어 소설의 자리에서 쫓겨나 로망스로 폄하되고 여성의 정절이나 은폐된 욕망을 다룬 작품들이 소설의 중심자리를 차지하게 되었는데 비평가들은 이러한 변화를 소설의 도덕적 승리로 해석한 것이다. 두 번째 소설의 도덕화는 제임스와 리비스가 주장한 것으로 더 이상 여성과 관련된 윤리의 문제가 아니라 "삶 자체의 모든 특성, 인간경험의 직선적이지 않고 미묘한 차이를 지닌 세부적인 것에의 민감한 관심"(이글턴 40)을 말한다.

운) 소설 생산과 로망스 생산이 뚜렷하게 일어났던 순간"(1996, 21)이고, 또 하나의 중요한 제도적 국면은 "헨리 제임스가 소설에 부여한 논쟁적인 '미학적' 고양과 H. G. 웰즈(H. G. Wells)와 다른 사람들과 함께 소설의 본질을 두고 벌인 제임스의 논쟁이 있었던 시기"(1996, 21)라고 한다. 그리고 이 두 번째 시기인 헨리 제임스의 논쟁은 "소설이 모더니스트 신비평의 대상이 되기 시작한 시간이었고 소설의 제도화 역사에서 가장 결정적으로 보이는, 토대를 구축하는 기원"(1996, 21)이라는 것이다. 그리하여 전후 대학 수업시간에 '꼼꼼히 읽기'를 통한 신비평의 소설 전유에 정당성을 부여하는 것은 이러한 역사가 있기 때문이라고 본다. 이러한 브라운의 주장을 보면 사실 '소설 발생'에 대한 논쟁보다 '소설 제도화의 역사'에 대한 논쟁이 더 생산적이라는 것을 보여주고 그것은 '소설의 도덕화' 과정이라 볼 수 있다.

『소설의 발생』의 제도화과정은 민족주의 문학사 속에서 잘 나타난다. 사실 『소설의 발생』의 주요한 전제와 가정들은 『소설의 발생』을 통해서만 제시된 것은 아니다. 이 주장은 20세기를 전후하여 가장 큰 제국을 형성해서 이른바 '태양이 지지 않는 나라' 영국의 주류 문학사를 지배해오던 것이었고, 이 책에 이르러 와트는 그 모든 것을 정리해버린 것이라 볼 수 있다. 워너의 자료를 통해 영국 국수주의 문학사의 계보를 살펴보면, 영국 문학사가들인 월터 롤리(Walter Raleigh)의 『영국소설』(*The English Novel*)(1894), 조지 세인츠베리(George Saintsbury)(1913), 그리고 월터 앨런(Walter Allen) (1954)에 의해 씌어진 일련의 문학사들 가운데에서 영국소설은 그 주제이면서 그 이름의 시조격인 주인공이 된다고 한다. 국수주의적 입장은 윌리엄 라이온 펠프스(William Lyon Phelps)의 『영국소설의 발달』(*Advance of the English Novel*)(1916)이나 어네스트 베이커(Earnest Baker)의 『영국소설의 역사』(*History of the English Novel*)(1924-1936)와 아놀드 케틀(Arnold Kettle)의 『영국소설 입문』

(*Introduction to the English Novel*)(1951) 등에서 다시 나타나고 있다(워너 2000, 33). 그리고 80년대 접어들면서 매키온의 『영국소설의 기원 1600-1740』 (*The Origins of the English Novel 1600-1740*)과 폴 헌터(Paul Hunter)의 『소설 이전: 18세기 영국소설의 문화적 맥락』(*Before Novels: The Cultural Contexts of Eighteenth Century English Fiction*)에서 가장 완전하게 전개된다.

2) 수정주의 비평의 세 흐름

이처럼 깊고 오래된 역사적 배경을 지닌 와트의 소설발생론에 대한 비판적 흐름은 60년대에는 무척 미약했으나, 90년대 들어 폭발적으로 빠르고 그 수량이 많아졌다. 수정주의적 흐름 역시 그 이전부터 있었던 것으로 제도화된 문학사의 위세와 탄압에 눌려 주류적인 흐름을 형성하지 못했을 뿐이다. 이들 비평의 흐름은 크게 세 가지로 나누어진다.

첫 번째 수정주의적 흐름은 로망스와 소설의 구분을 없애고 소설을 고대로부터, 다른 유럽대륙으로부터 그리고 영국과 유럽대륙에서 함께 내려오는 것으로 보지만 진화론적 입장에서, 역사발전론의 입장에서 로망스와 소설을 차별하는 흐름이다. 학문적으로 연구된 영국 최초의 소설 문학사로 인정받고 있는 클라라 리브의 『로망스의 발전』(1785)이 이러한 흐름의 대표적 저서로 볼 수 있다. 리브는 로망스 속에 그리스 로망스, 중세 로망스, 17세기 영웅 로망스 뿐 아니라 뒤로는 그 이전의 호머의 서사시로부터 프랑스와 영국의 '근대소설들'까지 포함하는 아주 포괄적인 분류를 하고 있지만, 핵심은 소설과 로망스를 하나의 흐름으로 포착해내고 있다는 것이다. 그 후 존 던롭의 세 권짜리 저서 『소설의 역사: 초기 그리스 로망스에서 현재 소설에 이르기까지 가장 유명한 산문소설 작품들에 대한 비평적 설명』(*History of Fiction: Being a Critical Account of the Most Celebrated Prose Works of Fiction, from the Earliest Greek*

Romances to the Novels of the Present Age)(1815)은 문학 역사를 보다 폭넓게 문화적으로 사용하여 소설이 지닌 보편적 문화적 가치를 주장한다. 그리하여 던롭은 허구라는 보편적인 용어로 로망스와 소설의 역사를 기술함으로써 서로 대립적으로 논쟁하던 용어들을 아우르며 변화시킨다.

하지만 리브와 던롭은 문학사의 중요성을 확실하게 가치평가하여 벤이나 여성작가들을 낮게 평가하고, 이와 대조적으로 리차드슨과 필딩 등에게는 소설의 성장에서 특별히 중요한 자리를 부여한다(워너 2000, 28). 비록 리브와 던롭이, 그리고 나중에 스콧이 소설을 로망스의 연장선상에서 파악하긴 했지만 이들 역시 와트의 견해와 유사하게 리차드슨 이전의 소설들을 비도덕적이고 소설답지 않은 것으로 과소평가하거나 리차드슨 이후의 소설을 과대평가함으로써 다른 한편으로 서서히 진행되고 있는 영국 국수주의 문학사가들의 문화적 입지를 고양시킨다.

두 번째 수정주의적 흐름은 아예 로망스와 소설 자체를 동일한 것으로 보고 중요성의 평가 자체로 차별화하지 않고 철저하게 소설의 기원을 그리스 로마소설에 두는 비평가들이 있다. 이들은 와트에 대해 확실한 반기를 들며 등장한 마가렛 앤 두디의 『소설의 진짜 이야기』(1996)와 아더 하이저만(Arthur Heiserman)의 『소설 이전의 소설』(The Novel before the Novel)(1977) 등이다. 두디와 하이저만은 소크라테스 이후 비극이 몰락하고 소설이 발생한 데 대해 경멸감을 여지없이 드러내는 프리드리히 니체(Friedrich Nietzsche)에 반대하여 개성의 발전으로 소설의 등장을 당당하게 자리매김한다. 하이저만은 주로 기원전 3세기부터 기원후 4세기까지 씌어진 장편들에서 생생하게 찾아볼 수 있는 미학적이고 심리학적이며 문화적인 힘들을 발견하려고 한다.

두디는 보다 이론적이고 한층 더 구조적 틀을 갖추고 고대부터 근대에 이르기까지 소설의 발생과 변천을 추적한다. 그는 고대 그리스를 '하얀 대리석의 아테네'로만 보는 니체의 견해에 반발한다. 그에 의하면 소설의 경계는 동방으로 확대되어 소아시아적 기원에까지 이르게 되고 소설은 여신 숭배에서 발생한다. 그리고 그리스문화는 기본적으로 백인들만의 문화가 아닌 서양문명과 동방문명의 기원을 모두 갖춘 것으로 트로이 문명과 함께 이루어진 것을 분명히 하면서 알렉산더 이후 헬레니즘 시대에 계획된 도시인 알렉산드리아에서 소설이 발흥했다고 주장한다(1996, 서문 8).

문학사가인 아르놀트 하우저(Arnold Houser) 역시 이런 고대소설 발생론의 입장을 지니고 있다. 그는『문학과 예술의 사회사』1권에서 자본주의의 고유의 산물이란 노벨레(novelle)라고 불리는 단편소설뿐이며 장편소설은 그리스의 헬레니즘 시대의 알렉산드리아에서 발생했다고 한다. 이 장편소설에는 신화적 세계가 더 이상 배경으로 등장하지 않으며 평범한 사람들이 주인공이 되어 그들의 사랑과 이별, 고난이 큰 주제가 된다고 한다. 장편소설은 그 당시 알렉산드리아에서 발흥한 상업과 부르주아의 등장으로 눈부시게 꽃핀 부르주아 희극과 함께, 시나 비극같은 귀족의 장르가 아니라 민중의 장르로 발생했다고 본다.

데이비드 컨스탠(David Konstan)은 1994년에 출간한『성의 균형』(The Sexual Symmetry)에서 고대소설을 무시간적으로 설정하는 바흐친적 가정에 반대하여 첫눈에 반한 사랑이라는 본능적 사랑이 시련과 고난을 통해 서로에 대한 충실성으로 발전하는 과정을 그린다는 점에서 시간의 개입이 아주 중요한 장치라고 본다. 그는 근대의 소설이 지닌 불평등한 사랑에 비해 고대소설에 나타나는 균등한 사랑에 비평의 무게를 둔다. 근대소설에서는 여성만 정절이 시험받고 지켜져야 할 것이지만 고대소설에서는 남성 역시 정절을 지키고 아내에 대한 사랑을 시련과 고난을 통해 키워나간다는 것이다.

세 번째 수정주의적 흐름은 여성주의 비평가들의 작업이다. 비록 20세기에 전반적으로 '계급'과 '인종'이 큰 정치적 투쟁의 흐름을 형성했지만, 페미니즘 역시 이 범주들에 못지않은 영향력을 지니고 있다. 여성주의 비평가들의 작업은 자본주의에 와서 소설이 등장하게 된 것은 인정하지만 18세기의 소설은 대부분 여성작가에 의해 씌어졌음에도 불구하고 디포우, 리차드슨, 헨리 필딩 등 남성작가에게 모든 공을 돌리는 남성 중심적인 시각에 대한 여성주의의 반발이다. 여성주의적 흐름은 크게 두 가지로 나뉘지만 이들의 공통점은 대체로 자본주의와 소설, 여성을 역사적 필연성으로 연결하려는 공통된 입장을 지닌다. 앞서 언급한 두디만이 확실하게 고대소설 발생론을 주장한다.

우선, 초기 소설에 대해 여성주의적인 입장을 견지하는 학자들의 첫 부류는 제인 스펜서(Jane Spencer), 루스 페리(Ruth Perry), 수잔 스테이브즈(Susan Staves), 자넷 토드(Janet Todd), 로스 밸러스터(Ros Ballaster), 패트리셔 크래독(Patricia Craddock), 패트리셔 마이어 스팩스((Patricia Meyer Spacks), 마이클 대너히(Michael Dannahy), 두디 등인데 이들은 잃어버린 작품들을 재발견하고 여성 저자들의 지위를 회복시키고 가부장적 구조 속에서 여성 주인공들의 역할을 설명하려고 했다. 사실상, 이들의 저서들은 일반적으로 18세기 소설가들을 복원시키려는 작품이라 할 수 있다. 이들의 작업 이전에 메리 에스텔(Mary Astell), 마리아 에지워스(Maria Edgeworth), 메리 워틀리 몬태규(Mary Wortley Montagu), 프란시스 버니(Frances Burney) 등과 같은 사람들은 실제로 알려지지 않았고 그들의 작품들은 대체로 유용하지 못했다. 18세기 소설 발생의 이야기는 완전히 수정되어야 했다. 디포우, 리차드슨과 필딩이라는 배타적인 남성 클럽은 폐기되었다.

제인 스펜서는 『여성 소설가의 출현』(*The Rise of the Women Novelist*) (1986)에서 여성들이 소설을 쓸 수밖에 없었던 다양한 경제적 사회적 배경을 분석하면서 여성들이 소설을 쓰게 된 것은 행운이 아니라, 전통적으로 여성들이 맡아왔던 거의 모든 직업이 산업화되거나 남성들에게 빼앗겼기 때문에 유일하게 허용된 것이 소설 쓰기였으므로 어쩔 수 없는 선택이었다고 본다. 또한 소설을 쓰더라도 항상 여자라는 이유 때문에 사생활과 관련되어 엄청난 모욕적인 검열을 통과했으며, 설사 검열을 통과하였다 하더라도 생계유지를 할 정도로 성공한 작가는 손꼽을 정도라고 한다. 하지만 이들 여성작가들이 여성성이라는 제약에도 불구하고 저항, 순응을 복잡하게 엮어서 전략을 사용했으며 무조건적으로 '도덕적 가치'라는 '여성성'에 굴복하지는 않았다고 한다.

대너히의 『소설의 여성화』(The Feminization of the Novel)(1991)는 '무엇이 여성을 소설에 연결하는가'라는 의문에서 출발하여 그 연결이 아주 강력해서 쇠사슬이 부서지지 않을 정도로 강하다는 것에 주목한다. 문학적 패러다임이 이중으로 '젠더화'되었다는 것, 말하자면 성적 계열(sexual lines)에 포함되고 동시에 유형화되면서 공공연하게 성적 패러다임을 부과받고 있다고 본다. 그는 소설이 중세적 운문 서사시 즉 무훈시(chansons de geste)와는 다른 장르로서 프랑스에서 등장해서 영향을 받았다고 보기 때문에 여성들이 독자로서, 주체로서 그리고 작가로서 소설과 관계를 맺는 프랑스적 전통의 결과 여성성과 허구성의 개념이 등가로 되었으며 여성적인 것으로 치부되었다고 본다.

이런 첫 부류의 여성주의 연구들을 통해 근대 초기의 수많은 여성작가들이 발굴, 재평가되었지만 17세기에서 18세기 초 약 70년에 이르는, 소위 여성 3인조에 의한 '선정소설'에 대한 평가를 어떻게 볼 것인가에 대해서는 역시 입장이 두 가지로 나뉜다. 우선 여성과 선정소설에 대한 편견과 몰이해로 이들 소설을 저급 소설로 보고 여성들이 쓴 것은 인정하지만 품질이 낮은 '저급 소설'을 썼기 때문에 정식으로 소설의 발생으로 볼 수 없다는 입장이 있다. 그 다음에는 여성작가들의 선정소설을 소설의 발생으로 보고 여성들의 욕망에 대한 적극적 재현물로서 뿐만 아니라 정치소설로서의 위상까지 부여하는 입장이다.

존 리체티(John Richetti)는 자신의 이론적 경력에서 볼 때 첫 번째 입장에서 차츰 두 번째 입장으로 자리를 옮겨가는 대표적인 이론가이다. 그는 1969년에 쓴 초기 저작인 『리차드슨 이전의 대중 소설』(*Popular Fiction before Richardson: Narrative Patterns 1700-39*)에서 초기 여성 소설가들이 근대 초기 소설을 형성하는데 분명하게 남성과 분리된 역할을 수행했다고 주장하지만 초기의 소설이 주로 도덕적으로 옹호하기 어렵기 때문에 저급 예술이라고 결론을 내렸다. 그런데 그는 1996년에 폴라 백스카이더(Paula R. Backscheider)와 함께 쓴 『여성들이 쓴 대중소설 1660-1730: 선집』(*Popular Fiction by Women 1660-1730 An Anthology*)에서는 A. D. 맥킬롭(McKillop)의 『영국소설의 초기 거장들』(*The Early Masters of the English Fiction*)(1956)과 와트의 『소설의 발생』이 철저한 남성 중심적 가정에 토대를 두고 있다고 비판하면서 18세기의 가장 낯익은 작품(흔히 "정전"이라고 일컬어지는)들은 남성들이 쓴 것이긴 하지만 18세기 내내 생산된 소설의 대부분은 여성들이 쓴 것이었다고 본다. 그뿐 아니라 이들 여성작가들의 작품들을 소설사의 중요한 부분으로 문학사가들이 지적하는 '리얼리즘적이고 도덕적인 소설의 경쟁자이며 동등 자격자'로 평가한다.

콜럼비아 판 『영국소설사』에서 리체티는 아예 18세기의 영국소설 자체가 여성적이라고 주장한다. 그가 보기에 초기의 영국소설은 여성의 작품이건 남성의 작품이건 간에 가정생활을 반복적인 주제로 제시하고 작중 인물의 개인적 내면적 생활을 중심으로 하면서 공공생활이나 사랑, 전쟁, 정치에서의 남성 영웅주의가 주요 관심이던 전통적 문학적 관심사에서 두드러지게 이탈하였고 여성주의 비평가 중 몇 명은 이 문제를 확대 연구하여, 새로 등장하는 영국소설에서 새로운 현대적 자아, 즉 소위 여성성의 확립을 발견할 수 있었다(11).

17세기와 18세기 여성들이 쓴 선정소설을 소설의 발생으로, 여성 욕망의 적극적 재현물로 본 대표적인 저서는 밸러스터의 『유혹의 형식들』(*Seductive*

Forms)이다. 그는 프랑스의 로망스와 17세기 선정소설을 지은 여성작가들을 소설 발생의 진원지로 설정한다. 토니 오쇼네시 바우어즈(Tony O'Shaughnessy Bowers)는 밸러스터가 벤, 헤이우드, 맨리의 작품들에 대하여 "성문제로 악명 높고 사회적으로 소외되어 있던 여인들의 창작물인 이 작품들은 고집스럽게 섹스의 힘에 대한 여성들의 경험이 중심이 되고 있는 세계, 여성들의 그러한 경험이 뜻밖에도 공적 세계의 정치적 문제들과 합치되는 세계를 재현한다"(83)고 평가한다.

두 번째 부류의 여성주의자들은 젠더와 관련된 주제들을 더 많이 탐색하고 프랑스 페미니즘과 해체주의 그리고 마르크스주의와 문화연구, 동성애나 장애인 연구 등으로 시각과 방향을 넓혔다. 이들은 낸시 암스트롱(Nancy Armstrong), 테리 캐슬(Terry Castle), 펠리시티 누스봄(Felicity Nussbaum), 로라 브라운(Laura Brown), 줄리아 엡스테인(Julia Epstein), 엘렌 폴락(Ellen Pollak), 크리스티나 스트롭(Kristina Straub), 캐서린 갈레이거(Catherine Gallagher) 등이다. 다른 비평서처럼 이들의 작업은 여러 분과의 지식들을 매우 복잡하게 응용하였다. 인간과학 특히 심리학, 사회학, 인류학, 젠더에 관한 새롭게 창조된 학제간의 연구 등으로부터 새로운 정당성의 근거들을 가져와서 이들 저서들은 여러 분야의 연구의 도움으로 소설의 형식적 목적을 밝히려는 기획을 계속 발전시켰다.

이 가운데 암스트롱은 미셸 푸코(Michel Foucault)의 『성의 역사』를 젠더화 담론과 연결시킨다. 그는 18세기 중엽의 영국만의 '소설 발생'을 인정하나 가정소설의 등장으로 자본주의의 젠더화 전략에 소설이 이용되고 있다고 본다. 그는 『욕망과 가정소설: 소설의 정치적 역사』(*Desire and Domestic Fiction: A Political History of the Novel*)에서 와트가 『소설의 발생』에서 디포우, 리차드슨과 같은 작가의 인기를 그들이 새로운 독서층의 필수적인 부분과 공유했던 경제적 개인주의와 청교도적 윤리에 돌렸지만 "이러한 와트의 역사적 설명은 왜 18세기소설의 대부분이 여성들에 의해 씌어졌는지를 생각하지 못한다"(7)는 문제인식에서 출발한다. 암스트롱은 『파멜라』를 소설의 발생작으로 보는 데는 동의한다. 하지만 그의 문제인식은 소설이란 발생부터 이미 가정소설이었다는 데서 착안하여 근대 소설의 역할에서 은폐된 지배적인 욕망이론을 찾으려고 한다. "욕망의 역사적 차원을 무시하면 이 이론— 심리학적이고 문학적인— 은 우리에게 근대 문화의 발단에서 영국에서의 문자해독이 가능한 계급이 왜 여성을 위한, 여성에 관한, 여성에 의한 글쓰기에 대해 유례없는 취향을 갑자기 발전시켰는지를 설명할 방법을 남겨주지 않는다"(7)고 주장한다. 그래서 그는 자본주의의 전략이 기본적으로 젠더화 전략이고 소설은 그에 가장 잘 복무하는 젠더화 장르가 되었다고 말한다. 소설의 장르 발생학적인 측면에서 그는 영국의 식민지인 북아메리카와의 관계는 포함될 수 있어도 소설을 철저하게 영국만의 것으로 보며 프랑스나 유럽에서 영향 받은 것임을 강력하게 부인한다.

갈레이거는 1994년 『이름 없는 사람의 이야기: 시장에서 여성작가들이 사라지는 행위』(*Nobody's Story: The Vanishing Acts of Women Writers in the Marketplace, 1670-1820*)(1994)에서 육체를 지니지 않은 이미지로서 '이름 없는 사람'(nobody)의 개념을 17세기 말에서 18세기 동안 친근한 개념으로부터 끌어낸다.6) 그에 의하면, 우리가 롤랑 바르트(Roland Barthes)의 논리를 따라 "우연적이고 동기화되지 않은 세부묘사"를 소설에서 "실제적인 것"의 코드로써 본다면, 바르트도 미처 알아차리지 못한 명백한 결론은 리얼리즘은 허구적인 것의 코드라는 것이다(Robert Folkenflik 463).

'이름 없는 사람'이 허구적인 인물이 되면 아무개(somebody)는 실화소설의

---

6) 18세기적 용어로 더 깊이 살펴보면 당시 감동적인(moving, affecting) 것을 뜻했던 재미있는 (interesting) 주제들은 자신의 이익(interest)과 갈등하지 않는 것이다.

주체가 된다. 갈레이거는 아무개 보다는 '이름 없는 사람'과 동일시하거나 공감하기가 더 쉽다고 본다. 실화소설보다 허구가 더 소설적 정의에 가깝다는 것이다. 그에게 이야기란 '이름 없는 사람'의 것이기 때문에 모든 사람들이 그 이야기 속에 동등한 관심을 가지게 된다(172). 예를 들면, 윌리엄 크레이그(William Craig)의 『놈팡이』(*Lounger*)(1786)의 허구적인 인물 우드포트(Woodfort)는 감성적인 소설을 정독하고 눈물을 흘리지만 실제 그의 삶 속에서 감정과 관대함은 거의 없다. 그는 자신의 친척들에 대해서 뿐 아니라 소작인들과 채무자들에게도 냉혹하다(167-68). 갈레이거의 이런 주장은 18세기 중엽의 소설은 '사실'인 실화소설로서가 아니라 꾸민 이야기인 허구이기 때문에 사람들이 감동을 받고 동일시한다는 것이다. '형식적 리얼리즘'이란 것은 허구적인 것의 사실적 기호, 즉 사실적 장치일 뿐이라고 본다. 수사법이나 전체로서 소설이 완전히 확증하지는 못하지만 '이름 없는 사람'은 이 책의 주요한 제재인 여성일 개연성이 높다.

3) 와트 류 비평가들의 대응

이런 수정주의적 비평 흐름에 영국의 민족주의적 주류 문학사의 흐름 역시 폭넓게 대응하고 있다. 와트의 후계자들은 1740년 이전의 산문허구 형식을 점점 더 많이 연구하고 있고 형식적이고 역사적인 분석을 각각 분리시키지 않고 결합하고자 시도한다.

이와 관련된 가장 중요한 저서는 1996년에 나온 데이비스의 『사실적 허구: 영국소설의 기원』(*Factual Fictions: The Origins of the English Novel*)과 1987년에 나온 메키온의 『영국소설의 기원 1600-1740』이다. 이 저서는 문학사에 대한 비판적 이해를 활발하게 하고 문제삼기 위하여 다른 이론적 배경 — 푸코와 미하일 바흐친(Mikkail Bakhtin)의 작업 — 의 도움을 받고 있는데, 데이비스와 매키온에게 소설은 안정적인 범주로 고대로부터 내려오는 정해진 것이 아니라 자본주의의 사회, 역사성 속에서 형식적 요인들과의 복잡한 상호교환을 통해 새로이 구성된 담론의 장이다. 데이비스는 18세기 초반까지 대중 산문은 발라드와 저널적인 산문의 형태로 분화되지 않은 '뉴스/소설 모태'(news/novel matrix)를 구성했다고 주장한다(1997, 67). 그는 영국소설의 기원을 당시의 정치학과 대중 형식들이라는 비문학적 원천에서 발견해내고 소설과 그 문학적 조상이라 추정되는 로망스 사이의 어떤 직선적인 관계도 확고하게 부정한다. 이러한 거부는 데이비스 자신의 '이접적 역사'에 대한 언급과 함께 푸코와도 그 궤를 같이한다. 그러나 이 시기의 여성들이 쓴 소설을 다루는 20세기 비평가들에게는 심각한 문제를 제기한다.

이에 비해 매키온은 보다 더 노련하게 와트에게 가해지는 거의 모든 반론들을 변증법적 장르이론으로 통일해낸다. 엄청난 분량의 자료와 거시적(사회변화와 장르변화의 변증법적 관계), 미시적(사회 속의 구조기능적 측면) 관점을 넘나드는 그의 작업은 거의 주류 문학사를 통합하고 수정주의적 관점을 지리멸렬하게 보일 정도로 대단한 작업을 한다. 그는 고대소설의 존재를 부정하지 않는다. 소설은 선구자로서 시대적으로 거의 존재했다. 하지만 소설이라는 단순 추상체(a simple abstract)[7]로 등장하게 된 것은 어디까지나 자본주의에 들어와서 즉 디포우나 리차드슨 등에 이르러서임을 분명히 한다(서문 20). 그래서 소설은 과거로부터의 연속성을 부정당하지 않으면서도 18세기 중엽의 인식론적, 이데올로기적 체계 속에서 당당히 하나의 정식 장르로서 등극하게 된다. 이러한 매키온의 저서는 와트의 주장을 체계적이고 탁월하게 확증하고 있다.

---

7) 매키온은 '단순 추상체'를 마르크스가 말한 "복잡한 역사적 과정을 에워싸는 믿지 못할 정도로 단일한 범주"라고 본다(서문 20). 그에 의하면 아리스토텔레스가 '시'라고 이전의 문학을 하나로 통칭했던 것과 마찬가지로, 로망스는 중세적 장르로서 단순 추상체이고 소설은 자본주의적 장르로서 단순 추상체이다.

2000년 토론토 대학에서 계간으로 발행된 『18세기 소설』(Eighteenth-Century Fiction)은 12권 2호와 3호의 합본으로『『소설의 발생』을 다시 생각하며』(Reconsidering of the Rise of the Novel)를 출간한 바 있다. 그런데 2000년은 우연히 와트가 82세의 나이로 사망한 해이기도 하다. 특별호로 발간한 이러한 시도는 그 동안 이루어진, 소설의 발생을 둘러싼 논쟁을 소개하고 마무리짓는다는 점도 있지만 와트의 소설발생론에 대한 확신과 재확인에 더 많은 비중을 두고 있다. 여기에 실린 18편의 논문 가운데 4-5편의 논문을 제외하고는 거의 모두가 와트의 이론을 확증하거나 부분 수정하고 보완하여 더욱 강화시키고자 하는 논문들로 채워졌다. 이외에도 2000년 봄호에『스탠포드 인문학 리뷰』(Stanford Humanities Review)는『비평적 역사: 이안 와트의 생애』(Critical History: The Career of Ian Watt)를 출간했다. 이 학술지는 와트를 통해 고무된 문학사와 지성사에 대한 연구들뿐만 아니라 비평적 영향과 경력에 대한 논문들과 비망록을 제공한다.『18세기 소설』에도 실린 그의 미발간 원고「비타협적이나 명성이 쇠퇴한: 리얼리즘의 리얼리티」("Flat-Footed and Fly-Blown: The Realities of the Realism")와 머레이 봄가르텐(Murray Baumgarten), 앤드류 버스저(Andrew Busza), 조셉 프랭크(Joseph Frank) 등의 논문들이 수록되어 있다. 이 학술지는『18세기 소설』특집호보다 훨씬 더 와트적이다. 데이비스의 말대로 와트는 제도화되어 여전히 살아있고 막강한 영향력을 발휘하고 있음을 알 수 있다.

와트의『소설의 발생』이 출간된 지 거의 50년이 다 된 지금, 소설의 근대영국 발생론에서 주장한 문제들을 통해 18세기 소설에 대한 연구와 소설발생의 문제 그리고 장르로서의 소설론 등에 대한 연구가 보다 깊고 풍부해졌음은 사실이다. 아직 와트 류의 소설발생론을 정전의 자리에서 물러나게 할 정도는 아니지만 고대소설 발생론자들이나 여성주의자들, 허구로서 로망스와 소설의 연속성을 주장하는 많은 이론가들의 영향력은 무시할 수 없게 되었다. 필자는 두 디나 컨스탠 그리고 하우저의 고대소설 발생론에 많은 공감을 가지나 여성주의적 비평에는 제한된 공감을 가질 뿐이다. 그것은 여성주의적 비평 대부분이 자본주의 소설발생과 여성 등장을 역사적 필연성의 문제로 제시하고 있기 때문이다. 필자는 수정주의 비평 흐름의 어느 한 흐름에 관점을 고정시키지 않고 남녀를 포함한 중하층의 부르주아와, 비록 상류층이라 하더라도 제한된 위치를 지니고 공적 생활에서 배제된 여성들이 고대 이후로 소설을 발생, 생산, 수용해왔다고 본다.

2. 와트의 사상 배경

1) 와트 사상의 외관: 유물론과 개인주의 미학의 종합

와트는 18세기 소설에 대한 연구를 활성화시켰을 뿐만 아니라 소설 일반에 대한 관심과 연구의 집중을 불러 일으켰다. 이것은 그가 사회학, 철학, 미학, 경제학, 유물론, 관념론 등 다양한 사상사적 종합을 통하여 소설과 소설사에 대한 비평을 정신과학의 꽃으로 만들어 놓았기 때문이다. 이에 대해 리체티는 "와트의 작업을 통해 18세기 소설은 1700년대 극적으로 변화한 역사적 환경의 도전에 대한 의미 깊은 응집된 반응으로 새로운 의미와 진지함을 얻게 되었다"(1992, 101)고 보았다.

『소설의 발생』 출판 이전 1945년에서 1950년대 사이에 소설에 관한 책들이 많이 발간되었다. 이 책들은 와트와는 달리 소설을 존중할 만한 장르로 다루지 않았다. 약 10년간 발간된 대표적인 책들은 부루스 맥걸로우(Bruce

McCullough)의 『대표적 영국소설가: 디포우에서 콘라드까지』(*Representative English Novelist: Defoe to Conrad*)(1946), 로버트 리델(Robert Liddell)의 『소설에 관한 논문』(*A Treatise on the Novel*)(1947), A. A. 멘딜로(Mendilow)의 『시간과 소설』(*Time and the Novel*)(1951), 케틀의 『영국소설입문』(1951), 도로시 벤 겐트(Dorothy Van Ghent)의 『영국소설의 형식과 기능』(*The English Novel: Form and Function*)(1953) 등이다. W. B. 카너챈(Carnochan)은 이들 책에서 보이는 소설에 관한 언급들은 세 가지 범주를 다루고 있다고 한다. "첫째는 소설의 예술적 측면에 대한 방어이고 둘째는 소설 분류법의 다양성에 대한 분석이고 셋째는 소설을 떠받치는 기술적 측면에 대한 분석"(170)이다.

이처럼 대부분의 비평가들이 아직도 소설이 예술이라는 주장을 더 하고 있거나 소설 내적인 것에 대한 기술적 설명에 책의 많은 부분을 할애하고 있던 상황에서 학제간의 연구를 통해 소설을 최고의 장르로 자리매김한 와트의 『소설의 발생』 출간은 대단한 것이었다. 레이몬드 윌리엄즈(Raymond Williams)의 『문화와 사회』(*Culture and Society*) 출간과 비슷한 시기에, 윌리엄즈처럼 다양한 응용지식을 적용한 와트의 업적에 대해 데이비스는 "와트의 기여는 소설의 불가해함을 이해하기 위해 거대한 시너지 효과를 내는 시도로 하나가 아닌 여러 분야의 지식들을 응용한 것이다. 와트가 했던 것은 철학과 사회학, 형식주의를 사용하여 3겹의 공격으로 소설의 에베레스트를 가늠하려는 시도였다"(2000, 490)고 극찬한다. 와트는 이에 그치지 않고 학제 간 연구를 통하여 대륙의 유물론과 관념론 전통, 그리고 영국의 도덕적이고 경험론적인 전통의 종합을 시도한다.

학제 간 연구와 두 가지 다른 사상적 종합의 시도는 와트의 사상적 배경을 복잡하게 하여 하나의 블랙홀이 되었다. 그는 존 로크(John Locke)를 비롯한 경험철학과 르네 데카르트(René Descartes)를 비롯한 대륙의 관념론 철학을 형식적 리얼리즘에 그냥 하나로 녹여버리고 러시아나 미국의 반유물론적 형식주의와 마르크스나 루카치의 유물론적 리얼리즘을 형식적 리얼리즘에 하나로 녹여버린다. 나아가 마르크스주의와 기능주의, 행동주의 등을 나란히 열거하여 종합한다. 그는 닥치는 대로 당시에 유행하는 사상들이면 좌우를 가리지 않고 모두 흡수했으며 거의 모든 인문 사회과학이 이 책에 수용되었다. 누군가 와트를 비판하려고 하면 엄두를 내지 못하고 그 블랙홀에 빨려 들어가기가 일쑤인 만큼 저항하기 힘든 책이었다. 그리하여 와트는 수많은 비판을 받았지만 그 수많은 비판을 모두 다 빨아들이는 블랙홀이었던 것이다. 이 절은 이런 블랙홀 같은 와트의 사상적 배경을 이해하기 위해 그가 이룬 유물론과 개인주의 미학의 종합이 지향하는 바를 밝혀 그 사상적 배경에 대한 지형도를 그리고자 하는 의도로 쓰여졌다.

2000년 『18세기 소설』에 실린 자신의 마지막 논문 「비타협적이나 명성이 쇠퇴한: 리얼리즘의 리얼리티」에서 와트는 1938년에서 1956년에 이르기까지 위대하나 아주 다른 이 두 가지 사상의 전통을 부분적으로, 여러 면에서 아마츄어적으로 종합했음을 밝히면서 "『소설의 발생』의 구성과정을 돌아보면 그 구성이 명제, 반명제, 종합이라는 진정으로 헤겔적인 패턴으로 쓰여졌다는 것을 발견해내고 기뻤다"(2000, 148)고 쓰고 있다. 헤겔적 패턴에 대한 언급은 와트의 사상적 종합의 성격을 말해준다. 와트에게 영국의 도덕적, 경험론적인 개인주의 전통이 명제였다면 그에 대한 반명제는 마르크시즘으로부터 받은 영향을 말하고 마지막 종합의 단계는 파슨즈의 구조기능주의이다.

이 논문에 드러난 와트의 해명을 통해서 이러한 헤겔적 패턴의 전개를 살펴보자. 그는 먼저 영국의 도덕적이고 경험론적인 전통에 대해 언급한다. 1938년 박사논문으로 쓴 「소설과 독자」("The Novel and Its Reader")는 소설 발생에서 '왜'의 문제가 빠진 '어떻게'만을 쓴 것이었는데 그 시대에 깊게 뿌리박은 경험주의와 도덕주의― 특히 케임브리지― 의 영향을 많이 받은 것이었으며 논리적 실증주의가 지배적이었다고 한다(2000, 148). 특히 그 당시 케임브리지 영문학파에 관련된 한 가장 영향력 있는 텍스트였던 『실천 비평』(Practical Criticism)(1929)의 저자 I. A. 리차즈(I. A. Richards)는 와트의 은사로 그에게 많은 영향을 주었다. 이 책이 리비스 부부의 역사적 도덕적 개요8)를 결합한 것이라 볼 때 와트는 영국 문학의 정통 흐름을 이어받았다 볼 수 있다.9)

이에 대한 반명제는 1938년 무렵부터 영향을 받은 마르크시즘인데 그는 마르크시즘을 통해 다른 여러 사상적 측면의 부족한 부분을 놀라울 정도로 보완하였다고 한다. 그가 보기에 마르크시즘의 유물론적 특징은 경험주의적이고 실증주의적인 전통과 상당히 공명했다.10) 와트는 문학을 사회와 관련시킨 것 때문에, 그리고 당시의 문화적 상황을 파국적 국면의 하나로 본 것 때문에 공산주의적 비판적 입장과 리비스 부부의 입장에는 본질적 일치가 있었다고 한다11) (와트 2000, 149). 그는 1939년에 전쟁이 일어나 징집되었고 3년 반의 감옥생활도 겪은 후 1946년에 제대하였다. 제대 후 방황하던 그에게 루카치의 『소설

---

8) 리비스는 조셉 애디슨(Joseph Addison)의 문화적 환경(milieu)에 관한 역사적 테제를 발표했고 Q. D. 리비스는 과거에 저자와 독자의 관계가 조화롭고 결실을 맺는 오랜 황금시대가 있었으나 산업화와 대중매체, 속물적 상업주의, 거대 도시의 퇴폐 풍조 등에 의해 그런 문화가 주변화 되어버렸다고 주장하는 『허구와 독서대중』(Fiction and Reading Public)을 1932년에 출간했다.
9) 와트의 중산층 강조는 리비스적 의미이다. 리비스에게 귀족계급이 더 이상의 지도계급으로 설 수 없는 선상에서 중산층의 사명은 노동계급을 정신적으로 교화하는 것이었듯이 와트에게 전후 노동계급과 이민자, 하층에게 정신적으로 지도할 수 있는 계급은 중산층이었던 것이다. 그것은 사회주의 진영의 국가에서 진행되고 있는 중산층에 대한 프롤레타리아의 지도력의 문제가 사회주의 리얼리즘을 통해 이루고자 한 것과 대척적인 맥락이었다.
10) 그가 마르크시즘을 수용했다는 의미는 자유방임적 고전경제학을 비판했다는 것이다. 그 당시 자본주의와 근대문명에 대한 진단은 파국을 치닫는 종말론적 전망으로 유사했으나 처방은 각기 달랐다. 이것은 그가 고전적 의미의 자유주의자는 아니었다는 것을 말하지 유물론자였다고 말하는 것은 아니다.
11) 이 일치가 가장 잘 드러난 것은 케틀의 『영국소설의 입문』이다.

의 이론』(1920)과 아우얼바하의 『미메시스』(1946)는 많은 영향을 주었고 『소설의 발생』 구상에 많은 도움이 되었다.

와트에게 명제와 반명제의 종합은 파슨즈의 이론을 통해 이루어진다. 1947-48년에 와트는 하버드 대학에서 파슨즈의 사회이론 강의를 듣고 베버에 대해 알게 되었는데 이것은 『소설의 발생』에서 경제적 제도적 힘들을 다루는 데 영향을 미쳤을 뿐 아니라 보다 추상적인 관념을 형성하게 하였다. 그것은 과학적 경제적 합리성 아래 있는 세계에 대한 환멸 같은 것이었다. 와트는 파슨즈로부터 구조기능주의 관점에서 사회를 보는 것을 배웠다고 말한다(2000, 151). 와트의 이러한 언급은 파슨즈를 통해 도덕적 경험론적 전통의 개인주의 미학과 마르크스적 세계관을 헤겔적으로 종합하였음을 의미한다.

1948년에 다시 영국 케임브리지로 돌아와서 「디포우, 리차드슨, 필딩에서 인물들의 이름짓기」("The Naming of Characters in Defoe, Richardson and Fielding")(1949)에 이어 「신화로서 로빈슨 크루소」("Robinson Crusoe as a Myth")를 썼는데 그는 테오도르 아도르노(Theodore Adorno)와 베버의 영향을 많이 받았다고 한다. 그런데 아도르노가 앵글로 색슨적 사고와 재현의 규범으로부터 많이 배웠다고 한다면 그는 독일의 관념론적 양식으로부터 배웠던 것을 경험적 범주와 상식적 언어로 전환시킴으로써 그것을 초월할 수 있었다고 한다(2000, 152).

그런데 그가 받은 두 가지 모순된 사상적 전통은 사실 하나로 귀결되었다. 와트에게 독일의 관념론적 양식이 앵글로 색슨적 사유인 도덕적이고 경험적인 범주로 전환되었듯이 대륙의 마르크시즘이나 프랑크푸르트 학파의 유물론적 색채는 파슨즈의 구조기능주의로 변질되었던 것이다. 회수를 건너면 귤이 탱자가 되듯이 루카치나 아도르노를 포함한 대륙의 유물론적 전통은 탱자가 되어 도덕적 경험론적 전통으로 흡수되었고 파슨즈의 구조기능주의를 통해 그 두 전통의 사상적 대립과 모순은 해결되었다. 이런 의미에서 그의 헤겔적 종합의 본질은 두 대립된 사상의 종합에 있다기보다 파슨즈의 구조기능주의에 있다고 보는 것이 더 정확하다.

헤겔적 패턴에 따른 두 가지 이질적인 사상적 전통의 종합은 와트의 형식적 리얼리즘에 그대로 시도되었다. 와트에게 소설의 핵심 의미범주인 '형식적 리얼리즘'이란 말은 그 자체가 이러한 두 담론의 사상적 봉합임을 보여준다. 형식이란 것의 강조는 형식주의에서 온 것이고 리얼리즘의 강조는 내용에서 사회역사적 연관을 강조하는 것이다. 와트가 리차즈와 같은 개인주의적인 반유물론적 전통론자로서 유물론적 설명 속에서 얼마나 방황하는가는 데이비스의 글이 잘 보여준다.

> 와트가 개인주의, 시간, 공간, 독서대중 등을 둘러싼 쟁점들을 가지고 우리에게 설명하지만 그는 진작 형식적 리얼리즘의 형식이 무엇인지는 결코 기술하지 않는다. 이 이상한 부재는 실제로 리차즈의 문학적 분석을 사회학자들의 분석과 결합시키려고 시도함으로써 야기된 논리적 문제들의 결과이다. 리차즈가 진보주의자일지는 모르지만 신비평이나 그의 '실천적 비평'의 공동 창안은 지성사에서 아주 반유물론적이고 비역사적인 움직임이다. 리차즈는 속물적인 전문가들로부터 문학비평을 떼어내기를 원했고 역사적이고 사회적인 맥락에서 문학비평을 떼어냄으로써 그렇게 했다. 그래서 와트는 한편으로는 역사적 유물론적 설명과 다른 한편으로는 비역사적이고 개인에 근거한 미학 사이를 떠돌면서 그의 케임브리지 스승들에게 양다리 걸치고 있는 자신을 보게 된다. (2000, 491)

데이비스가 보기에, 역사적이고 사회적인 맥락에서 문학비평을 떼어내고자 했던 리차즈의 형식적 비평의 영향은 역사적 유물론적 설명을 필요로 하는 리얼리즘에 대해 와트가 형식적 정의에 머무르게 했다. 리얼리즘이 사회적, 정치적 그리고 역사적 맥락 속의 개인의 문제를 말한다면 와트의 형식적 리얼리즘은 사회나 정치, 역사와 어느 정도 무관하거나 간접적인 탈사회적, 탈정치적 개인에 대해 초점을 맞추었다.

그래서 개인주의, 시간, 공간 등의 쟁점에 대해 그것들이 사회 경제 정치적 맥락에서 어떤 내용을 가지는 것인지에 대해 더 이상 논의하지 않고 형식적 설명에 그쳤고 형식적 리얼리즘에 대한 이러한 불충분한 정의는 불가능한 사상적 봉합의 틈새를 보여주는 것이다.

와트 자신은 형식주의의 영향이 미미했다고 하지만 와트에게 영향을 미친 형식주의의 영향은 지대하다고 볼 수 있다. 그 당시 형식주의는 러시아 형식주의와 영미의 신비평으로 대표되는 형식주의로 나눌 수 있다. 러시아 형식주의는 본질적으로 언어학을 문학연구에 응용한 것이므로 언어의 구조들에 관심을 두는 형식적 차원의 것이었기에 문학의 내용의 분석(주로 심리학이나 사회학)은 빠뜨리고 문학형식의 연구를 택했다. 그들은 형식을 내용의 표현으로 보지 않고 그 관계를 전도시킨 것이었다.

이러한 형식주의 입장의 형식적 틀은 그대로 와트에게 원용되었다. 리얼리즘이라는 것이 루카치나 대륙적 전통으로 '사회 경제 역사적 설명과 형식에 의해 묘사되는 것'이며 계급적 자각과 전형을 갖는 내용을 가진다고 할 때 와트는 그 내용적 측면보다는 형식적 측면에 더 강조점을 둔다. 즉 내용에 미친 사회 경제적 역사적 설명이 아니라 형식에 미친 사회경제적 역사적 영향에 대해 말하는 것이다.

형식주의의 '낯설게 하기' 역시 와트에게 결정적으로 영향을 미친 것이라 볼 수 있다. 와트가 강조하는 새로움(novelty)이나 소설을 부르는 novel이라는 말 자체가 다른 한편으로는 바로 '낯설게 하기'의 영국적 표현이 아니겠는가?

러시아 형식주의자들은 문학작품들을 '장치(기법)'들의 다소간 자의적 집합으로 보는데서 출발했는데 이 장치들은 이미지, 음, 리듬, 운, 서술기법 등이다. 이 모든 요소들이 공통으로 가진 것은 '낯설게 하는', 즉 '새롭게 하는' 효과이다. 와트가 시를 비평했다면 그는 이미지, 음, 리듬, 운 등에 있어서 기법상의 새로움을 주장했겠지만 그가 소설비평을 했기 때문에 낯설게 하기의 기법은 다른 데 있을 수밖에 없다. 와트는 개인주의나, 묘사의 특수성, 시간의 문제 등 기법적 측면에 그 이전과는 완전히 다른, 낯 설은 새로운 리얼리즘적인 것이 있다고 보고 그것을 '형식적 리얼리즘'으로 제시한 것이다.

신비평의 대표자격이자 와트의 은사인 리차즈는 '꼼꼼히 읽기'를 주창하면서 시 중심으로 비평을 했다면 와트의 업적은 시에서 소설로 돌린 것이었다. T. S. 엘리어트(T. S. Eliot)를 비롯한 남부 귀족 출신들이 전통 강조와 반산업화의 기치 아래 시를 구원자로 보는 비평 흐름의 연속선상에 리차즈가 있었고 이들 흐름은 역사와 사회를 벗어난 시 비평을 통한 비정치성과 정치적 무관심을 조장하였다. 이에 반해 마르크시즘은 소설을 사회정치사의 맥락에서 예술의 최고의 자리에 올려놓았다. 엥겔스, 막스 블로흐(Max Bloch), 레닌, 트로츠키, 스탈린, 루카치 등이 서사의 본질에 대한 토론을 전개했으며 그 가운데 가장 영향력 있는 것은 리얼리즘에 대한 브레히트와 루카치의 논쟁이었다. 그 이후 발터 벤야민(Water Benjamin), 아도르노, 바흐친 같은 비평가들이 소설을 아주 탁월한 사회적 문화적 형식으로서 올려놓았다.

소설을 최고의 문화적 형식으로 올려놓은 이러한 마르크시즘의 영향은 사상적으로 대척점에 있던 냉전기의 미국 사회에서도 소설에 대한 자각과 각성이 일어나게 했다. 50년대는 소설에 대한 이론서들이 쏟아져 나왔다. 소설은 부조리, 실존주의, 의식의 흐름 등으로 다양하게 형식들이 변화하더라도 사회, 역사, 인생과 욕망, 삶과 죽음에 대한 다양한 담론들을 풀어낼 수 있는 것으로서 각광을 받았다. "소설가들은 그들 시대의 새로운 철학적, 정치적, 문화적 허약함에서 역할을 맡았던 것이다"(데이비스 2000, 487).

『소설의 발생』이 출간되었던 1950년대는 종전 후 냉전 체제와 함께 새로운 사회건설을 위한 이론적 토대가 형성되었던 시대이다. 소련에 대한 반공전선 수립과 새 사회 건설에서 필요한 이론은 갈등과 변화보다는 조화롭고 화해로운 완벽한 사회에 관한 것이었다. 자연 행동주의, 실증주의, 기능주의가 현대의 가장 지배적인 패러다임으로 자리잡게 된다. 그러나 1950년대가 가고 1960년대로 넘어서면서 이러한 희망들은 산산이 부서졌고 이에 뒤따른 분노와 실망은 그 이후의 이론적 작업에서 중요한 역할을 담당했다. 사회학이나 심리학에서는 기능주의나 행동주의가 많이 비판을 받고 이론적 왕자의 자리에서 물러났다.

하지만 와트는 대학의 연구를 비롯한 제도권 소설연구에서 부분적 비판을 받긴 했지만 이론적 본질이 파슨즈의 구조기능주의에 있음에도 불구하고 유물론적 외관과 반유물론적 내용[12] 때문에 좌, 우로부터 오히려 더 많은 추종자를 거느린 왕자의 자리에 군림하고 있다. 와트의 책은 왼쪽 깜빡이를 켜고 오른쪽으로 달리는 자동차처럼 보였던 것이다.

와트의 소설발생론은 사회주의 리얼리즘이 새 시대를 담당할 프롤레타리아에 의해 이루어지듯이 새로운 시민사회를 담당할 중산층이 소설을 발생시켰다는 유비에서 진보적이고 역사주의적 관점을 지닌 것으로 평가되었다.[13] 그 당

---

12) 사회적 맥락 속에서 소설 형식을 조명한 것이나 (부르주아와 프롤레타리아 사이의 투쟁이 아니라 귀족과 부르주아 사이) 계급갈등과 투쟁의 측면에서 소설의 내용을 본 것은 유물론적인 듯한 외관을 보이나 비정치적이고 단자적인 개인주의를 그 내용을 삼은 것은 반유물론적이다.
13) 페터 뷔르거(Peter Bürger)는 루카치를 통해 자본주의의 프롤레타리아와 봉건제 말기의 시민계급의 유추적 상황을 추론해낸다. 그에 의하면, 봉건제에서 해방을 위해 투쟁하며 현실을 형상화해내는 시민계급의 사실주의적 표현형식 속에서 자본주의의 프롤레타리아는 그 형식의 소급을 통해 사회주의 리얼리즘의 형식을 발전시켜야 한다는 것이다(47). 와트는 루카치의 유추를 역으로 하여 사회

시 영국과 미국의 제도권 문학에서 와트의 『소설의 발생』에 얼마나 열광했는지 충분히 짐작이 간다. 하지만 와트의 이 책이 정전을 넘어서 교리로 작동하고 있는 지금은 그 역사적 값은 이미 지불되었다고 보고 정확한 사상적 배경을 알고 넘어가는 것이 중요하다.

2) 와트 사상의 본질: 파슨즈의 구조기능주의와 스키너의 행동주의

와트의 사상 외관에서 보여지는 유물론과 개인주의 미학의 종합은 거시적 측면에서 파슨즈의 구조기능주의이며 미시적 측면에서 행동주의이다. 특히 파슨즈의 구조기능주의는 와트의 이론체계의 중심을 차지하고 있다. 이 글에서는 파슨즈의 이론체계와 와트 소설발생론 체계의 긴밀한 결합을 파슨즈의 개념체계와 자원적 행위 이론, 목적론, 동의반복 등의 문제를 통해서 고찰하고 스키너의 행동주의와 와트의 소설발생론을 연결시켜서 살펴보기로 한다.

와트는 파슨즈를 통해 미래에 있어야 하는 사회를 그리는 마르크스적 사회관을 극복하고, 사회를 있는 그대로 보는 방법을 배웠다고 해명한다.

> 모든 방식에 저항하는 것이지만, 파슨즈를 통해 구조-기능적 용어로 사회를 보는 것을 배웠다. 내가 좋아하고 싶은 것이나 과거에 존재했던 것, 미래에 있어야만 하는 것이 되지 못하는 어떤 것으로 사회를 보는 것이 아니라, 비록 압박을 받고 언제나 변화하지만 존재하는 어떤 것, 그리고 그 자신의 생명을 드러내는 어떤 것, 제도적 문화적 힘들의 균형을 드러내는 어떤 것으로 사회를 보는 것을 그를 통해 배웠던 것이다. (2000, 151)

주의의 프롤레타리아와 자본주의의 시민계급의 유추적 상황을 추론해내었다 볼 수 있다. 여기서 봉건제 말기의 시민계급이 봉건제에 대해 투쟁적이고 진보적이라 한다면 자본주의의 시민계급은 방어적일 수밖에 없는 위치를 지닌다.

와트의 이러한 고백은 자신의 사회관을 형성하는데 영향을 미친 사람은 결정적으로 파슨즈임을 드러내고 있다. 사회와 문학과의 연관을 주장한다고 해서 유물론적인 것이 아니다. 파슨즈의 구조기능주의가 있는 그대로 사회를 볼 수 있게 해주었다는 것은 갈등과 혁명, 투쟁의 모습으로서가 아니라 화해, 통합, 진보의 모습으로 사회를 본다는 것이다. 『소설의 발생』 서문에서 와트는 파슨즈에게 감사의 말을 잊지 않고 있다(8).

문학연구 방법론적인 측면에서 와트에게 미친 파슨즈의 영향은 절대적이다. 파슨즈는 존재진술보다 개념체계를 우선시한다. 그는 『사회적 행위의 구조』 (The Structure of Social Action)에서 사회학 이론은 "객관적 외부 세계의 측면들을 적절하게 포착할 수 있는"(730) 제한된 수의 중요개념들을 이용해야 하며 "이들 개념은 구체적 현상에 상응하는 것이라기보다는 구체적 현상 내에서 다른 요소들과 분리될 수 있는 요소들에 상응하는 것"(730)이라 한다. 이론은 무엇보다도 다양하고 혼돈되어 있는 경험적 실재로부터 분석적 공통요소들로 추상하는 개념들을 발전시켜야 한다는 것이다. 이런 방법으로 개념은 사회현실을 만들고 있는 복잡다단한 관계로부터 현실을 분리시키게 된다.

와트가 소설의 경험적, 역사적 실재에서 출발하지 않고 20세기 중반 자신의 '형식적 리얼리즘'이라는 개념체계로부터 18세기 중엽의 소설의 존재적 진술이나 명제적 진술을 하고자 한 것도 같은 맥락이다. 즉 소설에 대한 개념적 분류를 통해서만 비로소 소설의 실재성을 포착할 수 있다는 논리이다. 이러한 분석과정은 개념체계에 포착되지 않은 부분을 격리 제외시키는 과정을 거치기 마련인데 와트가 형식적 리얼리즘에 포착되지 않는 여성소설가들의 작품이나 17세기 말에서 18세기 초의 소설들을 모두 격리 배제한 것도 마찬가지이다.

개념체계나 범주체계를 강조하는 점은 세계의 두드러진 특징을 분석적으로 강조하기 위한 베버의 '이상형' 전략을 파슨즈가 응용하고 있다고 볼 수 있다(J.

H. Turner 62-3). 베버는『프로테스탄티즘 윤리와 자본주의 정신』에서 '보편적 의의와 가치를 지닌 문화적 현상이 오직 근대 서구문명에서만 일어났다'(5)고 전제하고 근대 서구문명에 나타난 자본주의, 도시, 프로테스탄티즘 윤리 등을 이상형(ideal type)으로 제시한다. 베버의 이상형은 유럽문화에 고유한 특수성을 세계적으로 보편적 의의와 가치를 지닌 것으로 탈바꿈시키는 것이다.

노베르트 엘리아스(Nobert Ellias)는 베버의 이러한 이상형이 보편성보다 특수성에 초점을 맞춘 이론이라 비판한다.14) 파슨즈의 개념체계가 유래한 와트의 이상형적 개념의 목적은 문화현상의 유일무이한 특성을 부각시키는 것이다. 이것을 와트에게 적용시켜보면, 와트가 지적한 소설발생의 요건은 소설의 공통점이나 보편적 특성에서 찾아지는 것이 아니라 그 시대의 소설이 다른 시대, 다른 공간의 소설이나 문학과 달리 지니고 있는 유일무이한 특성에서 나온다는 것이다. 와트는 영국 18세기 중엽의 자본주의에 등장한 특수한 소설들이 세계적으로 보편적 의의와 가치를 지닌 것으로 바꾼다. 그래서 와트는 특수한, 새로운 것(novelty)에 대한 과도한 집착으로 보편적 장르로서 소설(novel)의 발생을 만들어 낸다.

와트의 소설발생론을 파슨즈의 자원적 행위이론(the theory of voluntary action)과 연관시켜 보기로 하자. 파슨즈는 자원론을 개별행위자의 주관적 의사결정이라고 보았지만 그 의사결정은 또 규범적이며 상황적인 어떤 구속의 부분적 산물이라고 본다. 자원적 행위의 기본 요소들과 와트가 소설발생에서 중요

---

14) 엘리아스는『문명화과정』1권에서 베버의 이상형에 대해 다음과 같이 비판한다. "『프로테스탄트 윤리와 자본주의 정신』에서 그가 연구한 자본주의나 도시, 프로테스탄트 윤리 등도 하나의 이상형적 모델이다. 구체적인 현상의 인과적인 연관성을 있는 그대로 완전히 밝혀낸다는 것은 실제 불가능하기 때문에, 연구대상인 개인적 집합체의 가장 근본적인(베버가 생각하기에) 특성을 도출해낸 것이다. 즉 이상형적 개념들의 목적은 경험적인 현상이나 과정의 공통점이나 보편적인 특성을 찾아내는 것이 아니라 문화현상의 유일무이한 특성을 부각시키는 것이었다." (1권 33)

시한 양상들을 나란히 열거해 보기로 한다. ① 미시적 수준에서 행위자는 당시의 파슨즈에 있어서는 개별 인간으로 파악되었다. 소설의 발생은 리차드슨, 디포우, 필딩으로 개별인간으로 파악되었다. ② 공리주의적으로 행위자는 목표추구적이라고 본다. 이들 소설 발생의 3인조는 이전의 로망스와 같이 경멸받는 작품이 아니라 존경받는 소설을 만들기 위해 자의식적으로 목표를 추구한 사람들이다. ③ 행위자는 목표 달성을 위한 여러 가지 수단들을 갖고 있다. 디포우, 리차드슨, 필딩 등은 자신의 목표추구적 행위를 달성하는데 중산층 서적상, 출판인, 순회도서관, 설교단 등의 여러 가지 수단들을 가지고 있다. ④ 행위자는 다양한 상황적 조건에 직면한다. 예컨대 목표와 수단의 선택에 영향을 미치는 외부세계의 생태학적 구속, 자신의 생물학적 체질과 유전 등이 상황적 조건에 포함된다. 와트에게 이들 소설 발생의 3인조의 상황적 조건은 이들이 남자라는 것, 중산층이라는 것, 중세가 아닌 자본주의라는 것 등이 상황적 조건으로 제시된다. ⑤ 행위자는 가치, 규범, 여타의 관념들에 의해 지배되는 것으로 보여 지는데, 이 관념들은 목표설정에, 그리고 목표달성을 위한 수단의 선택에 영향을 미친다. 이것은 소설발생에서 가장 중요한 프로테스탄티즘 윤리의 문제이다. ⑥ 행위에는 목표달성을 위한 수단에 관하여 내리는 행위자의 주관적 의사결정이 포함되고, 이 모든 것은 관념과 상황적 조건에 의해 구속받고 있다. 와트에게 앞에서 말한 그 어떤 것보다 로망스에서 소설을 구하기 위한 사명감을 지닌, 리차드슨과 디포우, 필딩의 주관적 의사결정이 가장 중요하다.

와트의 소설 발생론의 중심적 양상들과 파슨즈의 자원적 행위이론의 이러한 병치는 와트가 사회역사적 맥락에서 소설 발생을 보고자 한 것이 결국은 파슨즈의 구조기능주의 이론에 깃든 것임을 보여준다. 파슨즈와 와트의 공통점 가운데 또 하나 중요한 것은 목적론이다. 파슨즈는 늘 행위는 목적지향적이라고 생각했다. 그는 공리주의를 비판하면서 개인의 목적론은 폐기하지 않고 사회적 목적론을 추가했다. 그에게 사회체계는 개인들의 상호작용이 제도화된 것이라 볼 수 있다.15) 그리고 이 사회체계가 통합의 문제를 해결하기 위해선 '통합, 적응, 목표달성, 잠재성'이 체계요건으로서 이루어져야 한다. 이러한 이론틀은 불가피하게 목적론적 명제들을 만들게 된다. 왜냐하면 파슨즈의 입장에서는 대부분의 사회적 행위는 그 행위가 소용되도록 정해진 목적의 측면에서만 이해될 수 있기 때문이다. J. H. 터너가 보기에, 구조와 과정을 이 세 가지 체계 욕구를 위한 기능에 입각하여 분석한다는 것은 사실상 그 과정들이 목적지향적이거나 목적론적이 아닐 수도 있는데도 분석자로 하여금 그 명제들을 목적론적으로 진술하게 만든다16)(88).

예를 들면, 종교의 기능은 집단의 불안을 감소시키는 것이라는 주장은, 불안의 수준을 낮게 하려는 집단의 잠재성 욕구가 종교의 출현을 불러일으킨다고 하는 뜻으로 해석될 수도 있다. 이렇게 되면 쉽사리 하나의 부당한 목적론을 이루게 된다. 왜냐하면 그 체계의 잠재성 목적들의 본질에 관하여, 그리고 그 체계의 잠재성 목적을 추구하는 데 그 체계를 붙들어두는 특정 인과관계에 관하여 어떤 정보도 제공되어 있지 않기 때문이다(J. H. 터너 88). 이 목적론의 문제를 와트에게 적용시켜보면, '그 당시 소설의 기능 하나는 사회의 도덕적 문제를

---

15) 파슨즈가 초기 저서 『사회 행위의 구조』에서 사회관계와 사회적 목표를 제시한 것이 중기작인 『사회체계론』(*The Social System*)으로 나타나고 1956년에 스멜저(Neil Smelzer)와 함께 출간한 『경제와 사회』(*The Economy and the Society*)에서 체계 요건 충족을 위한 구조의 기능은 행위이론에 잘 제도화되었다.
16) 와트의 목적론적 가정은 크게 두 가지다. 첫째는 18세기 중엽의 디포우, 리차드슨, 필딩의 소설들이 그 이후의 모든 소설을 예견하고 그 발전의 씨앗을 완전히 품고 있으며 당시의 모든 정치저널이나 산문담론이 소설로 목적 지향적이었다는 것이다(Richetti 1969, 2; 브라운 1997, 서문 5). 둘째는 18세기 중엽 소설의 도덕적 역할이나 기능이 매우 중요했다는 것이 남성 3인조와 계몽주의 지식인의 도덕적인 의도가 소설을 발생시킨 것으로 전도되는 것이다. 이 두 가지 목적론적 가정은 서로 얽혀 있는 것이고 특히 첫째의 목적론적 가정은 제4장 1절 소설의 영국 산문담론 기원설에서 중점으로 비판이 이루어지기 때문에 둘째의 목적론적 가정에 대해서만 살펴보기로 한다.

해결할 수 있는 것으로 본다'는 것이 도덕의 수준을 높이려는 소설 발생의 3인조(또는 계몽주의자들)의 잠재적 욕구가 소설의 발생을 일으켰다고 주장하는 것으로 바뀌면서 부당한 목적론을 이루게 된다.17) 만약 와트가 목적론을 의도하지 않았다고 하더라도 와트는 이 진술을 비목적론적 형태로 바꾸는데 필요한 정보를 제공하지 않는다. 와트에게는 도덕적인 것 자체가 소설의 본질이자 소설 발생의 원동력이다. 소설 작품의 궁극적 기능의 하나를 당장 전제로 삼아버린다면 역시 부당한 목적론뿐만 아니라 동어반복까지 범하는 셈이다.

구조기능주의의 쟁점 가운데 하나가 목적론 못지않은 동어반복의 문제라 할 수 있다. 네 가지 체계요건 – 적응, 목표달성, 통합, 잠재성 – 에 대한 파슨즈의 개념화는, 이 요건들이 충족되지 않으면 체계의 '생존'이 위협 당한다는 전제를 기반으로 하고 있다. 그러나 J. H. 터너는 이 전제를 도입하기 위해서는 우선 이런 요건 각각을 충족시키는데 어느 수준에서 실패하면 생존의 위기라고 할 것인가를 알아야 한다고 한다. 이것을 와트에게 적용시켜 보면, 도덕성, 개인주의, 묘사의 특수성 등의 개념화가 충족되지 않으면 소설의 본질이 위협당한다는 전제를 기반으로 하고 있다. 하지만 이런 전제를 도입하기 위해서는 우선 이런 요건 각각을 충족시키지 못하면 소설이라 부를 수 없음을 분명히 해야 한다. 만약 도덕적인 것이 소설이므로 소설은 도덕적인 기능을 수행한다고 하면 분명 동어반복이다. 이 도덕성을 충족시키지 못하는 것이 해명되지 않고 있다. 몰 폴랜더즈에 비해 파멜라가 도덕적이기 때문에 와트에게 『파멜라』가 소설의 발생작이 된다. 도덕의 기준이 성적 감정에서 솔직함과 주체성이라 보면 파멜라는

---

17) 와트가 소설발생의 도덕적 기준으로 삼은 것은 청교도 개인주의와 젠더화 이데올로기이다. 그는 청교도 개인주의가 디포우의 『로빈슨 크루소』에서 최초로 시작되었다고 보고(1984, 98; 110), 남녀 성 역할이 분리된 것은 리차드슨의 『파멜라』에서 확실하게 이루어지고 있다고 본다(1984, 165). 이런 기준에 따라 이들 작품 전후의 소설들은 비도덕적이거나 무도덕적인 로망스로 치부되는데 이 도덕적 소설을 발생시킨 것은 남성 3인조나 계몽주의 지식인들의 도덕적인 자의식에서 기인한다.

분명 비도덕적이며, 솔직하고 주체적인 여인은 아니다. 그런데 와트는 어디서도 비도덕적인 것이 무엇인가에 대해 밝히지 않고 있다. 다만 여자가 유혹당하지 않는 것이 도덕적이라는 암시만 주어질 뿐이다. 그래서 와트의 동어반복은 그가 소설의 발생으로 보고 싶어 하는 바로 그 작품의 특질이 소설의 본질이 되고 따라서 그 작품은 소설의 본질을 발휘한다는 식이다.

반유물론적인 전통과 유물론적인 전통의 모순적 통합을 시도한 와트는 파슨즈가 객관적 관점과 주관적 관점을 결합하려는 모순된 통합을 시도한다는 점에서 유사하다. 파슨즈의 자원적 행위이론은 단위행위에 토대를 둔 주관적 이론이고 사회체계와 그 체계 유지 요건을 문제삼는 구조기능주의는 거시적 객관적 이론으로 보인다. 파슨즈는 이 두 주관적 객관적 이론을 결합하려고 했으나 성공하지 못했는데 몸과 마음의 관계에서처럼 그것은 형이상학적 문제에 대한 해답에 달려 있기 때문이다(Menzies 4).

그런데 파슨즈의 사회학이 60년대 들어 공격을 받은 것은 객관적 관점과 주관적 관점을 통합하는 데 실패했기 때문은 아니다. 사실 파슨즈는 이 둘의 균등한 통합을 모색했다기보다 그의 자원적 행위에 관한 이론에서 나타나듯이 사회체계의 객관성을 엘리트들의 주관성을 통해 설명하려 한 부분이 많다. 그래서 그에게 중요한 유형변수의 하나는 인격이다. 개인의 자발적 의사와 목표 추구가 곧 사회체계의 통합이 되는 이상사회를 그린 것이다. 그런데 이처럼 중요한 유형변수의 하나인 인격은 모두에게 해당되는 것이 아니다. 그것은 어디까지나 사회, 정치, 경제, 문화적 영역의 엘리트들에게 있는 것이다. 이들 중산층 엘리트들의 자발적 동원과 참여는 새로운 사회 건설의 원동력이다. 따라서 와트와 와트 류 비평가들이 소설의 발생을 계몽주의 지식인과 남성소설가들의 자발적 의사와 목표추구로 인한 것이라 보는 것도 이러한 맥락이다.

구조기능주의가 어디까지나 중산층 엘리트의 자원적 행위 이론에서 출발한다면 이민자, 유색인, 노동자, 빈민, 여성 등 다수의 대중에 대한 이론은 무엇인가? 그것은 스키너로 대표되는 행동주의 이론으로 자발성보다는 통제와 조작에 관한 이론이다. 50년대 구조기능주의와 행동주의는 동전의 양면이라 할 수 있다. 임의영은 『스키너의 행동주의적 언어관』에서 "동일 패러다임을 구성하고 있는 기능주의와 행동주의의 차이는 단지 분석 단위상의 차이에 불과한 것"이라고 본다(15). 거시적 차원에서 중산층 엘리트들의 지도력 향상과 자발적 참여가 하나의 과제라면 역시 대중에 대한 통제와 조작도 하나의 과제인 것이다.

 스키너의 사상을 인식론적 측면과 통제과학의 측면으로 나누어 와트의 소설발생론과 연관시켜 살펴보기로 하자. 우선 스키너 사상의 인식론적 측면은 이성을 도구적인 것으로 보고 선험성을 부정하며 사유와 행동을 경험적인 선상에서 똑같이 파악한다는 것이다. 17세기적 의미의 이성은 최고의 존재로부터 출발하는 사유를 통해서 진정한 지식을 획득하는 과정을 특징으로 하였으나 18세기의 계몽주의는 새로운 사고 양식의 이념을 17세기적 철학에서 취하지 않고 오히려 당대의 자연과학, 특히 뉴턴의 역학에서 취한다(Cassirer 7-8). 따라서 18세기에 들어서면 이성은 그 자체가 철학적 연구의 대상이 아니라 진리로 가는 길의 안내자가 된다. 즉 도구적 이성이 된다. 스키너의 '이성관'은 기본적으로 이러한 계몽주의적 전통을 따르고 있다. 도구적 이성은 자연과학의 비약적 발전 속에서, 18세기 경험주의 사상 속에서 자신의 철학을 발견한다. 인간은 백지로 태어난다는 로크의 주장 속에는 전통의 거부, 이성의 선험성 거부 등이 들어있다. 와트가 철학적 리얼리즘의 핵심 인식론으로 주장하는 로크의 사유 속에 이미 행동주의적 씨앗이 들어가 있음을 알게 된다.

 그런데 스키너는 로크가 최후의 선에서나마 이성을 인정한 것을 반대하고 철저하게 "사고 과정은 행동"(1978, 122)이라는 관점을 취한다. 그는 "정신생활과 정신생활이 영위하는 세계는 발명된 것이다. 그것은 외적 연관 하에서 일어나는 외적 행동과의 유추에서 만들어낸 것이다. 사고는 행동이다. 이때의 오류는 행동을 마음에 배정시키는데 있다"라고 한다(1978, 110). 그의 이런 주장에서 보면 개념이나 추상적 실체라는 것도 마음에 원래부터 있는 것이 아니라 "미묘하고 복잡한 강화(reinforcement)의 역사가 특수한 종류의 자극 통제"(1978, 112)를 통해 만들어낸 것일 뿐이다.

'사고가 곧 행동'이라는 스키너의 행동주의적 도식은 내면성이나 심리학적인 현상도 감각으로 치환되어 양적인 것으로 이해한다. 심리적인 것은 감각적인 것의 종합일 뿐이다.

> 심리적 현상은 더 이상의 환원이 불가능한 최소한의 요소들, 즉 감각들로 구성되어 있다는 사고가 등장하게 된다. 따라서 소위 물질적인 영역과 정신적인 영역은 하나의 공통분모를 갖게 된다. 즉 양자의 영역은 동일한 요소들로 구성되어 있으며 동일한 법칙에 의해서 서로 결합된다. 이로써 정신과 육체는 분리 불가능한 것이고 오히려 양자가 동질적인 최소한의 감각 단위로 환원될 수 있다는 의미에서 인간에 대한 이원론적 관점은 육체 중심적인 일원론으로 재규정된다. (임의영 52-3).

위의 글을 통해 우리는 행동주의에서 어떻게 심리적 현상이 감각들로 치환되는지 알 수 있다. 이런 행동주의는 선험성이나 인간 불변의 정신적 요소를 강조하는 데카르트주의와는 극단의 반대편에 서 있는 이론이다. 이런 점에서 행동주의는 데카르트 이래로 근대 철학의 중요한 논점의 하나였던 정신과 육체의 이분법을 해소한 육체중심적 일원론이다. 즉 육체와 정신이 단지 낮은 수준의 감각들의 결합물인 육체와 높은 수준의 감각들의 결합물인 정신으로 해석됨으로써 양자의 차이는 질적인 것이 아니라 양적인 것으로 이해된다.

이렇게 되면 정신의 독자성은 없어지고 정신은 육체의 반영이 된다. 개인은 사회의 반영이고, 확장한다면, 소설은 인간 정신의 보편적 형식이라기보다 자본주의 사회의 반영물일 뿐이다. 모든 것은 행동으로서 관찰 해석 가능하게 된다. 나아가 인간의 내면성은 외적인 환경의 변수로 해석된다. 스키너는 "여타의 행동주의 심리학자들과 달리 인간의 내면성(private event) – 욕구, 감정, 정서, 느낌, 기분, 정신, 사고, 자아, 합리성, 자율성 등등 – 과 타협하지 않았던 것"(임의영 18)이다.

이러한 스키너의 인간관은 '언어와 실재'의 일치라는 와트의 철학적 리얼리즘과도 일치한다. 외부적으로 관찰되는 세부적인 배경 묘사를 통해서 심리의 사실성을 강조하며, 실재를 드러내지 않는 언어의 존재를 부인하고 모든 것(자연관계, 자연과 인간관계, 인간과 인간관계)은 인과관계 속에서 서술될 수 있다. 철학적 리얼리즘은 존재와 사유의 괴리를 부정하며 구체적으로, 물질적으로 감각할 수 있는 것만을 존재로 인정한다. 개인의 감각을 넘어선 것을 인정하지 않는 이러한 인식론은 감각할 수 있는 것으로 인간의 정신능력을 환원시킨 스키너적 인식론과 맥락을 같이 한다.[18]

다음으로 스키너의 통제과학을 통해 18세기 계몽주의의 이율배반과 와트의 소설발생론을 연관시켜 고찰해보기로 한다. 내적 상태를 고려하는 전통적인 접근에 대한 도전과 아울러 스키너는 '자유'와 '존엄'에 대한 우리의 개념 또한 배제되어야 한다고 주장하였다. 사실상 이 개념 속에는 원활하게 기능하는 사회의 발전을 방해하는 행동이 포함되어 있다. 『자유와 존엄을 넘어서』(*Beyond Freedom and Dignity*)(1971)에서 그는 여하한 형태로 통제를 벗어나거나 회피하고자 하는 시도들은 행동공학의 광범위한 사용을 가로막는다고 설명한다. 스

---

[18] 이러한 행동주의적 논리는 와트가 데카르트의 관념론과 로크의 경험론을 형식적 리얼리즘에서 통합하려는 시도에서 잘 드러난다(이 글 제 4장 2절 참조).

키너는 계몽주의 지식인과 마찬가지로 인간행동의 통제 가능성에 대한 전례 없을 정도의 믿음과 발달된 과학기술에의 신뢰를 기반으로 하여 자율적이고 자유로운 존재로서의 인간상을 부정했다.

계몽주의란 상업 및 산업 활동을 통해 엄청나게 돈을 번 부상하는 중산층, 즉 부르주아의 경제적 몫에 상응하는 정치적 요구의 표현이다. 따라서 이 계몽주의 담론은 중상층 부르주아의 정치적 요구가 어느 정도 관철되기 시작하면 내포의 원리 대신 배제의 원리가 작동하기 시작한다. 이들 남성 3인조의 소설은 이러한 배제의 원리가 본격적으로 작동하는 작품들이다. 따라서 이들 작품들은 형식상은 귀족제와 왕제에 반대하여 전체 인민을 대표한다는 내포적 의미의 원리를 작동시키고 있으나 내용상은 중하층의 대중과 여성층에 대한 통제와 조작이 들어가는 배제의 원리를 작동시킨다.

와트가 과거에 비해 혁명적이고 도전적이라 주장하는 형식적 리얼리즘이 그 내용상 혁명성과 도전을 가지지 못하는 이유는 계몽주의 담론이 지닌 이러한 본질적 이중성에서 유래한다. 와트를 비롯한 근대소설 발생론자들은 그 계몽성의 위대함만 언급하고 계몽주의가 지닌 이중성은 언급하지 않았다. 그들이 주장하는 '소설의 발생'의 시점인 18세기 중엽은 정치적 헤게모니를 장악한 시민계급이 서서히 강화시켜오던, 여성을 비롯한 대중에 대한 통제와 지배가 전면화되는 시기다. 중세적 혈통에 기초한 귀족계급에 대항하여 개인의 능력에 토대를 둔 자유경쟁을 주장하고, 교황청을 정점으로 교회를 통하여 지배하여 오던 거대한 중앙집권체제의 신성권력에 대항하여 개인 신앙의 자유와 독립을 내세우던 부르주아는 정치적 헤게모니를 잡아 지배 권력으로 되자 대중에 대한 통제와 지배에 들어간다. 그것은 곧 국가화되는 과정이자 여성에 대한 배제와 젠더화 담론을 유포시키는 과정이다.

만약 과거의 위계적이고 권위적인 체계에 대해 대항한 이념이 보편적 이념이라면 중산층의 계급적 이해를 넘어 보편적 실현을 위한 자기운동을 하는 것이 이념일 것이다. 하지만 헤겔의 절대정신이 오랜 여정 끝에 자기운동을 끝내고 자리를 틀고 앉은 것이 프리드리히 대제 치하의 당시의 독일이듯이 계몽주의 지식인의 보편적 이성은 더 이상의 자기운동을 멈추어버린다. 이 이율배반은 계몽주의의 딜레마로 나타난다.

계몽주의의 1950년대 냉전판이라 할 수 있는 행동주의 심리학은 이러한 계몽주의의 양면성을 정확하게 드러낸다. 스키너의 저술에서 나타나는 두 가지 핵심어는 '과학'과 '통제'이다. 스키너의 『과학과 인간행동』(*Science and the Human Behavior*)(1953)이라는 책은 '과학'으로 시작하여 "'통제'로 끝나고 있다. 그에게 중요한 것은 이제 '자유냐 통제냐'가 아니라 '누가 통제할 것인가' 하는 것"이었다(Paul Nash 407). 이 '과학'과 '통제'는 계몽주의 지식인의 딜레마로 나타났었다. 계몽주의 담론이 지닌 본질적 이율배반9)의 한 날개가 부상하는 지배계급으로서 중상층(high-middle class)이라면 다른 하나의 날개는 중하층 대중(low-middle class)과 여성이다. 즉 '과학'으로 무장하고 '통제'에 들어간 것은 중상층인 계몽주의 지식인이다.

인간의 자율을 부정하고 외부의 통제와 기획에 의해 이루어지는 계몽과 근대성의 기획은 물론 전시대의 권위적, 신분적 통제 방식과는 다르다. 통제가 부정적으로 인식되는 이유는 혐오적인 자극과 벌을 통해서 인간을 통제하기 때문

---

19) 칸트는 『순수이성비판』에서 계몽주의 담론의 이율배반을 사변적, 형이상학적으로 나타내고 있다. 그의 이율배반은 경험적인 것과 이성적인 것이 충돌함으로써 생기는 것이다. 그의 이율배반이 주로 우주와 신의 문제에 집중되고 있어 정치 사회적 문제에 대한 적용과 언급은 회피하고 있지만 그의 이율배반은 그 시대 보편적 이성이 지닌 이율배반을 정확하게 간파하고 있음을 알 수 있다. 이처럼 계몽주의가 주창하는 자유나 이성, 평등의 문제도 그것이 이성적일 때 충분히 보편적이나 경험적일 때 그것은 지극히 계급적이고 남성 중심적이다. 칸트의 이율배반은 『순수이성비판』 338-425 쪽 참조할 것. 그리고 이 이율배반이 여성의 지위와 젠더화 담론에 나타난 것을 보려면 미셸 크랑프-카스나베(Michèle Crampe-Casnabet)의 「18세기 철학 저서에 나타난 여성의 이미지」 참조할 것.

이다. 스키너가 주장하는 정적 강화(positive reinforcement) 방식은 인간이 자유로움을 느끼면서 자신이 원하는 행동을 할 수 있게 하는 통제 방식이다. 근대 계몽주의 지식인에 의한 대중조작과 통제는 이러한 방식에 가깝다. 그것은 물리력에 의한 지배라기보다 물리력을 배경으로 한 형식에 의한 지배이다.

계몽주의 시대는 인쇄술의 발달에 힘입어 읽기와 쓰기가 대중적 현상으로 자리 잡았던 시대이다. 읽기와 쓰기는 중세적 집단성에서 벗어나 자아로의 침잠을 가능하게 한 반면에 글을 통해 사회를 통제하는 새로운 방식의 통치를 가져왔다. 로제 사르티에(Rosé Chartier)는 인쇄매체를 통한 '읽기와 쓰기'는 신과 인간의 관계를 변화시켰으며 권력과의 관계방식을 변화시켰다고 한다(163).

글쓰기를 통한 대중 계몽의 형태가 가장 잘 드러난 것이 토리당 후원의 『검사관』(The Examiner)과 휘그당 후원의 『관찰자』(Spectator)이다. 그 이전 매개인을 통해 명령의 구두 전달이나 문서로 전달형태를 취했던 정치가 '쓰기와 읽기'를 통해 설득, 조작, 통제의 형태를 띠고 나타났던 것이다. 리차드 스틸(Richard Steele)과 애디슨은 정치저널을 통해서, 또는 일상생활에 대한 문답법을 통해서 그 시대의 신이자 사제가 된다. 이런 맥락에서 융성했던 계몽주의 산문담론이 소설로 이행되었다고 보는 와트와 와트 류 비평가들의 주장은 소설을 계몽적 담론을 통한 중하층과 여성층에 대한 중상층의 통제의 한 형식으로 본 것이었다.

행동주의와 기능주의적 측면을 지닌 사회결정론적인 와트의 근대소설발생론은 18세기 영국사회에서만의 소설발생을 문제 삼는다. 즉 18세기 영국 사회가 유독 그 이전 시대와 인근 지역의 다른 유럽 국가와 달랐기 때문에 이 다른 사회적 특성만이 소설을 발생시켰다는 것으로 된다. 와트는 역사적 맥락은 배제한 채 특정한 사회 내에서 소설의 존재를 구조기능적으로 분석하였다. 행동주의적 관점에서 보면, 와트는 데카르트의 관념론과 로크의 경험론을 개인주의 미학으로 가공하여 형식적 리얼리즘의 등장을 소설의 발생으로 설정했으며 소설의 도덕성 문제는 여성들과 중하층의 대중을 프로테스탄트 윤리로 통제와 조작의 대상으로 설정했다는 것이다.

    와트나 와트 류 비평가들에게 소설은 역사적으로 내려오는 장르가 아니라 실험실에서 다양한 원소를 넣고 일정한 온도와 시간이 주어지면 새로운 화합물이 나오듯이 자본주의라는 사회에서 기행문, 생활지침서, 경제논문, 정치논문, 종교적 명상록, 로망스 이야기, 회고록, 취재기 등 다양한 형식의 글들을 집어넣고 계몽주의 지식인인 실험자가 인쇄술과 출판시장이라는 조건에서 조합할 수 있는 화합물처럼 탄생되었다. 이러한 견해는 18세기 영국에 특징적인 산문담론에서 소설이 발생했다는 논리로 귀결되었는데 이에 대한 비판은 제4장 1절에서 이루어진다.

3. 와트와 문학사 연구방법론

1) 동어반복적 정의와 새로움에 대한 인식

    『소설의 발생』은 단순히 18세기 소설에 관한 연구가 아니라 오늘날의 소설과 관련된, 200여 년 동안의 문학사의 일부에 관한 연구이다. 따라서 '소설의 발생'을 둘러싼 논란은 '소설의 발생'의 문제를 넘어선다. '소설의 발생'을 논하는 것은 소설을 재정의하는 것이고 소설사를 다시 쓰는 것이며 나아가 장르론의 문제이며 문학사를 재정립하는 것이다. '소설의 발생'에 대한 다양한 견해는 대부분의 문학사가들이 소설에 대해 보여주는 여러 가지 뚜렷한 경향을 시사한다. 워너는 문학사란 "역사상의 투쟁을 형식들의 목록으로 변화시킨다. 특정한 역사적 맥락 안에서 소설을 읽고 쓰도록 동기를 부여하였을 차이들 – 종교적, 정치적 계급적 사회규범과 윤리에서의 차이들을 취하여 그것들을 종류의 차이로 전환시킴으로써 그러한 변화를 일으킨다"(워너 2000, 31)라고 한다. 따라서 '소설의 발생'에서 벌어진 논란은 퍼킨스가 많은 문학사에서 발견해낸 당파성의 예들이다.

이 장은 와트의 『소설의 발생』을 비롯해 그의 이론을 심화, 확장하려고 하는 헌터나 매키온의 저서들에 대해 문학사 연구방법론적인 측면에서 비평하고자 한다. 이들이 말하는 '소설의 발생'도 워너의 언급대로 본다면 하나의 당파성을 지닌 문학사일 뿐이다. 대개 하나의 당파성을 지녔다하더라도 그것을 보편타당한 것으로 만들기 위해 다양한 방법론을 동원하여 쓰고자 하는 문학사를 구성하기 마련이다. 따라서 이 장에서는 이런 방법론적인 측면을, 그리고 그 방법론의 내적 원리의 모순된 측면을 통해 와트와 와트 류의 주장을 비평해보고자 한다.

와트와 와트 류 비평가들에게 연구방법론적 측면에서 문제가 되는 것은 첫째, 동어반복적 정의의 문제이고 둘째는 장르에 대한 새로움의 인식을 역사적인 차이에서 추론해내는 것이고, 셋째는 과거 형식과의 단절을 바탕으로 하여 텍스트 사이의 유사성과 차이를 문학 분류법의 기준으로 삼은 것이고, 넷째는 필딩을 소설발생의 3인조로 포함시킴으로써 이런 분류법의 기준을 스스로 무너뜨림으로써 일관성을 결여한 것이다.

우선, 동어반복적 정의를 통해 나타나는 와트의 오류를 살펴보기로 한다. 『소설의 발생』 도입부에서 다음과 같이 시작하는 와트는 '소설은 새로운 형식이다'라는 자신의 명제를 동어반복적인 논리로 시작한다.

18세기 초기의 소설가들과 그들의 작품에 흥미를 갖는 사람이라면 누구나 물어봄직한 일반적인 질문들에 대해 아직 전적으로 만족할 만한 대답은 없는 편이다. 그 질문들이란 다음과 같다. 소설은 새로운 문학형식인가? 보통 그렇게 받아들여지듯이 소설이 새로운 문학형식이며 디포우와 리차드슨, 그리고 필딩에 의해 시작되었다고 가정한다면, 소설은 과연 과거의 산문으로 된 이야기, 예를 들어 그리스의 허구와 또는 중세나 17세기 프랑스의 허구와 어떻게 다른가? 이러한 차이점들이 시대와 장소에 따라서 나타나게 되는 이유라도 있는가? (1984, 9)

위의 글에서 와트는 처음에는, 누구나 물음직한 질문인 "18세기 초기의 소설가들과 작품들이 새로운 문학형식인가"에 대해 아직 그 대답은 없다고 한다. 그러고는 "보통 그렇게 받아들여지듯이 소설이 새로운 형식이라고 가정한다면"라고 말한다. 여기서 "보통 그렇게 받아들여지듯이"는 이미 모두 새로운 형식으로 받아들인다는 것을 의미한다. 그런데 또 모두 새로운 형식으로 받아들이는 것을 "가정한다면"이라고 한다.

이러한 와트의 말에 대해 브라운은 "전형적인 제도적 책략으로 소설의 기원에 대한 고압적인 탐색의 장을 열었다"(1996, 13)고 말한다. 그는 존 리더(John Rieder)의 책에서 인용된 와서만(Wasserman) 경의 말을 통해 와트가 악순환의 논리를 제도적 책략으로 사용하고 있다고 비판한다. 즉 "증명되어야 하고 존재하는 것으로 정의되어야 할 것이 존재하는 것으로 가정"(1996, 22)되어 "선험적 유령"(1996, 22)을 구성한다는 것이다. 와트의 "흔히 그러하듯이"라는 것은 그들 모두의 자료가 수용된 의견임을 지적하고 따라서 주장하기 위해 가장 필요한 것은 악순환의 논리에 희생된다. 브라운은 "이들 가정이 설명되지 않고 있다는 사실은 '선험적 유령'과 이전의 산문소설의 차이에 대한 일련의 질문들이 쏟아짐으로써 은폐되고 만다"(1996, 13)고 본다. 그런데 한 페이지를 넘기면, 우리는 주로 자신의 작품을 구식의 로망스들과 단절을 했다고 보는 추정된 기원의 소설가들이 "용어를 변화시켜 자신들의 소설의 변화된 본질을 정전화하지 않았으며 '소설'이라는 용어의 사용은 18세기 말까지도 충분히 정립되지 않았다"(와트 1984, 10)는 사실을 알게 된다.

이러한 논리적 악순환은 헌터의 『소설 이전: 18세기 영국소설의 문화적 맥락』의 도입부에서도 그대로 드러난다. 다음과 같이 시작하는 글에서 헌터는 18세기 초에 등장한 "새로운 문학 형식"에서 새로움이 무엇인지 알고 싶다고 한다.

> 영국문학사에 대해 진지한 연구를 시작한 이래 18세기 초는 뚜렷이 구별되는 새로운 형식의 산문 허구가 등장한 시대로 보였고 유일한 문제는 왜, 정확히 언제인가였다. . . . 왜에 관한 문제로 들어가기 전에 우선 소설에서 변별적으로 새로운 것은 무엇이었는지 – 역사적 콘텍스트에서의 형식적 정의의 문제 – 알고 싶다. (1990, 6)

위 인용문을 보다 축약하면 "새로운 형식이 뚜렷하게 보였기 때문에 새로운 것이 무엇인지 알고 싶다"는 문제제기이다. 즉, 새로운 것이 있다는 전제 아래 새로운 것을 알고 싶다는 것이다. 그래서 헌터에게 소설 시작의 궁극적 문제는 유일하게 '왜 새로운 것이 등장했는지' 그리고 '언제 등장했는가'이다(1990, 7). 실제로 논증되어야 할 것은 와트에게서와 마찬가지로 제외되고 만다.

이런 논리는 문학사 연구에서 가장 오류를 범하기 쉬운 것이다. 분석하기 전에 먼저 분석의 기준을 설정해놓고 그에 맞춰서 분석하는 것인데 퍼킨스는 이에 대해 분류의 체계는 분류하고자 하는 문학에 앞서 존재한다고 말한다.

> 우리가 문학사를 쓸 때 분류의 체계는 언제나 이미 존재하고 있다. . . . 만약 문학사가들이 이들 분류 체계에 대해 생각한다면 그들의 생각은 이미 그 분류 체계에 의해 형성되어진다. 어떤 의미에서 분류체계는 분류하고자 하는 문학에 앞서 존재한다. 왜냐하면 그것은 문학에 대한 인식을 조직하기 때문이다. 분류체계는 무엇을 찾아야 할지를 알려주는 신호이며 어느 정도 관찰되어지는 것을 미리 결정하기 때문에 분류체계의 타당성은 텍스트가 읽혀질 때마다 스스로 확신한다. (72)

과거의 문학에 대해서 다양한 고찰 과정을 거친 후에 분류체계가 이루어지는 것이 아니라 미리 분류체계를 세운다는 것은 현재의 관심과 이해관계에서 비롯되는 것이다. 즉 '새롭다', '다르다'라는 인식부터 하고 그에 따라 분류 체계를 세워놓고 텍스트를 읽을 때마다 그에 해당하는 부분을 확신하여 문학사를 구성하는 것이다.

물론 귀납적 방법만이 유일하게 타당한 것은 아니지만 과거의 문학은 실재했던 것이고 그 실재에 대한 탐문을 통해 현재의 필요와 만나야 하는 것이다. 그런데 와트는 실증적 통계적 자료로 자신의 주장을 뒷받침하는 근거로 내세우지만 실제로 이루어져야 할 전제에 대한 해명을 하지 않고 있다. 그것도 과거의 그들(디포우, 리차드슨, 필딩)은 전혀 자신의 작품이 로망스와는 종적으로 단절되었다고 생각하지 않은 것을 말이다.

2) 단절과 유사성, 차이의 연구방법론 비판

와트를 비롯한 '근대 영국 남성 주도의 소설발생론자'들에게 핵심적인 단어는 '새로움'이다. 중세와는 단절된 '새로움'에서 와트나 헌터, 매키온 등은 남성 3인조의 소설형식을 뚜렷하게 구별짓는 근거를 찾는다. 우선 중세적 전통과 결별을 통해 소설이 발생했다는 와트의 주장을 인용해보기로 한다.

> 스콜라 철학적인 리얼리즘에 입각한 이 대단히 생소한 견해는 적어도 오늘날 '리얼리즘'의 달라진 철학적 의미와 유사한 소설의 한 특성에 주의를 기울이게끔 도움을 준다. 소설은 근대에 발생했다. 이 시대의 일반적인 지적 성향은 보편적인 것들을 거부함으로써 — 또는 적어도 거부하고자 시도함으로써 — 고전 시대와 중세의 유산으로부터 결정적으로 분리되어 있었다. (1984, 12)

와트는 고전시대와 중세의 유산으로부터 분리되어 소설이 근대에 발생했다고 한다. 와트는 17세기의 인식론이나 지적 경향에 대해 언급하지 않고 아예 머나먼 시간을 설정하여 중세나 고전 시대와 비교한다. 즉 와트는 17세기의 산문허구가 이전 시대를 거부한 것은 말하지 않고 18세기 중엽의 작품들이 고전 시대와 중세와 다르다는 것을 말한다. 그런데 시대가 멀다는 것만으로도 작품의 차이가 나는 것은 명확하지 않는가? 이것은 디포우, 리차드슨과 필딩의 소설을 이미 자본주의적 산문허구의 대표자로 보고 중세나 17세기 고전시대의 대표적인 특징들과 대조하는 방법이다. 그 과정에서 17세기 소설들은 중세 시대의 작품들과 유사한 것으로 본다.

헌터의 경우도 역시 이런 대조방법은 같다. 헌터는 소설의 내용을 가지고 기준으로 삼지 않고 시대적 특징을 가지고 문제 삼는다. 헌터에게 역사적 시대의 새로움이 관건이지 소설의 새로움의 내용이 먼저 제기되지 않는다.

> 소설의 새로움에 대한 의심은 형식과 역사에 대한 문제를 불러일으킨다. 소설의 시작에 대한 궁극적 문제는 언제와 왜이냐 청교도적이고 자본주의적이며 제국적, 불안정하고, 들떠있으며, 대담하고 자의식적인 문화가 제약적이며 권위적, 위계적, 너무 꼼꼼하게 분류된 과거에 도전하고 있다는 것을 알게 된 18세기 영국에서 새로운 문학의 종이 등장했다는 주장이 어떤 쟁점으

로 문제가 되고 있는지 물어보는 것이 중요하다. (1990, 7)

헌터는 자본주의적 시대의 본질과 중세의 시대적 본질의 차이가 소설의 차이라는 주장을 한다. 헌터의 주장은 "형식적인 것과 역사적인 것이 보다 상호의존적"이라 보기 때문에 역사적인 문화적 차이가 곧 형식의 차이를 가져온다는 것인데 이것은 지극히 단선적인 방식이다.

그런데 헌터는 역사적 차이가 형식적 차이를 가져온다는 일반론이 아니라 역사적 차이는 아예 형식 자체의 발생을 가져온다고 주장한다. 헌터 식으로 주장한다면 모든 것은 역사적인 것으로 환원되어 역사적으로 달라지면 모든 것도 달라져야 한다. 그렇게 되면 서정시도 희극이나 비극도 다시 발생되어야 한다. 왜 이들 형식들은 역사적 차이가 있는데 형식적 발생을 가져오지 않는가? 회화에서도 쿠르베를 비롯하여 사실적 화풍에 충실한 리얼리즘의 시기가 있었지만 이런 리얼리즘적 사조만으로 회화를 발생시키지는 않는다.

이에 비해 매키온은 보다 더 세련된 방법으로 소설형식이 새로이 등장한 배경을 제시한다. 새로운 사회적 윤리적 문제를 맡게 될 새로운 사명으로 소설이 근대 영국 초기에 발생했다고 한다.

> 귀족적 명예에 대한 불신이 차츰 높아져가고, 그 명예의 암묵적 통일성이 지위와 덕목, 출신, 사회적 가치 등을 문제시하는 관계로 분해되면서 사회적 지적 법적 제도적 허구들의 유동성도 가속화되어 갔다. 그 허구들이 차츰 허식적으로 사용되는 것은 다른 이데올로기들에 봉사하는 것으로 변천해가는 이데올로기적 목적을 충족시킬 수 없는 신호탄이 되었다. 비슷한 방식으로 소설은 기존의 문학적 허구들이 더 이상 중재할 수 없는— 표현하든 감추든 — 사회적 윤리적 문제를 맡게 될 새로운 문학적 허구로 근대 초기의 영국에서 등장했다고 주장한다. (133)

매키온의 이러한 주장은 와트의 주장을 보다 세련되게 강화시킨 것이다. 귀족적 명예가 사회 윤리적 가치일 때는 로망스 형식인데 새로운 개인주의와 청교도 이데올로기가 지배적인 경우 로망스는 그것을 떠맡을 수 없으므로 소설이라는 허구가 불가피하다고 본다. 매키온은 소설이 허구라는 점을 인정한다는 점에서는 와트나 헌트보다는 진일보한 점이 있으나 역으로 보면 헌트의 논리와 다르지 않다. 즉 헌터 식으로 하자면 위계적이고 권위적인 문화에는 로망스, 자의식적이고 개인주의적 문화에는 소설이라는 것이다. 헌터가 사회문화적으로 설명한다면 매키온은 인식론적 가치론적으로 설명하는 것이 다를 뿐이다.

이렇게 볼 때 와트나 헌터, 매키온에게 새로움은 일차적으로 시대적인 것이지 문학적인 것이 아니다. 즉 그들은 문학형식과 내용에서 이전 단계의 서사와 다른 새로움을 먼저 제시한 후, 그 새로움을 사회 역사적 배경으로 인한 것으로 보는 것이 아니라 거꾸로 시대적 차이와 새로움을 제시하고 나서 불가피하게 문학이 형식에서 새로울 수밖에 없다는 주장을 한다.

새로움을 강조하는 와트나 이들 '근대영국 남성주도의 소설 발생론자들'은 차이와 특이성, 단절을 문학사 분류의 기준으로 삼는다. '얼마나 다른가'가 문학사의 유일한 분류기준이다. 앞에서 시대적 특징에서 "결정적으로 분리된"(와트 1984, 12) 철저한 단절과 차이를 주장했듯이 이들 비평가들은 리차드슨, 디포우의 작품은 중세적 로망스 뿐 아니라 17세기의 소설들과도 단절되어 차이가 난다고 본다. 특히 17세기의 소설과는 유사성이 차이보다 더 많겠지만 유사성은 하나도 말하지 않고 차이만 말한다. 그리고 리차드슨과 디포우의 작품을 필딩의 작품과 비교할 때는 유사성만 말하고 그 사이에 존재하는 차이는 점차 유보되어 유사성으로 변질된다. 그러면 이들의 논리는 완전한 정합성을 가지게 된다.

17세기 이후의 여성 3인조 소설과 대조해서 차이를 말할 때는 그들 사이에 유사성이 아무리 많더라도 배제하고 차이만 말하고 필딩을 리차드슨이나 디포우와 비교하여 유사성을 말할 때는 차이가 아무리 많더라도 유사성만 말하면 되기 때문이다. 퍼킨스는 텍스트 사이의 유사성으로 문학을 분류한다는 것은 매우 이례적인 것일 뿐 아니라 실제로 분류의 기능을 제대로 수행하지 못한다고 한다.

> 텍스트 사이의 유사성과 차이점을 관찰함으로써 분류한다는 것은 문학사에서 매우 이례적인 것이다. 보다 정확히 말한다면, 분류과정은 어떤 다른 식으로 획득되어 온 분류체계를 확증하기 위해 쓰여진다. 텍스트의 관찰과 비교는 범주의 거의 유일한 토대는 아니다. 만약 그러한 절차들이 크로체적 유형의 비평에 얼마나 취약한가를 생각한다면 그 이유를 알게 된다. 텍스트는 무수한 측면을 가지고 있기 때문에, 만약 그렇지 않다면 연관된 텍스트들이 아주 달라질 수도 있지만 하나나 몇 개의 측면을 공유하고 있다고 수많은 다른 텍스트들과 연결시킬 수 있다. (76)

텍스트 사이의 유사성과 차이점을 분류 기준으로 삼는 것에 대해 퍼킨스가 "어떤 다른 식으로 획득된 분류체계를 확증하는 것"이라고 언급한 것은 중요하다. 이것은 텍스트의 유사성과 차이점을 분류 기준으로 삼을 때 분류체계와 분류과정이 동일한 범주나 기준에 근거하지 않고 서로 별개의 것으로 제시된다는 것이다. 설사 이렇게 별개의 것으로 제시되어도 텍스트가 지닌 다양성으로 인해 최소한의 증명거리가 남아있다는데 대해 퍼킨스는 가장 문제가 있다고 본다.

퍼킨스의 이런 문제인식을 와트에게 적용시켜 보면, 와트의 분석과정에서 형식적 리얼리즘이라는 분류체계는 이념적인 개념체계에서 가져오고 분류과정은 텍스트의 유사성과 차이를 기준으로 삼는다는 것이 확연하게 드러난다. 따라서 이런 분류과정은 임의적으로 분류체계를 일그러뜨릴 측면을 항상 내포하게 된다. 다음 글에서 와트가 필딩을 형식적 리얼리즘의 발생 시조의 하나로 잡으면서 스스로 분류체계를 일그러뜨리는 것을 보게 된다.

3) 와트 연구방법론의 비일관성: 필딩의 존재

마지막으로, 와트의 문학사 연구방법론에서 문제가 되는 것은 필딩을 포함시킴으로써 일관성을 결여한 것이다. 이러한 오류는 텍스트 사이의 차이와 유사성을 유일한 분류 기준으로 삼을 때 나오는 임의성과 자의성에 기인한 것이다. 와트는 필딩을 포함시킴으로써 로망스와 소설을 완전히 종적으로 다른 형식으로 보는 자신의 전제와는 상치하는 것으로 그 전제 자체를 흔들리게 한다. 와트는 리차드슨과 디포우의 작품들의 유사성을 중세의 작품들과 대조해서 설명하다가 필딩에게만 오면 주춤거리고 그 차이를 인정하지 않을 수 없게 된다. 와트가 소설 발생의 3인조로 잡은 필딩은 중세적 로망스의 전통을 그대로 이어받고 있는 것으로 와트의 '형식적 리얼리즘'으로는 도저히 설명되지 않기 때문이다. 『소설의 발생』에 나타나는 필딩에 대한 와트의 언급을 몇 가지만 골라 보기로 한다.

> 이 점에서 필딩은 리차드슨의 특수성과 어느 정도 차이가 있다. 필딩은 우리에게 완전한 실내묘사를 해주지 않는다. 그리고 흔히 나오는 풍경묘사는 매우 관습화되어 있다. 그럼에도 불구하고 『톰 존스』는 소설사에서 최초로 고딕식 저택의 특징을 그려준다. (1984, 27)(방점 필자처리)

> 물론 필딩은 라틴문학 전성기의 산문문체나 문학관의 전통과 관계를 끊은 것은 아니다. 그러나 이것이 그의 이야기의 진정성의 가치를 떨어뜨린다고 할 수는 없다. 『톰 존스』를 읽으면서 우리는 새로운 현실 탐구에 대해서 엿듣는다고 상상하지 않는다. (1984, 29-30)(방점 필자처리)

하트프리, 올워시, 스퀘어 등과 같은 이름들은 비록 믿을 만한 것이기는 하나 확실히 유형화된 이름들의 현대판이다. 심지어 웨스턴이나 톰 존스는 필딩이 특수한 개인 뿐 아니라 일반적인 유형화된 인물들에게도 유의하고 있었다는 점을 대단히 강력하게 시사하고 있다. 그러나 그 점이 현재의 주장을 논박하는 것은 아니다. (1984, 20)(방점 필자처리)

위의 세 언급에서 보면 리차드슨과 디포우가 공유하는 측면이 필딩에게서는 정반대로 나타남을 알 수 있다. 리차드슨과 디포우에게 나타나는 묘사의 특수성이 필딩에게는 관습적 풍경묘사로 나타나고, 문체에서의 과거와의 단절이 필딩에게는 라틴 문학적 산문문체 그대로 드러나고, 특수한 이름이 필딩에게는 유형화된 이름으로 나타난다. 리차드슨과 디포우의 유사성에서 추출한 형식적 리얼리즘의 특징들이 필딩에게 거의 해당되지 않음을 와트 스스로 고백한 것이다.

하지만 필딩의 차이점은 점차 유보되어 어느덧 유사성으로 변하는 놀라운 변신을 한다. "그럼에도"라든지 "그러나"로 항상 차이를 유사성으로 역전시킬 준비를 한다. 와트는 필딩의 묘사는 관습적이지만 최초의 고딕식 저택을 묘사하고 있으며, 라틴 문체적이기는 하나 새로운 현실에 대한 탐구를 직접 보여주며, 유형화된 이름은 후기에 가면 군소인물에게서만 나타날 뿐 주인공들에게는 특수한 이름을 부여한다는 것이다. 결국 필딩은 여러 유보조건을 달고서 후기에 가면 형식적 리얼리즘의 특징을 부분적으로나마 공유하는 소설가가 되므로 소설 발생 3인조에 들어갈 수 있다는 것이다.

와트의 이런 끼워 맞추기는 와트 주장의 가장 큰 아킬레스 건이 된다. 퍼킨스는 차이와 유사성에 근거하여 분류하게 될 때의 문제점에 대해 "분류법의 근거로서 단지 몇 개의 양상만을 선택하여 문학작품에 대해 단지 하나나 몇 개의 문제만을 언급하여 엄격하게 진행한다면 우리는 배열이 틀어지고 우리가 직관적으로는 전혀 함께 속하지 않는다고 느끼는 텍스트들을 그룹으로 묶게 될 것"(76)임을 경고한다. 와트가 필딩을 3인조에 끼워 넣음으로써 틀어진 분류법은 이제 존경할 만한 것이 되지 못한다. 사실 모든 텍스트들의 양상들을 근거로 하여 분류하려는 시도는 불가능한 것일지도 모른다. 그리고 하나의 텍스트에서 그에 해당하는 것을 모두 구별해낼 수도 없고 또 다른 텍스트들의 모든 양상들과 비교할 수도 없다. 만약 와트가 유의미한 양상들의 조합으로 분류하고자 한다면 와트는 자신의 의미 범주를 정당화해야 할 것이다.

이처럼 배열이 어긋난 와트의 연구 방법론에 대해 매키온도 심각하게 인정하고 있다. 와트가 필딩을 인정하려면 와트의 의미범주를 버려야 하고 와트가 자신의 의미범주, 즉 설명적 틀을 고수하고자 한다면 필딩을 버려야 한다고 한다.

> 우리가 필딩을 원한다면 우리는 그의 작품들이 함축하는 '로망스'적 요소들과 반개인주의적 경향들을 조정하기 위해 설명적 틀을 없애버리고 약화시켜야 한다. 우리가 설명적 틀을 원한다면 우리는 소설의 발생에서 필딩의 많은 부분을 배제해야만 한다. 다른 말로 하자면 와트가 지닌 대단히 설득력있는 주장이 풀어보고자 했던 하나의 중심적인 문제는 소설 속에서 그리고 소설의 발생과 함께 존재하는 로망스의 지속성 문제이다. 이 문제의 뒤에 보다 근본적인 문제, 즉 '소설'과 '로망스'의 차이에 대한 우리의 이론이 지닌 부적절성의 문제가 잠복하고 있다. (3)

매키온은 이처럼 필딩의 '로망스'적 양상이 와트 류의 소설발생론에 근본적인 문제를 제기함을 알고 있다. 즉 '소설'과 '로망스'의 차이에 대한 와트 류의 이론이 부적절하다는 것이다. 그런데 '소설'과 '로망스'의 차이에 대한 이론을 포기한다면 그것은 와트 류의 소설발생론의 가장 근본적 전제를 부정하게 된다.

이런 딜레마에서 매키온은 '소설'과 '로망스'에 대한 이론의 부적절성을 극복하는 과제를 떠맡는다. 그리하여 매키온은 예의 그 탁월하고 빈틈없는 변증법적 전략으로 메우려고 시도한다. 그에 의하면 그가 장르에 부여하는 위대한 명칭인 '단순 추상체'의 하나인 소설은 1600-1740년의 기간에서 나타나는 장르적, 사회적 범주가 지닌 불안정성을 해결하기 위해 문제해결 장르로 등장한다. 로망스에서 소설에로의 이행은 문제해결장르로 등장하는 소설이 여러 변증법적 과정을 거쳐 맹아(선구자로 고대소설을 지칭)의 존재에서 지배적인 장르로 구축되어 가는 과정이다. 매키온의 정교한 변증법적 장르이론이 이 과정에 가장 잘 드러난다. 그가 이 시기에 대한 분석에서 로망스로 시작했다가 소설을 추출해내는 과정은 로망스 이상주의에서 순진한 경험주의로 넘어갔다가 이 둘에 대한 변증법적 종합으로 극단적 회의주의에 빠졌다가 그에 벗어나는 새로운 길이다. 이 과정은 사회적 가치와 미덕의 문제에서 귀족적 이데올로기에서 진보적 이데올로기로 다시 보수적 이데올로기로 변하는 과정과 유비적이라 볼 수 있다(21). 매키온의 주장대로 하면 로망스 이상주의가 번성하는 시기는 장르적으로 로망스의 시기이며 이데올로기적으로는 귀족주의 이데올로기가 사회적 가치에서 지배적이다. 그러다가 경험론에 근거한, 아직 미숙한 '순진한 경험주의'가 나타나는 시기는 소설이 나타나는 시기이며 이때는 구제도에 대한 반발에서 진보적 이데올로기가 지배적이다.

그런데 역사가 단선적인 과정이 아니듯 장르의 변화와 이데올로기의 변화도 단선적이지 않다. 그래서 다시 보수적 이데올로기에 의해 전복되면서 '극단적 회의주의'가 나타난다. 이때 경험주의적 선배를 논박하면서 극단적 회의주의는 로망스 이상주의의 몇몇 특징들을 불가피하게 되풀이하게 된다는 것이다(매키온 21). 정교하고 현란한 매키온의 이러한 주장을 풀어서 설명하면, 사회경제적 변화가 한 번의 혁명으로 일어나지 않듯이, 그리고 계급관계의 변화 역시 한 번의 혁명으로 일어나지 않고 전복과 번복을 되풀이하는 것처럼 로망스에서 소설에로의 이행도 리차드슨, 디포우에 의해 한 번에 이루어지지 않고 일정한 로망스에로의 퇴행과 소설에로의 진전이 겹쳐서 일어난다는 것이다. 하지만 사회 정치 경제적 변화가 결국은 일어나고 말듯이 소설에로의 변화 역시 불가피하다고 본다.

매키온의 주장대로 한다면 형식적 리얼리즘으로서 승리를 거둔 소설이 19세기로 갈수록 전면화되어야 한다. 하지만 1765년에 나온 호레이스 월폴(Horace Walpole)의 『오트랜토의 성』(Castle of Otranto)이나 18세기 말에서 19세기 초의 스콧의 역사소설 등과 같이 여러 로망스적 전통을 이어받은 작품들을 어떻게 평가하여야 하는가?

매키온의 이러한 이론은 정교하고 난해하고 현학적이며 엄청난 탐구력을 쏟은 저서임에도 불구하고 결국은 와트 이론의 틈난 부분을 납땜하고 새로이 도색한 것에 지나지 않는다. 매키온 역시 와트가 지닌 최대의 매력인 '소설의 발생과 형식적 리얼리즘의 콘텍스트적인 상호함축성'의 전제에서 벗어나지 못한다. 결국 그도 역사적인 것이 형식적이라는 명제를 되풀이하고 있을 뿐이다.

이처럼 와트도, 헌터도, 매키온도 결국은 자가당착에 빠지게 되는 것은 이들의 대전제인 '로망스'와 '소설'의 단절 때문이다. 이러한 단절은 어떤 특정한 역사의식에 근거한다. 소설과 로망스를 단절시키는 것은 자본주의와 중세를 단절시키는 데서 비롯된다. 사실 마르크스 뿐 아니라 베버도 자본주의는 그 이전의 과거와는 질적으로 다르다는 역사인식을 가지고 있다. 마르크스는 사적 소유와 사회적 노동의 모순을 강조하고 프롤레타리아에 의한 사회주의 혁명이 가능할 수 있는 유일한 역사발전단계라고 보기 때문이고, 베버는 프로테스탄티즘과 자본주의 정신이 유사 이래 그 어느 것보다도 진보적이라고 생각하기 때문이다.

이처럼 현재 우리가 살고 있는 자본주의가 그 어느 시대보다도 발전되고 탁월하다는 지나친 자의식에 대해 니체는 '비판적 역사관'이라고 하여 비판하였다. 니체에 의하면, '비판적 역사관'이란 자본주의 이전의 것은 무엇이든지 좋지 않고 미개하다고 보는 것이다(1980, 17). 이러한 자본주의에 대한 우월의식은 역사의 날조로 나타난다. 자의식의 날을 세운 근대인의 지나치고 과도한 역사의식이 과거를 폄하, 왜곡하여 날조하는 것도 흔한 일이다. 날조된 역사 가운데 두드러진 것은 '지구 평면 과오설'(Flat Earth Error theory)이다. 근대인의 과학적 사고가 얼마나 위대한 가를 보여주기 위해서는 중세인의 사고가 얼마나 비과학적이고 낙후되어 있었던가를 보여주는 것으로 충분했다. 제프리 버튼 러셀(Jeffrey Burton Russell)은 『날조된 역사』에서 중세인들이 지구가 편평하다고 믿었다는 것은 19세기 유럽에서 완전히 날조된 것이라 주장한다. 중세의 웬만한 사람이면 대부분 지구가 둥글다는 것을 다 알고 있었다고 한다. 콜럼버스의 위대함을 돋보이게 하기 위해 '지구 평면 과오설'을 퍼트렸던 것이다.[20]

그런데 생산양식이 어느 정도 변화하여 새롭고 단절되어 나타난다하더라도 인간 정신의 보편적 형식은 본질적으로 그리 변하지 않는다. 문학은 사회경제적 변화에 민감하지만 본질적으로 인간 정신의 보편적 형식이다. 와트나 와트류 비평가들에게 사회역사적인 변화는 문학의 종(種)을 죽이거나 탄생케 하는

---

[20] 러셀은 19세기까지는 지구평면 과오설의 신화가 정설이 아니었다고 믿는다. 그는 이 오류의 시초를 미국인 워싱턴 어빙(Washington Irving)과 프랑스인 앙투안 장 르트론(Antoine-Jean, Letronne)의 저술에서 찾는다. 또한 '과학과 종교 사이의 전쟁'의 결과로 '지구평면 과오설'이 1870년대에서 1920년대까지 널리 확산이 되었다고 한다. 러셀이 아이러니하게 여긴 점은 중세 신화의 잘못을 입증한 선구자 콜럼버스에 대한 현대적 신화가 정설이 되자마자 1920년대 중세를 연구하던 역사가들이 지구평면 과오설의 오류를 지적하는 경험적인 증거들을 제시하기 시작했다는 것이다. 그는 지구평면과오설이 진보에 대한 현대인들의 훨씬 광범위한 신화의 일부라는 것을 알아냈다. 그는 "우리는 우리의 목표(이 목표는 정의되지도 않았고 합의도 없었다)를 향해 발전하고 있다는 희망에 부풀어 현재의 우월성을 자신에게 납득시키고자 과거를 평가절하한다"(157)라고 말한다.

것이다. 그리하여 이들에게 새로이 발생된 종적 형식은 형식 자체의 발전이나 전개 법칙을 가지지 않고 '생산양식'에 완전히 종속된다. 소설 형식은 자본주의 생산양식의 산물일 뿐이다. 그러면 소설 형식은 자본주의가 없는 곳, 자본주의가 사라진 곳에서는 사라져야 할 형식일까?

매키온에게 고대소설은 근대소설의 맹아이며 미성숙본이다. 로망스나, 서사시나 희비극, 서정시 등은 전사(前史)를 가지거나 원형 단계를 거치거나 발생기의 미성숙 본을 거치거나 하지 않고 어느 시점에서 발생한 이래 언제나 나름대로의 완성된 형식을 지닌다. 하지만 매키온은 소설에게만 진화론적인 발달과정을 제시하고 그것을 변증법적 유물론으로 포장한다. 그에 의하면, 장르나 문학형식에서 유독 소설만이 아주 서서히 진화하여 자본주의에 와서 소설이 된다.

민은경(Min Eun Kyung)은 문학의 발전이라는 개념에 우리가 동의하느냐 않느냐는 것은 어느 정도 우리 자신의 역사철학(역사는 진보하는가?)에 달려있고 우리가 역사적인 것과 문학적인 것의 인과적 관계에 대한 우리의 관점(문학형식에서의 변화들은 역사적 변화들에 조응하는가?)에 의존함에는 틀림없다고 본다(240). 따라서 이러한 진화론적 주제에 대해서는 엄청난 불일치가 있을 수밖에 없다. 데이비스가 지적하다시피 "문학 분석에 대한 진화론적 모델"을 고수하는데서 생기는 하나의 기본 문제는 "문학형식들이 속(genus)과 종(species)에 따라 조직되지 않고 동류적인 해부학적 특징들도 공유하지 않는다"(1997, 6)는 것이다. 더구나 문학형식들이 사회적 역사적 정치적 맥락에서 이해된다는 것이 논박되기 어려운 반면에 맥락과 형식 간의 인과적 연쇄를 증명하기가 불가능하지는 않다하더라도 엄청나게 어렵다.

다시 돌아가면, 와트는 자신의 범주(형식적 리얼리즘)의 부적절성을 인정하지 않고 그 범주가 역사적 실체들과 일치한다고 믿게 한다. 차이와 유사성을 통한 분류는 오히려 분류에 대한 확신을 훼손시킨다. 필립 퍼겟(Philip Forget)은 문학사를 쓸 때 "자료의 뚜렷한 분화"를 수용해야 하나 "조사 과정이나 조사 끝에" 분화를 "부적합한" 것으로 만들고 그것을 포기하거나 재구조화해야 한다고 본다.21) 문학사에서 텍스트와 저자의 상호연관성은 웰렉과 워렌이 주장하는 것처럼 역사가들이 발견하기 위해 "역사적 과정 속에 파묻혀 있는 것"(278)은 아니고 문학사가들이 구성하는 것이기 때문이다.

그런데 와트는 조사와 탐색을 통해 18세기 중엽의 소설에 대한 의미범주를 수정하거나 철회하지 않고 19세기 초의 상황과 연결함으로써 논리의 모순을 수정하고자 한다. 와트는 리차드슨의 '제시의 리얼리즘'(realism of presentation) 과 필딩의 '평가의 리얼리즘'(realism of assessment)이라는 모순된 두 가지의 극단이 일차적으로 스턴에게, 이차적으로는 제인 오스틴에 와서 통일을 이룬다고 본다.

> 스턴의 예와 철학적 이원론의 유추는 리처드슨과 필딩의 소설들 간에 존재하는 이야기 방식의 두 주요한 차이점들이 결코 소설의 대립적이며 서로 양립할 수 없는 두 종류들을 표명하는 것이 아니라 단지 소설의 전체 전통에 스며들어 있으며 그 분명한 갈라짐이 사실은 조화롭게 일치될 수 있는 문제들의 뚜렷하게 대조를 이루는 해결책이라는 견해를 뒷받침하는 경향을 보이고 있다. 진실로 이러한 조화가 성취되었을 때 비로소 소설이란 장르 자체가 완전하게 성숙할 수 있었다고 주장할 수 있다. 그리고 제인 오스틴이 영국 소설의 전통에서 탁월한 위치를 점하고 있는 것은 대체적으로 이러한 문제들을 그녀가 성공적으로 해결했기 때문인 것 같다. (1984, 296)

---

21) "Literatur – Literaturgeschichte – Literatur geschichts schreibung: Ein rückblickender Thesenentwurf," in Kontroversen, Alte und Neue. Akten des VII. Internatinalen Germanisten- Kongresses Göttingen 1985. vol. 11, ed. Schöne, p. 44. (퍼킨스 67에서 재인용)

리차드슨과 필딩의 서로 상반되는 두 경향은 데카르트의 철학적 이원론과의 유추라는 접착제를 통해서 교묘하게 붙여진다. 묘사 중심인 리차드슨의 '제시의 리얼리즘'과 서술 중심인 필딩의 '평가의 리얼리즘'은 묘사와 서술이 통일되어 나타나는 스턴이나 오스틴에게 종합된다.

이렇게 되면 와트의 '형식적 리얼리즘'이라는 의미 범주가 실체와 정확히 맞아 떨어지는 것은 스턴이나 오스틴의 작품에서이다. 스턴이나 오스틴의 작품들이 '형식적 리얼리즘'의 발생이어야 한다는 논리가 나온다. 리차드슨이나 디포우는 형식적 리얼리즘에서 하나의 날개를 품고 있을 뿐인 미완성의 미숙본일 뿐이다. 브라운이 최초로 '소설의 제도화'라 할 수 있는 것은 월터 스콧이나 제인 오스틴에게서 일어난다라고 말했듯이 와트 식의 주장대로 한다면 소설은 제인 오스틴에 가서야 발생된다고 볼 수 있다. 와트 이론 내에서 이율배반이 생기게 된다.

결론적으로 『소설의 발생』에서 주장하고자 하는 바와 실제 주장하는 바가 계속 괴리가 생기는 것은 와트의 문학사 연구방법론이 '단절과 차이'에 의한 텍스트 분류체계를 가지고 날카롭게 소설과 로망스를 종적으로 구별 단절시켰기 때문이라 할 수 있다. 말하자면 세부적인 사항들을 가지고 보편적 장르형식을 나누는 기준으로 삼았기 때문이다. 그리하여 '소설'이라 불리는 작품들끼리는 유사성만이 강조되고 '로망스'라 부른 작품들과의 관계에서는 차이점만 강조되었다. 이렇게 해서 이루어진 '형식적 리얼리즘'이라는 분류체계는 그들이 분류한 소설 내에서만 통용되고 로망스에의 적용은 거부하였던 것이다. 하지만 와트는 필딩을 리차드슨과 디포우와 함께 소설 발생의 3인조로 넣을 수밖에 없음으로써 스스로의 의미범주를 균열시켰다. 필딩을 포함시킴으로써 결국은 로망스와의 단절과 차이점을 스스로 희석시키게 된 것이다.

따라서 이런 분류화 과정들은 우연적이고 비합리적 결과물이다. 퍼킨스는

"분류체계는 논리적 분업의 규칙을 지켜야 한다. 분류체계는 개별 작품의 똑같은 특징들의 변이에 근거를 두어야 한다"(68)고 한다. 부분적인 세부사항들의 유사성과 차이가 아니라 그 세부사항을 뛰어넘는 파생관계가 변이들에 대해서 고찰해야만 한다. 따라서 앞으로 다룰 제 3장의 '소설과 로망스의 관계'에서는 이런 문제인식을 갖고 소설과 로망스의 관계를 파생관계와 변이에 초점을 둔 '소설은 로망스의 합법적 자식'이라는 관점에서 논의를 풀어가고자 한다.

III. 소설과 로망스의 관계

1. 와트의 소설발생론에 나타난 소설과 로망스의 문제

1) '소설'(novel) 용어의 사용 변화와 사실성 전략

앞에서 와트의 연구방법론이 '차이와 단절'의 분류체계를 기반으로 함을 보았다. 와트 류의 소설발생론에서 '소설과 로망스의 종적 차이'는 그 핵심사항이다. 대개 상투적으로, 로망스는 기사나 용, 공주 그리고 오래된 성채가 등장하지만 소설은 일상적인 인간의 삶을 다룬다고 본다. 이런 대조는 와트 류의 비평가들이 한 번씩은 꼭 집고 넘어가는 부분인데 그 근거는 1750년에 사무엘 존슨(Sammuel Johnson)이 『램블러』(*Rambler*) 지에 언급한 것이 항상 인용된다. 존슨은 새로운 허구인 소설의 대중성에 주목하여 "영웅, 기사들, 폐허, 그리고 가상의 성채"가 주로 나오는 오래된 '영웅 로망스'와 구별한다. 그에게 새로운 허구 작품들은 "지금 세대들이 특별하게 더 기쁨을 느끼며 세상에서 날마다 일어나는 사건들에 의해서만 다양해지는, 진실된 상태로 삶을 전개하는 것이다"(19).

와트와 헌터는 디포우와 리차드슨, 필딩의 소설을 제외하고 그 당시의 소설이나 이전의 작품들을 일단 로망스로 폄하시킨 다음 이들 작품들의 특징들을 중세 13세기 전후에 번성했던 기사도 로망스의 특징들로 대치시킨다. 그리고는 이들 남성 3인조의 소설들과 중세 기사도 로망스를 비교 대조함으로써 소설의 우위성을 주장한다. 그러는 사이에 이들 3인조의 소설들을 제외한, 근대 초기의 소설 작품들은 어느새 용과 기사와 오래된 성이 나오는 기사도 로망스와 중첩된다.

이러한 탁월한 치환능력을 통하여 와트는 남성 3인조의 소설을 중세 기사도 로망스와 구별할 뿐 아니라 소설 이전의 모든 장르, 모든 형식과 대조하여 소설의 우월성을 주장한다. "소설은 이러한 개인주의자와 혁신적인 새로운 지침을 최대한도로 반영하는 문학형식이다. . . . 예를 들어 고전문학과 문예부흥기의 서사시들은 과거의 역사나 우화에 근거를 두고 있었으며"(1984, 22), "그리스나 로마의 작가들처럼 습관적으로 전통적인 플롯을 사용했던 초오서, 스펜서, 셰익스피어 그리고 밀턴과는 다르다"(1984, 23). 그리고 "한편 소설에 있어서는 소설이 그 어떤 의미에서든 다른 문학작품의 모방이라면 그것은 분명 치명적이다"(1984, 23).

와트는 이러한 주장을 통해 소설을 그 이전의 모든 장르와 차별되는 유일무이한 장르로 자리매김한다. 자본주의 문학의 꽃으로 탄생한 소설에 대해 그는 '형식적 리얼리즘'으로 그 성격을 규정하는데 헌터는 이에 만족하지 않고 더 강화된 정의가 내려져야 한다고 본다. 헌터는 종적으로 완전히 다른 소설을 몇 개의 정의로 규정내리는 것은 소설의 '종적' 성격을 간과하고 로망스와 연속선상에서 파악하는 것이라 보기 때문이다.

만약 1785년에 클라라 리브의 관점으로 돌아가서 보면 개별 소설가들 사이의 불일치에도 불구하고 새로운 문학의 종이 보다 일찍, 적어도 필딩과 리차드슨의 자국을 좇아서 1750년대 무렵 분명한 성격을 확립한 것을 쉽게 알 수 있다. 그러나 어떤 단일한 단어나 어구가 로망스와 소설을, 다른 어떤 것과 소설을 구별하지 못한다. 그리고 소설을 규정하는 특징으로 '리얼리즘', '개인주의', '인물' 등을 설정하는 것은 소설이라는 바로 그 개념을 약화시키고 하나의 문학의 종으로서의 개념을 사소하게 만든다. 만약 소설이 로망스에서 '발전되었다'면 – 아니면 단순히 로망스의 '변형'이나 '대체'라면 – 로망스와 구별되는 단일한 특징만으로 소설을 충분히 기술할 수 있을지는 모르나 로망스에서 자라나온 것으로 소설을 생각하는 관습과 습관 이외에는 거의 근거가 없다. (1990, 22-23)

헌터가 보기에 와트는 '리얼리즘', '개인주의', '인물' 등을 설정하여 오히려 문학의 종으로서의 소설의 개념을 하찮게 만들어 버렸다. 그 이유는 만약 소설이 로망스에서 발전되었거나 대체되었다면 이처럼 단일한 몇 가지 특징 규정만으로 소설을 기술할 수 있지만 소설은 아예 종적으로 다르기 때문에 완전히 새롭게 정의내려야 된다고 보기 때문이다.

헌터가 소설의 종적 특질이라고 규정하는 것은 동시대성, 믿음직함과 개연성, 친근성(일상적 존재와 보통 사람들), 전통적인 플롯의 거부, 전통에서 자유로운 언어, 개인주의와 주체성, 감정이입과 대리만족, 응집성과 기획(design)의 통일성, 포괄성, 지엽성, 파편성, 혁신과 새로움에 대한 자의식 등이다(1990, 22-24). 그런데 그가 종적 특질로 지적하는 열 가지의 특질들은 동시대성, 개연성, 일상성, 개인주의, 전통과의 분리 등으로 축약할 수 있다. 이렇게 보면 소설이 로망스와 달리 가지고 있는 종적인 특질들이 대부분 와트가 명시적이든 묵시적이든 정의내리려고 했던 것과 크게 다르지 않다.

이들 와트 류 비평가들이 '새로움'이라 부르는 것은 '소설'이라는 용어에서 착안하여 차이와 단절의 대명사로 삼은 것이다. 그러면 언제부터 사람들은 '소설'이라는 용어를 사용하였는가? 이에 대해 많은 실증적 자료가 있기는 하지만 앞에서 인용한 사무엘 존슨의 견해를 직접적으로 비판하는 자료를 먼저 제시하는 것이 가장 설득력 있을 것 같다. 『로빈슨 크루소』가 발행되기 27년 전, 그러니까 『파멜라』가 출간되기 48년 전인 1692년에 콩그리브(Congreve)는 『인코그니타: 사랑과 의무의 화해, 하나의 소설』(*Incognita: or Love and Duty Reconciled, A Novel*)에서 자신의 '이야기'가 이전의 로망스와 어떻게 다른지 분명하게 설명한다.

> 로망스들은 일반적으로 항상적인 사랑들과 남녀 영웅들, 왕과 왕비들, 최고 지위를 지닌 사람들의 죽음 등으로 구성되어 있다. 거기서는 고상한 언어, 기적 같은 우연성들, 불가능한 행위들이 독자를 고양시키고 놀라게 하여 어지러운 즐거움 속으로 안내하는데 . . . 그가 읽은 몇몇 구절들, 바꿔 말하면 숙녀의 불행에 이은 이들 기사들의 성공에 즐거워하고 황홀해 하며 고통 받았으며 얼마나 애썼는지를 생각하면 화나게 한다. 그가 이 모든 것이 거짓말이라는 것을 어쩔 수 없이 확신할 수밖에 없을 때에. (preface)

위의 글을 통해서 보면, 존슨이 『램블러』지에 로망스를 비판하고 소설의 장점을 극찬하기 58년 전에 콩그리브는 존슨보다 더 날카롭게 로망스를 비판한다. 콩그리브가 자신의 작품을 소설이라 칭하면서 로망스에 대해 이렇게 쓴 것은 이미 『파멜라』 출간 50년 전에 중세적 허구에 대한 자의식적 반발과 구별이 이루어지고 있었음을 보여준다. 17세기만 되어도 이미 왕권과 귀족제가 쇠퇴하고 신흥 중산층이 부상하였던 만큼 중세적 계급제도에 근거한 로망스의 내용들이 지닌 개연성은 그만큼 적어진다.

그 다음에 콩그리브는 소설은 보다 친근한 성격을 지니고 있으며 우리에게 다가와 실제로 있었던 음모들을 우리에게 재현해주며 사건들과 우연한 일들로 우리를 기쁘게 해주나 그런 것들은 특이하거나 유례가 없는 것들이 아니고 우리의 믿음에서 그렇게 멀지 않은 것이어서 우리에게 더 가까운 기쁨을 가져다주는 것이라 한다. 그는 로망스는 보다 경이로운 것을 제공하지만 소설은 보다 많은 기쁨을 제공해준다고 본 것이다. 이것은 앞서 존슨의 새로운 허구에 대한 정의와 똑같을 뿐 아니라 와트가 소설 형식의 최소한의 요건으로서 "인간경험의 충실하고 진정한 보고"라고 전제한 형식적 리얼리즘의 바로 그 특징이다. 콩그리브는 리차드슨보다 거의 50여 년 전에 자신이 쓴『인코그니타』의 서문에서 새로운 것을 어떻게 자신이 시도했는지 말한다.

> 모든 전통들이 논쟁의 여지없이 연극에 자리를 양보해야 하기 때문에 그리고 행위를 주로 대상으로 삼는 이야기로 글을 쓰거나 반복하는 데 그런 생명력을 제공할 가능성이 없기 때문에 나는 또 하나의 아름다움으로, 극적 글쓰기 말하자면 플롯의 기획, 구조, 결말 속에서 극적 글쓰기를 모방하려고 결심한다. 나는 소설 속에서 발견하기 이전에는 그런 아름다움을 보지 못했다. (Preface)

콩그리브는 '소설' 속에서 아름다움을 발견했는데 그것은 플롯의 기획, 구조, 결말 속에서 극적 글쓰기를 모방하기 때문이라고 본다. 이 인용문은 와트가 "소설이 그 어떤 의미에서든 다른 문학작품의 모방이라면 그것은 분명 치명적이다"라는 주장에 대한 반론의 성격도 있지만 그것보다 이미 '소설'이라는 용어를 자연스럽게, 그것도 로망스와 다르게 사용하고 있는 것을 주목할 필요가 있다.

그런데 이때 최초로 '소설'이라는 말을 쓴 것은 아니다. 확인될 수 있는 자료에 한해서이겠지만 이미 이 용어는 1566년부터 조금씩 사용되었다. J. A. 다우니(J. A. Downie)에 따르면, "스스로 소설이라 부르는 글쓰기는 『로빈슨 크루소』가 출판되기 150년 전에 영어로 출판되어 나타나고 있다. 이것은 여러 가지 측면에서 와트의 주장을 복잡하게 한다. 많은 사람들은 그 용어가 대륙으로부터 온 것 같다"(2000, 311)고 한다. 1566년에 나온 윌리엄 페인터(William Painter)의 『쾌락의 궁전』(*The Palace of Pleasures*)은 역사를 다른 용어로 'nouelles'라 한다고 하고, 로버트 버튼(Robert Burton)은 1621년에 『우울증의 해부』(*Anatomy of Melancholy*)에서 보카치오의 'Nouelles'에 대해 언급하고 밀턴은 1643년에 자신이 쓴 이혼 팜플렛에서 연애 소설('amatorious novel[s]')에 대해 말하고 있다. 계속해서 대륙 작가들의 허구를 17세기에 번역하면서 제목에 이 용어를 쓰고 있다. 점점 영국 작가들도 선례를 따랐는데 『타크마스, 페르시아의 왕자, 역사소설』(*Tachmas, Prince of Persia: An Historical Novel*)(1676), 『세라스퀴어 바싸, 하나의 역사소설』(*The Serasquier Bassa, An Historical Novel*)(1678) 그리고 『에드워드 4세의 사랑 이야기, 하나의 역사소설』(*The Amours of Edward IV. An Historical Novel*)(1700) 등과 같은 작품들도 역시 소설을 제목으로 달고 있다. 그 가운데 1683년에 출간된 『만족하지 못하는 연인들, 새로운 영국소설』(*The Unsatisfied Lovers. A New English novel*)이라는 의미 있는 제목의 책은 '소설'(novel)이 붙은 가장 주목할 만한 작품이다(다우니 2000, 311).

다우니의 이런 연구를 보면 초기에는 'novel'보다는 프랑스 식 용어인 'nouelles'가 더 많이 씌어졌으며, 그것은 '낭만적 사랑에 관한 짧은 이야기'를 지칭했던 것으로 보인다. 그러다가 다양한 종류의 장편 허구를 이를 정도로 넓어졌다. 여기서 경계가 다시 나뉜다. 헌터는 이 다양한 종류의 장편 허구를 의미했던 소설이 다시 친근하고 일상적인 당대의 환경 속에서 평범한 사람을 주로 다루는 새로운 '리얼리즘적 허구'를 지칭하기 위해 다시 좁혀졌다고 한다 (1990, 9). 헌터에 의하면, '소설'은 커다란 새로움(novelty)의 두 문화적 흐름에 의해 정착된다. 제 1의 새로움의 물결은 존 던톤(John Dunton)의 『아테네 보도자』(The Athenian Mercury)[22]에서 비롯되었고, 제 2의 새로움의 물결은 리차드슨, 디포우 등에 의해 이루어졌다. 다우니가 제시한 여러 증거나 헌터가 새로움의 물결로 인식하는 자의식적 문화 운동 등을 종합해보면 novel이란 용어가 점차 시대적 요구와 현실반영에 맞게 갱신시켜 나갔음을 알 수 있다.

 17세기에 사용된 소설이라는 용어는 중세 사회의 계급제도를 충실히 반영했던 중세 로망스와는 차별적으로 쓰려고 시도했다는 주장이 소설 용어의 출발점이자 그 이후 모든 소설의 공통분모이다. 그러나 헌터를 비롯한 와트 류 비평가들의 숨은 의도는 겉으로 드러난 자신들의 주장과 달리 18세기 중엽의 남성 3인조의 작품들을 17-18세기 여성 3인조로 대표되는 소설적 경향과 뚜렷하게 차별화시키기 위한 것으로 소설이라는 용어를 썼다. 서론에서 말했듯이 이 글이 현대적 관점에서 과거의 소설을 재단하는 것이 아니라 과거의 타자성을 인정하는 문학사 관점을 취하려고 할 때 '소설'이라는 용어의 핵심은 기본적으로 중세적 로망스와 차별적으로 쓰이기 시작한 것에 있다고 할 수 있다. 와트 류 비평가들의 주장과 달리 다우니가 제시한 실증적 자료를 통해서 보면, 1725년의 관점에서 소설(novel)을 지칭하여 "'개연적인 꾸민 이야기들'이 더 이상 유행하지 않았다"(iii)는 메리 데이비즈(Mary Davys)의 주장에 나오는 "소설(Novels)이라고 불리는 그런 종류의 글쓰기"(iii)는 이미 18세기 중엽 이전에

---

[22] 이 잡지의 회원들과 낯선 방문객들이 얼마나 새로운 것을 말하거나 들으려고 열망했는지에 대해 헌터는 쓰고 있다. "던톤은 '뉴스, 새로운 것'에 대한 대중적 취향을 만족시키려고 애썼고 끊임없이 더 많은 것을 약속했다. . . . 그의 목적은 여러분들에게 새롭고 낯설고 놀라운 것을 제공하는 것이다"(15).

17세기부터 존재했던, 와트나 헌터가 말하는 새로운 '리얼리즘적' 허구임이 분명하다.

그러면 소설이라는 용어는 왜 정착되지 못하고 오랜 세월을 기다려야 했을까? 그것은 그 당시의 사람들이 소설을 로망스와 차별적으로 쓰려고 했음에도 불구하고 로망스와 소설의 차이보다는 둘 다 "개연적이기는 하나 꾸며진 이야기"로서의 공통점이나 유사점이 더 많았기 때문이다. 즉 '일정한 길이를 가진 산문으로 된 허구'라는 지금의 소설적 정의나 그 당시 사람들이 로망스나 소설에 대해서 가진 일반적 통념이 크게 다르지 않았던 것이다.

이러한 견해와 다른, 또 하나의 '소설' 용어 사용의 변화는 매키온에 의해 제시된다. 매키온은 소설이 지배적이고 규범적인 용어가 되기 전까지는 '소설'과 '로망스', '역사'의 구분을 불분명하게 사용하는 혼돈이 있었고, 1740년경에 와서 마침내 소설은 규범적인 용어로 역사의 지위에 올랐고[23], 로망스는 역사와 대립되는 개념이 되었다고 한다. 소설이 역사의 지위에 오르기 전에 있었던 혼돈에 대해 그는 세 가지로 일반화할 수 있다고 한다.

> 첫째, 17세기와 18세기 초의 작가들은 우리의 예상을 당황하게 하고 좌절시킴에 분명하게 '로망스'와 '역사', 그리고 '소설'을 서로 섞어 사용하곤 했다. 그러나 둘째로 이러한 혼란과 더불어 한 쌍의 '로망스/역사'가 세계를 이해하는 두 대립적인 방식 사이의 거의 절대적 이분법으로 되어가고 있었다.[24]

---

23) 매키온의 이 주장은 많은 비판을 받고 있다. '소설'이라는 용어가 지배적인 개념이 된 것은 대개 18세기 말로 합의를 보고 있다. 와트 역시 "'소설'이란 용어는 18세기 말까지 완전하게 그 자리를 잡지 못했다"(1984, 10)고 한다.
24) 이에 대해 매키온이 제시하는 증거는 다음과 같다. 존 스타키(John Starkey)는 1672년 책 판매상의 목록에서 Divinity, Physick, Law, History, Poetry, Plays로 전체를 나누고 '역사' 항목 아래 라블레, 전기, 여행서사, 퀘베도의 소설들("Novels" of Quevedo)로 분류한다. 이에 대해 매키온은 '근대적 기준에서 보면 역사'와 '문학', '사실'과 '허구'를 구별하려는 의지가 결여된 것이라 비판한다. 다음에

그러다가 마침내 이러한 대립을 쉽게 확신하던 분위기는 역사와 로망스 사이의 차이 뿐 아니라 유사성을 옹호하고자 하는 주장들의 반대에 부딪히게 된다. (25-26)

로망스와 역사를 대립적으로 놓고 그 둘의 투쟁에서 역사가 승리하자 소설은 역사의 지위에 올랐다는 매키온의 이 주장은 아리스토텔레스의 『시학』에서 나오는 내용을 약간 변용시킨 것이다. 즉 소설은 역사처럼 있었던 일에 대해 쓰고 로망스는 역사와 달리 지어낸 이야기라는 이분법적 도식을 사용한 것이다.

그러면 이렇게 대립되는 견해를 어떻게 조정해낼 것인가? 각자가 각자에게 유리한 자료만 제시할 경우 실증적인 자료를 가지고 반박하기는 어렵다. 그리고 현시점에서 그렇게 오래된 자료를 다 살펴본다는 것도 가능한 일이 아니다. 이런 곤란을 해결하는 방법은 전제의 타당성을 검토하여 각각의 입장을 분명하게 하는 것이다. 기본적으로 매키온이나 헌터, 데이비스 등 와트 류 비평가들은 소설이 허구라는 것을 부정하고 소설을 '사실'이나 '역사'라고 보고 있다. 그리하여 소설은 '사실'과 '역사'로 분류되기 때문에 우수하다고 한다.

갈레이거는 이처럼 용어 사용에 혼돈이 있었던 것은 당시 '허구'라는 개념이 주어지지 않았기 때문이라 한다. 허구는 문자 그대로 진실은 아니지만 의도적인 거짓말은 아닌 모든 문학형식을 지칭한다고 한다.

대부분의 문학비평가처럼 나는 허구를 텍스트를 조망하는데 항상적인 요소로서 당연한 것으로 간주했다. 그러나 18세기 초의 담론의 선택사항들을 자세히 검토하자 허구는 거의 보이지 않았다. 독서대중과 대다수 작가들에 관

는 로버트 클라벨(Robert Clavell)이 '로망스'와 'novels'를 역사에 포함하고 윌리엄 새커리(William Thackeray)의 1689년 판매 목록에서도 마찬가지이다. 윌리엄 런던(William London)에 오면 역사를 '로망스, 시, 극'에서 분리시켰다(27).

한 한 서사는 두 가지 형식을 띤다. 준거가 있는 진실 말하기와 거짓말하기. 허구의 개념이 확고하게 제자리를 잡고 있는 문화에서 허구는 쉽게 알아볼 수 있는 대안을 구성한다. . . . 간단히 말해서 문자 그대로 진실이라고 여겨지지는 않지만 명백하게 속이겠다는 의도를 갖고 있지 않은 모든 형식의 문학들. 하지만 18세기 중반 이전에 그런 모든 장르들이 공통의 특징을 가지고 있다고 동의하지 않았다. . . . 우리가 허구라 부르는 담론 범주는 아직 규명되지 않고 지도도 그려지지 않은 '야생의 영역'이었다.25) (*Introduction* xvi)

겔레이거는 허구라는 개념이 존재하지 않고 단지 '준거를 지닌 진실 말하기'와 '거짓말하기' 두 가지 기준만 있었다고 한다. 이 두 가지 기준 가운데에 '이름 없는 자'(nobody)로서 허구가 존재했다고 할 수 있다. 그 당시에 허구란 범주가 없다고 해서 다양한 허구가 존재하지 않은 것은 아니다. 갈레이거가 '야생의 영역'이라고 한 것은 허구가 그 당시 여성작가처럼 보이지 않는 개념이었기 때문이다.

야생의 영역이었다고 해서 소설의 허구성이 본질적으로 부정되는 것은 아니다. 갈레이거의 말대로 18세기 전후의 사람들이 개념이 없어 우리가 보기에

---

25) 18세기 이전에도 이따금 허구(다른 이름으로)에 대해 아주 복잡한 토론이 있기는 있었다. 물론 아리스토텔레스는 고전적 토론장이었다. 필립 시드니(Philip Sidney)의 『시의 옹호』(*Defence of Poetry*)도 또 다른 하나의 분명한 경우다. 그러나 대부분의 르네상스 작가들은 허구적인 것을 영웅적인 것에 연결시켰고 아무도 허구의 본질과 타당성에 대한 문화적 동의를 창출해내지 못했다. 18세기 초에 애디슨은 『관찰자』에서 상상의 즐거움에 대한 에세이를 출간했을 때에도 허구와 거짓말의 차이에 대한 문화적 이해에 바탕을 두고 있었으며 뚜렷하게 방어하지 않았다. 그러나 그가 호머나 버질로부터 모범을 끌어낼 뿐 아니라 시적 주제들을 숭고한 것, 아름다운 것, 기적적인 것으로 분화한 것은 영웅적 이상을 재현할 때 허구가 정당화된다는 기본 가정을 깔고 있었다. 담론의 독립된 범주로서 허구는 어떤 특정한 내용에서 빠져나와 애디슨의 논문에서도 아직 충분히 현실적으로 되지 못했다(갈레이거 서문 16쪽 참조).

혼란스런 것처럼 보이지만 와트나 헌터, 매키온 등 20세기의 사람들이 혼동한 다는 것은 좀 지나친 일이다. 와트에 대해서 갈레이거는 "나는 이안 와트가 '형식적 리얼리즘'이라 한 것은 허구성을 숨기거나 변장시키려는 시도가 아니라는 것을 깨달았다. 리얼리즘은 오히려 소설의 형식적 기호로 이해되었다"(서문 17)고 한다26). 그에 의하면 18세기 독자들이 "허구성에도 불구하고" 소설을 즐겨 본 것이 아니라 "인물의 허구성 때문에" 소설의 인물과 동일시했다. 그리고 갈레이거는 '사실이 아닌 것'과 '거짓말이 아닌 것'을 구분해나가는 과정에서 '사실이 아닌 것'인 소설을 읽는 법을 배움에 따라 새로운 정서적 기질이 창조되었다고 본다.

소설은 허구임이 분명하고 와트도 형식적인 측면만 사실성을 강조한 것이라 볼 때 왜 와트 이후의 학자들은 소설의 본질을 허구에서가 아니라 사실에서 찾았을까? 왕이나 공주, 그리고 기사의 모험, 귀족의 방탕 등 동일시하기 어려운 상류계층의 생활이 소재가 아니라 동일시하기에 용이한 신분이 낮은 사람들의 생활이 소재가 되었기 때문에 보다 가깝게 느끼고 친근하게 느껴져서 사실성과 허구성을 가늠하기 어려운 측면이 있다고 하더라도 소설을 '사실'이나 '역사'에서 찾는 것은 무엇보다 디포우 시대의 소설가들이 스스로 '역사적'이거나 '사실적'이라고 주장한 것과 관련이 있다.

---

26) 1980년대에 『소설의 발생』에 대해 많은 새로운 해설서들이 출간되었으나 그들 가운데 거의 많은 이론이 "형식적 리얼리즘"이라는 와트의 범주에 도전하지 않았으며 리얼리즘이 허구를 지칭하는 하나의 용어가 아니라 사실이라고 생각하였다. 가장 영향력 있는 최근의 연구로는 암스트롱의 『욕망과 가정소설: 정치적 역사』이나, 데이비스의 『사실적 허구』와 『저항하는 소설들』(Resisting Novels: Ideology and Fiction), 테리 캐슬(Terry Castle)의 『가면무도회와 문명』(Masquerade and Civilization: The Carnivalesque in Eighteenth-Century English Culture and Fiction), 매키온의 『영국소설의 기원』이나 존 벤더(John Bender)의 『수용소 상상하기』(Imaging the Penitentiary)와 헌터의 『소설 이전: 18세기 영국소설의 문화적 맥락』 등이 있다. 여기서 데이비스와 매키온 만이 서사에서 명백한 허구성이라는 새로운 단계를 구분했으나 부분적이고 산만한 통찰에 그쳤다. 갈레이거는 허구성이 지닌 강력한 새로움이 인식될 때만이 소설을 역사적 전망 속에서 볼 수 있다고 확신한다.

디포우는 1722년 『몰 폴랜더즈』를 출간하고 1725년에 데이비즈 부인의 작품집이 발행되었는데 당대에 '소설'이 의미하는 것에 대한 증거는 특이할 정도로 다르다. 디포우는 '소설과 로망스'가 최근에 인기를 얻고 있다고 하는 반면 (1971, 1), 데이비즈 부인은 '개연성 있는 꾸민 이야기'가 유행이 지나서 '역사와 여행기'의 새로운 유행을 따라갈 수 없다고 한다. 이들 두 주장은 1957년 와트의 『소설의 발생』의 전제 자체를 의심하게 한다(다우니 2000, 309). 디포우와 데이비즈 부인의 견해가 다른 것은 서로 자신의 작품을 바라보는 것이 다르기 때문이다. 디포우는 자신의 작품을 그 이전의 로망스나 소설이라는 꾸민 이야기와는 다른 '개인의 진짜 역사'라고 주장하는 반면, 데이비즈 부인은 자신의 작품 역시 그런 로망스와 소설의 연장선상에 있기 때문에 자신의 작품이 꾸민 이야기임을 너무나 잘 알고 있다고 생각한다.

사실 디포우는 자신의 작품을 '사실'이라고 믿지 않았다. '사실'이라는 주장은 단지 인기가 내려가고 있는 로망스와 소설에 대한 마켓팅 전략일 뿐이다. 디포우는 그의 고용주인 로버트 할리(Robert Harley)에게 보내는 편지에서 『터키 스파이가 쓴 편지』(*Letters by a Turkian Spy*)는 단지 로망스일 뿐이라고 했다. 그러면, 그는 왜 『몰 폴랜더즈』에서 뿐만 아니라 다른 모든 허구의 서문에서조차 '사실'이라고 주장해서 '사실과 거짓'의 문제를 복잡하게 하려고 했는가? 디포우는 "편집자는 단지 사실의 역사일 뿐이라고 믿는다. 그 속에는 허구의 어떤 외양도 있지 않다"고 『로빈슨 크루소』의 서문에 쓰고 있다. 찰스 길돈(Charles Gildon)이 썼다고 추정되는 『로빈슨 크루소』에 대한 최초의 비판서인 『런던의 양말 장수 디포우의 생애와 이상하고 놀라운 모험들』(*The Life and Strange Surprising Adventures of Mr D[aniel] De F[oe], of London, Hosier*)이 출판되었는데, 여기서 그는 주제와 문체를 근거로 공격하면서 디포우를 『로빈슨 크루소』의 이야기를 지어낸 '저자'로 보았을 뿐 아니라 디포우가 "단지 사실의 역사일 뿐"이라고 한 것과 크루소가 실제의 사람이라 한 것에 대해 조롱했다. 데이비스가 주장하는 '뉴스/소설의 미분화된 매트릭스'의 시대였던 18세기 초에 길돈의 반응에서 사실적으로 존재한 이야기라고 지적하는 것은 아무 것도 없다. 길돈은 '사실'이라고 한 주장이 디포우가 한 직접적인 속임수임을 드러낸다(다우니 2000, 320).

길돈만이 『로빈슨 크루소』의 진정성을 의심한 것은 아니었다. 빈번하지는 않았지만 사실적이라는 것에 대해 부정적으로 생각한 것이 당시 디포우에 대한 사람들의 일반적 반응이었다고 한다. 아우빈은 『비네빌 백작과 그의 가족의 놀라운 모험들』(*The Strange Adventures of the Count de Vinevil And His Family*)(1721)에서 "『로빈슨 크루소』가 훨씬 더 비개연적임에도 불구하고 사실적이라는 것이 잘 수용되었기 때문에, 이 서사가 포함하고 있는 진실에 관해서 허구라 불리울 아무런 이유도 없다"(다우니 320 재인용)고 한다. 아우빈은 자신의 목적을 위해 디포우의 속임수를 폭로하고 있다. 만약 디포우가 속임수를 쓴다면 아우빈은 왜 그래서는 안 되는가?

다우니의 글을 종합해 보면 로망스와 소설의 인기가 시들해지고 여행기와 역사물에 대한 인기가 증가하자 로망스와 소설 작가들은 자신의 서술 전략을 진짜처럼 보이도록 해서 대중의 변화하는 취향, 즉 시장변화에 적극 대응했다는 이야기이다. 이는 곧 디포우가 자신의 작품이 논픽션과 같은 것이라고 생각하였다기보다 '사실적인 것처럼' 보이도록 노력했다는 뜻이다. 이렇게 보면 와트 류의 비평가들이 고려하지 못한 것은 디포우가 서사허구를 기술하기 위해 당시 사람들이 사용한 용어법을 안정시키지 않고 오히려 사실성을 강조함으로써 디포우가 자신이 쓴 서사의 본질을 문제화하는데서 그 당시의 장르에 관한 용어를 혼란시켰다는 것이다.

하지만 다우니는 이러한 전략이 『걸리버 여행기』 이후 잘 수용되지 않았으며 '사실적'이라 주장하지도 않았다는 것이다. 와트는 자신의 핵심 의미 범주인 형식적 리얼리즘 기준에 맞지 않기 때문에 『걸리버 여행기』를 고의적으로 배제하였다. 당대인들은 이 작품이 전혀 사실적이지 않고 허황되고 완전히 거짓말이라는 것을 알았지만 『로빈슨 크루소』와 크게 다르지 않은 작품이라고 생각했다.

> 나는 『걸리버』를 1720-30년대에 산문소설의 발달에 결정적인 것으로 본다. 신기하게도 그 존재는 이안 와트의 『소설의 발생』에서나 레너드 데이비스의 『사실적 허구』나 존 벤더의 『수용소 상상하기』에서 존재가 부정되었다. 그 부재가 무언가를 말하고 있다. 만약 디포우의 서사들이 주요한 판매 전략으로 진정성을 주장하면서 1720년대 산문허구 시장을 자극했을 뿐 아니라 대중취향을 변화시켰다면 스위프트의 풍자적 폭로 역시 그 영향력을 지니고 있다. . . .
> 『걸리버 여행기』 출간 이후 디포우와 같은 작가들이 더 이상 자신들의 서사물이 사실적 설명이라고 주장할 수 없게 되었다. 『록사나』(1724)는 그런 설명에 들어맞는 마지막 작품이었다. (323)

다우니는 디포우의 판매 전략이 진정성을 주장한 것이라면, 스위프트 역시 풍자적 폭로를 통하여 영향력을 발휘했다고 본다. 조나단 스위프트(Jonathan Swift)가 '부상하는 중산층'의 당인 휘그당 입장에서가 아니라 귀족들이 중심이었던 토리당 입장에서 문필활동을 하면서 상류층의 정서를 많이 파고 들어갔다고는 하지만 그러나 그 당시 사람들은 이 두 작품 모두 소설로 받아들여졌다. 이 책의 출간은 여러 계층에 두루 영향을 미쳤기 때문에 디포우 이후의 작품들이 더 이상 '진짜 사실적인 이야기'로 마케팅 전략을 할 수 없었음은 분명하다.

이 당시 사람들이 사실과 허구를 구별하지 못했다고 볼 수는 없다. 다만 꾸민 이야기이지만 보다 자신들의 계층적 정서와 시대적 취향에 맞는 실제로 있음직한 이야기를 선호했다는 것이 더 설득력을 지닌다. 또한 그들은 로망스와 소설을 전혀 별개의 것이 아니라 데이비즈 부인처럼 '개연성 있는 꾸민 이야기'로 모두 알고 있었다는 것이다.

2) 소설은 로망스의 합법적 자식

리차드슨 이후 18세기 말이 되면 소설과 로망스를 큰 맥락 속에서 함께 보려는 시도가 생겨난다. 대표적인 사람들이 앞서 말했듯이 리브와 던롭 그리고 스콧이다. 리브와 던롭은 로망스와 소설은 연속적인 것이었다고 쓰고 있다. 리브는 로망스라는 용어 안에 호머의 서사시에서부터 그리스 로망스, 중세 로망스(운문과 산문) 그리고 17세기 영웅 로망스 뿐 아니라 프랑스와 영국의 당대소설까지 포함한다. 의심스러운 분류이긴 하지만 리브의 주인공 유프레지아가 자신과 논쟁하는 호텐시우스의 고급 문화적 편견을 반박할 수 있는 길을 제공한다. 더불어 로망스라는 용어를 아주 넓은 시대와 국가 그리고 풍속에 걸쳐 생산된 허구적 오락물들을 포함하는 용어로 발전시킴으로써 리브는 자신의 역사주의 연구 지평을 이용하여 당대 공격을 받고 있는 소설 뿐 아니라 이제는 유행에서 벗어난 로망스들도 보호한다(워너 2000, 23).

던롭은 자신의 야심적인 저서에서 허구가 역사보다 더 보편적인 문화적 가치가 있다고 주장하면서 허구의 가치를 인정하는 베이컨을 이용한다. 그동안 허구에서 즐거움을 취하는 것이 도덕적이지 못하다는 주장을 간단하게 일축한다(워너 2000, 24). 여기서 다루고자 하는 것은 리브나 던롭이 고급적 문화취향에 대하여 소설, 즉 허구를 지켜낸 것에 있다기보다는 로망스와 소설을 구분하지 않고 허구의 틀 속에서 아우른 데 있다.

19세기 초 스콧 역시 이들과 입장을 같이 한다. 우선 그는 「로망스에 관한 에세이」("An Essay on Romance")에서 "로망스와 실제 역사는 똑같은 공동의 기원을 가지고 있다. 사회의 기원을 잠시만 보아도 왜 그렇지 않을 수 없는지 알게 된다"고 주장한다. 스콧은 어느 가족의 아버지가 형제들과 독립해서 황야에서 독자적으로 정착하고 나아가 부족을 일으키고 국가로 팽창해나갔던 것에 대해 충실한 기억력과 과장됨 없이 서술해나간 것이 곧 로망스의 기원이자 역사의 기원이라 한다.

소설과 로망스의 관계에 대해서 스콧은 제인 오스틴의 『엠마』(*Emma*)에 대한 1816년 서평에서 "최초로 등장했을 때 소설은 로망스의 합법적 자식이었다. 그리고 비록 구성의 풍습과 일반적 전환이 근대에 적용할 수 있을 정도로 변했지만 저자는 로망스적 허구가 지닌 원래의 양식으로부터 끌어낸 많은 특성들에 여전히 구속되고 있다"(1968, 59)고 한다. 로망스와 역사가 사회의 기원과 공통의 맥락을 가지고 있다면 그리고 소설이 로망스의 합법적인 자식이라면 소설 역시 역사의 기원을 가지고 있다.

"소설은 로망스의 합법적 자식"이라는 스콧의 주장에서 보다시피 당시 사람들은 로망스와 소설을 작품 간의 유사성과 차이를 통해 분류하고자 하지 않고 파생관계에 초점을 두었다. 퍼킨스는 유사성과 차이의 문제를 가장 근사하게 풀어내는 루드비히 비트겐슈타인(Ludwig Josef Johann Wittgenstein)의 '가족 유사성' 개념조차 장르 개념과 분류에는 아무 도움이 되지 못한다고 본다. 그는 외적 연관을 풀어낼 수 있는 파생관계를 보아야 한다고 본다.

> 텍스트들은 비록 이상한 특징들이 역시 있다하더라도 유형(type)에 속하는 수많은 특징들을 보여줄 때 함께 분류된다. 그러나 비트겐슈타인은 우리가 '가족 유사성'을 찾기 전에 우리는 가족이 있다고 전제한다고 말한다. "개념을 정당화시키기 위해 유사성들을 찾지 말고 그 연관을 찾아라. 아버지는 아

들이 전혀 닮지 않다고 하더라도 자신의 성을 아들에게 물려준다"27). . . .
그러나 가족 유사성의 개념조차도 텍스트를 단지 관찰하고 비교함으로써 등
급(class)이나 유형들을 구축할 수는 없다는 것이다. 우리는 파생관계와 같
은 외부적인 것을 역시 생각해야 한다. (77)

비트겐슈타인의 '가족 유사성'에 의하면, 우리가 똑같은 개념 아래 수많은 사례들을 배당할 때 그들이 '본질'을 공유하기 때문이 아니라 "때로는 전반적인 유사성이, 때로는 세부적인 유사성들이 겹치고 종횡으로 혼란스런 복잡한 네트워크"(Wittgenstein 1968, 32) 때문이다. 이 복잡한 네트워크를 분석해서 '가족 유사성'을 찾아낸다 해도 그것 자체가 '가족'을 찾아낼 수는 없다고 본다.

알래스태어 파울러(Alastair Fowler)가 이러한 '가족 유사성'의 개념을 한 장르에서 다양한 작품들이 상호 관련되는 방식을 설명하기 위해 적용했는데 퍼킨스가 보기에 이 개념은 어디까지나 한 장르라고 여겨지는 것의 내적 관련만을 해결해주는 것이지 장르의 개념이나 범주를 해결해주지는 않는다. 즉 유사성이나 차이에 근거한 비트겐슈타인의 '가족 유사성' 개념은 장르들의 유형이나 분류의 문제에서는 적용되지 않는다는 것이다. 이런 문제의 해결을 위해서는 비트겐슈타인도 역시 개념을 정당화하기 위해 유사성을 찾는 것에 반대하고 연관을 찾아야 된다고 한다. 이 연관관계란 외부적인 것의 도입을 필요로 하는데 아버지와 아들이 얼마나 닮았는지가 중요한 것이 아니듯 그들의 파생관계에 초점을 두어야 한다. 앞서 말했듯이 분류 체계는 개별 작품이 지닌 특징들의 변이에 근거를 두어야 한다는 것이다. 따라서 개별 작품의 차이와 유사성을 통해 공통의 특징을 추출해내서 이것은 소설이고 저것은 로망스라고 분류하는 것은 타당하지 않다.

---

27) 1980, 1: 923.

이렇게 볼 때 소설은 로망스의 합법적인 자식이고, 따라서 가족 관계가 갖는 가장 기본적 특징인 '허구성'으로 특질이 정의되어야 한다. 19세기 초까지 대부분의 사람들이나 비평가들도 소설과 로망스를 파생관계나 아니면 소설을 로망스의 한 변종으로 인식했음은 분명하다. 이런 측면에서 볼 때 로망스와 소설은 상대적인 개념이고 시간이 지남에 따라 지금의 확고한 형식적 리얼리즘 소설도 로망스에 불과한 것으로 볼 수 있다.

> 로망스는 한 사회의 특정의 욕구, 특히 한 사회 내에서 알맞게 표현할 수 없는 욕구를 되풀이하여 구상화한다. 이것이 발표된 당시의 독자에게 사실적인 허구로 읽혔던 작품이 다음 세대에게 로망스로서 읽히게 되는 또 하나의 이유이다.
> 『파멜라』가 그 좋은 예이다. . . . 그러나 이 책의 굉장한 인기는 다만 파멜라의 정조를 둘러싼 긴 공방전에서 오는 호색적인 즐거움에서만 생긴 것은 아니었다. 그것은 현실의 사회제도와 남녀관계에 관한 사회통념에 의하여 방해받은 분명하지 않은 소망과 이상에 또한 근거가 있었다. 당시의 독자들은 이 소설의 매우 사실적인 외면의 묘사로 말미암아, 그것이 그들을 사회의 금제에서 풀어주는 방법을 의식하지 못하고 그것을 실생활의 기록을 받아들였다. 혁명은 로망스의 기능의 하나이다. 그러나 혁명적인 사태가 지나가면 독자는 그 작품에 대하여 향수에 찬 해석을 하게 된다. (비어 17-8)

와트의 형식적 리얼리즘의 대표 소설인 『파멜라』도 지금 우리가 보면 로망스로 보인다. 발표 당시에는 사실적인 소설로 보였으나 시대적 간극이 로망스로 보이게 하는 것이다. 이렇게 되면, 와트가 『파멜라』를 이전의 로망스와 다른, 사실적이고 혁명적인 작품으로 언급한 바로 그 이유 때문에 시대가 지나자 사람들은 『파멜라』를 로망스로 읽게 되는 역설을 만난다.

와트가 앤드류스(Andrews)라는 성 때문에 고전적 이름이 개성을 지닌 평범한 이름이 되었다고 주장하지만 파멜라라는 이름 역시 구체적이고 살아있는 보통사람의 이름이 아니다. 이 작품은 어떤 의미에서 혁명적이었으며, 그것은 사회적 통념에 방해받기는 했지만 나름대로의 소망과 이상에 근거한 것이다.[28] 이렇게 볼 때 와트의 '지난 역사와의 단절'이라는 급진적 주장도 상대적이며, 지나간 과거라는 시간적 거리가 우리로 하여금 향수에 찬 해석으로 로망스로 받아들이게 함을 알 수 있다. '사실과 허구'를 로망스와 소설을 나누는 가장 큰 종적 본질로 보는 것은 타당하지 않다고 할 수 있다.

　하지만 소설과 로망스를 차별화하려는 움직임이 끊임없이 존재했고, 그 움직임의 길고 긴 여로의 끝이 와트의 『소설의 발생』이라 할 수 있다. 그것은 18세기 말부터 조금씩 주장되기 시작한 생물학의 진화론이 자신의 사회를 그 이전 사회보다 훨씬 더 발전되고 훌륭한 사회로 여기는 '진보적 역사주의'라는 역사철학적 문제인식으로 바뀔 때 나온다. 리브나 던롭, 스콧의 주장은 비록 소설을 로망스와 본질적으로 유사한 것으로 보았으나 소설이 18세기 중엽 이후 새로운 발전을 이루어서 점차 로망스보다 훨씬 발전한 형식이 되었다는 것이다. 그런데 나중에 살펴보겠지만 리차드슨이나 디포우, 필딩과 그 전후의 소설들(로망스들)의 차이는 유일하게 여성에 대한 태도의 변화뿐이다. 여성의 미덕과 정절을 새로이 강화하는 이데올로기로서 도덕적 가치관을 품은 소설들은 이전의 소설들에 비해 도덕적으로 뿐만 아니라 형식적으로도 우월한 것으로 여기고자 했던 것이다.

---

28) 제임스 그랜담 터너(James Grantham Turner)는 리차드슨 소설이 미덕을 신분상승과 바꾸는 얄팍한 이야기일 수도 있지만 그 안에 엄청난 중요성을 지니고 있다고 한다. 터너는 "여성의 '미덕'에 대한 공식적 정의는 『샤멜라』에서 "우리 불쌍한 여자아이들의 작은 그것"이라 불리워졌던 질에 집중된다는 것이다. 리차드슨은 단지 이 불쌍한 여자아이의 그것이 사회에 있어서나 소설에 있어서 공작 부인의 그것만큼 가치가 있음을 주장하고 있다"(97)고 한다.

와트 류 비평가들은 소설과 로망스에 대한 진화론적, 진보론적 관점의 설명에 만족하지 않는다. 진화나 진보는 연속선 상의 문제이므로 이들 비평가들은 그런 설명을 부정하고 새로운 문학의 장르로서의 탄생을 주장한다. 역시 와트 류 비평가인 데이비스는 장르 진보론자들이 로망스와 소설을 다르게 보는 역사적 감각을 지니고 있지만 이들의 문제인식은 비역사적이라고 다음과 같이 비판한다.

> 소설에 대한 월터 스콧의 성찰에 관한 책과 함께 리브, 던롭의 저서들은 소설이론의 역사라 부를 수 있는 것을 개시했다. 이 소설의 이론은 단순히 작가와 독자들을 위한 실천지침 이상이었으며 인물과 미덕 개연성, 그리고 핍진성에 대한 주의사항이었다. 역사적인 어떤 요소는 고대 그리스에서 현재에 이르기까지 지속적인 진보를 추적하는 저자들과 함께 나타난다. 그러나 우리에게 남는 인상은 이들 역사들이 이상하게도 비역사적이라는 것이다. 말하자면 이들은 우리에게 소설을 근본적으로 다른 형식으로 보지 않고 고대로부터 단절없이 다소 지속적으로 내려오는 서사의 역사를 제공한다. (2000, 482)

이처럼 데이비스는 로망스보다 소설이 진보했다는 것조차 반박한다. 아예 새로운 종이라는 것이다. 데이비스 역시 와트의 견해에 충실한데 이렇게 되면 소설은 형식적 리얼리즘과 동일시되어 소설은 지극히 협소해진다.

소설을 허구의 대명사로 하게 되면 18세기 이전의 소설이나 로망스들, 그리고 18세기 말 이후에 출간된 로망스적 소설들까지도 포함해야 되기 때문에 소설이 자본주의에만 고유한, 특정한 역사적 한정체가 아니라 보편적인 형식이 되어버리고, 아니면 풍자소설, 고딕소설, 역사소설, 공상과학소설, 사회주의 리얼리즘 소설 등을 다 버리고 형식적 리얼리즘 소설로 축소시킬 수밖에 없는 딜레마를 갖게 된다. 소설의 위대성과 진보성을 주장하는 와트 류 비평가들은 자신들이 소설을 위대하게 만들어서 자신들이 전유하려는 의도와는 달리 결국은 자본주의 소설의 여러 경향과 형식 가운데 극히 일부를 대변하는 부분적 지위로 소설을 강등시키는 아이러니를 범하고 만다.

와트 류의 비평가들의 영향으로 로망스는 서사성을 잃고 환타지와 동일시된다. 18세기 중엽이 지나자 리차드슨의 작품들에 부여한 형식적 리얼리즘은 오히려 미약해지고, 시에서 낭만주의 사조의 부흥과 함께 소설에서도 로망스적 요소가 주를 이루었다. 월폴의 고딕소설이나 그 이후에 쏟아진 비슷한 경향의 소설들 그리고 스콧의 역사소설들은 로망스적 요소가 중심을 차지했다. 그런데 이런 경향에 비평가들은 소설은 리얼리즘, 로망스는 환타지라는 이원화된 체계로 대응했다.

하이저만은 그리스 로망스의 경우를 보더라도 이런 이원적 체계는 부당하다고 본다. 그가 보기에 그리스 로망스는 사랑과 모험, 영웅주의를 이상화하기는 하지만 신화적인 이야기가 아닌, 일상생활의 현실적인 것에서 소재를 이끌어 낸 '새로운(novel)' 이야기다. 이런 논리에 따라 하이저만은 로망스와 소설의 중첩된 본질에 대해 "장르 용어에서 인정받지 못한 듯한 인상이 탐구를 왜곡시킬 수 있기 때문에 우리는 이 용어상의 어려움을 대륙의 용법을 채택함으로써 해결할 수 있는데 대륙에서는 roman은 리얼리즘적이든 환상적이든 길이가 긴 허구를, nouvelle를 길이가 짧은 허구를 명명"(4) 할 것을 제안한다.

하이저만의 용어법 제안을 받아들인다면 로망스(roman)는 리얼리즘 소설이나 낭만적 소설을 다 의미하는 것이 될 것이고 nouvelle(novel)는 단편소설이 될 것이다. 그런데 영문학에서 아주 오랜 동안 novel이 소설로 되어왔기 때문에 당장 novel을 단편 소설로 명명한다는 것은 실재와 역사의 가치를 너무 무시하는 것이라 볼 수 있다. 그래서 영국에서 novel을 '소설'이라 하더라도 이 소설의 외연을 확대하여 로망스적 요소까지 다 포함할 필요가 있다. 이러한 견해는 '소설 제도화의 역사'에서 로망스가 제외되고 소외되었다고 보고 다시 로망스와 그 역할을 소설의 제도화 속에 포함시켜야 한다는 브라운의 견해와 맥락이 닿아 있다.

> 다른 것들 가운데 주관성의 개념이나 개인적 정체성, 민족어와 문학, 그리고 특히 문화와 그 제도화 등과 같은 개념을 가진 이론가들로서 스코틀랜드적 계몽에 참가했던 사람들은 소설이나 로망스에 대한, 사실상 부분적으로 그들의 이론을 로망스에서 끌어냈는데, 새로운 이해에 주요한 영향을 미쳤다고 말할 수 있다. 18세기 기원으로 소설을 정의한 제도적 문학사가 가로막았던 것은 소위 낭만주의 시대 이전의 로망스와 그 역할을 소설의 '제도' 속에서 다시 그리는 것이다. (1996, 33-34)

브라운은 18세기 중엽을 소설의 발생의 기원으로 정한 제도적 문학사 때문에 로망스가 천시되었으나 차츰 로망스는 이제 소설의 제도의 역사 속에 포함되어야 된다고 본다. 소설의 '제도' 속에 소설과 로망스를 함께 탐구할 때 소설과 로망스는 차별받지 않고 그 특징들에 대해 새로이 분류될 것이다. 그래서 필자는 유럽 대륙의 용어법으로 소설을 로망스로 부를 것이 아니라 소설 속에 로망스를 포함시켜야 된다고 생각한다.

　결론적으로, 대륙의 명명법이 암시하듯이 로망스와 소설은 별개의 것이 아니고 더구나 '사실과 허구'로 양분되어야 할 것은 더더욱 아니다. 소설은 사실도 역사도 아니며 그 준거의 기원에서만 사실과 역사의 그림자를 가질 뿐이다. 이런 의미에서 소설은 틀림없이 로망스의 합법적 자식이다. 하지만 자식인 소설이 지배적인 세상에서 로망스는 소설 속에서 자신의 위치를 새로이 부여받아야 한다. 장르란 사회역사적 실재여서 중세에서 지배적인 허구로 등장했던 로망스는 자본주의 소설 속에서는 로망스적 양식, 즉 낭만주의적 요소로 고풍의 요소를 간직하게 된다. 와트가 말하는 형식적 리얼리즘은 리얼리즘적 양식의 일부일 뿐이다. 그래서 필자는 고대 그리스 헬레니즘 시대 이후 태어난 소설이 그 태어날 당시에는 리얼리즘적 양식으로, 중세에는 로망스(낭만주의적 양식으)로 지배적인 현상을 보이다가 자본주의에 와서는 이 두 양식이 시기에 따라 어느 것이 우세하거나 아니면 평화로운 공존을 하거나 하나의 텍스트 속에서 서로 부분으로 존재하고 있음에 주목한다.

2. 고대소설 발생론과 장르시론

와트가 소설이 아무리 근대 영국에서 발생했다하고 그에 동조하는 이론가들이 영미의 영미문학계의 18세기 소설 분과를 주도한다고 하더라도, 우리는 근대 이전에 많은 소설들을 부지기수로 만날 수 있으며 영국에서가 아니라 다른 나라에서 더욱 근대 이전의 소설들을 많이 만나고 있다. 이러한 현상은 도저히 부인할 수 없는 것으로 이러한 근대 이전의 소설들을 어떤 미사여구와 합리적 논증으로 가린다하더라도 그것은 손으로 하늘을 가리는 일일 뿐이다.

근대에서 소설이 발생한 것이 아니라 고대에서 소설이 발생했다는 주장도 다양한 스펙트럼을 지니지만 거의 모두가 합의를 보는 것은 최소한 헬레니즘 시대에 소설이 번성했다는 것이다. 소설의 시대는 산문의 시대로 중하층의 부르주아를 비롯한 민중의 시대이다. 그리고 산문의 시대는 사회를 추상화시킨

담론으로 철학의 시대이자 사회 내의 인간의 사적인 삶의 중요성도 부각되는 소설의 시대이다.

소설은 알렉산더 대왕의 코스모폴리탄 건설의 시기에 그리스에서 발생 번성했다고 볼 수 있다. 이 시대는 계획된 인간의 도시(그 전의 도시는 신의 이름으로 자연발생성이 정당화됨)로 새로운 인문주의의 중심이며 책읽기를 즐겨하고 학자와 사서들이 여러 초본을 모으며 특히 번역활동이 활발했던 시대였다 (두디 1996, 8). 이 시대는 알렉산드리아에 모여든 자의식적인 개인들의 등장과 함께 다양한 언어와 습속으로 인한 개방성의 시대로 바흐친적 이어성(異語性)의 시대이다. 바흐친은 이러한 "헬레니즘 시대의 복합 언어적이고 다중언어적인 세계"(194)가 소설발생의 모태가 됨을 주장하고 있다.

근대 이전의 여러 다른 시대의 소설들을, 그리고 영국 아닌 유럽 지역이나 아시아, 아랍 지역의 소설들을 조사 연구함으로써 와트의 소설발생론을 반증한다는 것은 무리다. 그래서 이 장에서는 고대 그리스로마 소설을 중심으로 논의를 전개하기로 한다.29) 이 장은 어디까지나 와트의 소설발생론에 대한 반증의 형식으로 구성된 것이기 때문에 고대소설에 대한 본격적인 논의는 하지 않고 고대소설 발생을 주장하는 사람들의 견해와 고대소설의 존재를 인정하기는 하지만 여러 가지 이유로 소설이 아니라고 주장하는 사람들의 견해를 통해서 고대소설의 존재와 그 타당성을 검토하기로 한다.

---

29) 이것은 어디까지나 영국을 비롯한 유럽적 소설의 문제이다. 아시아나 아랍, 아프리카의 소설발생의 문제는 또 다른 문제이다. 여기서 고대 그리스로마 소설을 기원으로 설정한다고 해서 다른 대륙들의 모든 소설의 기원을 고대 그리스 로마로 잡는 것은 아니다. 대륙마다 이동과 접촉이 극히 제한되었다하더라도 모든 문화에서 동일한 테마, 즉 가족, 의식, 상거래, 사랑, 위계질서, 우정, 질투, 집단에 대한 충성, 미신 등이 발견되듯이 번성했던 시기와 형식에서 차이가 있다하더라도 소설도 인간의 보편적 정신의 형식으로 역시 독자적으로 발생 번성할 수 있다고 본다.

1) 고대소설 발생론 개괄

고대소설 발생론을 보는 입장은 크게 두 가지로 나누어진다. 고대 그리스, 특히 헬레니즘 시대에 발달하여 로마 시대에 이르기까지 고대소설의 발생과 번성을 다루는 입장과 고대 헬레니즘 시대와 로마시대에 번성한 것은 맞지만 지중해의 소아시아 지역과 이집트, 페르시아, 북 아프리카 등 동방에서 그 기원과 발생을 두는 두 가지 입장으로 나뉜다.

(1) 고대 그리스 기원설

고대 그리스 기원설의 대표적인 예는 하우저와 바흐친이다. 이들은 고대 그리스 가운데서도 헬레니즘 시대에 소설이 발생했다고 본다. 하우저는 『문학과 예술의 사회사』 1권에서 단편 소설만 자본주의에서 발생된 것이고 장편 소설은 고대 헬레니즘 시대에 발생했다고 주장한다.30) 하우저는 헬레니즘 시대는 코스모폴리탄적인 성격의 시대이며 상업이 발달해서 자본주의에서 시민계급으로 되는 부르주아 층이 그 당시에도 광범위하게 등장했다고 본다. 이들 부르주아 층은 자유로운 상업과 무역활동을 통해서 자신감을 가진 층으로 이들에게는 개인의 실존 문제와 함께 남녀 간의 사랑에 대한 관심이 중요하게 나타난다. 하우저는 이 시기에 장편소설이 발생했다고 한다. 하우저의 주장은 역설적이게도

---

30) 벤야민 역시 하우저의 입장과 유사하다. 그는 "고대에까지 거슬러 올라가는 소설은 생성 발전해가는 시민 계급 속에서 그것을 꽃피우기에 적합한 제요소를 만나기까지는 수백 년이라는 세월을 필요로 하였다"(171)고 하고 단편소설의 자본주의적 발생에 대해서는 다음과 같이 말한다. "오랫동안의 인내와 체험으로 가득찬 노력의 결과로 이루어진 이러한 모든 작품들은 바야흐로 사라져 버릴 찰나에 있다. 또 시간이라는 것이 별 문제가 되지 않던 시대도 이미 지나가버렸다. 오늘날의 인간들은 줄여질 수 없는 일에는 더 이상 손을 대지 않는다. 실제로 현대 인간은 이야기까지도 줄이는 일에 성공하고 있다. 우리는 단편소설의 생성과정을 체험하고 있다. 다시 말해 우리는 구전적 전통에서 벗어나 있고 또 여러 번 반복해서 되풀이되는 이야기의 층으로부터 완전한 이야기가 어떤 방식으로 생겨나는 가를 가장 구체적으로 보여주고 있는, 천천히 서로 엇갈리면서 전개되는 엷고 투명한 층의 짜임을 더 이상 용납하지 않는 단편소설의 생성을 체험하고 있는 것이다"(176-77).

와트의 소설발생의 근대적 조건과 거의 유사하다.

> 문학에 있어 이 시대의 고도로 발달한 초상예술에 대응하는 장르는 당시 점점 더 인기를 차지하게 된 전기와 자서전이었다. 심리적인 통찰력이 경제생활에서 경쟁을 위한 필수적인 무기가 되자 '인간적인' 기록이 갖는 가치는 한층 더 높아졌다. 물론 전기에 대한 흥미가 커진 것은 철학적인 자기 성찰이 발달한 것과 알렉산더 대왕 이래 번성한 영웅 숭배의 풍조와도 관계가 있으며, 또 한편으로는 새로운 궁정사회에 속한 사람들 상호간에 인간적인 관심이 컸던 데도 기인한 바가 있다. 이 시대의 높아진 심리적 관심은 이밖에도 또 다른 두 예술장르를 낳았다. 장편 소설과 '부르주아 희극'이다.
> 창작된 이야기들, 그것도 대체로 연애물이고 더구나 먼 신화세계가 아니라 독자 자신의 세계를 무대로 하고 있는 이야기들은 그리스 문학사에서는 헬레니즘의 산물인 것이다. (1권 150)

하우저의 이러한 주장은 16-7세기에 중세에서 벗어나는 개인주의적 성향이 강하게 일어나면서 초상화나 전기, 자서전이 유행했던 것과 헬레니즘 시대의 경향을 병치하게 한다. 이러한 경향은 개인을 미시적으로 관찰함으로서 심리적 통찰력을 가져오게 되었고, 상인계층의 성장으로 인한 부르주아의 등장과 맞물린다는 것이다. 더구나 그것은 신화적 세계와는 거리가 먼 독자 자신의 무대이며, 따라서 창작물일 수밖에 없고 대체로 연애물이라는 것이다. 이러한 주장을 살펴보면 고대소설의 발생은 다만 시대를 나타내는 수식어만 근대로 바꾼다면 와트 류의 비평가들이 정의하고자 하는 형식적 리얼리즘이 된다.

소설발생의 헬레니즘 배경을 좀 더 자세히 보기 위해 하우저가 부르주아 희극의 발생과 연관시킨 당시의 부르주아 층에 대한 설명을 길지만 다음의 인용문을 통해서 보자. 하우저는 신이나 왕, 귀족이 아니라 부르주아와 하층민들이 주인공이고 연애가 주된 모티프가 된다고 한다.

> 옛날부터 내려오는 정치희극과 에우리피데스 비극의 요소로서 도시국가 민주정치와 디오니소스 숭배가 소멸한 뒤에도 아직 남아 있던 요소들을 모두 간직하고 있는 메난드로스 희극도 그 무대는 역시 당대사회였다. 그의 작품 속에 나오는 인물은 중산층과 하층민들이고 줄거리의 중심은 연애, 금전, 유산, 인색한 아버지, 경솔한 아들, 돈독이 오른 창녀, 주인을 속이는 식객, 영악한 하인들, 버려진 젖먹이, 바뀐 쌍둥이 형제, 헤어졌다가 다시 만나게 된 양친 등이며 그 중에서도 연애의 모티프는 어떤 경우에도 빼놓을 수 없는 것이었다. 이 연애 모티프는 부르주아 희극에서도 아마 가장 부르주아적인 요소라 해도 무방할 것이다. 연인들이 싸우는 상대는 이미 신들이나 악령이 아니고 시민세계의 메커니즘 그 자체이며 양친의 반대, 부유한 라이벌, 배신적인 편지, 해독하기 힘든 유언장, 이런 것들이다. 이런 유의 연애 음모극은 하나에서 열까지 생활의 합리화와 이른바 '마술에서의 해방', 고도로 발달한 화폐경제 및 당시의 세계를 풍미하던 상업정신과 관련되어 있었음이 분명하다. (1권 150)

하우저가 예로 든 부르주아 희극의 내용은 16-7세기의 셰익스피어의 일부 작품이나 그 이후 고전주의 희극과 크게 다르지 않다. 특히 연애 모티프는 가장 부르주아적인데 그것은 연인들이 싸우는 상대가 신이나 악령이 아니고 시민사회의 메커니즘 그 자체이기 때문이다. 이렇게 볼 때 부르주아 희극은 당시의 화폐경제와 상업정신과 관련되어 발달되었다고 볼 수 있다.

부르주아 희극과 장편 소설을 하우저는 나란히 발생한 것으로 보는 반면 벤 에드윈 페리(Ben Edwin Perry)는 『고대 로망스』(The Ancient Romances)에서 "그리스 소설은 본질적으로 서사형식에서 헬레니즘 드라마"(78)라고 하면서 이 헬레니즘 시대의 부르주아 희극에서 소설이 발생했다고 한다. 앞에서도 언급했 듯이 고대 그리스 소설은 이미 신화적 세계가 아니며 먼 곳의 이야기가 아니고 그들 주변에서 일어나는 일상적인 이야기이다. 주인공들 역시 하우저의 말대로 중하층의 대중으로 보통사람이지 특수한 신분의 사람이 아니다. 하우저의 이러한 견해는 와트의 소설의 근대영국 발생론의 근저를 흔드는 것이다. 다만 와트는 지배계급이 된 부르주아(중산층)의 등장을 말함으로써 민중에 속했던 하우저의 중하층의 부르주아와는 그 성격이 다르다고 할 수 있다. 이에 대한 자세한 논의는 5장 1절의 「중산층의 등장과 소설의 발생」에서 다루기로 한다.

바흐친 역시 헬레니즘 시대에서 소설이 발생했다고 한다. 바흐친은『장편소설과 민중언어』(*The Dialogical Imagination*)에서 '소설의 발생'이라는 표현보다 '소설화 과정'이라는 용어를 쓴다. 그에게 소설은 따로 발생하는 것이 아니라 서사시가 소설로 변형된 것이다.

> 헬레니즘 시대부터는 트로이 전쟁에 관한 순환연작 속의 영웅들과의 친밀한 접촉이 이루어지기 시작했다. 이미 서사시는 소설로 변형되고 있었다. 서사시적 질료는 소설적 질료로, 다시 말하면 친숙화와 웃음이라는 중간 단계들을 통과하는 바로 그 접촉영역으로 전환된다. 소설이 지배적인 장르가 되었을 때 철학에서는 인식론이 지배적인 학문이 된다. (32)

바흐친의 '소설화 과정', 즉 소설의 발생 역시 헬레니즘 시대에 일어난다. 서사시적 영웅들이 하나의 보통의 개인으로 변하는 과정이 소설화과정이라고 볼 수 있다. 이 대표적인 예는 불사의 맹장 오디세우스가 귀향의 과정에서 낳은 사생아들과 페넬로페의 음모의 우여곡절 끝에 살해되는 것[31]이나『알렉산터 로망

---

31) 서사시와 소설의 차이를 알기 위해서 오디세우스란 인물의 예를 들어보자.『오딧세이』는 트로이

스』에서 알렉산더가 영웅이 아니라 어머니에 대한 외디푸스 콤플렉스가 있는 아들로 그려지는 것 등이다. 바흐친은 이 소설화과정이 의미하는 바는 소설이 지닌 '동시대성' 때문에 기인한 것이라고 본다(37). 이 동시대성은 와트 류의 비평가들이 18세기 중엽 리차드슨과 디포우 작품의 가장 본질적인 특징이라고 한 것인데 이 동시대성은 이들만의 특징이 아니라 하우저에서나 바흐친에서처럼 소설이 지닌 고유의 특징이라 할 수 있다.

바흐친은 '소설의 발생'을 헬레니즘 시대에 두고 많은 고대소설의 존재를 비평의 대상으로 삼았지만 그는 '소설화 과정'이라고 표현했듯이 소설을 하나의 성장하고 발전하는 유기체로 설정한다. 그래서 그에게 근대소설이 성인기의 성숙한 형식이라면 고대소설은 발생기의 미성숙한 것이다. 바흐친은 이런 관점 때문에 고대소설의 존재를 인정하면서도 사실은 근대 자본주의의 소설만을 소설로 인정하는 오류를 범한다. 그래서 서사시와 소설을 비교하고 '소설화 과정' 이라는 논리를 펴다가 막상 고대소설의 존재에 대해서는 고대 그리스 '로망스' 라고 함으로써 그들을 폄하시킨다. 이 주장에 대한 비평은 조금 후에 이루어진다.

전쟁의 영웅 오디세우스가 갖은 험난을 이겨내고 고향으로 돌아와 그 종족의 시조영웅이 되는 이야기이다. 오로지 오디세우스를 향한 페넬로페의 정절과 기다림 등 결혼과 사랑에 관한 서사적 측면이 있긴 하지만 기본적으로는 강건하고 의지가 굳센 시조 영웅의 적극적이고 신적인 측면만 부각된다. 하지만 기원전 30년에 버질(Virgil)의 가정교사인 알렉산더 출신의 시인 파르테니우스 (Pharthenius)가 보낸 여러 묶음의 이야기 에로티카 파테마타(erotika pathemata) – '사랑과 고통의 이야기'(a story of erotic suffering)에 포함된 오디세우스의 이야기는 이와 전혀 다르다. 오디세우스는 페넬로페가 꾸민 음모의 결과로 에비페(Evippe)가 낳은 자신의 사생아를 살해하고 나중에는 키르케(Circe)가 낳은 사생아에 의해 살해당한다(하이저만 5). 진실여부를 확인할 수는 없지만 종족의 영웅으로서 오디세우스가 지닌 공적 측면과 사적 측면의 간극을 드러내주는 것이라 할 수 있으며 서사시와, 소설의 기원이라 할 수 있는 에로티카 파테마타의 차이를 뚜렷이 알 수 있다. 소설에서는 일반 민중과는 아주 다른 '서사시적 거리(시간적이든 공간적이든)'의 영웅이 아니라 같은 하나의 사람으로서 보다 친근하며 개연적이며 보다 특수하게 묘사된다고 볼 수 있다.

하우저나 바흐친이 고대 헬레니즘 시대에 소설의 발생과 기원을 둔 반면 니체는 좀 더 올라가서 플라톤의 대화편, 즉 소크라테스 로망스에서 소설의 기원을 찾는다.

> 비극을 처형함에 있어서 확실히 자기 스승의 냉소적 태도에 절대로 뒤지지 않는 그(플라톤)는, 그러나 몹시 깊은 예술가적 성향 때문에 하나의 예술형식을 만들어내지 않을 수 없었다. 이 형식은 그가 추방한 기존의 예술형식들과 내적으로 닮아 있다. . . . 비극이 이전의 모든 예술장르들을 자기 속에 흡수해버렸다고 한다면, 약간 다른 의미에서이기는 하지만 플라톤의 대화편에 대해서도 똑같은 말이 해당될 수 있을 것이다. 그의 대화편은 기존의 모든 형식과 문체를 혼합함으로써 만들어졌는데, 따라서 이야기, 서정시, 연극의 사이에서, 운문과 산문의 사이에서 떠돌고 있으며 그럼으로써 통일된 언어형식이라는 이전의 엄격한 법칙을 깨뜨렸다. (1992, 95-6)

니체는 플라톤이 새로운 형식을 만들었으며 이야기, 서정시, 극, 운문과 산문 등 이 모든 것을 혼합하여 만든 것이었다고 본다. 이 새로운 형식을 소크라테스 로망스라고 하는데 니체는 비극을 찬양하고 영웅의 사라짐을 애도하며, 이성과 합리만을 가져온 소크라테스에 대해 비판하듯이, 이 소설 형식의 탄생을 문화의 타락의 과정으로 본다. 소설화는 귀족 중심의 비극을 처형하고 대중적 형식으로 질적 수준이 저하된 것이다. 니체는 디오니소스적인 집단성에서 개체화로 나간 개인주의의 발생을 비난한다. 뿐만 아니라 니체는 알렉산드리아적인 것을 혐오하는데 그것은 인종적으로 섞여 있으며 차이와 개별화가 이루어진 시대이기 때문이다.

    이러한 니체의 견해는 많은 사람들의 비판의 대상이 된다. 하이저만은 기본적으로 니체를 비판하기 위해『고대소설』을 썼으며 두디 역시 긴 서문에서 니체에 대한 비판의 수위를 의식적으로 높이고 있다. 두디는 헬레니즘 사회는 열린 사회이며 개인이 존중받는 사회로 그 시대에서의 소설의 발생은 이런 개인 존중의 문제와 소아시아를 비롯한 백인이 아닌 다양한 지역 간의 문화적 교류와 융합의 산물로 이루어진 것이라며 니체에 정면 반박한다. 니체의 귀족주의적이며 백인중심의 아테네만을 그리스 문화의 원류로 보는 것에 반대하며 소설 역시 다인종적 다문화적 풍토에서 발생했다고 보는 것이다.

(2) 소아시아 지역과 동방 기원설

소설의 동방기원설은 소설이 고대 헬레니즘 시대에 번성했다는 것에서는 하우저나 바흐친의 의견과 거의 다르지 않지만 보다 기원의 문제를 엄격하게 거슬러 올라간다면 소아시아와 북아프리카 등에서 소설이 유래했다고 보는 이론이다. 이 동방기원설의 대표적인 이론가는 삐에르 다니엘 위에(Pierre-Daniel Huet)와 두디 등이다. 소설의 동방기원설은 마틴 버날(Martin Bernal)의 『검은 아테네』(The Black Athene)와 인식의 공유의 측면이 있다. 버날은 니체의 '하얀 대리석의 그리스(white marble Greek)'에 대해 반대한다. 그는 그리스 문명은 아테네, 소아시아, 북아프리카 등 지중해 문명권의 산물이며 그리스 문화는 그 기원에서 유색인들의 문화에서 왔다고 주장한다(281-336). 소설의 동방기원설은 실제로 이 당시의 소설가들의 출신 민족을 통해서 내린 결론인데 그리스 소설 역시 흑, 황, 백이 섞인 합작품이라 볼 수 있다.

대표적 이론가인 위에는 『소설의 기원에 관한 논문』(Treatise on the Origin of the Novels)에서 일단 소설의 기원의 문제를 인간의 본성의 문제로 본다. 와트가 자본주의 중산층의 전유물로 보았던 소설이라는 것이 특정 시대의 특정 계층의 문제만은 아닌, 보편적 인간의 본성으로 본 것이다. 위에는 인간은 허구를 사랑하는 경향을 자연적으로 타고난 동물이라고 믿는다. 그래서 소설의 기원은 인간의 본성과 정신에 있다고 보고 허구를 사랑하는 경향은 여러 민족 가운데서도 동방인들(Orientals)에게 가장 강하게 나타난다고 본다.

> 우리는 인간의 본질과 정신에서 최초의 기원을 찾아야 한다. 인간이란 배우고 싶어하고 창조한 것을 나누고 싶어하며 배웠던 것을 나누고 싶어하는, 새로운 것들과 허구를 사랑하는 자들이다. 이러한 경향은 어느 지역 어느 곳에서나 모든 인간에게 공통적이다. 그러나 동방인들은 언제나 다른 지역 사람들보다 더 많이 이러한 허구에 몰두해온 것처럼 보인다. 그래서 그들의 전범이 서양 국가의 가장 독창적이고 고상한 사람들에 아주 감명을 주었다. 내가 '오리엔탈'이라고 할 때 그것은 이집트인, 아랍인들, 페르시아인들, 인도인들 그리고 시리아인들을 의미한다. 내가 고대의 위대한 소설가들의 대다수가 이들 민족들 출신이었다는 것을 여러분에게 보여준다면 틀림없이 인정할 것이다. (Qtd. Doody 1996, 17)

위에는 허구를 사랑하는 경향이 동방인들 가운데서 가장 강력하게 나타나고 그것은 동방인들이 사고의 신속성, 언어 그리고 상상력에 대한 인간의 능력을 가장 충분할 정도로 보여주기 때문이라고 본다. 그리고 서방에 소설을 제공했던 것도 이러한 자질 때문이다. 북부 아프리카 인들 역시 소설에 기여했는데 대표적인 경우는 아프리카 출신의 논픽션 작가인 성 아우구스티누스와 소설가로서 아뿔레이우스이다.

위에에게도 에드워드 사이드(Edward Said)가 요약한 그런 편견이 전혀 없는 것은 아니었다. 그도 동방의 허구는 교양이 없고 호화로운데 그리스의 허구나 그리스 어는 동방의 표현보다 더 나은 형식을 제공해준다고 한다. 위에는 때때로 편견을 가지기도 하지만 그 편견들이 그의 지식과 즐거움을 방해하지는 않는다. 위에의 큰 장점은 그가 소설을 커다란 맥락 속에 두었다는 것이다. 그는 수개국어로 된 동력들, 다인종적 기원들을 강조한다. 두디는 와트를 읽은 후 위에를 읽는 것이 얼마나 놀라울 정도로 신선한 가에 대해 말한다(1996, 18).

어윈 로드(Erwin Rohde)는 이처럼 다인종적이고 수개국어로 된 동력을 지닌 소설의 기원에 대해『그리스 소설과 그의 선조들』(*The Greek Novel and its Forerunners*)에서 고전기의 문화가 이집트나 근동에 많은 빚을 지고 있다는 생각을 경멸했다. 그는 학교의 문장연습이나 연애 비가, 그리고 여행 이야기에서 소설이 발생되었다고 보면서 순수하게 그리스 중심으로 이루어진 것으로 본다. 로드의 이 책은 1876년에 발간되었는데 이 시기는 서구중심주의가 강화되던 때였다. 18세기가 동방기원설이 지배적이었던 시기라면 19세기 이후는 서구중심주의와 백인 우월주의가 강화되어 가던 시기다. 이런 상황에서 로드는 동방기원설을 경멸하는데 이것은 앞서 이야기한대로 빙켈만 이후 '하얀 대리석의 그리스'라는, 19세기부터 득세를 했던 백인 중심적 그리스 문명론과 맥락이 닿아 있다.

컨스탠은 바흐친적 다성성의 징후로서 소설 발생을 보고 있으나 "그리스 로망스 소설이 동방의 문학 장르들에 그 발생을 가지고 있다는 것 – 18세기에 지배적인 의견을 대변하는 전제 – 은 비록 내 마음에는 형식의 유사성에 대한 증거가 결정적이지는 않지만, 활발하게 옹호되고 있다"(140)고 한다. 그가 말하는 동방의 문학 장르는 "동부 지중해에서 접촉했던 몇 개의 문화들 가운데 구전적으로 유통되던 이야기들"(140)이고 고전적인 산문소설은 이에 영향을 받았다고 한다[32].

두디는 고대 그리스로마 소설의 동방기원설에서 특히 소아시아 지역을 강조한다. 당시 아테네 여신을 모시던 아테네와는 달리 소아시아는 아프로디테를 지역신으로 모시고 있었다. 아테네 여신은 전쟁과 지혜의 여신으로 남성중심사

---

[32] Stoneman 서문, Hägg 90-101, Trenkner 178-86 참조.

회를 돕는 신이다. 두디가 보기에 『일리어드』나 『오디세이』의 아테네 여신은 여성들의 운명과 삶보다는 남성중심의 아테네를 옹호한다. 즉 아테네를 중심으로 한 호머의 서사시적 세계가 아테네 여신과 남성중심주의의 산물이라면 두디가 보기에 그리스로마 소설은 남녀의 평등을 전제로 하여 남녀의 상호적 사랑과 신뢰 가치를 더욱 소중히 하며 그런 가치를 아프로디테 여신을 통해 소망하는 것으로 나온다. 그래서 소아시아 지역의 아프로디테 여신 숭배와 모성존중의 가치(아테네에 비해 상대적이겠지만)가 소설에서 실현된다. 고대 로마 소설인 롱구스(Longus)의 『클로에와 다프니스』(Daphnis and Chloé)[33]에서 이 소설의 주인공 클로에와 다프니스는 자신의 사랑을 기원하러 아프로디테 사당에 가서 경배하며 고대 그리스 소설인 『카이레아스와 칼리로에』(*Chaereas and Callirrhoe*)에서는 두 연인이 천신만고 끝에 아프로디테 사당에서 재회한다.

컨스탠의 『성의 균형』(*The Sexual Symmetry*)이라는 책 제목에서 보다시피 고대 그리스로마 소설은 남녀 상호 평등한 사랑을 전제로 한다. 여성과 남성은 거의 나이 차이가 나지 않으며[34] 둘 다 아름다운 외모를 갖추고 신분에서도 거의 동등하며 심지어 여자 주인공 뿐만 아니라 남성 역시 목숨 걸고 정조를 지킨다. 오히려 『카이레아스와 칼리로에』에서 여자주인공 칼리로에는 자신과 결혼하고자 하는 소아시아의 어느 성주의 간청에 못 이겨 임신한 것을 속이고 그와 다시 결혼하지만 남자주인공 카이레아스는 페르시아 공주의 유혹을 물리치고 끝내 정절을 지킨다. 그리고 둘이 다시 결합했을 때에도 칼리로에가 다른 남자와 결혼했던 사실은 전혀 문제삼지 않고 오히려 아이를 낳아 그 성주가 잘 키우고 있으며 그 아이가 크면 아테네로 돌려보내준다는 데 카이레아스는 기뻐한다.

---

33) 이 소설은 고대 그리스의 소설을 모태로 했다고 하나 로마에 와서 로마 시대를 배경으로 개작된 것으로 본다.
34) 컨스탠은 정전이라고 여겨지는 작품에서는 모두 남녀 나이 차이가 많이 난다고 한다.

16세기 이후 고대소설이 복간되면서 많은 소설들이 번역 출판되었으나 이 작품은 그 내용이 다시 강화되어 가던 프로테스탄티즘의 도덕관과 맞지 않아 1750년대 현존하는 그리스로마 소설 가운데 마지막으로 번역 출간되었다.

이처럼 어느 정도 남녀가 동등한 사랑을 추구하는 것[35]은 아테네가 알렉산더 대제에 정복되어 많은 문화적 변천을 겪었다하더라도 서사시적 세계라는, 지배층 남성은 거의 동성애를 즐기고 군국주의적이고 남성중심사회였던 아테네의 문화에서는 불가능하다. 그래서 이런 소설들은 지중해 동부의 소아시아 지역에서 유래했다고 주장할 수도 있다.

이런 견해들을 종합해보면 그리스로마 소설의 동방기원설은 또 하나의 기원의 신화로 볼 수는 없다. 이것은 고대 그리스의 독창성과 독자성, 높은 문화적 수준을 부정하는 것이 아니라 그것이 그리스 헬레니즘 시대가 닫힌 백인중심의 사회가 아니라 여러 민족과 교통하면서 서로 문화를 주고받은 결과라는 것이다.

이처럼 소설의 기원과 발생을 고대에, 그것도 지중해 지역의 소아시아나 동방에 둔다하더라도 소설의 기원을 구전적 전통에만 두는 것은 아니다. 문화적으로 다문화적이고 인종적으로 다인종적 기원을 가지듯 소설의 문학 내적 기원 역시 다양하다고 볼 수 있다. 니체가 플라톤의 대화편에서, 페리가 에우리피데스의 신희극과 그리고 헬레니즘 극에서, 루디코프스키(Ludikovsky)가 역사 서술과 역사편찬에서, 그리고 로드가 학교의 습작이나 연애 엘레지와 여행이야기

---

35) 물론 이들 소설에 나오는 모든 남녀들이 이처럼 동등한 사랑과 신뢰를 지니고 있는 것은 아니다. 대개 남녀주인공과 그 남녀주인공을 모시는 반쯤 자유화된 남녀노예들의 사랑은 어느 정도 평등한 것으로 이루어지지만 그 외의 인물들은 전혀 다르게 그려진다. 남자들은 여자들을 납치하거나 납치된 여자들을 자신의 첩으로 삼는 것에 주저하지 않으며 동성애적인 행위들도 많이 나온다. 그 뿐 아니라 남편이 있으나 미모의 남자주인공을 자신의 성적 대상으로 삼으려는 유부녀들의 유혹도 자주 언급되고 있다. 이런 불안정한 상태에서 배태된 남녀 성의 균형에 대한 열망은 인간 신뢰 회복과 새로운 사회에 대한 갈망에서 비롯되었다고 볼 수 있다.

에서, 소피 트렌크너(Sophie Trenkner)가 옛 이야기나 우화시(fabliaux)와 구전 이야기들에서, 그래햄 앤더슨(Graham Anderson)이 풍요와 신성한 왕에 관한 수메르 신화에서 기원을 찾고자 한 것 등 이 모든 것들에서 소설이 왔다고 볼 수 있다. 두디는 소설을 다인종적이며 다어적인 지중해적인 것이라고 고대소설 발생론의 동방기원설을 확정하고 다양한 소설적 기원의 배경을 모두 인정한다(1996, 19 참조).

2) 근대소설 발생론자들의 고대소설에 대한 시각

근대소설 발생론자들도 고대소설의 존재는 부정하지 않는다. 다만 존재는 있으되 미미하고 또한 미숙하고 발전되지 못한 것일 뿐이다. 이들이 고대소설을 보는 기본적 입장은 이와 유사하지만 다양한 이유로 고대소설을 부정한다. 근대의 소설을 어떻게 정의하느냐에 따라 그것이 바로 소설에 대한 정의가 되며 그 정의에 비추어 고대소설의 존재를 비판, 부정한다. 이들은 대체적으로 형식의 진화론자이거나 발전론자이지만 프라이와 같은 구조주의자도 있다.

신적 믿음의 해체를 근대소설의 특징으로 삼는 루카치나 신적 지도자의 사라짐을 그 특징으로 삼는 프라이, 그리고 고대소설의 발생을 누구보다도 열렬히 실증적으로 주장하나 역사 진화론적 입장에서 그 존재를 덜 된 미성숙 본으로 보는 바흐친, 그리고 형식적 리얼리즘의 지배적 관철을 근대소설의 본질로 보는 와트 류의 비평가들 등 그 스펙트럼은 다양하다. 하나씩 검토해보기로 한다.

(1) 신적인 것의 해체와 사라짐

루카치는 자신의 초기작인 『소설의 이론』에서 소설은 서사시를 대신해서 근대에 나온 장르라고 본다. 서사시는 고대 그리스의 총체성을 구현한 문학으로 영혼의 갈등과 분열을 알지 못했던, 즉 사적인 것과 공적인 것이 통일된 행복한 시대의 문학 장르이다. 반면 소설은 총체성이 사라진 자본주의 시대에서 총체성을 추구하고자 하는 형식이다. 그는 고대소설이나 로망스에 대해서 일체 언급하지 않는다. 소설은 철저하게 근대적 자본주의의 산물이고 그것은 서사시의 자리를 이어받은 것이다.36)

이런 입장에서 그는 '서사시는 고대성, 소설은 근대성'이라는 명제를 분명히 한다. 하지만 이처럼 명확한 단계구분과 관계를 설정했던 루카치는 『돈키호테』를 만나고서 당황스러워 한다.

> (기사적 서사형식은) 신에 대한 절대적 믿음이 실제로 서사시를 고무시켰던 시대에 존재하는, 하나의 특이한 소설 형식이다. . . .『돈키호테』에서도 파악할 수 없는 신적 원칙이 호머에서와 동일한 전지전능의 힘으로 인간적 삶과 아울러 스스로의 한계를 벗어나 완전해지려는 인간적 삶의 보완 욕구를 지배하고 있다. 이 소설의 이러한 평면적 성격은 인간들로부터 두드러진 특징을 빼앗아 이들을 순수한 표면 위에만 나타나도록 한다. (101-102)

루카치는 신에 대한 믿음의 시대와 고대성을 동일시했기 때문에 소설이라 볼 수 있는 『돈키호테』에서 신적 믿음이 지배하고 있는 것을 보고 혼란스럽다. 하지만 이런 신적 원칙 때문에 이 소설은 근대적이지 못한 평면적 성격을 띠게 되고 깊이 있는 인간에 대한 고찰로 이어지지는 못했다고 본다.

루카치는 『돈키호테』가 최초의 위대한 소설이기는 하나 기사 소설의 외피

---

36) 프랑코 모레티(Franco Moretti)는 『근대의 서사시』에서 서사시는 소설을 위해 사라진 것이 아니라 새로운 형식으로 계속 존재하고 있다고 본다. 그에 의하면, 부르주아적 개인의 운명을 그린 '소설'과 달리 우주와 인류의 운명을 다룬 '근대의 서사시'들이 주기적으로 출현한다. 근대의 서사시 가운데 대표적인 작품은 『파우스트』, 『모비 딕』과 『율리시즈』 등이다.

에서 벗어나지 못한 것으로 소설적 양식으로 지양될 수밖에 없음을 분명히 하고 있다(136). 따라서 전근대성과 근대성의 경계에서 태어난『돈키호테』는 근대적 양식인 소설의 발생이 될 수가 없는 것이다. 루카치는 가톨릭의 스페인에서나, 초기 기독교의 시대도 역시 소설의 시대였다고 말함으로써 근대성과 소설의 긴밀한 결합에 스스로 혼란스러움을 드러냈다고 볼 수 있다.

다음에는 와트와 1,2년을 앞 다투어『비평의 해부』를 출간했던 프라이의 주장에 대해 알아보자. 프라이에게 소설은, 특히 리얼리즘 소설은 '하위모방양식'으로 불린다. 그 역시 하위모방양식이 근대에 발생했다고 본다.

> 그리고 그 이후에 새로운 계층인 중산계급의 문화의 출현과 더불어 하위모방 양식이 등장하게 되며, 이 양식은 디포우의 시대로부터 19세기 말까지의 영국문단을 지배하는 보편적 양식이 된다. 프랑스 문학에서는 이 양식이 약 50년이나 빨리 시작되고 끝난다. 최근 백 년 사이에 순수한 서사문학의 대부분은 차차로 아이러니 양식을 취하는 경향을 보여왔다. (34-5)

하위모방양식은 디포우로부터 19세기 말까지 문학을 지배하는 보편적 양식이고 이 양식은 약 200여년 간의 경과 후에 아이러니 양식으로 전이된다고 본다. 하위모방양식은 와트의 형식적 리얼리즘을 특별히 지칭하는 것으로 나타나는데 프라이의 주장대로 한다면 와트의 형식적 리얼리즘 소설이란 일시적으로 나타났다 일시적으로 사라지는 양식이다. 프라이에게 소설은 자본주의 사회에 새로이 나타난 진실로 하나뿐인 형식이거나 모든 장르 가운데 으뜸가는 형식이 아니다. 그 다음에 오는 아이러니 양식에 이어 신화로 돌아가게 되면 다시 순환적 장르 변천론에 의해 다시 오게 되는 보편적 장르규범의 일부일 뿐이다.

이 글에서 필요한 것은 프라이가 고대소설에 대해서 어떤 입장을 취했는가

하는 것이다. 프라이는 고대소설의 존재를 인지하고 있었을 뿐 아니라 신화에서 로망스로, 로망스에서 상위모방으로, 상위모방에서 하위모방으로, 이어서 아이러니로 이어지는 비슷한 역사적 순환의 첫 원형적 흐름이 그리스로마 시대에 있었음을 말한다. 그는 "이와 비슷한 전개는 아주 간략하나마 그리스로마 고전주의 시대의 문학에서도 그 흔적을 찾을 수가 있다"(35)고 한다. 신화에서 고대 그리스 서사시, 그리고 고대 그리스 서정시를 거쳐 비극에[37) 이어 고대 그리스 소설에로38) 장르는 순차적으로 고대 그리스에서 발생했다.

프라이가 장르발생과 변천과정을 신화에서 로망스로 하위모방에서 아이러니로 이어지는 것으로 본 것에 대해 두 가지 오류를 지적할 수 있다. 하나는 프라이가 구조론자임에도 불구하고 신에서 영웅으로, 영웅에서 왕이나 귀족 그리고 보통 사람으로 소설 주인공이 바뀌어 왔으며 그에 따라 문학의 장르 역시 진화되어왔다는 역사진보론적 구성을 한 것이다. 그런데 실제 형식의 발생전개 과정은 직선적으로 전개되지 않고 보통 사람들의 형식과 지배계급의 형식들이 교대로 나타났다. 그리고 또 하나의 오류는 자신의 순환적 장르 변천론을 구조화하기 위해 장애가 되는 고대 그리스로마 소설의 존재를 배제하였다는 것이다.

그가 고대소설의 존재를 부정하는 것은 루카치의 이유와 크게 다르지 않다. 루카치가 신적 믿음의 문제와 고대성을 동일시했다면 그 역시 신적인 문제를 가지고 고대의 소설적 전통을 부정한다. 그는 일단 신적인 문제가 결합되면 형식의 문제를 변별하기가 쉽지 않다고 한다. 신적인 문제가 모든 장르 형식의 문

---

37) "우리들은 유럽 문학에서 서사시, 서정시 그리고 희곡(드라마)이라는 다양한 시의 장르가 병존하고 있다는 것을 자명하게 받아들인다. 그런데 위대한 시문학 형식으로서 이 장르들을 창조했고, 직접적 혹은 간접적인 영향을 통해서 유럽 여러 민족에게로 이 장르들을 퍼지게 했던 그리스인 등에게서 이 각 장르들은 동시적인 것이 아니라 연속적으로 개화했다. 즉 서사시의 경향이 끊어졌을 때 서정시가 나타났고, 서정시가 그 종말에 다가갔을 때 희곡이 발생했다. 따라서 이 시들의 장르는 이것을 만든 나라에서의 특수한 역사적 상황의 성과이고 그 표현이었다"(스넬 99).
38) 비극이 쇠퇴하고 "철학에서 인식론이 지배적인 시대에 소설은 발생"(바흐친 32)했던 것이다.

제를 초월한다. 그는 "종교가 신화적이고 다신교적인 경우, 신을 조상으로 하고 있는 영웅과 왕이 신격화되는 등 여러 잡다한 신격화가 있는 경우, '신과 같은' 이라는 형용사가 제우스 신에게나 아킬레우스에게 똑같이 적용될 수 있는 경우, 이런 경우에는 신화, 로망스, 그리고 상위모방이 각각 갖고 있는 경향을 서로 완전히 분리시키기란 거의 불가능한 일"(35)이라고 말한다. 프라이의 이런 입장에 따르면 실제로 고대 신화에서 중세 로망스에 이르기까지의 형식을 분별해 내는 것은 불가능하다.

그가 고대소설의 존재를 인정하고 신화와의 차별성을 확실히 한다면 그가 지닌 가장 이론상의 맹점인 '장르이론과 장르역사의 불일치'를 극복할 수 있었을 것이다. 하지만 프라이는 다음과 같이 고대소설이 지닌 불완전함에 대해서 언급한다.

> 종교가 신학적이고 신성과 인성을 뚜렷이 구별하지 않을 수 없는 경우, 이런 경우에 로망스는 가령 기독교에서의 기사나 성자의 전설, 이슬람교의 아라비안 나이트, 이스라엘의 사사기(士事記)39)나 예언자의 기적 이야기에서처럼 아주 뚜렷한 형식으로 독립된다. 이와 마찬가지로 그리스로마 고전 시대가 그 후기에 와서도 신적 지도자를 떨어버리지 못한 것은 로마 풍자문학에서부터 가까스로 시작된 하위모방 양식과 아이러니 양식의 발전이 유산된 것과 깊은 연관을 맺고 있다. (35)

프라이는 고대소설을 완전한 하위모방양식으로 볼 수 없는 이유를 신적 지도자의 존재에 두고 있다.

---

39) 사사란 여호수아 이후 이스라엘 백성을 이끌었던 지도자들을 뜻한다.

더구나 프라이는 소설의 풍자문학적 측면만 예로 들고 그와 쌍벽을 이루는 결혼연애 서사에 대해서는 언급이 없다. 결혼연애 서사의 고대소설에서 신은 이미 사라진지 오래다. 다만 어쩌다 아프로디테 여신의 사당에 경배하는 장면이 보일 뿐이다. 프라이의 '신'에서 기독교 신을 배제한다면 모를까 그가 고대소설의 존재를 부정하는 근거에서 보면 종교성의 문제나 신을 찾고 경배하는 것은 『로빈슨 크루소』나 『파멜라』에서 훨씬 노골적이다. 프라이 역시 기독교적 정신으로의 회귀를 주장하고 있지 않은가? 이렇게 볼 때 프라이는 자신의 논리에서 자가당착에 빠졌다고 볼 수 있다.

디포우 이후 대부분의 리얼리즘 소설에서도 신에 대한 예배와 종교적 경건성이 깔려 있는데 이 문제는 어떻게 해결되는가? 사실 『카이레아스와 칼리로에』에서 신을 찾는 것에 비해 파멜라가, 로빈슨 크루소가 신을 찾고 경배하는 것이 훨씬 더 빈번한데도 말이다. 와트가 보기에도 『로빈슨 크루소』는 비록 주관적이고 개인주의적인 신앙이지만 신에게 바쳐진 영적 기록물이다(1984, 75). 그리고 『황금 당나귀』(*The Golden Ass*)에서도 주인공 루시안은 일상적으로 기도하거나 주말마다 교회에 가지 않는다. 다만 마지막에 아프로디테 여신의 현현으로 인한 만남에서 정화되는 것으로 그려질 뿐이다. 와트의 주장대로 형식적 리얼리즘이 프로테스탄티즘이 관철된 것이라 볼 때 루카치나 프라이가 신적 믿음의 문제를 두고 근대적 형식과 근대 이전의 장르를 가르는 것은 무척 분명하지 않은 분류법이다.

(2) 시간성과 사적인 것의 재현으로서 소설

바흐친이 고대소설의 존재를 현대에 새로이 높게 부각시키기는 했으나 그는 그리스 시대의 소설은 실로 고대적이고 낡은 것으로 불완전한 견본에 불과한 것으로 본다. 그는 시간의 설정과 이용(크로토노프)[40]에서 "세계와 개인은 완결된 항목이며 절대적인 부동의 성격을 지닌다. 거기에는 발전이나 성장, 변화의 잠재력을 지니지 못한다"(291)고 본다. 그런데 바흐친이 사용하는 문학 언어 '진화'나 '성장'은 문학적인 것에 대한 근대적 견해이고 기본적으로 자본주의적 소설을 전형으로 보고 그에 비추어 과거의 소설을 재단한 것이다.

고대소설은 심리적 깊이와 윤리적 통찰에서 피상적인 것, 즉 소설이라는 이름을 가지기에 부적절한 것으로 판단되었다. 이들 작품에 영어로 붙여진 로망스라는 이름은 경멸적인 표시이다. 바흐친이 고대소설과 근대소설의 가장 큰 차이점일 뿐 아니라 아예 소설의 본질적 규정으로 잡은 시공간의 문제는 그리스 소설에서는 '모험적 시간'으로 나타난다. 그는 그리스 소설에서 시간의 차원이 전적으로 공간의 차원에 종속된다고 본다. 주인공들은 지중해 지역의 구석구석으로 몰리나 그들이 재결합했을 때, 바흐친에 따르면, 정확히 과거의 모습 그대로 나타난다. 어떤 것도 변하지 않았고, 주인공들은 모험의 결과 하나도 발전되지 않았기 때문에 그들이 겪은 모든 모험도 무시간적 막간극으로 괄호칠 수도 있다. 따라서 18세기의 소설에 비해 시간의 문제에서 발전 변화가 없으므로 고대 그리스 소설은 미숙한 것으로 보아야 한다고 바흐친은 말한다.

> 주인공들이 겪는 모험이나 시련의 결과로 그들이 처음에 지녔던 즉각적인 열정이 더 강렬해진다거나 시험을 거침으로써 더 튼튼하고 확실한 것이 된다거나 혹은 주인공들이 더욱 성숙해짐으로써 서로를 더 잘 이해하게 된다면 그것은 결코 모험소설이라고 할 수 없으며 그리스 로망스와는 분명히 다른 훨씬 후대의 유럽 소설의 한 유형이 될 것이다. (267)

---

40) 문학작품 속에 예술적으로 표현된 시간과 공간 사이의 내적 연관을 말한다. 바흐친에 따르면 크로노토프는 본질적으로 장르를 규정하는 의미를 지니며 장르의 차이점을 결정하는 요인이라고 할 수 있다(260-61).

바흐친은 고대소설에서는 시간이 흐르지 않아 주인공은 여전히 아름답고 환경은 하나도 바뀌지 않았다고 한다. 경험과 시간이 주인공을 하나도 변화시키지 않았기 때문에 경험을 통해, 감각적 경험을 통해 변화 발전하는 근대소설의 주인공과는 달리 이들에게 어떤 변화, 발전도 없었다고 주장한다[41].

바흐친의 이런 주장에 대해 컨스탠은 정면으로 반박한다. 오히려 그는 고대소설에서는 시간이 본질로 등장하며 그 시간이 '첫눈의 반함'이라는 비의식적 비자발적 사랑을 확고한 신뢰를 가진 의식적 사랑으로 바꾼다고 본다.

> 그러나 고대 장르의 서사적 힘의 방향은 다른 곳에 있다. 그리스 소설의 사건들은 우연과 위험으로 가득찬 세계에서 안전의 제공이나 부, 특권의 제공뿐 아니라 위협과 폭력에 직면해서 남녀 주인공들의 사랑을 시험하도록 되어 있다. 그 과정에서 서사를 구성하는 다양한 삽화들이 검증하고 단련시킨, 서로에 대한 그들의 충실과 전념은 그들의 관계에 고유한 특징이 된다. ...
> 남녀 주인공들이 최초로 서로 끌리는 것은 육체적 아름다움과 자발적 열정에 토대를 두고 있는데 사랑은 보았을 때 일어나는 비자발적 욕망으로 더 이상 환원되지 않고 곤궁에 직면하여 신념과 확고함으로 나타나는 매력에 자리를 양보한다. ... 정절이 증대시킨 에로스인 이 지속적 사랑은 주인공들의 욕망에 변화를 일으키고 다른 경쟁자들의 열정과 차별화시킨다. 이런 점에서, 그리고 바흐친의 명제에 반대로, 시간은 그리스 소설에서 바로 그 본질이다. (46-7)

---

[41] 자본주의 소설에서 주인공의 변화 발전의 문제는 많은 논란을 지니고 있다. 루카치는 소설에서의 주인공의 변화는 '발전이라기보다 자본주의와의 투쟁에서 쓰라린 패배를 겪고 느끼게 되는 환멸에 대한 무의식적 폭로'일 뿐이라고 본다(1985, 217).

컨스탠은 고대 그리스 소설의 주제는 지속적 사랑이며 그것은 온갖 회유와 위협, 폭력에도 굴하지 않고 시간이 단련시킨 사랑이라 한다. 지속적 사랑이 주제가 되려면 시간이 본질적으로 설정되지 않을 수 없다. 그들이 처하게 되는 신분상의 격변이 삽화적 플롯을 산만하게 보이기는 하나 삽화는 지속적 사랑을 단련시키는 구성적 보완물이지 결코 막간극이 아니다. 근대소설에서는 신분상 안정된 상황 설정을 하지만 연애의 절정이 지나면 서로에 대한 환멸과 피폐해진 사랑만 확인할 뿐이다.42) 고대소설에서 그들이 돌아오는 동안 시간은 정지되어 있지 않다. 그들의 환경도 많이 달라진다. 이미 부모님도 거의 돌아가셨다.

그런데 바흐친이 고대소설을 정식 소설로 인정하지 않는 이유는 시간의 문제만은 아니다. 그는 고대소설이 '사적 개인'에 대한 통일성을 견지하지 못했다고 비판한다. 그에게 사적 개인은 사회 정치적으로 해석되어 적절한 형식들과 통일성을 형성해내야 하는 것이다.

> 사적 삶이 사회 정치적 사건에 비추어 해석되는 것이 아니라 그 반대로 사회적이고 정치적인 사건들이 사생활과의 관계를 통해서만 소설의 의미를 띠기 때문에.... 인간의 삶은 이미 사적인 것이 되었고 인간은 개인화되었으며 또 이러한 사적인 것에 대한 인식이 고대의 문학에 침투하기 시작했음에도 불구하고 고대 세계는 사적 개인과 그 삶에 적절한 형식들과 통일성을 형성해내는데 성공하지 못했다. (290)

바흐친은 고대 그리스 소설에서 이미 '사적 개인'이 등장했다고 한다. 하지만 이 '사적인' 것은 근대적 의미에서 볼 때 불완전한 것이다. 그 이유는 사회 정치적 사건과 무관한 그야말로 비역사적 비정치적으로 그려졌기 때문이다. 그가 보기

---

42) 고대소설에서 사랑의 주제는 시간과 공간 속에서 사건을 통해 강화되지만 근대소설에서 사랑은 시간을 통해서도 이룰 수 없는 좌절로 나타난다.

에 이들의 고난과 시련은 단지 개인의 인생유전에 그칠 뿐 세계와 형식과의 통일성을 결여한 것이다.

바흐친에게 고대의 사적 개인은 자신의 사적 영역을 공적 영역에 비추어 인식하지 못한다. 이런 인식은 공적 세계와 사적 세계가 엄격하게 분리된 이후의 일이다. 바흐친의 말대로 고대소설에 나타난 사적 개인은 자신의 사적 영역을 공적 영역에 비추어 인식하지 못한다. 그런데 바흐친의 이러한 주장은 루카치의 전형성 개념과 유사하다. 루카치의 전형성은 사회 정치적 변화나 사건이 총체적으로 집약, 반영된 것이다.

이 글은 이 전형성 개념에 합당하는 주인공의 등장을 근대소설의 기준으로 삼는데 동의하지 않는다. 더구나 와트가 형식적 리얼리즘의 표본이라 하는 『로빈슨 크루소』나 『파멜라』는 루카치의 전형성 개념과는 전혀 무관하다. 크루소는 영국의 정치사회적 환경을 벗어난 이상적 섬을 배경으로 설정했고 파멜라 역시 지주와 그 소작인들의 주거지를 벗어나지 않는다. 이 작품들의 배경이나 인물들의 삶이 당시의 정치사회적 사건과 무관하다고 해서 소설이 아니거나 근대적 특징을 결여한 것은 아니다. 바흐친이 "'사적'인 삶이 사회정치적 사건에 비추어 해석되는 것"을 소설의 의미에서 제외시킨 것이 오히려 수정되어야 한다.

그러면 바흐친이 르네상스 시대 프랑스와 라블레(François Rabelais)의 『가르강뛰아와 빵따그리엘』을 소설의 발생으로 잡은 것은 자신의 근대적 기준에 합당한 것일까? 라블레의 작품에는 생리적인 것, 먹는 것, 성적인 것 등 지극히 육체적인 것이 많이 나온다. 이런 것들은 지금의 시대에서 지극히 사적인 것이다. 바흐친은 라블레의 작품에 나오는 이런 사적 영역의 언급이 근본적으로 중세 민중문화의 전달자 역할을 했다고 본다. 라블레는 '광장의 언어'를 통해 가치전도를 꾀했으며 거인, 미치광이 등 중세 축제의 형태와 이미지에 의존했다. 이것은 사적인 것이 정치적 사건이 되는, 즉 웃음이 저항이 되는 측면이다. 바흐친은 라블레의 이런 측면이 사적인 것이 공적인 정치화를 일구는 것으로 본격적으로 소설을 발생시켰다고 본 것이다.

그러면 과연 라블레의 이 작품들은 과연 확실히 개인적이고 사적인 것을 다루었다고 볼 수 있을까? 중세의 사육제를 배경으로 한 이 작품들이 사육제라는 중세 공동체적 배경에서 산출된 것이기 때문에 사적인 것을 재현한 것이 아니라고 장 마리 굴모(Jean Marie Goulmaut)는 말한다.

> 넓은 의미에서 볼 때 라블레의 언어는 기괴한 육체개념을 존재의 철학으로 확립시켰으며, 귀족적이며 기독교적이고 인문주의적인 예의바른 인간관에 대항하여 육체적이고 물질적인 '천박함'에 가치를 부여했다. 전통적인 문학사에서는 라블레를 르네상스 인으로 간주하지만 바흐친은 이를 반박했다. 『프랑수아 라블레의 작품과 중세 및 르네상스 시기의 민중문화』는 문학적 규범과 기준에 순응하지 않은 인물이라는 평가를 받았으며 항상 돌출적이었던 라블레가 르네상스 시기까지 명맥이 유지되던 중세의 민중적 사육제 문화의 산물임을 잘 보여주었다. . . . 바흐친이 사육제 문화의 가장 정확한 표현이라고 해석한 바로 그 부분이 본질적으로 사적 영역의 가능성을 용납하지 않던 사회 상황을 반영한 것으로 이해될 수도 있다. (480-1)

굴모는 바흐친이 주장하는 사적인 영역은 중세 공동체 시대였기 때문에 공개적으로 되었고 따라서 이 사적 영역은 지금 시대와는 달리 결코 사적이지 않았다고 보고 있다. 생리작용이나 먹는 것, 성적인 것을 공개적으로 드러낸다는 것 자체가 사적인 것을 용납하지 않았던 공동체의 산물이라고 본다. 라블레의 작품이 민중적이라 하더라도, 귀족적인 것이 아니라는 이유만으로 근대적인 것이 되는 게 아니고, 시대적으로는 중세적이라는 것이다.

실제로 사적 영역은 17세기 들어 새로운 공적 영역과 더불어 탄생한다. 공동체와 권력 당국의 감시와 통제로부터 벗어난 이 사적 영역에서는 새로운 관행들이 모습을 분명히 드러내었다. 도시에서 사회생활이 공개적으로 진행되는 한편으로 밀폐된 거주 공간이 형성되기 시작했다. 바로 이 양면성이 도시 거주자들의 특성을 대변해준다. 은둔과 내밀성의 공간으로서의 침실이 생긴 것은 바로 이때였다. 이때부터 성행위를 포함하여 잠자리와 배설을 비롯한 생리적 행위 등이 사적인 것으로 되었다.

바흐친이 주장하는 소설의 특징인 '온전한 개인과 사적인 삶에 대한 서술'을 17세기의 사적 영역과 연관시켜 볼 때 라블레의 작품은 전혀 근대적 의미의 사적 성격을 지니지 못한다. 그뿐 아니라 바흐친은 필딩의 『톰 존스』를 목가소설의 배경과는 다른 "자본주의적 재산 중 부동산에 해당하는 부분에 한정된"(438) 고전적 가정소설의 개요가 시작되는 근대소설의 전형으로 보고 있다. 와트나 헌트, 매키온에서 보듯이 18세기 중엽 가장 로망스적인 작품이 가장 (근대)소설이라고 하는 바흐친의 주장은 소설에 대한 정의를 내리기를 더욱 어렵게 한다. 바흐친의 이런 모순들도 기본적으로 근대 이후의 소설만을, 즉 자본주의 하에서의 소설만을 정식 소설이라 하고 그 이전의 허구들을 모두 미숙하고 덜된 소설이거나 약간 경멸적인 로망스로 이분화하면서 발생하는 것이다. 그러한 모순이 생기게 된 것은 진보나 성숙, 발전의 개념을 통하여 성장의 개념을 집어넣었기 때문이다.

(3) 와트가 보는 고대소설

지금까지 루카치나 프라이, 바흐친의 이론이 지닌 자가당착은 그들의 고대소설에 관한 입장 때문에 이루어짐을 보았다. 그러면 이 글의 주인공인 와트는 고대소설을 어떻게 보았을까? 와트는 고대소설의 독자적인 존재를 인정하지는 않지만 곳곳에서 고대소설의 존재를 언급하고 있다. 하지만 그는 자신의 형식적 리얼리즘의 기준에 따라 엄격하게 소설 외적인 것으로 고대소설을 평가한다. 와트의 고대소설에 대한 평가기준은 첫째는 형식적 리얼리즘의 양적인 지배문제이고 둘째는 플롯에서 전통과의 단절 여부이고 셋째는 '내용'의 리얼리즘이 아니라 형식적(기법의) 리얼리즘의 문제이다.

우선 와트는 자신의 소설 정의 범주인 '형식적 리얼리즘'이 얼마나 지배적으로 관철되는지에 따라 고대소설을 평가한다. 와트가 소설의 핵심으로 본 형식적 리얼리즘은 디포우와 리차드슨이 발견한 것이 아니라 호머 시대 이후 여러 문학형식에서 풍부하게 존재했다고 한다.

> 물론 가장 엄격한 의미에서 형식적 리얼리즘은 디포우와 리처드슨에 의해 발견된 것은 아니었다. 이들은 단지 이것을 과거 그 어느 때보다도 훨씬 완전하게 적용했을 따름이었다. 예를 들어 호머는 카알라일이 지적했듯이 디포우와 리처드슨의 작품들 내에 풍부하게 들어 있는 '상세하고 방대하며 사랑스러울 정도로 정확한' 묘사들 속에 뚜렷이 드러나는 뛰어난 '통찰의 명증성'을 이들과 함께 나누고 있었던 것이다. (1984, 33)

고대로부터 상세하고 정확하며 방대한 묘사인 형식적 리얼리즘이 있었지만 완전하게 철저하게 적용시킨 것은 디포우와 리처드슨이었다는 와트의 문제인식은 앞으로 자신의 논의가 형식적 리얼리즘의 적용 문제에서 양적인 문제가 개입함을 시사한다.

마이클 시델(Michael Siedel)은 「만찬에 온 사나이: 이안 와트와 형식적 리얼리즘 이론」("The Man Who Came to Dinner: Ian Watt and the Theory of Formal Realism")에서 서술기법의 역사적 맥락을 짚어가며 논증한다. 시델은 18세기 문학 이전에서든 이후에서든 "기존의 문학적 시대나 문학적 형식으로서 굳어진 어떤 것도 리얼리즘적 충동을 제한하지는 않았다는 것을 인정하는 것이 중요하다. 하나의 충동으로 리얼리즘은 언제나 유용했다. 중요한 것은 서사 행위 내에서 그 지배성의 문제"(198)라고 한다.

와트는 소설과 서사시, 로망스 사이에서 장르를 구분하지 않고 '소설은 근대'이고 '기타의 장르나 양식은 모두 전근대'라는 숨은 전제 아래 근대 이전의 많은 작품들을 형식적 리얼리즘의 기법 면에서 엄청나게 칭찬한 다음 반전시킬 준비를 한다. 두 번째 평가기준으로 와트는 전통적 플롯과 리얼리즘 기법의 모순을 들고 있다. 와트는 『황금 당나귀』에서 『오카신과 니콜레트』까지, 또 초오서에서 번연에 이르기까지 고대 이래로 18세기 못지않게 이런 묘사들이 많이 이루어지고 있지만 허황된 플롯으로 전체적 구조와 리얼리즘적 구절이 모순된다고 한다.

> 그러나 여기에는 중요한 차이점이 있다. 호머와 초기의 산문 이야기들에서 이러한 구절들은 비교적 드문 편이며 주위 이야기체와는 두드러지게 구별되는 경향을 보이고 있다. 전체적인 문학구조는 형식적 리얼리즘의 방향 내에서 일관성 있게 맞추어지지 않았으며 특히 언제나 전통적이며 종종 대단히 허황하기도 한 플롯은 형식적 리얼리즘의 전제 조건들과 직접적으로 상충되었다. (1984, 33)

근대 이전의 작품들에서 형식적 리얼리즘이 기법 면에서 탁월성은 있지만 장면이나 구절에 국한되어 전체적으로 구조화된 것은 아니라고 한다. 그래서 기법적 측면은 전체적인 문학구조라 할 수 있는 플롯의 문제로 옮아가서 리얼리즘적 일관성이 없다고 비판한다. 그리고 근대 이전의 작품들은 전통과 단절되지 않았기 때문에 형식적 리얼리즘 측면에서 다시 한 번 배제된다. 여기서 고대소설은 하나의 장르나 양식으로 부각되지 않고 개별 작품으로 등장한다.

세 번째로 와트는 고대소설의 내용적인 면이 오히려 형식적 리얼리즘과 모순된다고 한다. 내용적인 면에서 리얼리즘적 요소는 칭찬할 것이 아니라 심각한 취약점을 지닌 것이다.

> 소설형식의 이전 역사는 저급한 삶을 그려냈던 예전의 모든 이야기들 사이의 연속성을 추적하는 과제로서 통상 관찰되어 왔다. 에베소 부인43)의 이야기가 '사실적인' 것은 이 이야기가 성적인 욕망이 아내로서의 슬픔보다 더 강하다는 것을 보여주고 있기 때문이다. 우화나 악한소설이 '사실적인' 것은 경제적 또는 육체적인 동기들이 인간적인 행동으로 나타날 때 두드러지게 되기 때문이다. . . .
> 그러나 '리얼리즘'의 이러한 용법은 아마도 소설 형식의 가장 독창적인 특질이 될지도 모를 어떤 것을 간과해버릴 수도 있는 심각한 취약점을 갖고

---

43) 페트로니우스(Petronius)의 『사티리콘』(*Satyricon*)에 나오는 삽화 '에페수스의 과부' (The Widow of Ephesus)에 대한 언급이다. 이 이야기는 고대소설이 지닌 리얼리즘적 성격에 대해 언급할 때 대표적으로 등장하는 작품이다. 내용은 다음과 같다. 남편의 지하무덤 옆에서 슬픔과 굶주림으로 죽기를 결심한 절망적 젊은 과부에게 도둑들이 못 박혀 있는 곳에서 십자가를 지키는 젊은 병사가 매혹됨으로써 그 과부의 절망과 금욕적 결단, 죽음에의 열망이 깨어진다. 남편의 무덤 옆에서 병사가 준 고기와 빵과 포도주를 먹고 젊은 과부는 병사랑 사랑을 나누는데 그 과정에서 십자가에 매달렸던 도둑의 시체가 도난당한다. 시체를 도난당함으로써 병사가 처형당하게 될 위험에 놓이게 되자 과부는 남편의 시체를 대신 십자가에 매달 것을 권고한다. 마지막 장면에는 시체가 혼자서 십자가에 기어오르는 것을 보고 지나가던 사람이 경악한다.

있다. 만약 소설이 암울한 측면에서 인생을 보았기 때문에 단순히 사실적이라고 한다면 소설은 그저 도착된 로망스에 불과할 것이다. (1984, 10-11)

로마시대 하층민의 삶을 다루었던 '에페수스 부인'의 이야기는 바흐친도 고대 리얼리즘의 승리로 격찬해마지 않는 작품이다. 와트는 아내로서의 슬픔이나 정절의 문제보다 성적인 욕망이 더 강하다는 것을 보여주는 이 작품이 지닌 '사실성'을 인정하지만 그것은 어디까지나 도착된 로망스라고 폄하한다. 그가 형식적 리얼리즘에 대해 말하고자 하는 것은 형식의 측면이지 내용의 측면이 아니기 때문이다.

하층민의 삶을 묘사하는 리얼리즘에 대한 이러한 부정은 자연주의 소설을 염두에 둔 부정이기는 하지만 다른 한편으로는 사회주의 리얼리즘과 대립하여 설명하고자 하는 의도를 읽게 한다. 리얼리즘의 내용적 측면에 대한 부정은 "소설이 제시하는 삶의 종류 내에 존재하는 것이 아니라 삶을 제시하는 방법 내에 존재하고 있다"(1984, 11)는 말에서 가장 정확하게 드러난다. 이렇게 되면 형식을 문제시하는 와트의 형식적 리얼리즘은 결국은 기법이 양적으로 지배적인가의 문제로 결정되게 된다.

와트가 고대소설을 소설로서 부정하는 기준으로 삼은 것이 바로 그가 정의하고자 하는 소설의 장르적 특성이 된다. 와트나 그의 추종자들에게 소설의 장르적 특성은 '내용의 리얼리즘'이 아니라 '형식의 리얼리즘'에 있다. '형식의 리얼리즘'은 곧 수법의 면에서 리얼리즘이며 결국은 서술절차의 문제이다. 서술절차 상의 리얼리즘이 부분적으로는 어디나 나타날 수 있다. 호머의 서사시에서도 단테의 신곡에서도 보카치오의 작품에서도 나타날 수 있다. 하지만 지배적으로 나타나는 것은 근대의 '소설'에서이다.

와트는 소설을 로망스와 '허구'라는 차원에서 비교, 대조하는 것이 아니라 모든 장르와 비교하여 형식적 리얼리즘의 지배적 관철 여부를 문제 삼아 소설을 위치 지운다. 고대소설은 호머의 서사시나 단테의 신곡보다도 와트의 '소설'과 훨씬 더 거리가 멀다. 고대소설은 이름 그대로 고대에 있었던 소설로서의 위치가 아니라 로망스로 폄하되고 문학 가치도 평가절하 된다.

3) 소설에 관한 장르시론

    이 글은 기본적으로 고대 헬레니즘 시대 전후로 하여 소설이 발생한 이후 그 연속선 상에서 서구 근대소설을 보아야 한다는 입장이다. 형식의 문제는 기본적으로 언어의 문제이다. 언어는 인간 본능의 문제이면서 그 존재 양식으로는 말과 글, 즉 구술문화와 문자문화의 양상을 가진다. 동물이든 식물이든 자기네 종끼리 의사소통을 할 수 있는 최소한의 소통 체계를 가지지만 인간의 언어가 지닌 가장 큰 특징은 통사론적 특징이다. 통사론의 특징은 곧 내러티브적 구성을 갖고 이 내러티브적 구성은 곧 이야기성이다. 인간이 언어를 동물적 본능으로서 가지는 한 인간의 이야기성은 인간의 본능이다. 이러한 인간의 이야기성은 감정의 구조가 내러티브적 구조를 갖고 있다는 현대의 인지과학의 연구결과와 일치한다. 인간의 감정과 정서는 내러티브적 구조를 통해 자신을 드러내는데 이것이 이야기이다. 이야기는 그것이 말로 표현되는가 글로 표현되는가에 따라 존재양식을 달리 하는데 그것은 곧 구술문화와 문자문화와의 관계에 의해 형식이 결정된다 할 수 있다.

    고대 그리스 시대는 구술문화적 특성이 문자문화로 이행하는 과정이 뚜렷하게 드러났던 시대이고 이 이행은 장르이행과정을 뚜렷하게 변별해볼 수 있는 이점을 제공한다. 구술문화적 시대는 기본적으로 집단의 시대이므로 개인은 존재할 수 없고 집단만이 존재하며 집단의 연속성이 역사로 기록될 수 없는 한에서 서사시로 형식이 나타난다. 그러다가 알파벳의 도입과 보급으로 문자문화가 서서히 자리 잡으면서 문자를 능숙하게 쓸 수 있는 개인들의 자기각성이 서정시로 드러나고 집단으로 음송된다. 비극은 구술문화적 연행을 문자문화로 기록하기 시작함으로써 과거를 기록하되 현재의 각성이 들어간 형식이다. 이 비극이 끝나는 지점에서 철학의 시대로 가는 동안에 문자문화로의 이행이 확실하게 수행된다. 소크라테스가 구술문화의 마지막이라면 플라톤의 대화편은 문자문화로의 정착을 보여준다.

    문자문화로의 정착은 과거를 암송하고 기억할 의무로부터 개인을 해방시킨다. 과거는 역사로 기록되었다. 과거에서 자유로워진 개인은 당대의 삶을 성찰 기록하기 시작한다. 철학이 그 당시 사회정치적 집단적 삶에 대한 성찰로 윤리학적으로 시작되었다면 소설은 개인의 현재 삶에 대한 관심으로 개인사적 삶에 대한 관심에서 비롯된다. 이러한 과정이 곧 장르 발생의 과정과 일치한다. 신화에서 서사시, 서사시에서 서정시로, 서정시에서 비극으로, 비극에서 철학과 소설이 나온다고 볼 수 있다. 벤야민, 매키온 등은 인쇄문화와 구술문화로 나누지만 정확한 기준은 문자문화와 구술문화이다. 비록 인쇄문화가 비교할 수 없을 정도로 전근대와 근대를 구별하였지만 그럼에도 불구하고 인쇄문화는 문자문화의 완결판이거나 절정일 뿐이다. 따라서 인쇄문화가 장르 형식의 변화와 완성을 촉진할 수는 있어도 장르 형식의 발생 문제에 개입할 여지는 없다고 본다.

    영화와 텔레비전 드라마는 구술문화와 문자문화가 결합된 양식이다. 이 언어적 존재양식의 차이는 20세기 들어 새로운 장르를 발생시킨다. 이야기성의 문제는 인간의 본능이므로 똑같다. 그래서 현재 장르 발생의 순간은 두 지점에서 주로 일어난다. 구술문화에서 문자문화에로의 이행기에서, 그리고 문자문화에서 구술과 문자문화가 혼합된 매체시대로의 이행기에서 일어난다. 그 이외의 것은 모두 형식의 변용일 뿐이다.

그 다음에 양식의 문제는 인간의 사유와 감정의 구조에서 일어난다. 인간의 꿈, 무의식, 환상, 백일몽, 소망, 우연, 인생의 급변 등과 같은 것은 로망스적 양식에 지배적이고 인간 개체의 특수성, 세부묘사, 인과관계, 사회와 개인의 관계 등과 같은 리얼리즘적 측면이 주로 지배적인 것은 리얼리즘적 양식이다. 이 양식은 형식과 장르를 막론하고 드러난다. 그리고 두 가지 양식 가운데 어느 한 양식만 지배적인 경우는 극히 드물고 대부분은 서로 섞여 있으며 어느 것이 좀 더 우세한가에 의해 양식적 결정성이 주어질 뿐이다. 서사시에서도, 영화에서도, 소설에서도, 희비극에서도 이 두 양식은 마찬가지로 나타난다. 그리고 집단성이 강화될 때 로망스적 요소가 많이 나타나고 개인성이 강화될 때 리얼리즘적 요소가 많이 나타나는 것은 기본적 전제다. 그것은 꿈이나 환상, 소망, 무의식 같은 것은 인간 집단의 본질로서 존재하는 반면 인간 개체의 특수성은 개인주의가 강화될 때 나타날 수 있기 때문이다. 부분적으로는 본질적으로 집단성을 강조하나 개인의 자발적 동원이 필요할 때는 사회주의 리얼리즘에서처럼 의식적으로 리얼리즘적 양식이 강조되기도 하고, 개인성에 대한 지나친 강조가 그에 대한 반동으로 인류 감정의 보편성을 불러와 낭만적 요소가 강화되기도 한다.

그러면 시대적 차이의 문제는 어떻게 볼 것인가? 왜 시대마다 내용이나 기법 면에서 차이가 나고 심지어 발전, 진화, 진보하는 것처럼 보이는 이유는 무엇인가? '소리'로서의 언어이긴 하나 언어 발생은 현생 인류의 출현과 함께 단박에 이루어지는 데 비해 우주와 세계, 인간 자신에 대한 지식은 천천히 발전하기 때문이다. 이러한 간극에 대해 줄리아 크리스테바(Julia Kristeva)는 "'인간정신'의 진행은 오로지 어떤 식으로 단번에 결정적으로 구성된 '시니피앙의 온전함'을 재흡수하여 그에 대응하는 시니피에들을 찾아낼 수 있는가"(82) 물으면서 레비-스트로스(Claude Levi-Strauss)의 글을 인용한다.

'우주' 전체가 단번에 의미를 지닌 것이 된 순간에, 비록 언어의 출현이 지식을 증대시키는 리듬을 가속화시킬 수밖에 없었던 것이 사실이라고 해도, 그렇다고 해서 우주가 더 잘 알려지게 된 것은 아니었다. 따라서 인간 정신의 역사에서 비연속성의 성질을 제공하는 상징체계와 연속성으로 특징지어진 지식 사이에는 근본적인 대립이 존재한다. 그 결과는 무엇일까? 그것은 시니피앙과 시니피에라는 두 카테고리는 마치 서로 보충적인 두 가지 부품처럼 동시에 그리고 연대적으로 형성되어 있지만, 그러나 지식, 다시 말해서 시니피앙의 어떤 면과 시니피에의 어떤 면을 서로 확인하게 해주는 지적 과정은 . . . 단지 아주 느리게만 그 궤도를 달린다는 것이다.44)(크리스테바 82-3에서 재인용)

이러한 견해는 계통적인 주체형성과정에서 언어가 먼저 발생함을 보여주지만 이러한 언어의 본질은 현실에 대한 지식과의 간극을 통해 기의에서 끊임없는 미끄러지는 기표이다. 언어가 주어질 때 이야기성은 주어지고 언어의 두 존재 양식인 구술문화와 문자문화에 의해서 형식이 주어진다고 볼 때 세계와 우주와의 관계에서 인간의 지식은 느리게 발전하기 때문에, 그리고 시대적 변화에 따라 인간 지식의 정도가 달라지기 때문에 고대의 형식과 근대의 형식이 차이가 나고 진보하는 것처럼 보이기도 한다. 이것은 형식 자체에 대한 문제가 아니라 형식의 존재조건의 특수성일 뿐이다.

고대소설과 근대소설의 차이는 어떻게 해명될 것인가? 그리고 로망스와 소설의 차이에 대해서 어떻게 해명할 것인가? 이것도 마찬가지라 할 수 있다. 고대소설은 사적 개인을 주인공으로 하여 그 개인의 인생유전을 사실적으로 그리고 있다는 점에서는 리얼리즘적이지만 지금의 시각에서 보자면 해명되기 어려

---

44) 「모스의 저작에 대한 서론」, Introduction à l'oeuvre de M. Mauss in Mauss, *Sociologie et Anthropologie* PUF,. p.XLVXLVII

운 부분이 많기 때문에 로망스적이다. 하지만 지금의 시각에서 고대소설의 존재를 볼 것이 아니라 그 시대적 삶의 객관적 조건에서 보자면 충분히 리얼리즘적일 수 있다. 그리고 거기에서 비록 꿈이나 신탁이 부분적으로 매개하지만 그것은 인생의 유전을 사회, 경제, 정치적 인과관계로 정확히 포착할 수 없었던 인식의 한계이지 꿈, 백일몽, 환상 등이 지배적인 서술기법으로 나오는 것은 아니다.

그리고 형식의 문제에서도 그 당시 사람들은 대부분 그리스 사람이거나 로마, 북 아프리카 사람들이었기 때문에 이름들이 그리스어나 로마어로 되어있어 생소한 것이지 신화나 전설에서 이름을 따온 것도 아니다. 또한 자연 레비-스트로스 말처럼 인간의 자기 세계에 대한 인식과 성찰이 느리게나마 진전하기 때문에 형식의 완성도를 높이는 데는 기여할지 모르지만 그 자체가 형식에서 종적 차이를 초래하는 것은 아니다. 그리고 근대소설에서도 18세기 중엽 리차드슨과 디포우의 소설들은 보다 사실주의적 기법을 사용했지만 그 이후의 고딕소설이나 낭만주의 소설은 로망스적 양식이 우세하다는 것을 보여주기 때문에 (20세기도 마찬가지다) 근대소설의 본질이 리얼리즘일 수는 결코 없다. 중세는 신적 질서가 지배하던 사회이므로 인간의 개성이나 개체보다는 집단을 대표하는 자와 개인의 동일시가 어느 시대보다 강하게 일어난다. 따라서 하나님과의 일치를 이루는 영적 자서전이나 성자전, 또는 왕이나 공주, 기사들의 삶과 모험을 그린 로망스적 양식이 소설의 지배적 양식으로 자리잡게 된 것이라 볼 수 있다.

장르로서 현재 병존하고 있는 서사시, 극, 서정시, 소설 등 이들 장르들은 고대 그리스 시대 구술문화에서 문자문화에로 이행, 정착하는 과정에서 순차적으로 발생했다고 할 수 있다. 정신이 언어로 표현되는 장르 형식은 구술과 문자라는 언어의 두 존재양식에 의해 장르가 발생한다고 했을 때 인쇄술은 문자문화의 완결판이긴 하지만 새로운 언어 존재양식을 발생시킨 것은 아니다. 17세기 이후 리얼리즘 소설은 소설의 발생이라기보다 고대 그리스에서 발생한 리얼리즘적 양식 소설의 재발현일 뿐이다.

Ⅳ. 산문 담론 기원설과 와트의 형식적 리얼리즘 비판

1. 소설의 영국 산문담론 기원설

1) 와트의 '소설 발생의 길': 『관찰자』에서 『신사의 잡지』를 거쳐 디포우, 리차드슨으로

　소설의 근대영국 발생론자들은 소설의 선조를 이전의 중세 로망스나 고대 그리스로마 소설, 그리고 17세기와 18세기 초의 프랑스 소설이나 영국소설들에서 찾지 않는다. 18세기 중엽 영국의 특정담론이 소설을 발생시켰다는 주장은 그들의 가장 기본 논리이다. 소설은 과거나 다른 나라의 문학으로부터 완전히 고립되어 영국의 자생적 담론에서 출발했기 때문에 소설은 완전히 새로운 장르가 된다. 그들에 의하면 소설은 그 이전의 선조들 없이도 충분히 발생했다. 이렇게 되면 소설은 그 당시 사회의 공시적 발생물이 된다. 데이비스는 "소설은 역시 인간과 사회가 관찰될 수 있고 실험될 수 있는 유사과학적 실험실이나 안개상자로 보여졌다"(2000, 484)고 한다.

그러면 실험실의 안개상자 속에서 이루어진 소설 발생을 실험한 이들은 누구이며 그 '소설'이란 화합물을 얻기 위해 어떤 습도와 온도에서 어떠한 원소를 집어넣고 실험을 했는가? 소설의 근대영국 발생론자들에 따르면, 여기서 실험한 이들은 남성 3인조를 비롯한 계몽주의 지식인이고 집어넣은 원소들은 프로테스탄티즘과 계몽주의 담론 등이다. 이에 대해 워너는 다음과 같이 아주 잘 요약하고 있다.

> 따라서 영국소설은 이태리, 스페인, 그리고 프랑스의 선구자들로부터 발전되어 나온 것이 아니라 그 대신 특징적인 영국 담론들에서 나왔다고 주장된다. . . . 우연히 영국에서 씌어진 소설들의 부차적인 특성이었던 영국문화의 특징들ー 제국주의, 프로테스탄트적 개인주의, 도덕적 진지성, 그리고 별난 인물의 선호ー 이 소설이라는 종의 정체성을 이루는 기본적인 뿌리로 인정되게 된다. (2000, 33)

위의 주장은 소설의 부차적 특성이 소설의 보편적 본질로 전환되었음을 폭로한다. 즉 제국주의, 프로테스탄티즘, 개인주의 등과 같은 영국문화의 특징들이 소설의 부차적 특징에 불과한데도 그것이 소설이라는 종의 정체성을 이루게 되었다고 본다. 따라서 이들 비평가들에게 남은 일은 이들 담론들이 소설로 변화되는 과정을 따라가기만 하면 된다. 그 길이 곧 소설 발생의 길이다.

와트의 『소설의 발생』은 담론에서 소설이 발생되는 과정을 단계적으로 제시한다. 애디슨이 '소설을 썼으면 얼마나 잘 썼을까' 안타까워하는 마음이 애디슨이 쓴 여러 정치적 에세이나 시사 저널 그리고 독자상담 등의 기사들이 은근히 소설의 모태가 됨을 암시하고 있다.

정기적인 에세이는 또한 소설이 마련해줄 수 있는 기호를 형성시키는데 많은 일을 하였다. 매콜리는 만약 에디슨이 소설을 썼더라면 그 소설은 '우리가 알고 있는 그 어떤 소설보다도 탁월했을 것'이라고 생각했다. 한편 T. H. 그린(T. H. Green)도 이점을 암시하면서 『관찰자』지를 '대중들 자신에 관해 대중들에게 이야기하는 것으로 이루어져 있는 특별한 스타일의 문학을 대표하는 최초이자 최고의 문학— 우리 시대의 진정으로 인기있는 유일한 문학이라 하면서 사람들의 평범한 삶 속에 반영된 인도주의를 채택하고 . . . 가장 상세한 부분까지 복사되었다'라고 묘사하고 있다. 그렇지만 드 커버리 페이퍼(the de Coverley Papers)에서 소설로의 추이는 즉각적인 것이 아니었다. (1984, 51)

위의 글을 통해서 보면, 와트가 매콜리와 그린의 주장을 통하여 산문담론의 장인 『관찰자』지 편집인인 애디슨이 소설을 썼으면 잘 썼을 것이라고 생각하게 된 근거는 두 가지임을 알 수 있다. 하나는 평범한 삶 속에 반영된 인도주의를 채택함으로써 대중성을 획득한 것이고 또 하나는 이 잡지에 실린 글들이 당시 최고의 문학이었다는 것이다. 이 두 가지 근거는 '대중성 있는 최고의 문학'으로 되어 소설의 전신이 되었음을 암시한다.

우선, '문학'에 대한 정의가 문제가 된다. 여기서 원래 문학의 유래는 '쓰기'라는 정의를 크게 벗어나지 않는다. literate, literary, literal, letter 등의 어원이 같은데 월터 J. 옹(Walter J. Ong)은 "구술된 말이 옛날 이야기나 서정시를 말하기 위해서 사용되어 온 것처럼, 쓰기가 상상력에 의해 만들어진 작품을, 즉 그 한층 한정된 의미에서의 '문자로 씌어진 것'을 산출하기 위해서 사용되었다" (135)라고 쓰고 있다. 옹의 일반론적인 주장을 존 길로리(John Guillory)를 통해 당시 영국적 상황 속에서 좀 더 구체적으로 살펴보면, 18세기에 '문학'이라는 용어는 시, 정기간행물의 시론(試論, essay), 철학과 정치 경제학 저술을 포함하는 광범위하게 다양한 글을 의미했다. 이런 문학은 직업적인 '문필가'(man of letters)들에 의해 씌여졌다. 애디슨, 스틸, 알렉산더 포우프(Alexander Pope), 데이비드 흄(David Hume), 애덤 스미스(Adam Smith) 등은 모두 자국어를 사용하는 교양있는 글을 써냈던 문필가 부류였다. 『문화자본』(*Cultural Capital*)에서 길로리는 16세기부터 19세기까지 문학 분야에서 생겨난 개념의 세분화는 '①시: 그리스와 로마의 작품을 중심으로 하는 고전문학의 텍스트. ②문학(일반적 의미): 자국어로 쓰인 교양 있는 글. ③문학(엄격한 의미) 혹은 상상적 글쓰기: 시, 소설, 희곡'로 이루어져 있다고 한다(123).

18세기에 대체적으로 문학이 '자국어로 쓰인 교양 있는 글'로 쓰이게 된 데는 당시 새로이 등장한 교육 이데올로기와 관계가 깊다. 고전으로부터 독립을 꾀하게 된 것은 비국교도를 위한 학교(Dissenting Academies)에서 대안적인 교과과정을 만들어낸 데 힘입은 바 크다. 이러한 학교들은 1662년 선포된 종교통일령(Act of Uniformity)이 비국교도들이 대학과 공립학교(grammar school)에서 가르치는 것을 금지함에 따라 설립된 것이었다. 길로리는 귀족 교육의 과목인 그리스로마의 고전을 공부하지 않고서도 자국어로 쓰인 작품을 통해 교양 있는 언어를 습득할 수 있는 새로운 생각이 생겨났다고 설명한다(85-133).

그 다음으로 셰익스피어나 밀턴 같은 자국어로 된 고전이 학과 과정에 소개된 것은 새로운 협의의 '문학' 개념의 성립과 관계가 있다. 이 새로운 문학개념이란 자국어로 씌어진 '상상적' 작품을 국가적으로 집대성해서 연구하는 것인데 이러한 생각은 낭만주의에 와서야 정착되었다. 즉 우리가 지금 생각하고 있는 문학은 19세기 낭만주의에 와서야 개념정의가 된 것이다(이글턴 28). 17-8세기만 해도 모든 쓰기를 지칭하는 단어로 쓰였다면 당시의 산문담론들도 그 당시에는 문학이라고 불릴 수 있었을 것이다.[45]

---

45) 이글턴은 17-18세기의 문학에 대해 다음과 같이 말한다. "점차 강력해지면서도 정신적으로는 다소

문학에 대한 정의가 이처럼 시대에 따라 조금씩 변화하였다. 그런데 와트는 지금 문학에 대한 정의와 그 당시 문학에 대한 정의가 다르다는 점을 명확하게 밝히지 않고 슬쩍 등치시킴으로써 자신의 주장을 정당화시키려고 의도한다. 사실, 당시의 소설은 '자국어로 씌어진 교양 있는 모든 글쓰기'라는 그 당시 문학 정의와 맞지 않았다. 그 당시 소설은 저급한 것이었고 '교양있는(polite) 글쓰기'와는 엄격하게 차별되었다. 그 뿐 아니라 만약 '일정한 길이를 가진 허구의 긴 산문'에 해당하는 로망스나 소설이라는 말이 없었다고 하면 우리는 일면 '그 당시의 문학'에서 소설의 분화를 추론할 수도 있다. 하지만 그 당시는 로망스라는 용어 뿐 아니라 소설이라는 용어도 앞서 살펴보았듯이 훨씬 일찍부터 사용되고 있었다. 다만 소설과 로망스의 용법이 좀 혼란스러웠을 뿐이다.

이처럼 와트가 18세기 문학 개념과 20세기 문학 개념을 구분하지 않고 쓴 의도와, 저급의 글쓰기로 매도당하고 있던 소설을 그 당시 고급의 문학 속에 은연중에 포함시킨 것은 당시 저급의 문학 장르로 보였던 로망스와 분리시켜 출신성분을 위조하여 소설의 품격을 높이려고 한 데 있다. 즉 고급의 담론에서 소설이 나왔다는 것을 증명하기 위해서다.

와트도 위의 인용문에서 알 수 있듯이 『관찰자』지의 담론에서 바로 소설이 발생되었다고 주장하지는 않는다. 와트도 소설이 발생되기 위해 거쳐야 할 과정이 더 남아있음을 말한다. 이 단계에 와서야 와트는 문학과 소설을 구분한다. 문학과 소설의 중간에 『신사의 잡지』(*The Gentleman's Magazine*)가 있었다고 한다.

미숙한 중산계급을 지배층인 귀족계급과 통합시킬 필요, 예의에 맞는 사회범절들과 '올바른' 취향과 공통적인 문화적 기준들을 보급할 필요로 인해 문학은 새로운 중요성을 얻었다. 문학은 정기간행물, 커피하우스, 사회와 미에 관한 논문들, 설교 고전의 번역, 예의 범절과 품행에 관한 안내서들을 망라한 이데올로기적 제도들 전체를 포함하였다. 문학은 '몸소 느낀 경험', '개인적 반응', 혹은 '상상력의 독특함'의 문제가 아니었다'(28).

> 『신사의 잡지』의 독특한 특징들 중 두 가지 – '가정생활에 대한 실질적인 정보와 개선과 오락의 결합' – 는 후에 소설에서 구현되었다. 더 나아가서 『관찰자』지에서 『신사의 잡지』로의 변천은 독서계가 전통적인 문학의 기준과 크게 독립하여 있는 것, 따라서 기존의 비평적 기준으로는 인정받지 못했던 문학형식을 위한 잠재적인 대중들을 발생시켰다는 점을 입증하고 있다. 신문 자신도 『그럽 스트리트 저널』46)이 디포우의 사망에 대한 풍자적인 기사에서 언급하였듯이 '아우구스투스 시대에는 알려지지 않았던 오락물'이었다. 그러나 비록 저널리즘이 세속적인 문학에 알맞은 많은 신참들을 독서계에 소개했다 할지라도 정보를 알려주고 삶을 개선시키며, 오락적이고 읽기 쉬운 독서물에 대한 대중들의 기호는 아직 적절한 소설적 형태를 발견하지 못하고 있었다. (1984, 52)

와트는 앞서 인용문에서는 『관찰자』지가 대중적인 글쓰기를 했다고 했지만 여기서는 소설로 가기에는 전통적인 고급문학이어서 대중의 취향과는 맞지 않았다고 한다. 그래서 자연 『신사의 잡지』에로 나갈 수밖에 없는데 그것은 기존의 비평적 기준이 아닌, 좀 더 대중화된 방식이 필요하기 때문이다. 와트의 이러한 주장은 고급문학으로서의 『관찰자』지는 소설적 토양이 아니었다고 말하면서 앞서 자신이 말한 주장을 다시 부정한다.

와트는 『신사의 잡지』는 이전의 사회정치 중심의 저널이었던 『관찰자』지와는 달리 '가정생활에 대한 실질적인 정보와 개선, 오락의 결합'으로 (소설의) 잠재적 대중을 발생시켰다고 본다. 『신사의 잡지』는 훨씬 대중적인 잡지인데 이러한 측면이 소설에서 구현되었다고 한다. 여기서 와트는 '신문'을 대중적 오락물로 하나 더 설정하여 신문과 대중산문담론의 양날개가 소설로 변하는 것임

---

46) Grub Street: 삼류 문인들의 거주 지역으로 현 런던에서 밀턴거리(Milton Street)의 옛 이름. Street가 소문자로 쓰일 때는 저속한 삼류 소설이란 뜻을 갖고 있다.

을 말한다. 이러한 견해는 뉴스 매트릭스에서 소설이 발생되었다고 보는 데이비스의 『사실적 허구』나 목사들의 설교가 뉴스 전파의 기능을 수행하고 인쇄물이 설교제단을 대신하는 가운데서 소설의 발생을 보고 싶어했던 매키온의 『영국소설의 기원』에서 더욱 보강된다(47).

세속적인 문학에 많은 독자들이 있었으나 (고급이든 저급이든 담론이) 아직 적절한 소설적 형태를 발견하지 못했는데 그 다음에 오는 것이 디포우와 리차드슨, 필딩의 역할이다. 이들은 발전해나가는 대중산문담론의 형식을 빌려서 소설을 발생시킨 자들이다.

> 소설이라는 장르가 형성되는 과정은 매우 이질적인 다양한 담론양식들이 각각의 고유한 발전과정을 거쳐 우리가 현재 소설이라고 부르는 영향력 있는 문화적 형식- 적어도 전파매체의 등장 이전까지는- 으로 통합되는 과정이라고 할 수 있다. 소설의 발생을 주도했던 작가들로 평가되고 있는 다니엘 디포우, 사무엘 리차드슨, 헨리 필딩의 새로운 글쓰기는 초기소설이 당시의 다양한 대중산문 장르로부터 형식적 요소를 차용해 와서 소설의 고유한 특질들을 만들어가는 과정의 중요한 기점들을 이루고 있다. (여건종 1999, 59).

여건종은 다양한 담론양식들이 발전해가는 가운데 이들 남성 3인조들이 형식을 차용하여 소설을 발생시켰다고 명문화하고 있다. 여기서 말하는 "초기 소설이 당시의 다양한 대중 산문 장르로부터 형식적 요소를 차용"했다는 의미는 무엇인가? 개별적이고 경험적인 실체를 보편적 관념의 우위에 두는 새로운 인식론(개인주의 이데올로기)을 체화시킨 산문장르(정기적 에세이, 시사 논평, 경제논문, 뉴스보도, 도덕에 대한 행실지침 등)에서 형식적 측면이 과거와 달라졌는데 그 형식적 측면은 전통적 문체로부터의 해방, 개체의 경험에 대한 존중, 도덕주의, 지난 시대의 관습과 권위로부터의 자유 등이다. 소설은 이렇게 달라진 산문 장르의 형식적 측면을 직접적으로 차용했기 때문에 이러한 담론에서 소설이 나왔다는 것이다.

여건종은 비록 와트의 방식이 실제의 역사적 조건들을 별로 설명하지 못한다는 근본적인 방법론적 한계를 가지고 있지만 그가 정의한 소설의 고유한 변별적 특질들(전통적 문학관례로부터 자유롭고 실재 삶의 서술 구조에 따라 구성된 플롯, 특수하고 구체적인 상황 속에서 행위하는 특수하고 구체적인 인물들, 구체적인 시간과 공간 속에서 주변 상황을 있는 그대로 충실히 기술하려는 재현양식)은 자동적으로 과거로부터가 아니라 당대의 산문장르에서 소설이 발생하게 되었음을 보여준다는 것이다(1999, 61).

당시 여론을 주도했던 잡지들에 실린 이러한 산문담론 양식들이 소설로 이행되는 과정은 작가 개인의 인생 전력에서 다양한 산문담론 양식을 실험하다가 소설로 종합되는 과정과 일치한다. 디포우는 기행문, 생활지침서, 경제논문, 정치적 논평, 종교적 명상록, 각종 개혁을 위한 건의문, 회고록, 로망스 이야기, 회고록 등 대중 출판의 모든 장르를 섭렵했으며, 일주일에 세 번 간행되던 신문인『리뷰』지를 9년간 혼자 집필하기도 했다고 한다. 새로운 부르주아 사회가 인간의 가능성을 최대한 살릴 수 있을 뿐 아니라, 신의 뜻에도 완벽하게 일치한다는 신념을 가지고 있었던 디포우는 문학적 기교나 장르 관례보다 중요한 것은 대중에 대한 전달력이었다. 그래서 여건종은 이러한 다양한 대중 산문 양식들의 새로운 장르적 특질들을 통합하여 소설이라는, 강력한 문화적 영향력을 가지는 장르로 상승시킨 작가가 디포우라고 본다(1999, 73).

따라서 와트에게 소설 발생의 길은 단선적으로『관찰자』와『수다꾼』의 스틸과 애디슨에서 출발하여『신사의 잡지』를 거쳐서 대중적 전달력을 중시하고 읽기 쉽게 쓴 디포우, 리차드슨, 헨리 필딩에 이르러 완성된다. 이 주장은 와트

류 비평가들의 소설발생론의 정식이 되었는데 이에 대한 비판은 소설의 본질에 대한 문제로 옮아간다.

2) 소설과 산문 담론의 문제

『관찰자』에서 『신사의 잡지』를 거쳐 디포우와 필딩에로 이르는 과정에서 소설이 발생되었다는 와트의 주장에서 소설의 본질에 관한 두 가지 쟁점을 끄집어 낼 수 있다. 첫째는 소설의 본질이 '산문에 있는가, 허구에 있는가'이고 두 번째는 '다른 장르와 달리 소설은 많은 담론을 내적 요소로 가지는 것을 어떻게 설명할 것인가'하는 문제이다.

필자가 보기에 소설의 근대영국 발생론자들에게 소설의 본질은 기본적으로 산문에 있다. 여건종이 소설의 시학이 아니라 소설의 산문학47)을 주장하듯이 이들은 소설의 본질을 산문으로 본다. 헤겔이, 산문이 부르주아 시대의 형식이라 주장하고 그 산문을 대표하는 것이 소설이라고 쓴 것과 같은 맥락이다. 그렇게 되면 다양한 산문담론들이 소설이라는 장르의 '모태'가 된다.

이들 와트 류 비평가들에게 '산문으로 된 허구'는 소설의 정의가 되지 않는다. 와트를 비롯한 근대발생론자들은 분명히 말한다. 소설은 허구가 아니라 역사라고 매키온은 17-8세기에 사용되었던 용어의 추적을 통해서 로망스와 소설, 그리고 역사 사이에 상당한 용어의 혼돈이 있었으나 '로망스'와 '역사', 그리고 '소설'을 서로 섞어 사용하다가 "한 쌍의 '로망스/역사'가 세계를 이해하는 두 대립적인 방식 사이의 거의 절대적 이분법으로 되어가고 있었다"(25-6)고 말한다. 즉 그는 용어상의 이런 혼돈은 '로망스는 허구'이고 '소설은 역사'라는 결론으로

---

47) 시학은 운문으로 표현된 문학만을 총칭하는 것은 아니다. 시학이 일반적으로 운문이나 산문 같은 표현형식을 가리지 않고 문학적 예술성을 지닌 것을 총괄하는데 여기서 여건종이 산문학이라 이름 붙인 것은 산문성을 소설의 핵심으로 보아 그것을 강조하기 위한 것이다.

가는 중간단계일 뿐이라고 본다(27).

매키온은 소설을 근대의 산문학으로 확실하게 지칭하면서 근대적인 의미의 '사실'과 '허구'를 구별해내는 인식론적 변화에 의해 장르적 혼돈에서 벗어났다고 한다. 이 과정에서 소설과 로망스가 사실과 허구의 대립, 투쟁을 한 것이 아니라 '진정한 역사'가 허구에 대해 승리하였고 그 결과 소설은 역사의 이름으로 자신의 지위를 찾았다는 것이다. 매키온은 17세기 후반의 책 목록에서 일부 로망스가 '역사'의 이름으로 불리어지더라도 그것은 진실을 말하는 방식에서 미혹되었기 때문일 뿐이라고 한다.

그런데 이런 매키온의 주장에서 약간의 범주적 혼돈을 발견할 수 있다. 그는 소설이 산문허구로 자리를 잡았다고 하면서도 로망스와 대립하여 '진정한 역사'라고 한다. 대개 허구와 역사는 거짓과 진실만큼 대립되는 개념으로 와트류 비평가들이 쓰고 있는데 매키온은 산문허구인 소설이 진정한 역사라고 하는 자가당착을 보여주기 때문이다. 이러한 범주적 혼란은 데이비스에게서도 나타난다. 데이비스는 『사실적 허구』에서 기원을 훑어가면서 발라드와 저널리즘의 동맹에 의해서, 즉 사실과 허구의 동맹에 의해서 소설 발생의 과정을 추적하려고 애쓴다. 그래서 그의 저서의 제목도 『사실적 허구』이다. 이에 대해 갈레이거는 "데이비스와 매키온 만이 서사에서 명백한 허구성이라는 단계를 구분했으나 데이비스는 이러한 발견에서 검열자와 같은 생각을 깊이 가지고 있었으므로 서사에서의 허구성을 깊이 분석할 수 없다"(서문 xvii)고 한다.

그런데 데이비스의 문제인식은 갈레이거가 지적한 것과는 다른 역순의 과정에서 탄생한다. 데이비스가 소설 본질의 일정 부분을 어느 정도 허구에 무게를 두고 중세의 연애 발라드와 범죄 발라드에서 발생학적 추적을 한 것이 아니라 18세기 초반까지 대중 산문 자체가 발라드와 저널적인 산문의 형태로 분화되지 않은 '뉴스/소설 모태'를 구성했다고 한다. 그리고 그 매트릭스 내에서 발라드에 작동하는 긴장들인 사실성과 최근성을 '뉴스/소설'이 대신함으로써 대중 산문에서 발라드는 제외되어간다고 볼 수 있다.

> 뉴스/소설 담론에 대한 고려 속에서 출현한 특징들은 사실성에 대해서 뿐 아니라 최근성에 대해 강조하는 것이고(작품들이 새롭지도 않고 진실되지 않을 수도 있는 사실에도 불구하고), 독자와 텍스트 사이의 거리 인식을 줄이는 것이다. 덧붙여, 뉴스/소설 담론은 역사적으로 공적 사건에 대해 하층의 계층들이 정보를 제공받을 수 있는 필요에 부응해온 것으로 특징지을 수 있다. 발라드에서 작동하고 있는 긴장들 - 사실성을 뒷받침하기 위해 비동시적 진행을 요구하며 진실과 최근성에 대해 요구하는 - 은 뉴스/소설 담론이 나중에 갈수록 사실과 허구의 동맹을 꽤 명확하게 정의하는 두 단어들로 씌어지게 되는 것을 보여준다. (Davis 1996, 67)

결국 데이비스의 주장은 뉴스/소설이 사실성 뿐 아니라 허구의 성격까지도 대체한다는 것이다. 이렇게 되면 뉴스/소설은 당시의 정치학과 대중 산문 형식들로 전개되게 되고 영국 소설의 기원은 비문학적 원천에 있게 된다.

데이비스는 소설이 뉴스 매트릭스의 분화에서 나왔기 때문에 사실적인 것의 친화성이 강해서 허구와 사실 사이의 인식론적 혼란이 있게 되고 이 인식론적 혼란을 이용해서 사실적 허구 등이 발전했다고 한다. 그리고 근대소설이 지닌 에로틱한 측면에 대해서도 '뉴스/소설 모태'에서 분화되었기 때문에 텍스트에 대한 사실적 신뢰가 쌓여 독자와 텍스트 사이의 거리가 줄어들기 때문에 자연히 사적인 부분들의 핵심인 '에로틱한' 부분을 건드리게 된다는 것이다. 그는 사실상 소설과 로망스 사이의 어떤 직선적인 관계도 확고하게 부정했다[48].

---

48) 그는 18세기 초반에 산문허구의 본질에 대한 초기의 이론적 언급에 대한 해석과 결합된 언론 검열과 명예 훼손법에 나타난 새로운 주도권을 세밀히 분석한 다음, 소설은 이러한 매트릭스의 분화에

'로망스는 허구이고 소설은 역사'라는 매키온의 주장에 대해 앞서 매리 데이비즈의 글을 인용하여, 18세기 초에는 이미 소설이나 로망스가 오랫동안 유행을 했기 때문에 좀 색다른 것을 찾고 싶어했고 이런 대중의 취향에 부응하여 디포우를 비롯한 많은 사람들이 마켓팅 차원에서 '진짜 이야기'라든지 '정말 사실과 같은 이야기'라든지 아니면 과거의 사실로서 역사 이야기임을 강조했다고 한 것으로 반론을 펼 수 있다. 서적상들이나 출판사들은 자연 자신의 마켓팅 전략으로 '사실'과 '역사'를 강조할 수밖에 없다. 그래서 오랫동안의 명칭이었던 로망스라는 말 대신에 '소설'이 '새로운 것'이라는 사실적 정보인 '뉴스'와 유비되는 맥락에서 '역사'의 이름이 쓰였으리라 추론할 수 있다.

그런데 매키온을 비롯한 와트 류 주장들은 '사실'이라는 말을 얼마나 많이 사용했는가를 액면 그대로의 언어로 처리함으로써 많은 오류를 범하고 있다. 허구가 물론 거짓이라는 뜻은 아니지만 18세기 중엽 전후로 사실성을 강조하는 것과 똑같이 허구가 사실적인 것에 토대를 둔 것임을 강조한 것은 고대로부터 계속 썼던 장치였다. 그 증거로는 『카리톤』(*Chariton*) 서문에서 '참된 역사'(a true history)임을 강조한 것이라든가, 그리고 『황금 당나귀』 서문에서 '믿기지 않겠지만 진짜로 일어난 일'임을 누누이 강조한 것이라든지 등은 『로빈슨 크루소』 서문에서 사실성을 강조하는 것과 같은 맥락으로 보아야 한다. 이것들은 한 둘의 예에 불과한 것이 아니라 대부분의 옛 서사 장르에서는 거의 비슷한 언급이 똑같이 일어나고 있음을 보게 된다.

이러한 사실성을 강조하는 기법의 문제만을 가지고 그것이 사실이라고 할 수 없다. 사실과 허구를 구분했던, 즉 역사와 시학을 구분했던 아리스토텔레스의 분류가 최초로 일어난 이래 소설을 포함한 서사장르는 자신의 허구성보다는

서 형성되었다는 결론을 내렸다. 데이비스는 푸코의 이론을 받아들여 그 이전 세대와 완전히 단절되는 이접적 역사관을 통하여 와트의 이론을 확증하고 있다고 볼 수 있다.

사실성을 강조하는 방책을 택함으로써 대중에 호소하는 전략을 취했다고 볼 수 있다. 그래서 개인의 역사인 전기도 사실적이라는 것을 강조하여 '역사'라 쓴 것이고 대개가 개인의 서사장르로 출발했던 소설은 특히 사실성을 강조하기 위해 17-8세기에 일시적으로 역사 장르에 포함되기도 하였던 것이다.

이러한 사실성 강조는 시대가 지나가고 과거와의 거리가 멀어질수록 개연성이 적어지게 된다. 그렇게 되면 과거는 꾸민 것, 과장된 것, 허황된 것으로 보게 되고 차별화하려는 노력 그만큼 강해진다. 앞서 말했듯이 매키온이 주장한 '장르적 혼돈'이란 소설이 시대가 달라지면서 가지게 되는 형식상의 차이를 역사적 장르적 차이로 바꿈으로써 생긴 것이다. 매키온 스스로 장르적 혼돈에서 사상누각을 올리고 있는 것이다. 그래서 그의 탁월한 학문적 능력에도 불구하고 대부분의 비판가들이 와트의 확장판에 치부하여버리고 그의 작업의 독자성과 탁월성을 인정하지 않는다. 산문이라 하면 당연히 당시의 산문담론과의 연속성이 있으나 산문이라는 것만으로는 문학이 되지 않는다. 소설의 정의는 '일정 길이를 지닌 산문 허구'이다. 소설의 무게 중심을 허구에 두게 되면 소설은 18세기 신문이나 잡지에 등장한 산문 담론에서 발생하지 않고 인간의 본질이라도 할 수 있는 상상력의 산물로 고대소설로부터 이어져 내려오는 흐름 속에 있다.

그러면 소설이 내부에 품고 있는 다양한 산문 담론 양식들의 문제는 어떻게 설명할 수 있는가? 소설을 해부해 보면 다양한 산문 담론들이 들어있어 마치 산문에서 유래한 것처럼 보일 수도 있다. 하지만 다양한 담론 형식을 포괄하는 것 그 자체가 소설의 한 특성이다. 소설 내부에는 재판문, 고소장, 편지, 연설문, 고백록, 전기, 정치 에세이, 광고 등 모든 다양한 담론 형식이 들어갈 수 있다. 하지만 이들 담론 형식의 전체의 합이 소설은 아니고 이들 담론을 형상화시킨다고 해서 소설이 되는 것이 아니다. 이미 재판문과 고소장 연설문 등은 『황금 당나귀』에서도 나타나고 편지와 연설문, 개인의 일생에 관한 것은 『카이레아스와 칼리로에』에서 이미 다 보여진다. 이런 다양한 담론 형식들이 남성 3인조의 작품에서 최초로 나타나는 것이 아니다.

소설이 지닌 이런 포괄적 성격은 서사시나, 서정시, 극에 비해 소설을 어느 하나로 성격규정을 어렵게 하는 요소이다. 이러한 성격규정에 대해 몇 가지 측면에서 볼 수 있다. 일반적으로 장르 발생과정에서 대개 뒤따르는 장르는 앞선 장르를 포괄하는 것으로 나타난다는 것이다. 서사시는 그 이전의 신화적인 것을 거의 차용하고, 서정시는 서사시의 측면을 포함하고 비극에 이르면 이 모든 장르들의 다양한 요소들이 비극으로 모두 수렴된다. 하지만 다른 장르들 자체가 없어지는 것은 아니다. 그런데 이러한 현상은 소설에서 가장 심하게 나타난다. 그것은 소설이 가장 늦게 나온 장르이기 때문이다.

바흐친의 생각은 이러한 장르 혼합의 측면이 나중에 나온 모든 장르들의 특징이라고 보는 니체(1992, 95)와 달리 소설만의 본질이라고 본다. 바흐친은 이것을 "다른 장르들의 소설화 현상"이라고 언급하면서 그 특징이 소설의 패러디적 측면과 현재적 측면을 낳는 것이라 본다.

> 그런데 앞서 언급한 다른 장르들의 소설화 현상이 지닌 뚜렷한 특징은 무엇인가? 그것들은 더욱 자유롭고 유연해지며, 그 언어는 문학외적인 언어적 다양성(heteroglossia)과 문예언어의 소설적 층위들을 통합함으로써 스스로를 쇄신한다. 그것 내부에 대화가 일어나며 웃음, 아이러니, 해학, 자기패러디적 요소가 침투한다. 그리고 마지막으로 소설은 — 이 점이 가장 중요한데 — 이러한 장르들에다 불확정성, 즉 일정한 의미론적 미완결성을 삽입해주며, 끊임없이 진화중인 당대현실(미완결의 현재)과의 생생한 접촉을 가능케 한다. (22)

소설의 문체는 다양한 담론으로 채워지므로 문체 자체가 다성적이며 그 내부에서는 아이러니, 패러디, 대화 등 다양한 형식들이 바흐친의 핵심이라 할 수 있는 다성성을 이룬다. 다성성과 현재성은 소설 자체가 지닌 특징적 성격이다.

여러 다양한 담론들을 품는 것이 다른 장르들의 특성은 아니고 소설만의 특성이라고 보는 데서는 바흐친과 의견을 같이 하지만 마르트 로베르(Marthe Robert)는 『기원의 소설, 소설의 기원』에서 다르게 진단한다.

> 무한한 확장을 유일한 법칙으로 삼고 있는 정복자의 자유를 가진 소설은, 옛날의 문학적 계급제도를 결정적으로 없애버리고, 모든 표현양식을 제 것으로 삼고 있으며, 모든 문학적 기법들을 그 사용 자체의 정당성을 마련하지도 않은 채 그의 이익을 위해 활용하고 있다. 여러 세기에 걸쳐 축적된 문학적 자산의 이러한 착복과 병행해서 소설은 인간의 경험의 점점 더 넓은 구역을 점령하고 있는데... 때로는 도덕가, 역사가, 신학자, 게다가 철학자, 학자의 방식으로 그 경험을 해석함으로써 소설은 그 경험의 복사품을 제공한다. 여러 가지 특징에 의해서 그것이 태어난 제국주의 사회와 유사한 소설은 어쩔 수 없이 보편적인 것, 절대적인 것, 사물과 사상의 전체를 지향하고 있다. (12)

로베르 역시 근대소설 발생론을 주장하지만 그것은 산문담론으로부터 배태된 소설 발생과는 다르다. 『돈키호테』를 최초의 소설이라고 보는 그는 16세기부터 소설의 발생을 잡고 있다. 갑자기 문학 장르가 된 소설이 기존의 다른 장르가 가지고 있는 문학적 요소를 무엇이나 자기 것으로 삼고 그리하여 가장 강력한 문학장르로 등장하게 된 것은 소설이 가지고 있는 제국주의적 성격과 벼락부자의 성격 때문이라고 한다. 로베르에 의하면, 이러한 소설의 성격 때문에 다양한 담론은 소설을 소재로 비판의 잣대를 삼는다. "역사(실제적이든, 공상적이든, 과거의 것이든 현재의 것이든)와 도덕(가장 고상한 것으로부터 시시한 보수주의에 이르기까지, 그리고 풍속의 복종에 이르기까지)과 진리(종교적, 철학적, 형이상학적) 등이 모든 문학 외적 범주들은 모두 소설이 그 앞에 끊임없이 소환당하는 재판소가 된다"(25)는 것이다.

니체나 바흐친이나 로베르 등의 생각은 소설이 잡다하고 다양한 장르의 요소들을 포괄하고 다양한 산문장르로 이루어진 것은 그 발생학적인 면에서 여러 산문장르들을 모아서 하나의 형식을 창조했기 때문이 아니라 소설이 지닌 특성 자체가 다양한 것들을 포괄하고 있다고 본 것이다. 이렇게 되면 17-8세기의 신문이나 잡지 등에 실리는 다양한 산문에서 소설이 발생했다는 주장은 언뜻 보면 그럴 듯하나 무리한 발생학적 추리가 된다. 아니면 본질적으로 잡다한 특성을 지닌 소설의 발생학적 추리를 당시의 대중산문담론을 종합시킨 것으로 보아 이데올로기적으로 한정시킨 것이 된다.

이처럼 당시의 대중산문담론을 소설 발생의 근원지로 본 것에 대해 두디는 전통을 보이지 않게 했다고 비판한다. 두디는 와트의 소설 개념이 전통을 없애 버렸다고 다음과 같이 말한다.

> 소설의 문화, 보카치오 뿐 아니라 아뿔레이우스와 헬리오도로스에까지 뻗쳐 있는 진정한 '위대한 전통'은 18세기의 전환기에 태어난 유럽과 영국의 독자와 작가들에게 여전히 문학적 유산이었다. 이 유산은 16세기의 스페인 소설과 17세기의 프랑스 소설을 포함했다. 규범적인 리얼리즘의 발생은 이러한 소설의 문화를 종식시키고 위대한 전통을 대체로 보이지 않게 만들었다. (1996, 288)

두디는 실제로 프랑스와 스페인의 소설 뿐 아니라 고대 소설가들인 아뿔레이우스와 헬리오도로스 등을 모두 영국의 독자들이 읽었으며 그 유산을 공유하고 있는데 와트 류의 비평가들이 이러한 위대한 전통을 도외시하고 영국만의 쇼비니즘적 대응을 한다고 본다.

그런데 '만약 영국 내에서만 일어난 소설 발생의 시기'가 문제된다면 두디의 글이 과잉 반응한 것이 아닌가 의문을 품을 수도 있다. 영국소설을 전 세계 소설의 기원으로 삼는 마법에 대한 비판을 축소해서 영국만의 기원을 추적하는 문제로 와트 류 비평가의 인식을 제한한다면 말이다. 이에 대한 답변은 5장 2절의 '여성의 등장과 소설의 발생'에서 17세기 여성 3인조의 존재를 통해 상세하게 해명하겠지만 두디의 문제인식은 기본적으로 영국만의 소설발생 자체가 불가능하다는 것이다.

16세기에서 18세기까지 고대 그리스로마 소설은 번역을 통해 엄청난 전파력을 가지고 사실상 18세기 영국소설의 붐에 결정적인 영향을 미쳤고 영국의 독자들은 보카치오 뿐 아니라 아뿔레이우스와 헬리오도로스 등 고대 작가들의 문학적 유산을 물려받았다. 16세기 스페인 소설과 17세기 프랑스 소설의 번역본 역시 엄청나게 많았다. 윌리엄 하린(William Harlin)의 『맥버니의 1700-1729 영국 산문소설 점검표』(*McBurney's Check List of English Prose Fiction 1700-1739*)의 자료를 보면 17세기와 18세기 초에 영국 출판시장에서 외국 소설과 고대소설의 번역물이 영국 내에서 생산된 작품들보다 많았다는 것을 알 수 있다.[49]

---

49) 맥버니는 번역을 포함하여 매년 마다 영어로 출판된 새로운 소설 작품의 목록을 작성했다. 『18세기 짧은 제목 목록』(*Eighteenth-century Short-Title Catalogue*)으로 탄생한 이 자료는 많은 것을 드러내고 있다. 1700년에서 『로빈슨 크루소』가 발간된 해인 1719년까지 단지 1708년에서만 영어로 출판된 새로운 소설이 10가지가 넘었는데 그 가운데 7가지는 번역물이었다. 『로빈슨 크루소』의 출판 전 해인 1718년부터 맥버니는 영어로 된 하나의 작품, 3개의 번역 작품만을 발견할 수 있었다. 1700년과 1719년 사이에 맥버니는 4편, 5편, 6편, 7편의 새로운 작품들을 기록하고 있을 뿐이다.

이처럼 인쇄문화가 영국보다 먼저 발달된 곳에서, 그리고 영국보다 앞서 소설이 발생한 곳에서 번역물이 홍수처럼 밀려든 현상에 대해 두디는 "정보와 여론의 자유로운 흐름이라는 이상을 뒷받침할 수 있었던 것은 인쇄 출판을 모태로 하여 차츰 성장한 번역과 전파가 계몽주의의 중요한 개념"(1996, 276)이었기 때문이라 본다. 계몽주의가 번역과 전파에 무엇보다 열심이었기 때문에 가능한 일이었다.

이런 증거들을 차치하고 와트와 와트 류 비평가들은 소설은 당시의 대중 산문 담론에서 기원을 가진다고 확고하게 주장한다. 이것은 18세기 전후의 상황을 유사과학적 실험실 같은 조건으로 설정하여 그 부분에 문화연구적 확대경을 들이대기 때문이다. 그것은 연구방법론에 대한 비판에서 했듯이 그 당시 소설에 대한 존재진술보다 산문담론과 소설을 결합시켜 영국만의 소설발생을 만들어내고자 하는 의도가 더 앞섰기 때문이다.

3) 와트의 타협: 로망스의 종교적 윤색

와트는 프로테스탄티즘이 소설을 발생시켰다는 전제를 후퇴시켜 소설이 로망스의 종교적 윤색이지 않을까 조심스럽게 결론을 내린다. 대부분의 와트 류 비평가들은 와트의 이러한 타협에 동의하지 않고 그가 처음에 강하게 주장했던 프로테스탄티즘과 소설의 관계를 재생산해낸다.

이러한 와트의 타협을 보기 전에 프로테스탄티즘과 소설과의 관계에 대한 그의 처음 주장을 먼저 살펴보기로 한다. 그는 소설이 종교서적이 세속화되는 가운데 생겨났다고 주장하기 위해 소설의 독자는 소설 발생 이전에는 종교적인 독서를 했다고 설정한다.

반면 많은 독자들, 특히 교육을 얼마 받지 못한 사회계층의 독자들은 종교적인 독서에서 시작하여 보다 넓은 문학적 관심 쪽으로 옮아갔다. 디포우와 리차드슨은 이러한 조류의 대표적인 인물들이었다. 이들과 이들 작품을 읽는 독자들의 선조들은 17세기에 경건한 독서를 제외하고는 거의 다른 것에 빠져들지 않았다. 그러나 그들 자신들도 종교적이고 세속적인 관심들을 결합시켰었다. 물론 디포우는 소설과 『가정 교사』 같은 경건한 작품들을 둘 다 썼다. (1984, 50)

와트는 교육을 제대로 받지 못한 사회계층의 독자들이 종교적인 독서에서 출발하여 소설적 관심으로 넘어갔다고 본다. 그는 중세 로망스나 세속문학에도 많은 독자들이 있었다는 것을 부인한다.

과연 와트의 말대로 중세의 사람들은 종교서적만 읽고 살았을까? 아무리 중세 사회가 기독교적 세계라 하지만 다양하고 풍부한 문화 속에서 전설과 민담, 이야기들이 풍부하며 조악한 필사본(중세 후기는 인쇄본)이라 할지라도 사람들은 바이블 뿐만 아니라 로망스를 비롯한 많은 문학을 읽었다. 길리언 비어(Gillian Beer)의 다음 언급을 통해서 그 내용을 보기로 한다.

셰익스피어 이전의 중류계급의 독자가 어떤 종류의 이야기를 읽고 자랐는가를 알고 싶은 독자는, 『캡튼 콕스, 그의 민요와 서적, 또는 로버트 레이넘의 서한』(*Captain Cox, his Ballads and Books; or Robert Laneham' Letters*)[50] 속에서 즐거운 이야기를 발견할 수 있다. 레이넘 자신이 다음과 같이 말한다. '내가 즐기는 이야기는 그것이 오래되고 진기할수록, 더욱 나의 마음에 든다' 1575년 케닐워스(Kenilworth)에서 엘리자베스 여왕을 환대한 이야기를 하는 가운데서, 그는 참가자의 한 사람인 코벤트리 출신의 석공인 캡튼 콕스를 묘사하고 그가 수집한 책, 희곡, 민요의 이름을 기록하고 있다. 곧 눈에 뜨이

---

50) ed. F. J. 퍼니발(F. J. Furnivall), London, 1871.

는 것은, 기사도 로망스가 그의 책들 가운데 지배적으로 많다는 사실이다. 아서왕 이야기, 보르도의 휴언(Huon of Burdeaus), 하급의 향사(the squyre of lo degree), 에이먼의 네 아들(The foor Sons of Aymon), 에글라모어 경(Syr Eglamoour) – 이런 이름들이 목록에 실려 있다. (44-45)

비어의 주장은 오히려 셰익스피어 이전의 중류계급이 본 책은 대부분 기사도 로망스가 지배적이었으며 종교서적은 그리 흔하지 않았다는 것이다. 물론 인간 개인에 대한 관심과 기독교적 세계관이 통일된 성자전(聖者傳) 같은 것도 있었겠지만 위의 언급처럼 로망스가 압도적이다.

물론 비어의 주장의 근거가 되는 사람들은 중류층이기 때문에 책을 사고 읽을 여유가 있었던 사람들이다. 그러면 가난한 층의 사람들은 값싸게 또는 무료로 제공하는 가톨릭의 교리문답 같은 책만 보았을까? 그렇지는 않다고 본다. 인쇄문화가 발달되지 않아 필사본으로 된 것이 워낙 비싸서 구입할 여유가 없었으며 문맹률이 높았기 때문에 설사 구입한다 해도 소용이 없었을 것이다. 그러나 마을 공동체에 책이 한권만 있어도 농한기나 일과 후에 모여 함께 낭독하고 들었으리라 생각한다. 민담, 발라드, 전설 뿐 아니라 로망스나 소설 들이 낭독되었을 것이다. 16세기부터 인쇄문화가 차츰 발달하기 시작했지만 거의 18세기까지도 함께 읽고 즐거워하는 풍습이 남아있게 된다.

와트의 주장대로 가난한 사람들과 마찬가지로 여성들은 종교서적만 읽었을까? 아니면 소설만 읽었을까? 여성들도 와트의 주장과는 달리 다양한 책들을 읽었다. 바커나 데이비즈 부인은 허구가 아니라 역사가 유행이었다고 할 뿐 아니라 허구, 역사 두 글쓰기의 청중들 역시 여성독자라고 주장했다. 그들만이 아니라 여성들이 허구의 주요한 청중을 구성했다는 것은 '소설의 발생'에 상식적인 설명이다. 18세기 초에 여성들은 '소설 대신'에 역사물도 정독했다고 설명했다. 명백하게 여성들은 1670년대와 '소설'이 유행했던 1690년대 사이의 기간에서뿐만 아니라 데이비즈 부인에 따르면 '역사물과 여행기'가 '개연적인 꾸민 이야기'보다 더 유행했던 1720년대 초에도 소설과 연극 이외의 책도 찾고 있었다(다우니 322). 가난한 이들이 실제로 종교서나 종교에 관한 다양한 출판물을 읽게 된 것은 와트의 주장대로 중세적인 현상이 아니라 오히려 인쇄술의 발달과 함께 개인적 신앙을 주장한 프로테스탄티즘의 산물이다. 기존의 교회나 사제의 힘을 빌리지 않고 개인적으로 하나님과 대면해야 한다는 종교개혁적 취지는 많은 프로테스탄트들로 하여금 인쇄 출판을 통해 바이블을 대중화시켰고 그에 따라 종교서적이 널리 보급되는 결과를 낳았다. 그것은 프로테스탄티즘에 의해 종교서적을 좀 더 많이 읽게 되었다는 것이지 그 반대가 아니라는 것이다. 결국 와트의 "17세기에 경건한 독서를 제외하고는 거의 다른 것에 빠져 들지 않았다"는 주장은 근거가 없는 것이다. 그것도 종교서적만을 읽었던 사람들이 그리고 그들의 선조도 종교서적만 읽은 사람들이 디포우와 리차드슨, 필딩의 작품을 읽었다는 것은 얼마나 진실을 가리는 것인가? 결국 위와 같은 주장은 결국 소설 발생의 기원이 프로테스탄티즘에서 유래한다는 것을 보여주기 위한 억측이다.

　와트나 데이비스, 헌터, 여건종의 주장처럼 산문에서, 종교서적에서 정말 소설이 발생했는가? 당시의 계몽주의 담론이 지닌 철학적 리얼리즘으로부터 소설이 발생했다는 주장을 하면서도 와트는 소설의 뼈대가 로망스임을 인정하기도 하는 자가당착에 빠진다.

　　한편 리차드슨은 허구라는 당시 유행하던 대단히 세속적인 분야에 그의 도덕적 종교적 목적들을 옮겨놓는데 괄목할 만한 성공을 거두었다. 지적인 자들과 교육을 적게 받은 자들, 순문학과 종교적인 가르침 사이의 이러한 타협은 아마도 18세기 문학의 가장 중요한 경향일 것으로, 1709년의 『수다꾼』 지 창간, 1711년 『관찰자』지 창간이라는 18세기의 가장 유명한 문학적 혁신 속에서 일찌감치 표현되고 있다. (1984, 50)

와트는 순문학과 종교적인 가르침 사이의 타협으로 소설의 발생을 정의한다. 리차드슨이 유행하던 세속문학, 즉 로망스에 종교적 윤색을 했다는 와트의 견해는 결국 로망스가 소설의 토대임을 시인하는 것이다. 프로테스탄트들이 정치적 세력으로 부상함에 따라 전해 내려오던 소설적 전통이 그 담론을 일정하게 수용할 수밖에 없게 된다는 이야기다. 아니면 프로테스탄트적 세력들이 소설을 자신들의 구미에 맞게 조정했다는 말이다. 소설에서의 이 정도의 변용을 '종적 정체성'으로 규정하는 것은 가능하지 않다고 본다.

당시 계몽주의는 자신의 주장을 관철하기 위해 다양한 형태의 담론들(에세이나 정치논평이나 경제기사 뿐 아니라 허구적인 이야기나 연재 로망스 등)을 실험했고 또한 개발해낸 것은 사실이다. 그래서 대중의 심리에 잘 파고 들어가는 교육학의 선구자로 칭송을 받을만하다. 가장 대중적 형식을 가지고 있는 소설과 프로테스탄티즘의 결합은 서로를 강화시켜주게 된다. 이처럼 프로테스탄트적 윤리를 일정 부분 담지해내게 된 소설들의 출현은 소설이 이러한 담론이나 종교서적에서 발생했다기보다 허버트 쉐플러가 말하는 "영국사회의 재청교도화"로 인해 소설에서 프로테스탄티즘 윤리가 강화된 것이라 볼 수 있다.

와트의 후계자들이 18세기 중엽 이전의 산문 양식과의 단절을 더욱 확고하게 주장하는 것과 달리 헨리 필딩에 대해서 논할 때 와트는 소설이 로망스적 전통 속에 어떤 식으로든 연결되어 있음을 솔직하게 시인한다.

우리는 디포우와 리차드슨이 취한 기존 산문 양식의 규범들과의 단절을 우연한 오점으로서가 아니라 묘사되고 있는 것에 대한 문장상의 즉각성, 정확성을 성취하기 위해 그들이 치루어야 했던 대가로 간주해야 할 것이다. . . . 물론 필딩은 18세기 전반기의 전통적인 산문 양식이나 전망과 절연하지 않았다. (1984, 29-30).

와트에 의하면 디포우와 리차드슨이 과거와의 양식적 단절을 이루어낸 데 비해 필딩은 로망스의 전통에 충실하다. 필딩 소설의 주인공들도 '쇠퇴하는 젠트리층'이며 와트가 지적하듯이 장점으로 여겨지는 필딩의 문체도 17세기 이전부터 내려오던 전통이었다. 다성성 소설의 영국적 전범으로 필딩을 보는 바흐친은 이러한 문체상의 특징은 "양식화된 표현, 구어적 표현, 패러디, 혹은 '암시적 어법'을 사용하는 언어적 가면무도회의 여러 형식들"(438)라고 언급하였는데 이런 주장은 와트가 로망스의 특징이라 일컬은 것이다. 필딩 또한 자신의 작품『조셉 앤드류스』를 "희극적 산문 서사시"로 보고 싶어 하지만 사실 "희극적 로망스"로 지칭함으로써 로망스에 대한 차별적 의식을 전혀 가지지 않았고 오히려 자신의 작품을 로망스라 불렀음을 알게 된다(6).

   매키온은 소설이 로망스의 종교적 윤색이라는 와트의 타협을 보다 더 확고하게 밀고 나가는 것으로 정리한다. 와트가 해결하지 못한 문제는 단선적 단절로 소설의 발생을 보았기 때문에 과거로부터 분명히 연결되어 있는 필딩 문제를 해결하지 못하고 주춤거렸다는 것이다. 비록 디포우와 리차드슨, 그리고 필딩이 로망스의 개념과 에토스를 공공연하게 전복시켰다고 하지만 그럼에도 불구하고 그들은 로망스의 진부한 상황과 관용법을 많이 끌어내는 것은 사실이라 보면서 매키온은 와트의 주춤거림과 달리 로망스가 분명히 존재했다고 단언한다.

와트는 디포우의 캘빈주의적 공상이 지닌 양면성에 대하여 명민하게 조명하고 있으나 결국 많은 로빈슨 크루소의 모험에 드리우며 스며들어 있는 영적 존재(spiritualizing presence)를 기계적이고 단지 '편집상의 방침'으로 폄하시킬 수밖에 없었다(81). 더구나(와트의 주장과 갈등한다기보다 복잡하게 하는 입장), 로망스는 그 시대에 지속적으로 존재했다. 왕정복고와 18세기 초에, 와트와 대부분의 다른 권위있는 이론가들이 로망스가 지닌 반개인주의적이고 이상화된 전통과 확실하게 연관시킬 수밖에 없는 수많은 허구의 분출이 있었다. (*Introduction* 2-3)

매키온은 로망스는 분명히 존재했으며 그것은 반개인주의적이고 이상화된 전통과 연결되어 있었다. 『로빈슨 크루소』의 주인공도 완전히 합리화된 개인주의라기보다는 영적 존재로 반 개인주의로 더 많이 그려진 것도 로망스적 전통의 일부이기 때문에 와트는 편집방침으로 격하시키려고 했다고 본다.

매키온은 로망스가 분명히 존재했다는 주장은 와트의 주장에 반대하는 것이 아니라 그 주장을 보다 복잡하고 풍부하게 하는 것이라고 한다. "와트가 형식적 리얼리즘을 '소설'과 정확하게 관련시킨 것과, 소설의 발생을 형식적 리얼리즘과의 명쾌한 유사성을 함축하고 있는 콘텍스트적 발달과 함께 묶는 개연성 때문에 와트의 명제가 대단히 매력적"(서문 3)이라 하더라도 그는 로망스의 존재를 부인할 수 없는 것이 사실이라고 한다. 앞서 보았듯이 이런 난문제를 매키온은 능숙한 변증법적 과정으로 해결한다. 역사의 진보적 흐름과 보수적 흐름, 경험주의와 이상주의가 서로 조합하여 변증법적 전개를 하는 가운데 로망스적 잔재가 일거에 없어지지 않고 잔영이 오래 남아있었다는 것이다.

가장 완벽한 승리로 보이는 매키온의 이론은 영국의 로망스만을 전통의 잔재로 인정하겠다는 의미를 넘어서지 못한다. 그리고 외부로부터의 영향, 즉 16세기 이후 번역되어 광범위하게 퍼졌던 고대 그리스로마 소설이나 다량으로 출판 유입되었던 스페인과 프랑스 그리고 이탈리아 소설들의 영향은 완전히 부정된다. 영국 소설만의 발생이 문제가 된다면 이들 작품들의 발생학적 영향은 별로 언급이 되지 않아도 상관없지만 영국소설의 발생을 전체 소설의 발생문제로 치환시켜버렸기 때문에 영국소설 보다 앞서 존재한 수많은 소설들의 존재를 부정하는 것은 불가능하다고 본다.

로망스로부터 소설이 발전되거나 전개되어 나온 것이 아니고 종적으로 다르다는 주장 역시 이들 과거의, 다른 나라의 소설들을 로망스로 폄하하기 위한 주장일 뿐이다. 매키온의 위와 같은 논리는 변증법적 과정으로 결국 소설이 로망스를 물리치고 자본주의 형식의 왕자로 등극한다는 것이다. 그러면서도 와트류 비평가들은 로망스인 필딩의 작품을 소설이라 부르는 모순을 범한다.

소설이 산문으로 씌어졌기 때문에 사실이라는 주장은 그들이 제시하려고 노력했던 다양한 실증적 자료도 불구하고 본질적으로 허구이다. 따라서 소설이 18세기 중엽 프로테스탄티즘과 자본주의, 개인주의 담론에 의해 발생했다고 할 수 없다. 이들 영국에 특징적인 담론들이 소설을 발생시킨 것이 아니라 대중적 담론이 자신을 풀어나는 하나의 형식으로 소설적 기법을 부분적으로 차용한 것이거나 프로테스탄티즘이 자신의 담론을 소설의 형식을 빌어 풀어내고자 한 것이다. 소설은 여러 담론들을 포함하지만 담론화되어 버리지 않고 긴 역사의 한 장르로서 그 연속성을 지켜낼 뿐이다.

2. 와트의 형식적 리얼리즘 미학

와트는 형식적 리얼리즘 서술양식만을 소설이라 하였다. 곧 형식적 리얼리즘만이 소설이라 한 것이다. '형식적'이란 말과 '리얼리즘'이란 말은 서로 모순된 것 같지만 와트에게 형식적 리얼리즘은 소설의 형식적 측면에서, 즉 사실적 절차의 측면에서 정의됨으로써 모순이 해결된다. 와트는 이 형식적 리얼리즘에 근대의 인식론적 혁명을 가져온 데카르트와 로크의 근대적 실재론에 의해 근대적 형식으로 발생된다고 한다.

여기서 와트가 데카르트를 실재론자로 설정한 것은 심리적 실재가 형식적 리얼리즘의 중요한 특징이기 때문이다. 근대의 문학적 재현의 본질이 심리적인 것을 사실적인 것으로 보고 사적인 것을 진실로 보게 된 과정에 대해서는 2항 '개인적 체험과 진실성'에서 다룬다.

리얼리즘적 충동은 인간의 존재론적 충동이기 때문에 근대의 인식론만으로 해결하는 것은 불가능하다. 그래서 언어의 의미론(언어와 존재의 일치, 그리고 존재와 사유의 일치)의 문제가 제기된다. 여기에 형식적 리얼리즘의 18세기적 특수성, 즉 광고의 문제가 개입한다. 광고는 특수성의 미학을 가장 정확하게 반영하는 것이며 제임스 조이스의 『율리시즈』에 이르는 형식적 리얼리즘의 전개 과정을 단초짓는 것이다. 3항 '언어와 존재의 일치, 구체적 특수성의 미학'에서는 이를 다루면서 이런 보편성을 결여한 특수성에 대한 와트의 강조는 개인주의 미학에 머물러 결국 '의식의 흐름'이라는 반리얼리즘으로 귀결되는 것은 3항에서 고찰하기로 한다.

1) 와트의 형식적 리얼리즘 정의

형식적 리얼리즘은 앞서 말한 것처럼 형식주의와 리얼리즘의 결합이다. 리얼리즘이 시대성의 문제라면 형식주의는 시대와 역사로부터 스스로를 떼어버리고자 했다. 이 모순된 결합이 어떻게 가능한가? 이 모순된 결합에 대해서 데이비스는 "만약 여러분이 리얼리즘이 경제적, 사회적 통시적 설명과 형식에 의해 묘사되는 어떤 것이라고 한다면 형식적 리얼리즘이라는 용어는 거의 모순어법일 때 그가 어떻게 형식적 리얼리즘을 위한 범주들을 갖게 되었는가?"(2000, 491)라고 의문을 표시한다. 데이비스는 "『소설의 발생』을 샅샅이 검색해도 형식적 리얼리즘에 작동하는 정의를 찾을 수 없다"(2000, 491)고 한다. 이러한 모순은 결국 자신의 가장 기본 범주인 형식적 리얼리즘에 대해 와트가 동어반복적 정의를 내리는 것으로 나타난다.

> 소설이 이러한 정황적 인생관을 구체화시키는 서술방식을 소설의 형식적 리얼리즘이라 부를 수 있다. 곧 여기에서 리얼리즘이라는 용어는 어떤 특수한 문학이론이나 목적에 관련된 것이 아니라 다만 소설에 일반적으로 나타나고 다른 문학 장르에서는 잘 나타나지 않기 때문에 소설 형식 그 자체에 전형적인 것으로 간주될 수도 있는 일련의 서술절차에만 관련된 것이기 때문에 '형식적'이라는 수식어를 붙이는 것이다. (1984, 32)

와트는 일반적으로 소설에 나타나는 리얼리즘 용어는 다른 문학 장르에는 나타나지 않기 때문에 소설 형식 그 자체에 전형적인 것으로 본다. 이것은 일종의 동어반복이다. 리얼리즘이 소설에 나타나기 때문에 그런 리얼리즘이 나타나면 소설이라 보는 것이다. 결국 소설은 사물에 대해 다른 장르와는 다른 방식의 글쓰기를 하기 때문에 다른 서사형식과는 다르고 우리는 그러한 방식의 글쓰기를 소설적이라 한다는 것이다. 이런 동어반복적 정의 속에서 와트는 서술절차에 관련되어 형식적이라는 수식어를 붙인다고 말한다. 와트에게 '형식적'이란 말은 소설의 '서술절차'란 말이다.

그러면 리얼리즘은 무엇인가? 와트는 리얼리즘은 비슷한 점이 없는 남성 3인조를 유일하게 묶어주는 공통점이기 때문에 처음에 약속한 대로 정의내릴 필요가 있다고 한다. 와트는 리얼리즘의 정의를 내리기 전에 그동안 하층민의 삶을 그리는 것이 사실주의적이라고 여겼던 기존의 선입견에 대해 비판한다.

> '리얼리즘'이라는 용어가 주요 비평과 결합하게 된 것은 프랑스 사실주의파에 의해서이다. 'Réalisme'이라는 용어는 분명히 램브란트의 '인간적 진실'이 신고전주의 회화의 '시적 이상'에 반대되는 것이라고 지적하는 미학적 기술용어로 1835년에 처음 사용되었다. . . .
> 　불행히도 이 단어가 의미하는 많은 유익한 면들은 '저속한' 주제들과 플로베르와 그의 계승자들의 부도덕한 경향을 두고 벌인 통렬한 논쟁 속에서 상실되고 말았다. '리얼리즘'은 주로 '이상주의'의 반대어로 쓰이게 되었다. . . . 사실주의적 형식의 역사를 더듬어보는 것은 일반적으로 하층민의 삶을 그린 그 이전의 모든 이야기들 사이에 이어진 연속성을 추적하는 문제라 생각되었다. (1984, 10)

와트는 프랑스 사실주의자에 의해서 씌어진 리얼리즘 용어는 신고전주의 회화의 '시적 이상'에 반대되는 램브란트의 '인간적 진실'로 사용된 것이 플로베르 일파들과의 논쟁에 의해서 '이상주의'의 반대로 쓰이게 되었다고 본다. 즉 '인간적 진실'이 리얼리즘의 본질적 측면인데 '이상주의'의 반대어인 '하층민의 삶을 그린 것'이라고 여겨졌다는 것이다. 와트는 '인간적 진실'과 '하층민의 삶'은 동의어가 아니므로 리얼리즘이 왜곡되었다고 본다. 와트가 리얼리즘 정의를 내리겠다고 한 약속을 지키기 위해 내린 정의는 분명하게 '인간적 진실'로 볼 수 있다.

　와트는 계속해서 리얼리즘의 정의를 내리려고 시도한다. 다음 글을 통해 와트는 리얼리즘은 소설형식의 가장 원형적 특징이라고 하면서 삶을 그리는 방법의 문제로 본다.

> 그러나 '리얼리즘'이란 용어를 이렇게 사용하는 것[51])은 소설형식의 가장 원형적인 특징이 될지도 모를 문제를 모호하게 할 중대한 결점을 가지고 있다. 소설이 단순히 사회의 이면을 그려서 인생을 보여주기 때문에 사실적이라고 한다면 소설은 거꾸로 된 로망스가 될 것이다. 그러나 실제로 소설은 인간이 체험하는 모든 다양한 것을 그리려고 하지 어떤 특수한 문학적 관점에 들어맞는 것만을 그리려고 하지 않는다. 소설의 리얼리즘이란 소설이 어떤 종류의 삶을 그리느냐에 달려 있는 것이 아니라 어떤 방법으로 삶을 그리느냐하는데 달려있다. (1984, 11)

와트의 이런 정의에 따르면 리얼리즘도 형식의 문제가 된다. 따라서 '어떤 종류의 삶을 그리느냐'가 아니라 '어떤 방법으로 삶을 그리느냐'는 서술 절차의 문제로 된다.

이렇게 되면 '형식적'이란 말도 '서술절차'의 문제이고 리얼리즘이란 말도 '서술절차'의 문제가 된다. 서술절차의 문제란 기법상의 문제이고 형식의 문제이다. 그러면 '형식적'이란 말과 '리얼리즘'이란 말이 똑같은 말이 되는데 와트는 '리얼리즘의 형식'이란 말을 쓰지 않고 왜 '형식적 리얼리즘'이란 말을 썼을까? 리얼리즘을 '내용의 리얼리즘'과 '기법의 리얼리즘'으로 나눈 스타니슬라우 오쏘브스키(Stanislaw Ossowski)의 글을 참조해보기로 하자.

> 예술적 가치들이 작품과 재현 대상 사이의 어떤 일치관계 속에서 추구되는 모든 사례들을 리얼리즘의 문제와 결부시켜 다룬다. . . . 일반적인 관점에서 리얼리즘의 두 가지 기본 개념을 확립하는 것이 가능하다. 도식적인 방법으로 문제를 제시하기 위해서 우리는 재현 대상에 대한 작품의 관계를 고려하여 예술작품에 나타나 있다고 생각하는 리얼리즘과 . . . 객관적 현실에 대한

---

51) 하층민의 삶을 그린 이야기를 '리얼리즘'이라 하는 것

재현 대상의 관계에 비추어서 예술작품에 나타나 있다고 생각하는 리얼리즘을 구분할 수 있다. (61)

오쏘브스키가 나눈 내용의 리얼리즘은 '객관적 현실에 대한 재현 대상의 관계'에서 작품에 나타난 리얼리즘이고 기법의 리얼리즘은 '재현대상과 작품의 관계'에서 작품에 나타난 리얼리즘이다. 전자는 작품에 재현된 것이 현실과 일치하기 때문에 사실적이고, 후자는 '마치 재현된 대상이 주어진 현실인 것처럼 우리에게 미치는 효과를 낳기 때문에 사실적'이다.

와트의 리얼리즘은 현실과의 관계에서 일치를 문제 삼는 내용의 리얼리즘이 아니라 그 현실을 떠나서 작품에 재현된 것이 현실과 착각을 일으키는가 아닌가하는 문제의 '기법의 리얼리즘'이다. 이렇게 되면 와트의 형식적 리얼리즘은 실제 현실과의 상관여부는 상수로 주어지는 것이 아니다. 와트가 주장하는 것은 "인간 체험에 충실하다는 인상"(1984, 22-23)을 주는 것이다.

와트의 이러한 견해는 다음의 글에서 더욱 강화된다. 현실 모사라는 예로부터의 관례가 형식적 리얼리즘의 증거는 될 수 있어도 그 관례만으로는 부족하다는 것을 암시한다. 그런 관례만으로는 형식적 리얼리즘을 다른 장르들보다 더 건실하게 하지도 않으며, 실제적인 진실을 말하게 하지도 않는다고 한다.

> 물론 형식상의 리얼리즘은 증거의 규칙들과 마찬가지로 단지 하나의 관례에 불과하다. 그리고 이것에 의해 제시되는 인간의 삶에 대한 보고가 다른 문학 장르들의 매우 다른 관례들을 통해 제시되는 보고들보다 더 건실해야 되는 이유도 없다. 사실, 전체적인 신뢰성에 대한 소설의 태도는 이 점에서 혼란을 정당화시키는 경향이 있다. 그리고 현실에 대한 정확한 모사가 반드시 어떤 실제적인 진실이나 항구적인 문학적 가치를 지닌 작품을 필연적으로 만들어내지는 않는다는 점을 잊어버리는 일단의 사실주의자들과 자연주의자

들의 경향에 부분적으로 책임이 있다. (1984, 32)

위의 글에서 보면 와트가 우려하는 것은 형식적 리얼리즘이 정확한 현실 모사에 열중하는 일단의 사실주의나 자연주의로 보여지는 것이다. 그는 정확한 현실 모사가 아니라 "현실 체험에 충실하다는 인상"을 주는 것이 형식적 리얼리즘의 특징이라 보기 때문이다. 이것은 객관적 현실 모사보다 인물의 주관적 체험을 우위에 두는 것으로 바뀌는데 이 부분은 2항 '개인적 체험과 진실성'에서 더 자세히 다루기로 한다.

『소설의 발생』에서 거의 30쪽에 이르기까지 형식적 리얼리즘에 대해 그가 정의내린 것은 '인간적 진실'을 다루고 형식적 절차를 통해 "인간적 체험에 충실하다는 인상"주는 것 이 두 가지 뿐이다. 하층민을 다루는 것도, 현실에 대해 정확한 모사를 하는 것도 그의 형식적 리얼리즘을 적극적으로 정의내리지 못한다.

이런 정의의 빈곤에서 와트의 형식적 리얼리즘을 좀 더 분명하게 이해하기 위해 웰렉의 리얼리즘 정의를 빌려올 필요가 있다. 웰렉은 리얼리즘을 "동시대 사회 현실의 객관적 표현"이라 정의하고 내포와 배제의 원리로 리얼리즘에 대한 정의를 내리려고 시도한다.

> 리얼리즘을 '동시대 사회현실의 객관적 표현'이라고 볼 때 객관적이라는 말과 '현실'이라는 말에 대해 의문이 생긴다. . . . 내포와 배제의 이론으로서 이 말이 지닌 역사적 문맥을 살펴보아야 한다. 리얼리즘은 환상적인 것, 동화적인 것, 우화적인 것, 상징적인 것, 고도로 양식화된 것, 순수하게 추상적이거나 장식적인 것을 거부한다.
>
> 그것은 우리가 어떠한 신화나 동화, 꿈의 세계도 원하지 않는다는 것을 의미한다. 그것은 개연성이 없는 것, 순수한 우연, 기이한 사건에 대한 거부

를 의미한다. 왜냐하면 현실은 그 당시 분명히 모든 지역적 개인적 차이에도 불구하고 19세기 과학의 질서정연한 세계로 생각되었기 때문이다. . . . '현실'이라는 용어는 또한 내포의 용어이다. 즉 추악, 반항, 비천함은 예술의 합법적 제재들이다. 성과 죽음이라는 종래 금지된 제재들(사랑과 죽음은 항상 허용됨)이 이제 예술의 영역 속으로 받아들여졌다. (1985, 26-7)

웰렉은 배제의 용어로 리얼리즘을 설명하는데 성공한다. 웰렉이 예로 드는 배제의 대상은 와트 류의 비평가들이 로망스의 특징이라고 한 것과 같다. 와트 역시 소설의 정의에서 이 배제의 원리는 탁월하게 사용하지만 '현실'에 대한 정의에서 내포의 원리는 웰렉보다 더 잘 쓰지 못한다. 와트에게 현실은 무엇인가? 동시대 현실이라는 동어반복적인 언급을 빼고 현실에 대해서 어떤 정의도 내리지 못한다. 그가 생각하는 현실은 청교도 개인주의와 젠더화 이데올로기가 가장 체화된 것이다. 그렇기 때문에 현실에 대한 반영은 곧 이들 담론을 둘러싼 도덕적인 것을 반영하는 것이 되고, 곧 소설은 이 담론들을 주제로 담지하는 것이다.

그래서 와트에게 현실은 주어진 것이 아니라 주어져야 할 것으로 바뀐다. 그것은 소설을 '도덕'인 것으로 보는 와트의 논리에서는 자연스런 것이다. 아우얼바하는 『미메시스』에서 리얼리즘은 교훈적이고 도덕적인 모든 것을 거부한다는 입장에서 디포우, 리차드슨, 필딩의 작품과 영국의 가정비극 작품들을 리얼리즘에 부적합한 것으로 단정내렸다. 하지만 와트가 소설의 정의 가운데 하나로 꼽는 도덕은 '있는 사실'을 그리지 않고 있어야 될 것을 그린다.

'현실'에 대한 내포적 정의의 빈약함을 메꾸기 위해 '사실성'의 문제를 설정해서 좀 더 고찰해보기로 한다. 앞에서 살펴보았듯이 와트는 가장 엄격한 의미에서 형식적 리얼리즘은 디포우나 리처드슨에 의해 발견된 것은 아니었고, 다만 과거 그 어느 때보다도 훨씬 완전하게 적용했을 따름이라 보았다. 관례의 문제로 형식적 리얼리즘을 보면 그러한 사실주의적 관례는 어디서나 있었다. 호머의 『일리어드』는 얼마나 사실적인가? 전사들의 행동은 마치 살아있는 장면을 그대로 보는 듯이 생동감 있으며, 트로이 여인들의 울부짖음과 분노 역시 얼마나 생생한가?

자연적 환경에 대해서 뿐 아니라 주위의 사회적 환경에 대한 세세한 묘사는 인간의 여러 본능 가운데 하나인 리얼리즘적 충동에서 나온다. 리얼리즘적 충동은 주어진 상황을 모방하려는 충동으로(mimetic impulse) 존재론적인 것이다. 존재론적이라는 말은 인간으로서 존재하는 한 어디서나 어느 곳에서나 그 충동이 존재한다는 것이기 때문에 리얼리즘은 언제 어디서나 존재할 수 있는 문학의 한 양상이 된다. 하지만 와트의 형식적 리얼리즘에서는 이러한 존재론적 충동은 인식론적인 문제로 바뀐다. 와트는 소설발생의 절대적 요건인 형식적 리얼리즘은 인식론적 문제라고 한다.

> 새로운 장르의 목적과 방법을 비평적으로 인식하기 위해 새 장르에 최초로 기울였던 지속적 노력 가운데 프랑스의 리얼리스트들이 소설이 그 어느 문학 형식보다 더 예리하게 제기한 문제, 즉 문학 작품과 그 작품이 모방하는 현실 사이의 일치라는 문제에 대해 주의를 기울였어야 했을 거라는 점은 대단히 의미심장하다.
> 이것은 본질적으로 인식론적 문제이며, 그러므로 소설의 리얼리즘의 성격은 18세기 초기이건 후기이건 간에 전문적으로 개념을 분석하는데 관계하는 철학자들의 도움에 의해서 가장 명백하게 드러날 수 있을 것이다. (11)

와트는 형식적 리얼리즘의 인식론적 성격은 '문학작품과 그 작품이 모방하는 현실 사이의 일치'에 있다고 본다. 모방적 충동, 즉 리얼리즘적 충동은 언제나 있어왔고 인간의 동물성 본성의 하나이기도 하다. 그런데 와트는 이러한 모방적 충동을 인간의 본성이나 고대의 아리스토텔레스적 시학에 근거하지 아니하고 근대의 철학자들에 의해서만 가장 명백히 드러난다고 본다.

리얼리즘 충동은 언제나 있어온 것이기 때문에 철학자들의 도움 없이도 리얼리즘은 존재론적으로 가능한 문제인데 왜 와트는 형식적 리얼리즘이 근대 철학의 인식론적인 문제임을 강조하는 것일까?52) 그것은 근대 철학을 연 것으로 보는 데카르트 철학의 개인주의적 성격과 과학적 세계관에 기초한 로크의 경험론을 염두에 두고 있기 때문이다.53) 와트는 형식적 리얼리즘은 데카르트의 주체철학으로 근대적 개인주의를, 그리고 로크의 철학으로 경험주의를 그 인식론적 토대로 갖는다고 본다. 이러한 인식론적 문제는 '개인의 감각을 통해서 진실이 발견될 수 있다는 입장에서 출발한다'는 소박한 반영론, 즉 존재론적 문제를 넘어선다고 주장한다. 그것은 "철학적 리얼리즘의 일반적인 성향은 비판적이고 반전통적이며 혁신적인 것이었다. 탐구자는 적어도 이상적으로는 과거의 주장들과 전통적인 믿음들로부터 자유로운 자이다"(1984, 12)라는 언급을 통해 와트는 혁신, 비판, 반전통의 문제를 주장하고자 한다.

만약 존재론적 문제로 리얼리즘적 문제를 본다면 그것은 리얼리즘만으로 형식이나 장르상의 차이와 단절을 가져올 수 없다. 그는 데카르트 철학과 로크

---

52) 매키온은 와트의 이런 문제인식을 더욱 확대하여 아예 소설의 발생의 문제를 인식론적인 혁명의 결과라고 본다. 매키온의 『영국소설의 기원』은 이러한 인식을 탁월하게 기술하고 있으나 갈레이거는 매키온의 이런 문제 인식에 대해 소설의 존재적 측면이나 정서적 측면을 고려하지 않음으로써 산만한 통찰을 한다고 비판한다.
53) 이들의 인식론을 세세하게 검토하는 것은 와트의 의도에 과잉 대응하는 것이다. 한편으로는 그만큼 와트가 이들 철학자들과 리얼리즘을 연결시킨 것이 빈약한 것이기 때문이고 다른 한편으로는 와트가 철학적 저서와 소설 작품들 사이의 유사성에 대해 어느 정도 논의를 펴다가 결론부에 가서는 어떤 영향은 있을 것 같으나 인과적인 것은 "아마도 훨씬 덜 직접적이었을 것"(1984, 31)라고 거의 자신의 논의를 철회시키는 분위기가 느껴질 정도로 조심스럽게 진술하기 때문이다.

의 철학이 과거와의 철저한 단절을 가능하게 했기 때문에 이들의 철학적 인식론에 기댄 소설이 과거와의 인식론적 단절을 통해 새로이 발생했다고 주장한다. 그런데 인식론적 측면에서의 혁명이 소설발생의 전제라는 와트의 이런 논리를 따른다면 데카르트는 근대 철학의 창시자가 아니라 새로이 철학을 발생시키고 로크도 철학을 새로이 발생시킨 것이어야 한다. 하지만 그는 소설만 근대 자본주의에서 발생된 것으로 보고 그 발생의 근거로 철학적 리얼리즘과 형식적 리얼리즘을 다음과 같이 연결시킨다.

> 근대 실재론은 진리가 개인의 감각을 통해서 발견될 수 있다는 입장에서 출발한다. 근대 실재론은 그 기원을 데카르트와 로크에 두고 있으며 18세기 중엽 토마스 리이드에 와서야 처음으로 완전한 체계를 갖추게 되었다. 그러나 외부세계는 실재적이며 인간의 감각이 우리에게 그에 대한 진실된 보고를 해준다는 견해는 분명히 본질적으로 문학적 리얼리즘의 해명에 도움을 주지는 못한다. . . . 더욱이 실재론적인 인식론의 특징적인 주의 주장과 그와 관련된 논쟁들은 본질적으로 대부분이 너무 전문화되어 있어서 문학과는 그다지 많은 관계를 가지고 있지 않다. 철학적 실재론에서 소설에 중요한 부분은 그렇게 전문적인 것이 아니다. 그것은 차라리 실재론적 사고의 일반적 성향과 실재론이 사용해온 연구방법이며 제기한 여러 가지 문제들이다. (Watt 1984, 12)

와트는 근대 실재론[54]은 개인의 감각을 통해 진리를 발견할 수 있다고 하면서

---

[54] 실재론은 리얼리즘이 문학용어라면 철학적 용어이다. 중세의 신학과 철학에서 유명론과 실재론이 대립되었는데 실재론은 신이나 이데아 등이 실재한다는 것이고 유명론은 이들 신이나 이데아들이 단지 이름뿐이고 실재하지 않는다는 것이다. 중세의 실재론은 관념론적인 것인데 근대에 들어와서 '실재론'이라는 용어는 실제로 있는 것을 말한다는 의미에서 경험론적이다. 와트는 이런 역설에 주목하였다(1984, 11). 그러면서 와트는 중세의 실재론적 연장선상에 있다고도 할 수 있는 데카르트

데카르트와 로크를 용감하게 함께 놓는다. 데카르트는 상식적으로 보아도 근대 관념론의 선구자이며 사유나 존재를 인간의 본질로 놓은 '중세의 실재론자'에 가깝다. 그리고 위의 인용문 가운데 "외부세계는 실재적이며 인간의 감각이 우리에게 진실한 보고를 해준다는 견해"는 로크의 경험론에 가까운 것이다. 이 두 대립적인 인식론이 리얼리즘 인식론을 해명할 수 없음은 분명하다. 애초부터 전제가 틀렸기 때문이다. 그런데 그는 그 철학들이 너무 전문적이어서 우리가 제대로 알 수 없기 때문에 일반적 성향과 연구방법이 소설에서 중요한 연관을 가질 뿐이라고 해버린다.

와트가 거창하게 데카르트와 로크를 아울러 근대적 실재론을 설명하고 소설과 연관시키려고 하다가 포기한 부분에 대해서 다음 논의를 출발하기로 한다. 그는 철학의 인식론적 배경과 형식적 리얼리즘의 인식론적 배경을 연결시킬 수 없었다. 그것은 이 두 철학자를 실재론으로 아우른 것이 모순된 통합이기 때문이다. 그럼에도 불구하고 와트는 직감적으로 자신이 정의하고자 하는 형식적 리얼리즘의 실체에 대해서 알고 있었다고 볼 수 있다. 근대적 실재론 속에 애써 데카르트까지 포함해서 설명하려 한 것은 "인간 체험에 충실하다는 인상"을 형식적 리얼리즘의 핵심으로 삼았기 때문이다. 즉 이것은 심리적 실재의 문제와 결부되어 있다.

2) 개인적 체험과 진실성

형식적 리얼리즘이 '현실에 대한 객관적 표현'이라고 했을 때 이 '객관적'의 의미가 인간 외부에 있는 사물이나 사회적 환경에 대한 묘사를 뜻하는 것과 인간 내면에 존재하는 심리적 실재의 문제로 두 가지로 나누어짐을 앞서 보았다.

도 근대적 실재론자가 되고 중세의 유명론의 입장에 가까운 로크도 근대적 실재론자가 되는 묘한 종합을 이룬다.

2항에서는 인간의 심리가 어떻게 객관적인 존재로 바뀌는가에 대해 고찰하기로 한다. 인간 내면에 있는 주관성이 객관성으로 바뀌게 되기 위해 어떤 역사적 과정을 거쳐 왔으며 '세부적 묘사'보다 '심리적 주관성'이 형식적 리얼리즘의 더 뚜렷한 특성이 될 수 있었는가를 살펴본다.

와트는 데카르트를 통하여 '진리탐구란 과거의 사상 전통과는 무관한 개인적인 문제'이며 소설은 이러한 개인주의적 혁신적 방향을 가장 충실히 반영한 형식이라 본다.

> 데카르트의 위대성은 주로 방법의 위대성, 증거가 없이는 아무것도 받아들이지 않겠다는 철두철미한 결단의 위대성이다. 그리고 그의 『방법 서설』과 『성찰』은 근대적 가설체계를 확립하는데 크게 기여했으며 그 가설은 진리탐구란 전적으로 개인적인 문제, 논리적으로 과거의 사상 전통과는 무관하고 사실 거기에서 떨어져 나와야 더 쉽게 도달할 수 있는 것으로 생각되었다. 소설은 이러한 개인주의적 혁신적 방향전환을 가장 충실히 반영하는 문학형식이다. . . . 소설의 일차적인 판단 기준은 개인의 체험, 항상 독특하고 따라서 항상 새로운 개인의 체험에 비추어 진실한가 하는 것이다. 그러므로 소설은 지난 몇 세기 동안 독창성과 신기함에 유례없는 가치를 부여했던 문화의 논리적인 문학매체이다. 그렇기 때문에 소설이라 붙여진 것이다. (1984, 13)

여기서 와트는 데카르트로부터 개인주의적 방향전환의 단서를 잡는다. 데카르트가 근대적 주체를 최초로 형이상학적으로 설정한 것은 맞지만 어디까지나 이성적 사유로 근대적 주체의 본질을 설정한 것이지 구체적 감각 경험을 그 본질로 잡은 것은 아니다. 그런데 와트는 데카르트의 방법적 위대성, 즉 '회의해보지 않은 사유는 믿을 수 없다'는 방법론적 회의를 '증거가 없이는 받아들이지 않겠다'는 경험론적 회의로 변신시킨다.

이렇게 해서 와트는 데카르트를 '개인의 감각을 통해 진리에 이를 수 있다'는 근대의 실재론자로 설정한다. 이러한 변신은 앞서 설명한 것처럼 사유를 인간의 심리와 등치시키는 변신에서 다시 심리는 경험이라는 변신과정을 한 번 더 거친 것이다. 앞서 와트의 사상은 기능주의와 행동주의라고 했는데 이런 사유방식이 그대로 적용된다. 행동주의에 의하면, 심리적 현상은 더 이상의 환원이 불가능한 최소한의 요소들인 감각들로 구성되어 있기 때문에 사유는 심리로 변신하고 심리는 감각으로 치환되기 때문에 결국 사유는 감각의 종합에 불과하게 된다. 즉 사유와 감각의 차이는 양적 차이에 불과하게 되는 것이다. 이렇게 되면 사유는 곧 경험이 되어 인간 존재의 본질을 사유로 본 데카르트나 인간 존재의 본질을 우선적으로 경험에 둔 로크는 둘 다 동일한 사상적 배경, 즉 와트가 주장하는 근대적 실재론을 구성하게 된다.

곧 이어 와트는 소설이라는 것은 개인의 체험에 비추어 진실한 가가 판단기준이 되는 형식이라고 본다. 데이비스도 지적하듯이, 와트의 이런 개인주의적 미학은 켐브리지 은사인 리차즈로부터 온 것이다. 그런데 와트의 '개인의 체험'은 구체적 증거를 가진 감각적인 것이라기보다 "개인의 의식 속에서 펼쳐지는 사고과정에 최고의 중요성을 부여하는 것"(1984, 18)이다. 그러면 개인의 체험을 구성하는 것은 무엇인가? 무엇에 대한 개인적 체험이며 무엇으로 채워진 개인의 심리인가? 개인 체험이 가장 큰 기준으로 등장하게 된 것은 고전주의 시대이다. 이 시대는 중세의 공동체적 성격에서 벗어나 사적인 것이 등장했던 시대이다. 이것은 고전주의 이전에는 사적인 것이 없었다는 것이 아니라 지금 사적으로 여겨지는 것이 공동의 형식을 취했다는 것이다.

지금 사적으로 여겨지는 것이 중세에 공동체적으로 여겨지던 것을 몇 가지로 나누어보면 첫째는 가정이나 생리현상의 공개, 공동의 기도, 개방된 종교,

성인이 된 수녀나 어린 수녀들에 대한 관례적인 구타 등이다.55) 굴모에 따르면 이런 관행들은 "몸과 마음의 투명성을 위해 개인적인 행위를 용납하지 않는 것으로 공동체가 모든 생활을 감시하던 것"(474)이라고 한다. 두 번째는 성애의 행위가 사적인 것으로 변모한 것을 예로 들 수 있다. 중세의 성애는 「잠자는 숲속의 공주」에서 정신분석학적으로 암시되듯이 물레를 잣는 공동의 작업실에서나 방앗간에서 많이 이루어진다. 그 당시 전기가 발명되지 않아 컴컴하고 어둑한 분위기가 일조를 하기는 했지만 성애를 비밀스럽게 여기지 않았음을 보여준다. 하지만 17세기 들어 성행위는 침대 간에서 비밀스럽게 행해졌으며 또한 그렇게 인식되었다. 세 번째는 문인들은 대학이나 수도원, 신도회, 도시 등 그들을 후원하는 공동체를 통해서만 존재했다. 그리고 대부분의 작품들이 작자미상이라는 것이다. "문인의 존재를 알리고 문학작품에 존재 이유를 부여한 것은 바로 문화적 관행의 담지자인 공동체였으며 문학작품은 공동체에 봉사하고 공동체의 이름을 빛내야 했다"(굴모 476).

고전주의 시대에 들어 모든 이런 관행들이 사적인 것으로 변모해갔다. "예절서들은 포기, 즉 금욕이나 금지가 아닌 감추기를 강조"(굴모 474)했으며 또 그렇게 되었다. 그런데 이 시대에 무엇보다 중요한 것은 성애가 사적인 것으로 되었다는 것이다. 성애는 사적인 것으로 됨과 동시에 중세에 영혼이 차지했던 중요한 자리를 물러 받았다. 중세는 신분상의 차이와 차별에서 근대보다 유동성이 덜했지만 하느님 앞의 평등이라는 영혼의 평등에 대한 관념은 강했다. 이것은 근대의 시각으로 보면 명목상의 평등인 것 같지만 중세에서 하느님 앞에서의 영혼의 평등은 심리적 실재로 자리잡고 있었다.

---

55) 이런 중세적 관행을 문명화가 덜 된 것으로 보고 이런 과정이 사적으로 변화되는 과정을 엘리아스는 문명화과정이라 본다. 그는 『문명화과정』에서 침을 뱉는다든지 방귀를 뀐다든지, 어린 소년이 창녀의 집에 간다든지 하는 것들이 에라스무스의 글을 통해 어떻게 통제되어 사적인 것으로 변해가는 지를 분석하고 있다.

앞서 로크의 영혼론에서 살펴보았듯이 로크는 이런 중세적 영혼론을 해체하여 외부의 감각, 즉 경험적 자료 없이는 존재 가치를 가질 수 없는 영혼으로 만들어버렸다. 경험적인 영혼은 자아의 관념으로 대체되었던 것이다. 그런데 자아라는 것은 자신의 사회계급적 계층적 실재에 의해 후천적으로 만들어지는 것이다. 후천적으로 만들어지는 자아가 맺게 되는 것이 계몽주의의 정치적 담론의 핵심인 '사회계약론'이고 곧 사회계약론은 불평등한 자아, 즉 재산과 지위에 의한 계급적 차이를 인정하는 것이다. 이 불평등하고 불안한 사회계약론은 영혼의 자리에 '성적 욕망'을 대체함으로써 구체적 계급적 차이와 보편적 성적 욕망의 평등이 교직으로 짜여지는 근대를 만들게 된다.

그런데 사회계약론이 영국이나 프랑스 등 서구 유럽에서 17세기 이후 진행된 경제적 변화의 18세기 정치적 담론이라 한다면, 성애가 사적인 본질이자 보편적 평등의 문제로 된 것은 그보다 더 빠른 고전주의 시대에서이다. 성적 주체로서 개인의 재현이 자본주의적 경제적 변화보다 앞서는 것이다.

> 우리는 역시 가장 본질적으로 성적 주체로서 개인의 재현은 영국사를 자본주의의 서사적 전개로 보는 경제적 변화보다 우선한다고 말할 수 있다. 따라서 자연과 문화, 자아와 사회, 성과 성애라는 두 극의 내부에 개인을 위치시키는 글쓰기로 주로 시작하는 것은 나중에 심리학적 실재가 되었고 그 반대의 과정은 아니다. 푸코는 근대적 개인주의를 '성애의 담론'으로 생산하는 전체적인 장치에 대해 언급할 때 재현하는 욕망의 형식과 글쓰기 사이의 정상적인 관계가 이렇게 역전된 것에 유념하도록 한다. (Armstrong 13)

암스트롱은 푸코적 분석을 통하여 성애에 관한 글쓰기를 통해 성애에 관한 심리적인 것이 어떻게 실재가 되었는가를 분석하고 있다. 그리고 이어서 "개인의 내면에 숨어 있던 욕망의 실재를 발견한 것은 육체의 표면에 위치하고 있었던 에로티시즘을 효과적으로 대체하는 광범위한 언어화 과정을 촉진했다"(13)고 본다. 즉, 성적 욕망과 심리로 나타나는 사유의 근대적 결합은 근대적 정념, 즉 사랑을 낳았던 것이고 이러한 정념은 고전주의의 주요주제였다56).

성애의 발견과 광범위하게 진행된 그 담론, 글쓰기를 통해, 그리고 "언제나 진실을 발견하고 자유를 생산하려는 계몽주의적 동기와 함께, 결과적으로 한 개인의 주관성 속에 성을 넣어놓는 매우 다른 결과를 가져오면서 따라서 성적 행위를 읽어내고 해석해내는 것에 정당성을 부여했다"(암스트롱 13). 이리하여 성애는 주관성의 가장 핵심적인 자리를 차지하게 되었다.

그런데 이렇게 사적인 성애가 어떻게 공개적인 것으로, 성애의 주관성이 어떻게 심리적 실재가 되어 객관성으로 변하게 되는가? 이런 과정에 가장 기여한 것이 17세기와 18세기 중반까지 유럽에서 가장 인기를 끌었던 '자유연애소설'이다. 지금의 눈으로 보면 외설문학에 불과한 이 소설들이 근대적 인간을 조형해내는 하나의 축을 담당한 것이다.57) 굴모는 '자유연애소설은 침묵해야 할 것을 말하고 사적이며 비밀스러운 영역에 속하게 될 것을 공개적으로 말해버리는 일종의 위반행위를 자행한 것이 아닐까?'라는 의문 제기와 함께 이런 과정의 역전과 모순에 대해 쓰고 있다.

자유연애 소설이 쾌락을 위한 사적 공간 . . . 의 존재를 증명해주기는 했지

---

56) 고전주의의 희비극과 달리 고전주의 소설들은 이 정념의 주체를 형상화하는데 몰두했다. 근대적 정념을 다룬 최초의 소설이라 할 수 있는 프랑스 작가 오노레 뒤르페(Honoré d'Urfé)의 소설 『아스트레』(Astrée)의 쎌라동(Céladon)은 최초의 연애주인공으로 최초의 비영웅적이고 근대적인 정념의 주인공이다.
57) 근대적 인간을 조형해내는 또 하나의 축은 돈에 대한 사랑이다. 이 돈에 대한 사랑은 합리적인 이윤 추구로 변모되어 고전적이든 현대적이든 자본주의 경제학의 가장 기본 전제가 된다. 근대는 돈에 대한 사랑과 욕망에 대한 사랑 그 두 축으로 구성되어 있다.

만 소설을 통해 그런 존재를 공개하는 것은 모순이 아닌가? 새로운 형태의 사회관계가 애정 생활을 더욱 사적이고 비밀스러운 것으로 만드는 결과를 초래한 이 시점에 자유연애소설은 침묵해야 할 것을 말하고 주의깊은 독자를 위해 이제부터는 사적이며 비밀스러운 영역에 속하게 될 것을 공개적인 행위로 노출시켜버린 일종의 위반행위를 자행한 것이 아닐까? . . . 그런 소설을 겉핥기식으로 읽는다면 사적 영역의 공개를 과격한 침해 행위로 해석할 수도 있다. 그러나 그것은 자유연애 소설이 독자에게 엿보는 자로서의 위치를 요구했고 이번에는 독자가 엿보는 자로서 제삼자에 의한 사적인 것의 파악을 다시 사적인 것으로 만든다는 점을 망각했기 때문일 것이다. (477)

굴모는 사적인 것을 공개적으로 말해버리는 그 행위가 바로 다시 사적으로 만든다고 역설한다. 자유연애소설을 읽음으로써 독자는 사적이고 은밀한 것을 엿보는 자가 되었다. 독자는 제3자로서 소설에 나타난 것을 보았는데 이 엿보는 행위 자체가 은밀하게 됨으로써 독서 자체를 사적인 것으로 만들어버렸다는 것이다.

이런 과정은 한꺼번에 온 것이 아니다. 성애가 사적이고 은밀하게 되어가는 과정은 성애를 사적이기는 하나 보편적인 인간의 욕망으로 받아들이는 공적이고 공개적인 과정이 수반되었다. 도시의 살롱이나 커피하우스, 시골의 공동작업장 등에서 자유연애소설은 공개적으로 읽혔다. 볼테르를 비롯하여 계몽주의 지적 명사들과 이들과 비슷한 수준의 여러 여성들이 함께 모여 그런 노골적인 성애의 표현이 실린 소설을 큰 소리로 소리내어 읽거나 들으면서 즐겼다.[58]

이런 변화는 인쇄술의 발달로 인해 책이 광범위하게 보급되면서 독서가 순

---

58) 워너는 성애에 대한 욕망을 공개적으로 재현하던 취향이 사적이고 은밀한 독서로 바뀌게 되는 과정을 「회화에 그려진 독자 읽기」("Staging Readers Reading")에서 그 당시 회화에 나타난 변화를 통해 분석하고 있다.

전히 개인적인 행위로 변함과 동시에 소설 속에서 '성적 욕망'의 재현이 여성과 젊은이를 타락하게 만든다는 문화적 통제에 따라 철저하게 사적인 것으로 변했다. 이것은 대중의 취향 자체가 변화한 것으로 해석되었고[59] 소설에 대한 판단도 도덕적인 것이 우선하게 되었다. 그런데 도덕적이란 것의 핵심은 여성의 정절이며 여성의 욕망이 사적이고 은밀한 것이므로 공개적 재현을 취하는 것을 거부하는 것이다. 그런데 이런 도덕의 논리는 남성의 욕망에서 역설적으로 나타난다. 남성의 욕망 역시 사적이기 때문에 그들이 아무리 사적인 욕망을 노골적으로 드러내도 문제가 되지 않는다. 이것이 성적 욕망의 드러냄과 은폐가 젠더화 이데올로기가 되는 과정이다. 이 과정에 탄생한 것이 리차드슨의 『파멜라』이다. 따라서 파멜라의 욕망은 텍스트 속에 감추어지고 은폐되어야 했다.

이렇게 해서 욕망은 행위 속에서 공개적으로 드러나는 대신 글쓰기라는 텍스트를 통해서 재현된다. 사실, 『파멜라』가 아무리 도덕적인 것을 앞세웠지만 기본적으로 노골적인 성 표현이 나오는 연애소설이다. 그리고 파멜라와 B씨는 성적 주체로 등장한다. 그리고 이들은 글쓰기를 통한 근대적 욕망의 재현을 보여준다.

> 하녀의 육체를 탐하고자 하는 B의 시도는 그녀의 육체를 언어와 감정을 지닌 육체로, 근대적 사랑의 절차를 고수하고자 하는 그의 의지와 파멜라의 동의를 통해서만 획득될 수 있는 형이상학적인 대상으로 마술적으로 변화시킨다. 결국 그런 것이 B가 욕망하는 파멜라라는 것은 집사의 상식이 근거하고 있는 섹슈얼리티 전반의 개념을 의문시한다. . . . 그녀가 제공하는 즐거움은

---

[59] 대중의 취향 변화에 대한 가장 적절한 예는 스콧의 회고담이다. 스콧의 고모할머니가 예전에 읽던 벤의 소설을 스콧에게 부탁해서 다시 읽어 보았는데 예전에 남녀들이 많이 모여 공개적으로 읽으면서 즐거워했던 그런 분위기는 전혀 느끼지 못하고 '은밀하고 사적인 것'을 혼자 읽으면서 수치감을 느끼고는 스콧에게 돌려주는 장면이 나온다(밸러스터 205).

그녀의 육체를 지배함으로부터 오는 쾌락의 형식이라기보다는 텍스트의 쾌락이다. (Armstrong 5-6)

B씨가 파멜라에 대해 갖는 즐거움은 육체를 통한 쾌락의 형식이 아니라 편지를 훔쳐 읽음으로써 갖게 되는 텍스트의 쾌락이다. 텍스트를 통한 쾌락이 가능하게 된 것은 텍스트가 지닌 진실성이다. 파멜라의 내면은 글쓰기를 통해 심리적 실재를 형성하고 그 심리적 실재는 객관적 진실이 된다. B씨가 텍스트를 통해 파멜라의 욕망의 진실을 알게 되는 것은 바로 이러한 과정이다.

성애가 사적인 것으로 되고 텍스트적인 것으로 된 것은 리차드슨의 『파멜라』를 통해 최초로 또는 어느 정도 이루어진 것은 아니다. 앞에서 말했듯이 그런 과정은 고전주의 시대에 일어난 것이다. 와트는 고전주의와 르네상스 시대를 동일시하고 오히려 고전주의와 계몽주의 시대에 날카로운 면도날을 들이대지만 실제로 형식적 리얼리즘의 가장 본질적 특징이라 할 수 있는 심리적 실재의 객관성의 문제는 고전주의에서 일어난 것이고 그 과정은 르네상스와는 차별적으로 이루어졌다. 굴모는 고전주의 시대를 '사생활과 내면 세계의 은폐과정이 진행'된 시대로 보면서 고전주의 시대 궁정의 스캔들은 궁정인의 특권인 여가와 성적 탐닉을 묘사하기는 하지만 기독교적 공동체나 집단에 얽매이지 않은, 개인주의가 등장하기 시작한 사적인 시대였다고 본다(485).

성애가 심리적 실재가 되고 내면의 진실이 되어 주관성의 핵심으로 자리잡는 과정과 더불어 자신의 내면에 대한 기록의 다양한 재현 형태들이 개발되었다. 16세기에 유행한 회고록은 개인에 의한 공적인 기록이었으나 곧 개인에 의한 사적인 기록인 일기로 대체되었다. 사적 영역의 탄생에 초점을 맞추어 내면적 일기와 회고록 일인칭 소설 등 다양한 서술형태와 문학의 새로운 관행들이 생겨났다. 굴모는 이 새로운 서술형태와 새로운 문학의 관행을 통해 문인들은

"자신의 도덕성에 입각해 자기 자신을 작품의 진실성의 토대로 삼게 되었다" (굴모 477)고 한다.

자신의 도덕성이 자기 작품의 진실성이 되는 가장 대표적인 예가 일기와 편지이다. 일기와 편지글이 결합된 서한체 형식이 사적인 것을 말하면서도 가장 진실된 것으로 보게 된 것이다. 거기서 저자는 자신의 내면, 즉 자신의 도덕적 의식에 비추어 진실하면 바로 그것이 진실한 것이 되었다.

그런데 일기나 서한체의 형식을 취하지 않고 가장 진실되게 보이려면 어떻게 해야 하는가? 그것은 기법의 문제이다. 이 기법의 문제에 와트가 말한 형식적 리얼리즘이 심리적인 작품을 진실되고 객관적으로 보는 비밀이 들어있다.

> 이 모든 비평가들에게 문제가 되는 것은 경험이나 주관성의 의식이다. 그리고 이들 비평가들이 소설의 '형식'에서 '표현'을 인식하는 방식은 나에게 매우 중요해 보인다. 일단 허구의 주관성이 '묘사', '서사의 초점'(Brooks and Warren 1943), 관점, 서사 틀처럼 형식적 용어로 생각되면 주관성에 대한 통제는 허구의 미학적 본질로서 뿐만 아니라 허구적 예술을 '객관적'(의심의 여지없이 비평가들이 인상주의적 해석을 한다고 비난받을 가능성에서 벗어나게 하는 것)으로 만드는 것으로서 보여졌다. (Brown 1996, 24-5)

브라운은 의식의 주관성이나 개인적 체험이 객관성을 획득하게 되는 비밀을 밝히고 있다. 주관성을 인식하는 방식인 '묘사나 서사의 초점, 관점' 같은 형식적 용어로 주관성을 보게 되면 그것은 객관적으로 변한다는 것이다.

그 다음에는 개인적 체험을 진실된 객관성으로 전환시키는 방법은 허구적 '원점의 나'를 창조하는 것이다.

허구에서 가장 중요한 것은 작중인물을, 즉 사고하고 느끼고 행동하는 인물,

서술된 이야기가 담고 있는 사고 감정, 행동의 허구적 '원점-나'를 창조하는 것이다. 허구적 일인칭은 허구 논리의 주축이다. 그것은 허구란 행동하는 인물들의 미메시스라는 아리스토텔레스의 주장이기도 하다. 이렇게 해서 내적인 과정, 다시 말해 심리적이거나 정신적인 과정을 지칭하는 동사들의 사용이 바로 허구의 기준이 된다. (리쾨르 135-6)

리쾨르는 심리적이거나 정신적 과정을 지칭하는 동사들을 사용함으로써 사고나 감정, 행동의 허구적 주체인 '나'를 탄생시키고 허구논리를 구축할 수 있다고 본다. 이런 의미에서 『파멜라』가 일기 같은 서한체 형식을 통해 개인의 내면에 존재하는 주관성을 심리적 실재로 나아가 객관적 실재로 변화시켰다면 디포우의 『로빈슨 크루소』나 『몰 폴랜더즈』는 이러한 허구적 '원점-나'를 도입하여 가짜 자서전을 위조하는 방식으로 개인적 체험을 진실된 객관성으로 탈바꿈시킨 것이다.

개인적 체험에 근거한 심리적 주관성이 객관성으로 바뀌는 과정을 서술 형태나 서술기법의 문제를 통해서 보았다. 하지만 주관적인 것이 객관적으로 바뀌는 과정에서 가장 기본적으로 전제되어야 할 것이 '언어'의 문제이다. 언어를 통하여 주관성이 객관성으로 바뀌려면 언어가 객관성을 담보해야만 가능하다. 그래서 와트에게나, 17-8세기 철학적 실재론에서 중요한 것은 "언어와 존재의 일치"이다. 3항에서 좀 더 자세히 살펴보기로 한다.

사적인 것의 등장과 사적인 것이 진실된 개인의 체험의 부분으로 되면서 어떻게 심리적인 것이 진실된 객관성을 담보하는 지 보았다. 이런 과정은 르네상스 시대와는 완전히 구별되는 고전주의에서부터 시작된 것이며 자유연애소설은 그런 과정의 재현이며 『파멜라』에서부터 시작된 것은 아니다. 와트가 개인의 등장과 그 개인의 내면의 객관성에 주목하여 형식적 리얼리즘이 18세기 남성 3인조 작가에게 시작되었다는 것은 사실이 아니다. 그런 과정은 이미 고전주의 시대에서부터 있었던 것으로 지속성과 연속성을 가지는 문제다.

3) 언어와 존재의 일치와 특수성의 미학

'언어와 존재의 일치'에 대한 믿음은 형식적 리얼리즘에서 주관성을 객관성으로 치환하는 여러 가지 서술형태와 장치들을 가동시키는 가장 기본 전제가 된다. 과거 구술 중심의 문화에서는 말하는 사람을 직접 보고 들으며 의문이 나면 그 자리에서 물어볼 수 있었기 때문에 말하는 사람에 대한 신뢰가 곧 그 말에 대한 신뢰가 될 수 있었다. 그러나 비인격적인 '책'을 통해 어떻게 그 책에 씌어진 내용을 신뢰할 수 있겠는가? 그것은 언어가 지시하고자 하는 사물이나 감각이 그 지시하는 언어와 일치한다는 믿음을 통해서만 가능하다. 곧 사람이 주는 신뢰가 아니라 언어에 대한 신뢰로 전환이 일어나야 글쓰기를 통한 재현에 대한 신뢰가 생길 수 있었다.

이런 면에서 17-8세기 '철학적 실재론'에서 중요한 것은 "언어와 존재의 일치"이다.[60] 과거의 가설이나 전통적 신념에 구애받지 않는, 언어 그 자체에 대한 믿음이 있어야 되었다고 와트는 말한다.

> 철학적 실재론의 일반적 성향은 비판적이고 반전통적이며 또한 혁신적이었다. 그 방법은 개별적인 연구자가 특수한 경험들을 연구하는 것이며 그 연구자는 적어도 이상적으로는 과거의 가설과 전통적 신념에 구애받지 않는다. 그리고 그러한 연구는 의미론, 곧 언어와 실재 사이에 존재하는 일치의 문제에 특별한 중요성을 부여했다. (1984, 12)

---

60) 데카르트에서는 아직 언어와 존재의 일치 문제는 제기되지 않는다. 그는 자신의 사유와 이성은 신이 보증하는 것으로 본다.

철학적 실재론자들은 의미론의 문제, 즉 '언어와 실재 사이에 존재하는 일치의 문제'를 중요시했다. 이런 관점은 로크의 언어관에서 대표적으로 나타난다. 로크는 1690년에 『인간 오성론』(*An Essay Concerning Human Understanding*)에서 언어를 감각인상과 관련시켜 이것을 물리적 세계에 기계적으로 연결시키는 이론을 발전시켰다.

> 만약 우리의 언어가 얼마나 많은 다른 보통 감각적 개념에 의존하고 있는가에 유의한다면 그것은 또한 인식에 관한 우리의 모든 개념의 근원으로 우리를 다소라도 접근시켜 줄지도 모른다. . . . 그리고 우리가 그 근원까지 더듬어 올라갈 수만 있다면, 모든 언어 속에, 우리의 감각영역에 속하지 않는 사물들이라 할지라도 그 출처가 감각적 관념에 있음을 나타내는 모든 명칭을 발견할 수 있으리라고 나는 믿어 의심치 않는다. (Vol. II. Book III. chp. I)

로크는 언어가 감각적 개념에 의존하고 있으며 감각에 속하지 않는 추상적 언어나 이미지도 근원을 거슬러 올라가면 철저하게 감각에 의존하고 있다고 본다. "먼저 특수한 이데아를 받아들이고 다음에는 정신의 빈 캐비넷을 설치하는 것"(1권 2장 15절)이 감각기관이라는 로크의 주요 가설은 그의 언어관에서도 그대로 드러난다. 언어를 정신과 마찬가지로 빈 '캐비넷'으로 보았던 것이다.

와트가 보기에 이런 로크적 언어관은 "소설형식의 색다른 특질과 유사하며 이 유사성은 디포우나 리차드슨의 소설 이후 산문체 이야기가 획득한 삶과 문학 사이에 존재하는 독특한 대응관계에 주의를 환기시켰다"(12)고 볼 수 있다. 문학과 삶이 일치하고 언어가 존재와 일치하려면 "언어를 전적으로 묘사적이고 지시적인 용법에 국한 시켜야 한다"(12). 그런 용법을 사용한 것은 최초로 산문으로 씌어진 소설이며 와트에게 이들 작가들은 디포우와 리차드슨이다.

그러므로 우리는 디포우나 리차드슨이 산문체에서 공인되던 가치기준과 관계를 끊은 것은 우연한 결점으로가 아니라 묘사되는 대상인 텍스트의 직접성과 엄밀성을 얻기 위해 치러야만 했던 대가로 여겨야 할 것이다. 디포우에게는 이 엄밀성은 주로 자연적인 것이었으며 리차드슨에게 있어서는 주로 정서적인 것이었다. 그러나 두 사람에게 작가의 유일한 목적은 반복이나 삽화, 말을 번다스럽게 하는 대가가 무엇이든 간에 그 모든 구체적 특수성을 통해 우리가 대상을 절실히 실감할 수 있도록 언어를 사용하는 것이라는 느낌을 준다. (1984, 29)

와트는 이들 작가들은 과거의 공인된 산문 기준을 버리고 텍스트와의 직접성과 엄밀성을 얻게 되었다고 한다.[61] 과거와의 결별로 언어는 텅 빈 캐비넷을 설치하여 사물에 대해 직접성과 과거의 관념에 영향을 받지 않은 엄밀성을 획득한 것이다.

그러나 사물에 대한 생생한 묘사를 통해 마치 작품 속에 재현된 대상이 실제의 대상처럼 느껴진다는 의미에서 직접성을 획득하였지만 적확한 표현이라는 면에서 엄밀성은 이들 작가들에게 거리가 멀다. 위 문장에서 와트 스스로 말하고 있듯이 이들의 언어는 엄밀하지 않다. '반복이나 삽화, 말을 번다스럽게 하는'이라는 표현에서 드러나듯이 이들 작가들은 엄청난 분량의 작품을 썼다. 플로베르적 의미에서 일물일어(一物一語)의 원칙은 지켜지지 않고 있다. 주로 이것은 경제적 동기와 연결되어 있지만 언어의 엄밀성은 훼손한 것임은 틀림없

---

[61] 필딩은 높은 교육을 받고 귀족이나 젠트리 층과도 교분이 있어 자유자재로 계급적 인유를 구사하며 문체에서도 과거의 산문체와 결별하지 않았다. 하지만 디포우와 리차드슨은 낮은 계층의 출신으로 자수성가하였으며 교육도 그리 많이 받지 않았으므로 자연 고전적 산문과는 거리가 먼 것은 사실이다. 이런 미덕은 남자 작가들에게서는 적게 나타나는 반면 여성 소설가들에게 주로 많이 나타난다. 그것은 여성들이 고전교육에서 소외되었기 때문에 언어의 직접성이 남자들보다 더 강하게 나타나기 때문이다. 이에 관한 논의는 5장 2절 '여성들의 등장과 소설의 발생'에서 이루어진다.

다.

'언어와 존재의 일치'에서 여기서 와트가 주목하고자 하는 가장 중요한 것은 '구체적 특수성'의 문제이다. 그것은 구체적이고 특수한 것에 대해서만 언어는 그 존재와 가장 일치시킬 수 있기 때문이다. 이 '구체적 특수성'은 '구체성'과 '특수성'으로 나눌 수 있다. 와트가 루카치에게서 받은 영향에 대해 고백하기도 했지만 이 특수성의 문제는 루카치의 특수성을 상기시키는 것이다. 미학에서 개별성(구체성)과 특수성(특수자), 보편성의 범주는 오랜 과제이다.

> 내용 및 형식의 공통성에 있어서는 개별성, 특수성, 보편성 등의 범주들의 공통성도 중요한 의미를 지닌다. 그것도 이 범주들이 공속관계 내지 계열관계를 이룬다는 점에서만 아니라 그것들이 객관적으로 끊임없는 변증법적 상호관계 속에 위치하고 부단히 상호전환 한다는 점에서도 그러하며 주관적으로는 현실 반영의 과정에 있어서 부단한 운동이 한 극단에서 다른 쪽 극단에 도달하게 된다는 점에서 그러하다. 이러한 운동 내에서 미적 반영의 고유성이 표현된다. (루카치 1987, 157)

내용과 형식의 문제에서 개별성, 특수성, 보편성의 범주들의 상호관계에서 미적 반영의 고유성이 표현된다고 한다. 이 글에 이어서 루카치는 이 관계에서 변증법을 강조하면서 루카치가 역점을 두고 있는 것은 개별성에서 특수성에 이르는 운동을, 보편성에서 특수성에 이르는 운동을 미적 반영의 최종적 운동으로 보고 있다. 루카치는 특수성을 미적 반영의 고유성의 문제로 부각시킨다.

여기서 와트의 특수성과 루카치의 특수성은 어떻게 다른가? 이 차이가 와트를 형식적 리얼리즘으로, 루카치를 내용적 리얼리즘으로 기울게 하는 기준이 된다. 와트의 특수성은 전형성을 고려하지 않은 직접적인 특이성(particularity)

인 반면 루카치의 특수성은 전형적인 것을 말하는 특수성(speciality)이다. 이 특이성과 특수성의 공통점은 "예술적 형식 속에 자리잡고 있는 특수성을 넘어서는 일반화를 허용하지 않는다"(루카치 1987, 162)는 데에 있다. 하지만 루카치 미학의 중심범주로서의 특수성은 한편으로 "생활현상들의 단순하고 직접적으로 주어져 있는 개별성의 보편화를 규정하면서 그때그때마다 보편성을 자체 내에서 지양한 것"으로 총체성을 담지한 개별성, 즉 특수자이지만, 반면 와트의 특이성은 애초 처음부터 보편화를 거부하기 때문에 지양되어야 할 보편성은 존재하지 않기 때문에 개인주의적 미학으로 단자적이다.

와트의 구체적 특수성은 보편화를 거부하는, 전형성을 담지하지 않은 개별성이지만 '언어와 존재'의 일치가 일어나는 것에 의해 핍진성을 보장받는다. 그래서 형식적 리얼리즘에서는 언어의 문제가 아주 중요하게 된다. 와트는 "그래서 언어의 기능은 다른 어떤 문학형식보다도 소설에서 훨씬 더 지시적인 것으로 나타날 것이다. 소설이란 장르 자체는 고상한 응축에 의해서보다는 철저한 표현에 의하여 작용한다"(43)고 본다. 소설에서 언어는 지시적이고 묘사적이어야 한다고 와트는 보고 있다.

그러면 가장 적확한 묘사의 직접성을 통해 '언어와 존재의 일치'를 완벽하게 이루는 수법은 어디서 일어날까? 보편화가 불가능하고 철저하게 개별적이고 특이하지 않으면 안되는 영역, 가장 언어의 지시성이 잘 드러나는 곳은 어디일까? 그것은 광고이다. 광고는 가장 엄밀하고 직접적으로 하나의 사물, 하나의 사건, 하나의 인간을 가리킨다. 시델은 광고가 지닌 핍진성에서 형식적 리얼리즘의 본질을 찾고 와트를 선각자적인 이론가로 잡는다. 광고의 문제는 디포우와 리차드슨의 기법 속에서 지배적으로 등장하면서 조이스의 『율리시즈』를 잇는 커다란 궤적을 그린다. 그리고 이 리얼리즘적 기법은 현대 텔레비전의 '리얼 쇼'에 등장하는 도청 테이프, 비양심적인 상인들의 속임수나 서로를 따돌리고 바람을 피우려는 정직하지 못한 부부들의 행적을 추적하는 몰래 카메라 등의 기법에서 가장 극대화되는데 그것은 싱클레어 부인 집에 있는 클라리싸의 방이나 파멜라의 사실에 대한 묘사와 다르지 않다고 본다(195).

페넬로페가 오디세우스가 20년전 떠나던 날의 그 차림으로 확인하고 싶어 하는 것이나 『데카메론』에서 수많은 남자들과 결혼과 동거를 반복한 어느 공주가 얼마나 순결한 처녀인가를 아주 '리얼'하게 꾸며대는 수법 등에서 볼 때 시델은 리얼리즘은 하나의 충동으로 언제나 존재했었다고 본다. 하지만 그는 와트의 주장처럼 남성 3인조 소설에서 이 리얼리즘적 충동이 전면적이고 지배적으로 되었다고 본다. 『로빈슨 크루소』의 디포우는 이런 리얼리즘적 기법을 가장 완벽하고 능숙하게 사용할 줄 아는 사람이다. 시델 역시 와트 류 비평가답게 이런 디포우에 대해 "우리가 소설로서 이미 알고 있는 형식을 발견한 것이 아니고 인간 경험에 대한 개연적이고 근거있는 산문 기록물에서 빌려온 재료를 모방하는 수많은 방식을 발견"(203)한 것이라고 평한다. 그리고 시델은 와트가 초점을 맞춘 그 당시의 리얼리즘의 힘이란 실제적 경험을 대신하게 하는 인쇄된 것에 대한 갈망을 반영한 것이라 보았다.

따라서 시델은 그 당시의 인쇄물로 광고 생활정보, 안내서 등이 있지만 가장 대표적인 광고에서 형식적 리얼리즘의 물질적 토대를 발견한다. 당시 디포우의 『리뷰』나 애디슨과 스틸의 『관찰자』, 스틸의 『수다꾼』에 광고들이 엄청나게 쏟아졌는데 이 광고들이 물건을 사고 팔고 교환하며 읽고 쓰는 대중의 상상력을 완전히 사로잡는 일상 생활에 대한 강박과 매혹을 어떻게 강화시켰는가에 대해 쓰고 있다. 이 광고들은 단일 제품에 대한 광고 뿐 아니라 교환 제품 광고, 미아찾기, 사과문, 후원을 원하는 사항, 증인을 필요로 하는 광고, 반박문 등과 같은 미니서사들을 모두 포함하는 것이었다(204).

그러면서 그는 18세기 소설의 본질과 그러한 광고가 잠재적으로 지닌 본래적 연관을 의심한다면 『걸리버 여행기』를 볼 것을 권유한다. 형식적 리얼리즘적이지 않은 이 소설에서조차 곳곳에서 광고 수법이 등장한다는 것이다. 그는 형식적 리얼리즘만이 제품광고가 호머 플롯의 패러다임에서 옷에 대한 강박집착적인 리차드슨을 거쳐 조이스의 『율리시즈』에 나오는 광고 패러디를 연결시킬 수 있다고 보고 그것은 "제품들이 계급적 가치와 계급의 지위를 반영하기 때문"(204)이라고 본다.

"언어와 존재의 일치"라는 언어관이 광고에서 가장 지시적이고 묘사적으로 드러나는 데 이런 과정은 사건이나 인물들의 물화와 관련을 지닌다. 사건과 인물들을 정물적인 제품, 즉 사물을 통해서만 드러냄으로써 사물과 인간의 관계 맺음이라는 상호연관성을 보지 못하게 하는 맹목을 보여준다. 광고가 근대 자본주의 이후 인간 소외의 가장 대표적인 곳이듯이 형식적 리얼리즘의 '묘사'는 사물에의 인간체험을 배제한다.

벤야민은 자본주의적 정보, 즉 신문과 광고의 등장으로 이야기와 소설이 얼마나 위협받고 있는지에 관해 다음과 같이 쓰고 있다.

> 시민계급의 완전한 지배와 더불어— 이러한 지배권의 가장 중요한 수단의 하나는 신문이다— 새로운 의사소통의 형식의 등장을 보게 되었다. . . . 이 새로운 형식이 서사시적 형식에 영향을 끼치고 있다. . . . 이러한 사정은 소설의 경우를 두고 보더라도 조금도 나을 바가 없다. . . . 사람들이 즐겨듣는 것은 이제 더 이상 먼 곳으로부터의 소식이 아니라 가장 가까이에 있는 것에 하나의 단서를 제공하는 정보라는 점이다. . . . 지난 세기의 소식이라는 것이 기적적인 일로부터 이야기를 빌어오는 경향을 지니고 있었다면 정보에서 필수불가결한 것은 그것이 그럴듯하게 들려야 한다는 점이다. 바로 이러한 이유 때문에 정보는 결과적으로 이야기의 정신과는 서로 양립할 수가 없는 것이다. (171-2)

이야기와 인쇄된 소설을 구별지으면서도 벤야민은 정보가 이 둘의 서사적 형식과는 양립할 수 없는 것이라고 본다. 정보는 아주 구체적이고 지시적이어서 실증적 과학적일 수는 있지만 문학이 될 수는 없는 것이다. 한 송이 꽃을 바라볼 때도 식물학자나 꽃집주인의 시각과 이야기꾼이나 소설가의 시각은 다른 것이다. 이야기꾼이나 소설가의 시각에서 한 송이 꽃은 인간과 인간의 관계이다. 그것은 지식이 아닌 지혜의 문제이며 추억이자 갈등이고 그리움이자 증오인 것이다.

이런 과학적이고 지시적인 묘사의 문제가 형식적 리얼리즘에 중요하다면 서사의 문제가 내용적 리얼리즘에서 중요하다고 볼 수 있다. 관찰되는 것으로서의 묘사와 체험되는 것으로서의 서사를 나누고 있는 루카치는 「묘사냐 서사냐」에서 세부묘사가 지닌 위험에 대해 다음과 같이 설명한다.

> 세부사항들이 지닌 자율성은 인간의 삶을 표현하는 데에 모두 해로운 여러 가지 영향을 끼친다. 한편으로는 작가들은 세부사항들을 가능한 한 완전하고 유연하게, 그림같이 묘사하려고 한다. 그 시도에서 그들은 비상한 예술적 능력을 보여준다. 그러나 사물에 대한 묘사는 이미 인물들의 삶과 아무런 관계가 없다. 사물들은 소설의 전체성 속에서 그들의 몫이 아닌 독립적인 의미를 얻으면서 등장인물의 삶과 아무런 관련없이 묘사될 뿐만 아니라 사물이 묘사되는 바로 그 방법은 등장인물이 움직이고 있는 곳과는 완전히 다른 영역 속에 사물들을 배치한다. (202)

루카치에게 서사가 사물과의 관계에서 인간의 관계를 드러내고자 하고 인간의 관계에서 사물과의 관계를 드러내고자 한다면, 묘사는 등장인물과의 관련성을 상실하고 물화되어 나타난다. 그래서 그가 보기에 묘사는 하나의 문체일 뿐이지 그것을 과장해서는 안된다고 본다.

이처럼 정물적이고 물화되어 나타나는 묘사는 '현재성'만을 드러낸다. 서사가 과거와의 관련에 대해서 말하고자 한다면 묘사는 현재성만을 강조한다. 이 현재성은 주관의 개입과 함께 인상주의로 흐르게 된다. 결국 인간과의 상호작용이 이루어지지 않은 사물에 대한 현재적 묘사가 '의식의 흐름'으로 이어지는 것은 역설적인 것 같지만 필연적인 귀결로 볼 수 있다.

웰렉은 존 브렌크만(John Brenkman)을 통하여 형식적 리얼리즘의 세부묘사라는 현재성이 어떻게 의식의 흐름으로 변하는 가에 대해 말한다. 리얼리즘, 더 정확히 말해서 현실성은 실제로 일상적인 현실을 근본적으로 해체시킴으로써 얻어진 기교인 의식의 흐름의 기법이나 "정신을 극화"시키려는 노력 속에서 발견된다고 본다.

> 브렌크만은 사실적인 것이나 개별적인 것에 대한 주목이 결국 조이스나 버지니아 울프, 포크너와 같이 전통적인 의미에서 비사실적인 방법을 이끌어내는 이러한 반전 현상의 역설에 대해 잘 알고 있다. . . . "주관적 체험이 유일한 체험"이라는 결론은 인간의 정신 상태를 정확히 기록하는 인상주의를 리얼리즘과 동일시하고 그것만이 진정한 리얼리즘이라고 선언하게 한다. 지금까지 받아들여졌던 19세기 리얼리즘의 개념은 무너졌다. 그것은 사물의 객관적 질서를 인식하는 것을 거부하는 개별화된 원자론적, 주관적 리얼리즘으로 대치된다. (1985, 23)

웰렉은 세부묘사 자율성의 귀결이 의식의 흐름으로 간다고 말하면서 19세기 리얼리즘과는 다른 것이라 보았다. 이것은 와트의 형식적 리얼리즘에서 '형식적'인 것이 철저히 강조될 때 가는 길이다. 반면 형식적 리얼리즘에서 내용의 측면이 강조될 때 19세기의 빛나는 사실주의를 만날 수 있다. 루카치는 거기서 '형식적'을 떼어버리고 '내용'만을 강조하여 사회주의 리얼리즘으로 갔다. 내용만 강조할 경우 형식의 역사적 문제는 사상된다. 형식을 철저히 내용으로 치환하거나 내용을 철저히 형식으로 치환하는 것은 하나를 얻기 위해 다른 하나를 버리는 것이다.

와트가 강조한 구체적 특수성은 우연적이고 부차적이고 사적인 특징들에서 개연성을 찾는다. 어느 하녀의 사랑 이야기가 가장 보편적인 개연성을 띄게 되는 과정은 '구체적 특수성'이 지닌 놀라운 마력이다. 이 마력은 앞서 말한 것처럼 개인적 체험에 근거한 저자 자신의 양심에 토대를 둔 것이다. 시델은 이것을 청교도적 양심에서 비롯된 것으로 본다.

> 양심의 미학은 철저하게 프로테스탄트적 미학, 즉 개인의 종교적 경험에서, 개인적 적절함에서, 18세기의 디포우와 리차드슨의 서사의 리얼리즘에 나타나는 선택의 위기에서 서사적 관심을 발생시키는 것이다. 사실주의자로서 디포우는 그가 유명한 소설을 쓰기 전부터 양심과 문학 형식의 분기(ramification)를 애써 성취하려 했었다. (211)

시델은 양심의 미학은 청교도의 미학이며 이들 소설가들의 작품에서 나타나는 인물이 위기를 극복하는 것 역시 양심에 따른 것이며, 결국 양심과 소설의 발생을 연관시킨다. 양심의 문제는 와트가 제기한 형식적 리얼리즘의 또 다른 측면인 도덕의 문제가 된다.

시델의 이런 긍정적 평가에 불구하고 두디는 이런 현재의 사물에 대한 양심은 곧 개인을 사회에 속박시키는 것이라고 비판한다.

> 우리는 진짜 삶 같으며 개연적이고 핍진한 소설을 생산하라는 압력의 증대 속에서 도덕적 이미지의 방종이라는 죄를 짓지 않도록 소설을 속박하여 그 날개를 잘라버리려는 노력이 있음을 알 수 있다. 17세기에는 여전히 박진성

이 유지되어야 한다는 추상적이고 느슨한 리얼리티 개념이었다. 그러나 특히 17세기 중엽의 영국에서는 휘그당의 상업주의와 팽창주의의 통제 아래 매우 세부적인 물리적 사회적 리얼리티에 대한 박진성의 요구가 있기 마련이다. 그러한 요구에서 우리는 현상태를 유지하려는 당국의 욕망이 들어있지 않나 의문을 품게 된다. (1996, 286)

이러한 구체적 특수성은 결국 개인을 사회에 속박시키는 것이며 팽창주의와 패권주의를 전면화시키는 휘그당의 입장에서는 사태의 변화를 바라지 않기 때문에 '현실'을 강조하며, 과거와 미래와의 인과적 연관은 부정되어야 했다고 두디는 보고 있다.

그래서 두디는 와트의 형식적 리얼리즘은 하나의 대안(suggestion)이라기보다 하나의 이데올로기로 주어진 것이라 보았다(1996, 288). 와트가 찬양하는 형식적 리얼리즘의 구체적 특수성은 개인을 부각시켰으나 개인이 사회에 속박되어 제한되었으며 개연성은 가정에서만 일어나는 것을 뜻했다고 볼 수 있다. 데카메론의 여성상보다 더 보수적인 셰익스피어, 그 셰익스피어의 여성상보다 더 순종적이고 사랑에 종속된 여성상이 형식적 리얼리즘에 나온다.[62] 샤롯데 레녹스(Charlotte Lennox)의 첫 소설 『헤리엇 스튜어트의 일생』(*The Life of Harriot Stuart*, 1750)은 여행과 난파를 포함해서 오래된 소설이 지닌 많은 요소를 지니고 있으며 해리엇은 『에페시아카』(*Ephesiaka*)의 안티아(Anthia)처럼 자신의 강간자로 추정되는 사람을 죽이려고 한다. 그러나 클라리싸는 환경의 힘에 갇혀 강간당한 자로서 자살한다.[63]

---

[62] 남성은 형식적 리얼리즘에서 주도적인 역할을 하지 않는다. 이들은 제국의 어느 식민지에서 주도적 역할을 하나 형식적 리얼리즘의 소설은 가정소설로 무대는 국내로 제한되고 인물은 여성에 초점이 맞추어져 있다.
[63] 이글턴은 『클라리싸의 강간』(*The Rape of Clarissa*)에서 클라리싸가 정조를 잃었다고 자살하는 것에 대해 리차드슨이 파멜라가 성적 약탈 뿐 아니라 자신의 소유권에 대해 저항하는 것으로 형상화

와트의 형식적 리얼리즘은 형식의 수법들이 지닌 역사성을 고찰한다는 의미에서 리얼리즘적이다. 또한 루카치나 레닌 등이 주장하는 프롤레타리아 사회주의 리얼리즘의 대척점에 있는 리얼리즘이라면 청교도 윤리와 부상하는 중산층 부르주아의 이해관계를 대변하는 이데올로기로서의 리얼리즘이기도 하다. 형식적 리얼리즘은 중하층과 여성들의 삶의 형식을 담아내지 못함으로써, 그리고 계몽주의의 이율배반에 의해 내용을 결여한 형식적 기호로만 작동함으로써 한편으로는 의식의 흐름 기법의 모더니즘으로, 다른 한편으로는 사회주의 리얼리즘으로 지양되었던 것이다. 결과적으로 와트의 형식적 리얼리즘은 고전주의 시대에서부터 다시 발흥하기 시작한 리얼리즘적 양식 소설의 다양한 흐름 가운데 하나의 흐름으로서만 위치를 지닐 뿐이다.

했다고 보고 그를 부르주아를 위한 혁명적 계급 투쟁가에 빗대고 있다. 이글턴 역시 젠더 이데올로기를 계급적 코드로 읽는다.

V. 소설 발생의 주체 문제

1. 중산층의 등장과 소설의 발생

　와트의 『소설의 발생』은 1937년에 쓴 「독서계의 등장과 소설발생」을 확대, 보완하여 20여년 후인 1957년에 출간한 책이다. '독서계의 등장은 중산층의 등장과 궤를 같이하며 곧 중산층의 등장이 소설의 발생으로 이끈다'는 이 책의 명제는 와트를 최고 영문학자의 위치에 올려놓았다. 그것은 한편으로는 사회주의 리얼리즘 때문에 사회주의권에 빼앗긴 소설의 종주권을 영미 자본주의가 되찾는 길이고 다른 한편으로는 중산층의 자유주의적 지도력을 강화하여 냉전 후 미국 사회의 통합을 강화하려는 시도의 한 방편이었다. 와트의 이 명제만큼 시의적절하게 등장한 경우는 없을 것이다.
　와트는 파슨즈에게 결정적으로 영향을 미친 베버의 사회학적 방법론과 실증주의를 결합하여 소설의 근대영국 발생론을 완성한다. 베버는 근대 서구문명에 나타난 자본주의, 도시, 프로테스탄티즘 윤리 등이 가장 바람직하고 이상적인 것이기 때문에 아예 하나의 완벽한 유형인 '이상형'(ideal type)으로 제시한다. 베버의 이상형은 유럽문화에 고유한 특수성을 세계적으로 보편적 의의와 가치를 지닌 것으로 탈바꿈시키는 것이다. 베버에게 근대 서구의 자본주의는 '합리화(합리적 행위와 합리적 경영조직)'라는 고유한 특수성을 지녔기 때문에 언제 어디서나 나타날 수 있는 자본주의의 보편적 의의와 가치를 지닌 것이 된다(13-4).

이러한 베버의 논리와 유사하게 와트는 '보편적 의의와 가치를 지닌 소설은 오직 근대 영국에서만 발생했다'고 주장한다. 그것은 근대영국에서 발생한 소설이 '형식적 리얼리즘'이라는 고유한 특수성을 지니고 있기 때문에 소설 일반의 발생으로서 보편적 의의와 가치를 지닌다는 것이다. 이처럼 와트는 과거의 산문허구나 다른 지역의 산문허구와의 공통성이나 보편성 보다는 날카롭게 단절되는 특수성에 주목했던 것이다. 이에 대해 앞서 보았듯이 워너는 영국소설들에 나타난 영국문화의 특수성들을 소설이라는 종의 정체성을 이루는 기본적인 뿌리로 인정하였다고 비판하였다.

와트에게 근대영국에서 소설(novel)의 형식을 발생시킨 이 새로운 힘은 '프로테스탄트적 개인주의'이다. 이 개인주의가 소설의 요체라 할 수 있는 형식적 리얼리즘을 만들어내어 소설을 발생시켰다고 본다. 이러한 와트의 주장 역시 베버적인 방법론에 기대고 있다. 베버가 마르크스의 사적 유물론을 반박하기 위해 세운 논리는 토대가 이념, 즉 상부 구조에 영향을 미친다'는 것이 아니라 '이념이 토대에 영향을 미친다'는 것이다. 엥겔스가 프로테스탄티즘을 자본주의 초기 발전과정에서 나타난 경제적 변동의 이데올로기 반영에 불과하다고 주장한 것에 대하여 베버는 프로테스탄티즘이 오히려 자본주의를 발생시켰다고 보기 때문이다(132-47). 소설이 프로테스탄트 이념을 주제화, 내면화한 것이 아니라 프로테스탄트 이념이 소설을 발생시켰다는 와트의 주장은 이러한 베버적인 방법론에 토대를 둔 것이었다.64)

이와 같이 베버의 관념론적 사회학 방법론에 토대를 둔 와트의 소설발생론이 역사주의적이고 진보적인 것으로 보이는 이유는 무엇일까? 그리고 영국의 문학사가들 뿐만 아니라 다른 나라의 학자들도 대부분 이 이론에 동조하는 이유는 무엇일까? 그것은 와트가 소설의 기원을 자본주의에 두고 그 발생의 계급적 주체로서 중산층을 제시하고 있기 때문이다. 과거의 귀족제 및 봉건제에 반발하여 새로이 권력을 잡은 중산층이 소설을 발생시켰다는 주장은 사회주의 리얼리즘이 새 시대를 담당할 프롤레타리아에 의해 이루어지듯이 진보적이고 역사주의적 관점을 지닌 것으로 평가되었다. 소설발생은 대단한 계급의 대단한 역사적 임무로 여겨졌고 소설은 로망스와 같은 황당하거나 허황되며 중하층들이 오락용으로 즐겨보는 저질문학과는 근본적으로 다른 숭고한 기원을 가진 장르로 여겨졌던 것이다.

이 절은 자본주의적 중산층을 '소설발생'의 주체로 설정한 와트의 이론을 비판하여 와트가 주장하는 '중산층 등장과 소설 발생'의 논리가 지닌 허구를 하나씩 밝혀서, 소설이란 원래 중하층의 장르임을 논증하는데 있다. 여기서는 중산층 등장과 소설발생의 논리가 지닌 허구를 하나씩 밝혀나가는 데 그 논리적 과정은 와트 스스로의 논리에 내재한 모순을 파헤침으로써 이루어진다. 와트의 양파껍질을 벗기다보면 나오는 것은 소설의 발생은 중산층의 등장이 아니라 중하층의 등장 속에서 이루어진다. 와트가 제시한 영국의 '중산층'65)은 '부상하는

---

64) 매키온의 문학사가 소설의 발생과정을 변증법적 유물론의 방법론으로 씌어지지만 그에게 문학 형식을 실제로 규정하는 것도 역시 인식론적인 것이다. 그는 자본주의에서 이전 시대와 달라진 인식론에서의 변화를 반영한 것이 소설이라 한다.
65) 중산층 개념 자체는 원래 상당히 모호하다. 중산층을 부르주아 계급이라 보는 경우, 중간층이라 보는 경우, 시민계급(정치적 측면)이라 보는 경우 등처럼 다양하고, 민중계층과 대립되는 것으로 보기

중산층'으로서 18세기에는 이미 정치적 헤게모니를 장악한 시민계급의 중상층에 해당하는 계층이다. 이들은 지배계급에 가까운 사회계층으로 보는 것이 더 정확하다.

필자는 와트가 제시한 실증적 자료들 역시 여성을 비롯한 중하층의 등장과 개입을 통해서만 소설발생이 일어났음을 보여주는 것으로 재해석할 것이다. 와트의 논리에 내재한 모순을 밝히기 위해 우선, 와트의 '중산층'에 대한 개념 정의와 영국적 중산층이 지닌 역사적 성격을 논하려고 한다. 다음에는 와트가 '중산층'을 소비자 또는 수요자로서 설정하고, 또한 공급자로서 중산층 서적상을 제시하여 소설발생을 수요공급법칙에 종속시킨 점을 비판할 것이다. 마지막으로는 와트가 중산층의 높은 문자 해독율과 소설발생을 연관시킨 점을 검토하여 그 인과적 연관성을 부정하고, 여성을 비롯한 중하층의 장르로서 소설을 자리매김한다.

1) 중산층의 역사적 성격과 '소설의 발생'

와트는 소설을 자본주의적 기원을 지닌 장르로 보고, 그 발생주체로 독서계를 지배했던 중산층을 제시하였다(1985, 35; 48). 이러한 와트의 주장을 논박하기 위해서는 근대 영국의 중산층이 지닌 역사적 성격과 함께 소설이 이러한 중산층을 충실히 대변했는지를 보아야 한다. 그리고 '자본주의'라는 제약조건이 붙지 않은 '시민계급과 소설의 관계'에 대해서도 검토한다.

도 한다. 필자는 와트의 중산층 개념을 중상층 이상의 지배계급이라고 보았다. 그런데 지배계층과 대립되는 민중개념을 쓰지 않고 굳이 중하층이라고 하는 이유는 도시 빈민이나 영세 소작농, 농업 프롤레타리아 등 최극빈층을 제외해야 하기 때문이다. 이렇게 되면 민중 개념은 와트의 중산층에 대한 대응 개념이 되지 않는다. 그래서 중산층을 중상층과 중하층으로 나누어서 와트가 주장한 중산층의 실체는 중상층이며 소설의 발생은 중하층에 의해 이루어졌음을 밝힌다. 논의 과정에서 중산층과 중상층, 그리고 중하층이라는 용어를 최대한 변별하여 쓰려고 했다.

중산층의 역사적 성격을 고찰하기 위해 와트의 중산층을 살펴보면 그 개념 정의가 대단히 모호함을 알 수 있다. 부르주아나 시민계급이라 쓰지 않고 왜 '중간'을 강조하는 'the middle class'라고 했을까? 중간층이란 귀족과 하층의 중간이라는, 그야말로 중간층의 의미로 본다면 자본주의 이전의 시민계급이 지닌 진보성을 지닌 측면이 부각된다. 하지만 와트가 소설 발생의 시대로 간주한 18세기 중엽은 이미 시민계급이 권력을 장악한 시기이다. 국가에서 주도권을 가진 상황에서 시민계급은 왕권이나 귀족제에 맞서 싸우던 중간층은 아니다. 그리고 정치적 권리를 획득한 층은 시민계급 가운데서도 중상층을 말하고 중하층의 부르주아는 참정권도 갖지 못한 상태였다. 중상층의 시민계급은 이미 '중간층', 혹은 '중산층'이라는 표현으로 우리가 떠올리게 되는 '보통사람들'이 아니었던 것이다. 진정한(통계적) 의미에서의 중간층을 형성한 보통사람들은 여성을 비롯한 중하층의 대중이다.

와트가 중산층을 구성하는 직업군과 그들의 수입에 대해 분석한 다음의 글은 그의 의도와는 달리 이러한 사실을 반증하고 있다.

다른 많은 요인들도 독서계를 제한하는 경향을 나타냈다. 이들 중 가장 중요한 요인은 작가의 관점에서 보면 경제적인 것이었다.

주요한 사회집단들의 평균수입에 대한 가장 신뢰할 만한 평가들 가운데 두 가지는 1696년 그레고리 킹에 의해서, 그리고 1709년에 디포우에 이루어진 것들로서 인구의 반 이상이 최저 생필품이 모자랐다는 사실을 보여주고 있다. . . . 이 인구의 태반은 주로 영세민, 빈민, 노동자, 바깥 하인들로 이루어져있다. . . .

킹과 디포우 둘 다 가난한 자들과 부유한 자들의 중간에 위치한 중간층은 . . . 연간 수입이 38파운드에서 60파운드 사이의 가족 수입을 가진 사람들로 1,990,000명이라고 기록하고 있다. 소규모의 동산 소유자와 농부들 . . .

상점 주인과 소매상들, 직공과 수공업자들 . . . 이들 중 그 누구의 수입도 책을 살 만큼 돈을 남길 여유가 없었으며 특히 그 수입이 온 가족을 대상으로 할 때는 더욱 그러했다. 그러나 보다 부유한 농부나 상인, 소매상 가운데에는 돈의 여유가 좀 있었을 것이다. 따라서 이러한 중간층 내의 변화들이 18세기 독서 인구의 주된 증가를 설명해줄 수 있을 것 같다. (1984, 40)

위의 글을 보면 와트는 자신이 제시한 'the middle class'의 정의에 맞추기 위해 '너무 부유한 자도, 너무 가난한 자도 소설을 사보지 않았을 것'이라는 가정 하에서 출발하고 있다. 그러나 '가난한 자들과 부유한 자들의 중간에 위치한 중간층'이 사실은 책을 살만한 여유가 없었음을 알 수 있다. 위에서 제시한 와트의 자료를 보면, 전체 인구 5,550,500 가운데 빈곤층은 약 50%이고 가난한 자들과 부유한 자들의 중간에 위치한 중간층은 37%이고 와트가 '독서인구의 주된 증가를 설명해줄 수 있는' 부유한 농민이나 상인, 소매상들은 10%이다. 와트가 책을 사볼 수 있다고 주장하는 층은 10%정도라 보면 된다. 사실 이들 층은 중간층도 아니고 '부상하는 중산층'으로 중상층인 지배계급에 속한다. 이처럼 와트가 제시한 자료와, 와트가 주장하고 싶은 'the middle class'와, 18세기 중엽 영국의 실제 중산층 사이의 어긋남은 1950년대『소설의 발생』이 출간된 당시 전후의 풍요를 구가하여 두터운 중간층이 존재하던 미국 사회에 대하여 지녔던 확신과 자신감이 왜곡되게 투영된 것이다. 냉전체제의 반공전선에서 미국을 지켜내는 두터운 중간층의 존재와 기능을 소설이 발생한 18세기 중엽 영국의 중산층에서 보고 싶었기 때문에 와트의 사회학적 상상력이 오류를 범했다고 볼 수 있다.

    와트는 이들 '독서 인구의 주된 증가를 설명해줄 수 있는' 계층 내에 일어나는 새로운 변화는 주로 도시에서 눈에 띄게 두드러졌다고 본다(40). 그런데 와트가 주장한 중산층은 구중산층(도시수공업자, 소매상들, 길드의 직공들, 소규모 농부들)이 아니라 신중산층(주로 전문직이거나 행정직이나 서기직, 독립 소매상)이다. 양극분해에서 아래로 이동하여 중하층으로 전락하거나 심지어 빈민으로까지 떨어지는 구중산층과는 달리 신중산층은 부상하는 중산층, 즉 중상층이다. 그러면 당시 영국에서 이들 중산층의 역사적 성격은 어떠했는가? '소설의 발생과 중산층 등장의 연관성'을 와트 이론의 가장 큰 취약점으로 보는 매키온은 『영국소설의 기원』에서 다음과 같이 문제제기하고 있다.

> 이때까지 논의한 내용은 와트의 이론이 소설의 형식적 특징들을 정의하는 데 취약하다는 것이었다. 문제가 되고 있는 그의 논제의 두 번째 주요한 특징은 주장의 콘텍스트적인 측면, 즉 중산층의 등장에 관한 것이다. 비평가들은 18세기 초에 중산층의 지배력에 대한 증거가 어디 있느냐고 물었다. 특히 근대 초기 영국의 귀족계층(the nobility)이 새로운 '개인주의'와 분명하게 관련된 문화적 태도와 경제적 활동으로 스스로 모습을 바꾸었기 때문에 귀족제도(the aristocracy)와 젠트리 층이라는 전통적이고 사회적인 범주들과 어떻게 중산층이 구별 ─ 그 당시 사람들에 의해서, 그리고 실제로 ─ 되는가? 그 어떤 것보다 자기 부정의 충동을 많이 지니며 귀족으로 동화되고자 하는 의지에 의해서 중산층의 정체성이 규정되는 중산층 벼락부자들이라는 익숙한 유형에 대하여 우리가 그 진짜 모습을 알 수 있는가? (3)

여기서 매키온은 18세기 영국사회에서 중산층으로서의 계급적 정체성을 지닌 중산층은 없다고 본다. 이 말은 보편 계급으로서 타계급의 억압과 착취의 문제도 함께 풀어야 하는 역사적 임무를 자각하고 있는 중산층은 없다는 것이다. 오히려 이들 중산층은 귀족층이나 젠트리 층으로 상승, 동화하고자 끊임없이 욕망을 드러내는 벼락 출세주의자라는 것이다. 실제로 영국사의 전개과정은 시민계급이 봉건제도와 왕권에 맞서 싸우기보다는 시민계급 가운데 중상층의 권리 (재산권, 참정권)를 보장받는 선에서 타협하는 과정이었다. 왕 없는 의회를 바라지 않듯이 의회 없는 왕권도 원하지 않았던 것이다. 이런 영국적 특성에서 시민계급의 중상층을 차지하고 있는 와트적 의미의 중산층은 자신의 경제력을 바탕으로 특권화되었고, 귀족들 역시 토지 소유에서 나오는 부에 의존하기보다는 산업, 금융, 해외진출 등에 나서 적극적으로 부르주아로 변신했다.

매키온은 와트의 주장에 대한 반증으로 예약 구독층 목록을 제시하면서 디포우와 『관찰자』지 그리고 그외 중산층 출판물이라 여겨지는 것들의 아주 큰 부분이 귀족과 젠트리 층에 속한다고 한다. 그는 중산층 독서 대중의 등장을 양적인 증거에 따라 분석할 수 없는 것처럼 소설의 발생과 연관된 문제들 역시 마찬가지라 본다. 왜냐하면 독서 행위에 관한 정확하고 경험적인 자료가 풍부하다할지라도 우리는 여전히 '중산층'의 정체성을 결정하는 개념정의의 문제에 직면하기 때문이다(52). 그래서 매키온은 와트가 중산층이 소설을 발생시켰다고 제시한 여러 가지 양적 증거에 대해 "기본 전제로서 생산과 소비의 변증법적 관계를 영국소설의 기원들에서 구성력으로 인정하는 것이 더 낫다"(52)고 본다.

소설의 발생과 '부상하는 중산층'과의 필연적 상관성에 대한 또 하나의 의문은 필딩을 검토함으로써 제기된다. "필딩은 18세기 전반기의 산문양식이나 전망과 절연하지 않았으며"(30), "시간의 문제를 보다 외부적이며 전통적인 견해에서 접근해갔고"(25), "웨스턴이나 톰 존스는 특수한 개인 뿐 아니라 일반적인 유형화된 인물에게도 유의하고 있었다"(20)에서 볼 수 있듯이 와트 역시 필딩이 로망스적 전통을 이어받고 있다는 것을 인정하고 있다. 이에 대해 와트는 「『소설의 발생』에 관한 진지한 성찰」("Serious Reflections on The Rise of the Novel")에서 새로운 소설형식은 18세기 초에 여전히 전통적인 사회적 규범을 전복할 뿐만 아니라 표현하기도 한다는 것을 어느 정도 인정했다(216-18). 매키온 역시 소설 이론에 관한 한 가장 골치 아픈 인물은 필딩이라고 하면서 필딩이 로망스의 전통을 이어받고 있다고 한다. "만약 그의 소설들의 형식적 특징들이 로망스의 전통, 형식, 내용에서 뒤죽박죽이라면 필딩 자신의 자서전은 '부상하는 중산층'에 대해서가 아니라 '쇠퇴하는 젠트리층'으로 볼 수 있는 귀족계층에 대해 사회적으로 조명하여 그들에 대한 공감을 드러낸 것"(4)으로 볼 수 있다.

필딩에 대한 위와 같은 와트의 언급이나, 필딩이 쇠퇴하는 젠트리 층을 대변하였다는 매키온의 주장에서 보면 중산층의 등장과 소설의 발생의 상호연관성은 상당히 우연적인 것으로 되어버린다.66) 이렇게 되면 경제 활동의 측면에서는 부르주아이나 의식적으로는 상류층이라는 것이며 그 당시의 소설은 중산층 뿐 아니라 젠트리의 층도 대변했다는 결론이 나온다. 따라서 중산층의 정체성은 지배계급으로 동화하고자 하는 욕망에 의해 규정되며, 그들은 프롤레타리

---

66) 매키온은 중산층이 소설발생의 주요 범주가 아니라 인쇄문화를 소설발생의 필연적 요인으로 생각한다. 그는 "인쇄는 구전성을 대체했을 뿐 아니라 짧은 시기에 걸쳐 구전문화를 자극하고 영속화시켰고 심지어 인쇄술이라는 객관화하는 태도로 그 산물을 윤색하였다. 오랜 시기에 걸쳐 인쇄는 역시 필사문화에서 일어났던 어떤 것보다도 더 큰 문자 혁명을 야기시켰다. 근대 초기의 독서 대중의 발생은 오래 동안 소설의 발생에 영향을 미쳤다고 생각되어져왔다. 새로운 장르의 등장을 조건지우는 데서 새로운 독자층의 역할이 커다란 흥미였으나 명확한 증거는 거의 없는 문제이다. 결정적 사실은 인쇄술 그 자체이고 인쇄문화의 점진적 등장이다. 이러한 발전들은 쉽게 요약된다"(51)고 한다. 이런 상관성을 엘리자베스 아이젠슈타인(Elizabeth Eisenstein)은 『변화의 주자로서의 인쇄출판』(*The Printing Press as an Agent of Change: Communications and Cultural Transformations in Early Modern Europe*)(60-3)에서 제시하고 있다. 사실 프라이는 인쇄와의 필연성은 강조하지 않지만 그의 장르론에서 아예 '말하는 에포스'에 대해서 '인쇄된 허구'를 장르의 기본으로 제시한다. 『구술문화와 문자문화』에서 옹은 쓰기(문자문화)가 말하기(인쇄문화)에 대하여 이룩한 혁명에 대하여 말하면서 인쇄는 쓰기를 변형시키기는 했으나 기본적으로 쓰기를 강화한 것일 뿐이라 보고 있다. 소설 장르 자체가 인쇄를 필연적 조건으로 구성하는 것은 아니다. 플라톤 이후 문자혁명이 이룩한 '쓰기의 시대'에서 소설이 발생하였을 때 구술 낭독되기는 하였으나 어디까지나 필사본을 토대로 한 것이라 볼 수 있다. 따라서 발생할 때 이미 일정한 산문성을 지닌 채 출발하여 필사본으로 이어져오다가 인쇄술의 보급으로 르네상스 이후 서서히 인쇄되다가 자본주의 하에서 대량생산의 산물이 되었다고 볼 수 있다.

아가 사회주의의 실현을 위해 사회주의 리얼리즘을 자의식적으로 발생시킨 것과 비슷한 역사적 사명을 지니고 있지 않았음이 분명해진다. 그리하여 중산층이라는 정체성을 지니고 소설을 자의식적으로 발생시켰다는 주장에는 무리가 따른다. 오히려 중산층이 자의식적으로 소설을 자신들이 발생시킨 것으로 자리매김한 것이 아닌가 생각한다. '부상하는 중산층'이 헤게모니를 관철시키기 위해 소설에 대해 이데올로기적 작업을 수행할 수도 있었다는 혐의를 가지게 된다.

좀 다른 맥락에서 와트의 '중산층 등장과 소설발생의 연관성' 주장을 논박해보자. 하우저는 근대영국을 벗어나서 고대 헬레니즘 시대에서 시민계급의 등장과 소설의 발생을 연관시킨다. 앞서 고대소설 발생론에 대한 소개에서도 인용했듯이 하우저는 장편 소설은 "창작된 이야기들이며, 그것도 대체로 연애물이고 더구나 먼 신화세계가 아니라 독자 자신의 세계를 무대로 하고 있는 이야기들은 그리스 문학사에서는 헬레니즘의 산물인 것이다. . . . 하나에서 열까지 생활의 합리화와 이른바 '마술에서의 해방', 고도로 발달한 화폐경제 및 당시의 세계를 풍미하던 상업정신과 관련되어 있었음이 분명하다"(1권 150)고 한다. 하우저가 "17세기의 예술문화는 시민계급의 청교도적 성향 때문에 궁정귀족에게 국한되어 있었으나 그들은 자기들의 경제적 사회적 상승을 이루고 나서 한 참 후에야 겨우 그들의 문화적 역할을 수행할 수 있었다"(3권 64)고 주장하는 데서 보듯이 18세기에 소설이 그렇게 번창할 수 있었던 이유도 역시 시민계급의 융성이라 볼 수 있다. 여기서 시민계급의 등장과 소설의 발생의 깊은 연관을 추론할 수 있다. 그런데 하우저는 근대 자본주의라는 제약조건이 붙지 않아도 시민계급이 융성하는 곳이면 리얼리즘 소설이 등장한다고 보기 때문에 와트가 주장한 18세기 중엽 자본주의의 중산층이 소설을 발생시켰다고 볼 수는 없다.

고대에는 귀족이나 전사계층이 지배계급을 이루고 있는데 비해 상업, 무역에 종사하던 이들은 지배계급이 아니었다. 소설을 발생시킨 층은 시민계급이긴 하나 지배층이 아닌 광범한 중하층의 민중인 것이다. "알렉산드리아적 관용은 차이와 개체화를 둘 다 인정했음에 틀림없다. 그것은 차이와 개체화를 해체하거나 거부하지 않는다. 정신적으로 말해서 우리가 알고 있는 소설은 알렉산드리아에서 왔다"(8-9)는 두디의 주장 역시 개인이 상업이나 산업, 자유업 등 경제활동에 자유롭게 참여하게 됨으로써 개인으로서의 자각이 일어났으며 그 자각을 기반으로 일상생활에 대한 재현으로서 소설이 일어났음을 뒷받침하고 있다.

근대 영국에서 리얼리즘 소설이 등장한 것은 시민계급의 융성으로 인하여 일어난 것이기는 하지만 그것은 기원으로서의 사건은 아니다. 시민계급의 융성이라는 조건이 주어졌을 때 일어나는 발현적 사건일 뿐이다. 와트의 중산층은 소설발생이나 재등장의 주체가 아니다. 리체티 역시 와트가 허구에서의 리얼리즘적 기술과 중산층의 발생을 동등하게 놓은 것을 시대착오를 근거로 반대한다. 리체티는 와트 글에서 "관련된 것은 사회적 철학적 규범(부르주아 민주주의와 실용주의와 같은 용어로 총합된)의 만족스러운 부과일 뿐이고 적어도 부분적으로 그 규범들에 대해서 잘 알지 못하는, 적대적이지는 않다하더라도, 글쓰기 체계에 대부분 가치를 두는 서사적 배합물(리얼리즘 용어로 요약되는)일 뿐이다"(1996, 4)라고 한다. 리체티의 이러한 주장은 지배계급으로서 '부상하는 중산층'인 와트의 중산층이 자신들의 사회철학적 규범(프로테스탄트적 개인주의 윤리관과 남성중심주의)에 따라 그 소설의 내용을 지배 통제함으로써 정치적 헤게모니에 이어 문화적 헤게모니를 관철시키려고 한 것이 '소설의 발생'임을 보여준다.

2) 자유방임경제 법칙과 '소설의 발생'

와트는 수요공급 법칙이 지배하는 문학시장에 중산층이 개입함으로써 소설을 발생시키는 메카니즘에 대해 분석한다. 수요자로서 중산층 독자와 공급자로서의 서적상, 그리고 수요와 공급의 법칙에 의해 조정되는 적절한 소설책값에 대한 분석이 중산층 개입의 중요한 근거로 제시된다. 이러한 와트 분석의 가장 큰 문제점은 소설을 문학외적인 수요공급 법칙에 철저하게 종속시킨 것이지만 소설발생의 직접적 행위자로서 중산층 상인인 서적상을 설정한 것 역시 문제가 된다.

우선, 공급의 측면에서 와트가 제시한 소설책 가격을 통해 중산층과의 연관성을 보기로 한다. 와트는 로망스 책의 가격은 아주 비싸지만 소설 책값은 중간대의 가격이므로 중산층이 사본다고 한다.

> 18세기의 비싼 책값도 독서 인구를 제한했던 혹독했던 경제적 요인들을 역설하고 있다. . . . 이처럼 별로 부유하지 못한 독자들은 언제나 값비싼 2절판으로 출판되는 프랑스의 영웅 로망스들을 살 여유가 없었을 것이다. 그러나, 중요한 점인데, 소설은 비싸지도 싸지도 않은 중간치의 가격대에 속해 있었다. . . . 당시 소설책의 가격은 보다 방대한 작품들에 비하면 적당했지만 그래도 풍족하게 사는 사람들을 제외한 사람들의 능력에는 너무 벅찬 것이었다. 예를 들어 『톰 존스』의 가격은 노동자의 주당 평균 임금보다 웃돌았다. . . . 소설책의 값은 한 가족이 1주일이나 2주일 먹고 살 돈과 맞먹었던 것이다. 이 점이 중요하다. 18세기의 소설은 기존의 훌륭한 문학이나 학문보다도 독서계에 부가된 중류층의 경제적 능력에 훨씬 더 접근해 있었지만, 엄격히 말해서 소설은 대중적인 문학 형식은 아니었다. (41-2)

위와 같은 언급은 로망스는 귀족의 장르이고 소설은 중산층의 장르라는 것이다.

중산층이 소설을 발생시켰다는 주장이 설득력을 얻기 위해 소설책의 값을 중간으로 설정해야 된다는 단순논리에서 와트는 지나치게 수요 공급의 법칙에 맞춘 가격선을 제시하고 대중적 문학으로서의 소설 존재를 부정하기에 이른다. 설령 소설의 책값이 중간치의 가격대에 속한다고 해서 중산층, 그것도 '부상하는 중산층'이 재화를 소비하는 데 딱 중간가격을 선호하고 선택하겠는가? 귀족이나 젠트리 층과 끊임없이 동화하고자 하는 당시의 중산층의 심리가 아니라 하더라도 '부상하는 중산층(중상층)'은 소비수준을 올려서 중하층과의 문화적 구별짓기를 하고자 하기 마련이다.

와트는 앞서의 주장과 모순됨에도 불구하고 하류층은 가격이 보다 싼 로망스를 선호했다고 말함으로써 로망스는 하층의 장르이고 소설은 중산층의 장르임을 암시한다.

> 경제적으로 하류층에 속하는, 책을 사는 사람들을 위해서 물론 보다 값이 싼 인쇄된 오락물도 많이 있었다. 반 페니나 1페니쯤 하는 민요집, 1펜스에서 6펜스 정도하는 짤막하게 줄인 기사들의 로망스, 범인들에 대한 새로운 이야기, 혹은 기상천외한 사건들을 포함하는 싸구려 책들이 그런 것들이었다. ... 3펜스 했던 신문이 있었다. 이러한 신문들은 많은 수가 단편들이나 연재물 형식의 소설들을 실었다. 예를 들어서『로빈슨 크루소』는 값싼 12절판이나 싸구려 책들에서 뿐 아니라 1주일에 세 번 발행되는『오리지날 런던 포스트』(Original London Post)라는 신문에 그런 식으로 재인쇄되었던 것이다. 우리의 특정한 목적을 위해서는 이들 가난한 자들은 별로 중요하지 않다. 우리가 관심을 갖는 소설가들은 이런 형태의 출판물을 염두에 두지 않고 있었으며 이런 것을 찍어 내는 데 종사했던 인쇄업자나 출판업자들은 보통 이미 훨씬 비싼 형태로 출판되었던 작품들을 종종 돈도 지불하지 않고 사용하였다. (42)

와트가 수요공급선을 맞추려고 하면서 예로 든 위의 두 주장(중산층은 중간가격대의 소설 소비, 중산층 인쇄업자/경제적 하층은 값싼 소설, 하류층 인쇄업자는 덤핑업자)은 서로 모순된다. 값싼 오락물에는 로망스 뿐 아니라 그가 소설이라고 주장하는 『로빈슨 크루소』도 포함되어 있기 때문이다. 그러면 소설이 이중 출판되었다는 것이다. 요즘 말로 하면 하나는 장정본, 하나는 보급판이지만 그 둘 다 내용은 동일하다. 와트는 자가당착에 빠지게 된다. 와트가 제시한 책값만을 두고 볼 때 로망스는 귀족의 장르이자 하층의 장르이고 소설만 중산층의 장르67)이다. 그런데 『파멜라』가 발간되기 이전부터 순회도서관이 존재했고 그 이전에는 무수한 해적판이 소설의 가격을 끊임없이 위협하고 있었다. 결론적으로 말해서 와트는, 값싼 것은 로망스, 비싼 것은 소설이라는 등식을 통하여 로망스와 차이 속에서 소설에 품격을 부여하려고 한 것으로 볼 수 있다.

그런데 와트는 '부상하는 중산층'을 독서계로 한정시키고 나서 그 층이 좁고 제한되어 있기 때문에 소설의 발생이 늦어졌다는 주장을 한다. 곳곳에 "비싼 책값도 독서 인구를 제한하는"(1984, 57), "다른 많은 요인들도 독서계를 제한하는 경향을 나타냈다"(1984, 55)와 같은 언급은 실제로 중상층에게만 독서층이 제한되어 있어서 소설발생의 여건이 그동안 미성숙했음을 드러낸다. 하지만 1740년 이후 10년 동안 적어도 7개의 순회도서관이 생기고 예약금이 보통 1년에 반 기니에서 1기니 정도고 종종 1페니에 책 한권 또는 보통 세 권으로 된 소설은 3펜스로 책을 빌릴 수 있는 편의도 제공되었기 때문에 독서계의 확장은 두드러졌다(1984, 42-3).

"상당히 확장되었음에도 불구하고 독서계는 통상적으로 보아 보다 혜택을 입고 있던 도제들과 실내 하인들이라는 중요한 경우를 제외하고는 상인들 이하

---

67) 와트 류 비평가의 한 사람인 데이비스는 로망스의 책값이 비쌌기 때문에 귀족의 장르이고 소설의 책값이 싸기 때문에 보통사람의 장르라고 하여 와트의 모순을 일관성 있게 정리한다(1996, 27).

의 사회적 규모로는 여전히 확장되지 못하고 있었다"(1984, 48)라거나 "1740년까지는 독서계의 실질적인 변방파가 비싼 책값 때문에 문학의 현장에 완전하게 참여하지 못하고 억제되어 있던 것처럼 보인다. 더 나아가 이 변방파는 주로 잠재적인 소설 독자로 구성되어 있었는데 그 상당수가 여성이었다"(1984, 43)고 하는 와트의 주장은 1742년 이후 순회도서관의 존재로 인해 책의 보급이 급속하게 빨라짐으로써『파멜라』가 성공을 거두었다는 것은 여성과 중하층의 광범위한 개입 없이는 '소설의 발생'을 설명할 수 없다는 것이다.

실질적인 독자로서 여성의 등장은『파멜라』라는 작품의 성격에 의해 더 강화된다고 와트는 본다. "『파멜라』는 소설 전통에 있어 상당히 변하지 않는 특징을 창시하였다. . . . 소설 독자층에서 여성들이 확실하게 우세한 위치를 점하게 된 때문인데 이 우세함은 이 결혼의 신비스러운 분위기를『파멜라』가 결정적으로 자세하게 묘사함으로써 직접적으로 반영하게 된 것이다"(1984, 154)는 와트의 주장은 이를 뒷받침한다. 그리고 '수요공급의 법칙'을 보더라도 인쇄업에 의한 대량생산은 필연적으로 중하층의 대중을 수요자로 책정하지 않을 수 없다. 옹은 그 당시의 인쇄업은 최첨단 산업이었고 최초의 조립라인으로 생산공정이 이루어져 대량생산체제를 갖춘 것이라고 보았다(179).

결국, 와트의 이런 주장은 중하층과 여성의 광범위한 등장 없이는 '소설의 발생'을 설명할 수 없다는 것을 드러낸다. 하지만 와트의 이런 주장에서 우선 중상층 지식인이 먼저 등장했고 그 다음에 중산층적인 소설가들이 중상층과 중하층을 중계하는 기능을 하면서 등장했다고 하는 생각을 읽을 수 있다. 즉 중하층과 여성의 소설이던 것을 중상층 지식인과 남성 소설가들이 전유하였다고 본 것이 아니라 역사의 순서를 교묘하게 바꾸어 놓아 이들이 소설을 발생시키고 중하층과 여성들은 종교서적만 주로 보다가 인쇄술로 인해 값이 싸져서야 소설책을 구입할 수 있었다고 한 것이다.

와트에게 수요공급 법칙에서 능동적인 것은 중산층으로 구성된 독자층보다 공급자로서의 서적상의 역할이다. 소설을 발생시킨 것은 작가라기보다 서적상으로 볼 정도로 와트는 서적상을 적극적 행위자로 설정된다. 그래서 와트는 디포우나 리차드슨이 독서계에 강력한 영향력을 행사하게 된 것이나, 소설의 내용과 형식에 대한 자신들의 기준을 고려하기만 해도 독자들의 마음에 호소할 수 있다는 자신감을 가지게 된 것은 작가이기 이전에 런던의 중산층 상인들이 었기 때문이라고 본다(57). 와트는 "작가와 독자들에게 미치는 서적상들의 영향력은 분명 대단히 컸고 . . . 이 영향력이 문학 자체를 단순한 시장의 상품으로 바꾸어 놓는 결과를 낳았다는 주장들이 빈번했다"(53)고 적고 있다. 디포우는 이러한 상업화를 노골적으로 비난하지는 않고 비교적 객관적으로 기술하고 있지만, 그 이외의 많은 사람들, 특히 전통적 문학 기준을 대변하는 많은 사람들의 비난은 대단하였다. 그런 비난은 서적상에 대한 비난을 넘어 서적상에 고용된 작가들의 자질문제까지 시비거리가 되었다. 이런 비판적 흐름을 인식하고 있기 때문에 와트는 섣불리 이 서적상들이 소설발생의 주요한 한 축을 담당했다는 것을 노골적으로 주장하지는 않는 조심스러움을 보이기는 한다.

와트는 『파멜라』가 서적상의 권유에 의해 이루어졌음을 확인하지만 그것은 우연일 뿐이라고 주장하면서 서적상이 소설을 발생시켰다는 것을 확언하지는 않는다.

> 사람들에게 친숙한 편지 쓰기에 대한 인기있는 지침서를 만들어 달라고 리차드슨에게 부탁하고 그리하여 『파멜라』를 쓰게 한 최초의 자극을 준 사람들이 찰스 리빙톤과 존 오스본이란 두 명의 서적상들이었다는 것은 사실이다. 그러나 『파멜라』 자체는 어딘가 우연한 것이었다. 리처드슨은 그 자신 문학적인 요구와 밀접하게 접촉하고 있었지만 『파멜라』의 '이상할 정도의

성공'에 놀라움을 표시하고 판권의 3분의 2를 20파운드에 팔았다. 후기의 두 작품의 경우에는 보다 현명하게 처신했지만 필딩의 결정적인 실험작인 『조셉 앤드류즈』는 도저히 서적상들의 권고로 이루어진 결과로 여겨지지 않는다. (1984, 55)

와트는 서적상을 통하지 않고도 소설을 발생시킨 예를 필딩의 예를 통하여 반증하려고 한다. 그러나 서적상이 필딩에게는 권유하지 않았기 때문에 필딩의 소설은 서적상의 영향이 아니라고 주장할 수 있는가? 이미 서적상이 대부분의 서적을 생산, 유통, 관장하고 있는 상황에서 필딩의 상황 역시 서적상의 영향권에서 벗어날 수 없었다.

와트는 한발 뒤로 물러났던 태도를 다시 바꾸어 서적상이 소설에 미친 적극적 영향에 대하여 설명한다. 서적상의 영향으로 문학은 후원이라는 통제에서 벗어나게 되었고 시장법칙의 지배 아래 들어가게 되었으며 귀족의 통제와 취향에서 벗어났고 또 고전적 비평의 전통에서 독립할 수 있게 되었다(1984, 56). 그리하여 서적상들은 "소설이라는 새로운 형식의 독특한 기술상의 혁신 중 한 가지 — 묘사와 설명이 풍부한 독특성 — 를 발달시키게 했다"(1984, 56)고 한다. 서적상들은 대중에게 맞는 새로운 기준으로 나아가게 했다는 것이다.

일단 작가의 주된 목적이 더 이상 후원자들과 문학적 엘리트들의 기준을 만족시키는 것이 아니게 되자 다른 생각들이 새로운 중요성을 띄게 되었다. 첫째는, 매우 분명하게 쓰고 심지어 동의어를 반복해서 쓰는 것이 교육을 덜 받은 독자들이 작가를 쉽게 이해하는데 도움을 줄지도 모른다는 생각이었고 두 번째는 작가에게 보답을 하는 사람이 후원자가 아니라 서적상이기 때문에 글 쓰는 속도와 풍부한 내용이 탁월한 경제적인 미덕으로 되어가는 경향을 나타냈다는 점이다. (1984, 56)

위와 같은 주장은 결국 서적상의 영향력으로 시장법칙에 들어감으로써 작가들이 누구나 읽을 수 있는 쉬운 소설을 썼다는 것이다. 곧 리차드슨과 필딩의 소설이 서적상의 영향을 받아 소설을 썼기 때문에 쉬워졌다는 이야기가 된다.

그러면 서적상의 본격적인 영향을 받기 전인 17세기 선정소설이나 18세기 중엽 이전까지의 다양한 소설은 무척 어려웠다는 말인가? 와트가 보기에 그 작품들은 소설이 아닌 로망스이기 때문에 비교되지 않는다. 로망스가 쉬운 것이라면 그 이전에 어려웠다는 작품들은 무엇인가? 와트는 리차드슨이나 디포우의 소설을 존 던(John Donn)이나 존 밀턴(John Milton) 등의 신고전주의 시대의 시 작품들이나 존슨이나 존 드라이턴(John Dryden) 등의 산문들과 은연중에 비교함으로써 마치 그런 작품들에서 소설이 발생한 것처럼 보이게 한다. 아니면 소설이 그 위치를 물려 받은 것으로 그에 못지않은 품위를 지니고 있는 것으로 보이게 한다.

그런데 소설이 18세기에 들어서 귀족의 통제와 취향에서 완전히 벗어날 수 있었던 것은 서적상의 능동적 개입을 통해서라기보다 시민계급내의 중하층과 여성의 광범위한 등장을 통해서 설명하는 것이 오히려 설득력 있다. 이들은 귀족계급과 아무런 정신적 연고도 없었으며 경제적 특권계급에 속하는 시민계급의 중상층이 귀족과 대부르주아의 취향과 기준에 자신들의 문화적 기준을 맞추려고 한 것과는 달리 자신의 삶에 대해 자각하고 그 삶을 재현하고자 했던 것이다. 그래서 서적상은 이들의 대중수요를 겨냥해 보통사람의 삶을 다룬 작품을 선호했던 것이다.

와트는 '독서계의 다수를 차지하는 중산층의 변화'를 통해서 '중산층의 등장과 소설의 발생'을 논증하려고 했다. 하지만 문학시장의 수요공급의 법칙을 통해 와트가 보여준 것은 중산층 상인인 서적상의 능동적 역할 뿐이다. 급기야 와트는 이들이 소설을 직접 발생시켰다고 주장하기에 이른다. 소설이 유통되는 메커니즘이 수요공급 법칙에 의해 지배된다고 해서 소설이 시장의 산물이 아니듯 서적상이 발생시킨 것으로 볼 수 없다. 와트가 주장하는 '중산층에 의한 소설의 발생'은 소설이 자본주의적 상품 생산의 순환과정에 들어갔음을 보여주는 것일 뿐이다. 소설 발생이라는 역사적 문제를 밀폐된 사회적 공간의 화합물로 만들어버린 와트의 분석이 범한 오류는 거시적 관점에서 파열을 시키지 않고는 해결될 수 없다.

3) 문자 해독율과 중하층의 장르로서의 소설

소설은 애초부터 '쓰기'의 산물인 산문에서 출발했고 이해가 쉬운 보통사람의 언어를 사용한다. 그런데 와트는 중산층과 문자 해독율을 연관시켜 소설을 발생시킨 주체를 설정한다. 중산층은 읽기와 쓰기를 전문적으로 하는 직업에 종사하고 있으므로 소설의 독서계를 구성하였다고 와트는 주장한다.

> 글을 읽을 수 있다는 것은 중산층의 직업들— 상업, 행정직, 전문직 — 을 맡을 운명인 자들에게만 필요한 능력이었다. 그리고 독서는 본래 어려운 심리적 작용이며 꾸준한 실천을 요하는 것이기 때문에 기술적 지식을 갖춘 소수의 노동자 계층만이 독서계의 활발한 구성원으로 발전했을 것으로 보인다. 또한 더 나아가 이런 자들은 대부분 독서와 쓰기가 직업적으로 필수적인 일에 집중적으로 고용되어 있었다. (39-40)

독서는 어려운 작업이므로 고난도의 전문직이 하는 것이라는 주장을 하지만 한편으로는 독서에 필요한 문자해독능력이란 '고전 언어와 문학에 관한 지식, 특히 라틴어에 관한 지식 같은 18세기적 의미에서의 읽기 능력이 아니라 근대적 의미에서의 모국어를 읽고 쓰는 최소한의 능력'이라고 말한다(37). 이러한 문자

해독능력은 영국신사계층 뿐 아니라 중하층의 남자들, 그리고 하인층이나 도시 거주의 여성들에게는 상당히 빠른 속도로 진척이 이루어지고 있었다.

전문직에 종사하는 중산층들은 자신의 사내아이에게는 정식학교나 라틴어 문법학교에 보내 라틴어나 셈법, 고전문학들을 배우게 했다. 하지만 소설은 그 당시에도 귀족이나 부르주아계급의 중상층이 배우고 익히게 했던 고전문학이나 라틴어와는 거리가 멀었다. 정규적인 교육을 받지 않은 여성들과 하인들 그리고 중하층의 청장년들이 즐겨보았던 것이다.

반면 데이비드 크레시(David Cressy)는 『문자해독율과 사회질서』(Literacy and the Social Order: Reading and Writing in Tudor and Stuart England)에서 17세기, 18세기 서명능력의 통계자료를 통하여 영국 전역에서, 특히 대도시나 여성에게서 문자해독율이 급속하게 높아지고 있음을 보여준다(59, 145-47)[68]. 서명능력의 통계가 곧바로 독서대중의 증거를 제공하는 것은 아니지만 어떤 경우에든 읽기는 하층신분에게 쓰기 기술보다 훨씬 더 널리 퍼진 것 같다고 매키온은 주장한다.

> 17세기 말경 신분이 낮은 계층의 서사읽기가 뚜렷하게 증가했음을 보여주는 제도적 조직들이 신문출판과는 아주 독립되어 존재했다는 것은 확실히 사실이다. 이미 1660년대에 값싼 가두판매용 책의 생산이 이야기책 출판을 능가했고 판매 센터로 여인숙을 활용했던 행상인들의 판매망이 나라 전역에 퍼져있었다. 마지막 4반세기에 신간서적과 재출간된 책들이 보통 사람들이 몇 페니를 주고 살 수 있었던 분책의 형태로 시리즈로 발행되었다. (52)

---

68) 1700년 무렵 시골 지역의 여성 25%는 자신의 이름을 쓸 수 있었는데 1760년경에 이 숫자는 33%까지 올랐다. 1650년 무렵에 영국 여성의 10%가 서명을 할 수 있었다. 100년 후에 그 숫자는 33%까지 올랐다. 런던 여성의 경우 증가 비율은 더 극적이다. 1680년대에 36%가 서명할 수 있었는데 1690년대에는 48%이고 1720년대에는 56%이다.

독서층이 하층에서 상당히 많이 늘어났다는 것과 그 서적의 보급체계가 17세기 말부터 갖추어졌다는 것은 와트의 주장과는 반대된다. 앞서 보았듯이 와트는 18세기 중엽에 와서야 순회도서관제도로 중하층에까지 보급될 수 있었다고 주장했기 때문이다. 당시 독서계는 시민계급의 중하층, 중상층, 그리고 귀족과 젠트리 층으로 구성된, 문화적으로 평준화된 광범위한 대중으로 구성되어 있었다.

와트 역시 소설읽기가 그리 힘들지 않은 일임을 곳곳에서 말하고 있다. 와트는 신문과 소설, 이 두 가지는 분명히 빠르고 부주의하며 거의 무의식적인 독서습관을 권장하고 있다고 본다. 그는 샤무엘 크록살(Samuel Croxall)의 『소설과 역사 선집』(Select Collection of Novel amd Histories)(1720)의 서문을 이루고 있는 위에(Huet)의 「로망스의 기원에 대하여」("Of the Origins of Romances")69)에 나오는 구절을 재인용하고 있다.

> '정신'을 가장 효과적으로 끌어들이고 사로잡는 것들은 최소의 노력으로 얻어지는 것들이다. 이들 안에서 상상력이 최고도로 발휘되며 주제는 우리 감각에 뚜렷하게 들어오는 그러한 종류의 것이다. . . . 이런 종류의 글들이 로망스이다. 로망스는 정신의 힘든 노동이나 이성적 능력을 발휘하지 않고서도 이해될 수 있으며 기억해야 할 부담이 거의 없거나 전혀 없이 강력한 상상력만 있으면 충분한 영역이다. (Qtd. in Watt 1984, 49)

와트는 로망스를 소설과 분명히 구별하면서도 로망스에 대한 위에의 언급에서 소설의 특징을 끌어내는 모순을 범하고 있다. 이제 문자해독능력이 뛰어난 전문직 남성들이 소설의 '독서계를 제한적이지만 형성했다'는 와트의 가설은 무너진다. 와트 스스로도 인정하듯이 소설읽기는 로망스나 신문처럼 읽기 편안하기

---

69) 이 논문은 111쪽에 나오는 논문과 출처가 동일하다. 하지만 두디는 프랑스어 roman을 소설로, 와트는 로망스로 번역하고 있다.

때문에 여성이나 중하층의 남성들이 읽기에도 부담이 없었다.

    그러면 왜 와트는 이런 자가당착에 빠지는가? 소설발생의 역사적 필연성을 중산층의 등장과 연관시켜야만 주체의 문제를 해결할 수 있기 때문이다. 이러한 연관의 허구성을 깨기 위해서는 소설이라는 장르가 지닌 중하층의 속성을 언급해야만 한다. 『카리톤』의 서문에서 가레스 슈멜링(Gareth Schmeling)은 산문문학인 소설이 중하층의 장르임을 분명히 한다.

> 호머(기원전 800년경 추정)의 시대에서 초기로마 제국의 중하류층의 발생에 이르기까지 대부분 시였던 문학은 부유한 상류층의 영역이었다. 로마법과 질서가 가져온 안정과 더불어 교역과 상업이 번창하였고 근근이 풀칠하는 존재는 극히 미미한 부분이 되었다. 이들 하층 계급의 사람들은 남는 시간이나 여가 시간을 산문 문학을 읽는데 보냈다. 일반적으로 말해서, 시는 신중한 검토, 숙고, 미학적 세부사항에 대한 집중, 그리고 문학사에 대한 실질적인 배경을 요하는 매개물이다. 따라서 시는 상류층과 여유있는 계층에 잘 어울린다. 토어스타인 베블렌(Thorstein Veblen)이 시는 미학적 가치를 제쳐두고라도 공개적으로 쓸모가 없기 때문에 유한층에 속한다고 말한 것은 일리가 있다. 다른 한편, 산문은 이해는 피상적이지만 빨리 파악되는, 쓸모 있는 매개체이므로 보통 사람의 언어이다. 산문에서 중하층의 사람들은 자신의 수준에 맞는 문학을 발견하여 창조하였다. (27)

시가 귀족 중심의 장르인데 비해 소설은 교역과 상업이 번창하여 하층의 사람들이 여가가 있을 때 산문문학으로 번성하였으며 원래 소설은 읽기 쉽고 쓸모가 있어 태생적으로 중하층의 장르라는 것이다. 소설이 중산층 즉 시민계급의 것이 아니라는 가장 강력한 주장은 미하일 미하일로비치 바흐친의 『장편소설과 민중언어』에서 나타난다.

중세뿐만 아니라 고대에서도 이러한 영역이 소설적 언어의 발생과 형성에 막대한 영향력을 행사했음을 지적하고자 노력하였다. 이 영역은 소설의 출현과 초기형성 기간 동안 소설장르 내의 모든 다른 역사적 요인들에게도 똑같이 중요하다. 바로 이러한 민중의 웃음 속에서 소설의 진정한 뿌리가 찾아져야 한다. (38)

이처럼 바흐친은 소설 장르의 뿌리는 자본주의의 중산층에 있는 것이 아니라 오히려 민속과 민중에 있다고 주장한다.[70] 바흐친은 비록 근대소설의 발생을 르네상스 시대에 두면서도 헬레니즘 시대에 최초의 소설이라 할 만한 것이 발생했다는 것 역시 인정한다. 그 소설들은 트로이 전쟁 연작에 대한 패러디로서 민중적 장르였으며, 그리고 그리스 로망스에 대한 분석을 통하여 여성적 장르였다는 것이다.

그러면 와트가 '소설이 발생되었다'고 하는 18세기 중엽 영국사회에서 소설은 여성을 비롯한 중하층의 등장과 어떤 연관을 맺고 있는가? 와트가 '소설이 발생했다'라고 말할 정도로 18세기 중엽은 소설에서 획기적인 변화가 있었던 시기임은 분명하다. 앞서 말했듯이 귀족의 통제와 취향에서 벗어나고 고전적 비평의 전통에서 벗어나 완전히 시민계급의 인물들이 소설의 중심이 되고 이들의 관심과 취향, 소망이 주로 재현의 대상이 된다. 과거와의 단절이 완결되고 자본주의적 장르로서 소설은 완전히 지배장르로 자리매김 된다. 여성을 비롯한

---

[70] 소설이 시민계급 고유의 것인가 민중적인 장르인가에 대해 백낙청은 「모더니즘 논의에 덧붙여」 (452-56)에서 소설이 민중적인 장르임을 제3세계의 문학과의 관련 속에서 풀어내고 있다. 그는 소설장르가 시민계급 고유의 것이라 할 때는 20세기 서구에서 시민계급의 지배는 강화되는데도 소설이 쇠퇴하고 있는 측면을 해명할 수 없지만 그것이 민중적인 장르라 하면 소설의 성립과 융성은 시민계급이 민중의 이해를 대변하던 시기의 산물이고 시민계급이 민중의 억압자로 변질함과 더불어 소설은 쇠퇴한다. 따라서 서구의 소설문학전통은 오히려 전 세계 민중해방운동의 현장인 제3세계에서 계승될 가능성이 오히려 높다고 한다. (452-56)

중하층의 광범위한 등장으로 특징지어지는 이 시대는 시민계급의 중상층인 부르주아가 이들에 대해 위협을 느끼며 자신의 태도를 바꾸기 시작한 시대이기도 하다.

> 18세기 전반기 독자층의 일부를 구성했던 부르주아들이 이미 아니다. 이제 발언의 기회를 얻게 된 것은 시민계급의 더 낮은 계층으로서 . . . 그러나 종래의 독자층, 즉 귀족계급에 혼합, 동화하던 부르주아까지도 정신적 태도에 변화가 일어났다. 최초의 성공을 거두던 시절 거의 한계를 모르고 치솟았던 그들의 승리, 확신, 자신감은 수그러지며 점차 사라졌다. 그들은 이미 획득한 것에 익숙하게 되었고 또 그들에게 아직도 이루어지지 않은 것이 무엇인가를 의식하기 시작했으며 또한 밑으로부터 올라오는 계층의 위협을 이미 얼마간은 느끼고 있었다. (하우저 3권, 87)

시민계급의 중상층인 부르주아들은 자신에게 위협적인 세력은 더 이상 귀족이나 왕권이 아니라 도시 노동자와 여성을 포함한 광범위한 중하층 대중임을 알게 된다. 그런데 이들 대중은 그들에게 위협적이긴 하지만 함께 사회를 꾸려나갈 동반자이다. 귀족계급으로만 향하던 눈길을 거두어 이들 중상층은 자신의 지배를 확고히 하기 위해 이데올로기 작업을 확실하게 수행한다. 이것이 영국사회의 재청교도화이다.71)

디포우나 리차드슨 이전의 소설들이 사회적 욕망을 품은 범죄소설이거나 남녀의 욕망과 정치적 욕망을 교차시킨 대중소설인데 비해 리차드슨의 『파멜라』는 여성과 하층의 대중이 미덕을 지키고 반항하지 않는다면 그에 대한 보상이 따를 것이라는 신데렐라식 소원성취드라마이다. 리차드슨의 『파멜라』는 지

---

71) Herbert Schöffler. *Protestantismus und Literatur*. 1922. 180쪽

배계급이 된 시민계급 중상층의 프로테스탄트적 윤리가 관철된 작품임과 동시에 중하층의 소망이 왜곡되나마 실현되는 작품이라는 것은 봉쇄와 저항, 순응과 반항이라는 이중성을 드러낸다. 여성을 비롯한 중하층의 등장이 몰고 온 위협과 불안감이, 그리고 그들을 동반자로 인정하지 않을 수 없다는 사실이 교묘하게 짜여진 작품인 것이다. 또한 "리차드슨이 엄격한 청교도적 도덕성과는 달리 충동을 보여주는 분열된 여주인공을 내세우고 있음"(제임스 터너, 97)은 역시 여성에게도 복종과 동반을 모두 요구함을 보여준다. 이 작품을 기점으로 소설은 암스트롱의 주장처럼 젠더화 이데올로기의 가장 충실한 전파자가 된다.

목사들의 설교가 뉴스 전파의 기능을 수행하고 인쇄물이 설교제단을 대신하는 가운데서 소설의 발생을 보고 싶어했던 매키온(47)의 바람은 와트가 소설의 발생작이라 일컫는 이 작품에서 드러난다. 『파멜라』는 작가가 목사의 역할을 맡아 인생문제를 논의하고 도덕성을 강요하며 충고한다. 프로테스탄트 목사들은 이 소설을 환영하여 설교단에서 권유하며 홍보했다. 이 과정에서 『파멜라』의 성공은 확실히 보장되고 소설의 발생작이 된다. 와트의 '중산층 등장과 소설의 발생'은 소설이 여성을 비롯한 중하층의 장르임을 부정하고 오히려 자본주의에서 '부상하는 중산층'인 지배계급이 소설에서 프로테스탄트 윤리를 관철시켜 그 문화적 헤게모니를 장악하려는 것'으로 보는 것이 보다 정확하다. 즉 이들은 소설 발생의 주체가 아니라 부르주아 이데올로기를 형성하는 자신들의 역할에 소설을 이용한 것이라 볼 수 있다. 이 시대의 소설에서 소설 이데올로기의 생산층과 소설을 소비하고 수용하고 생산하는 층이 분리된다.

앞에서 와트의 『소설의 발생』이 지닌 정전적 위치에 의문을 제기하고 그 내용을 떠받치고 있는 '중산층 등장과 소설 발생'의 연관성이 지닌 허구를 살펴보았다. 소설이 자본주의에서 지배적인 장르가 된 것은 사실이다. 중산층과 소설의 관계는 어떤 식으로든 상관성을 지닐 수밖에 없다. 그러나 18세기 영국 자본주의의 '부상하는 중산층'이 소설을 발생시켰다는 와트의 주장은 무리가 있다. 그것은 소설이 고대 헬레니즘 시대와 로마시대에서 발생하여 계속 존재하는 것이며, 지배층의 산물이 아니라 여성을 비롯한 중하층의 산물이라고 볼 수 있기 때문이다.

2. 여성의 등장과 소설의 발생

앞에서 중산층의 등장으로 소설의 발생이 이루어진 것이 아니라 소설은 원래 중하층 대중과 여성들의 산물임을 보았다. 와트의 『소설의 발생』은 아예 여성작가의 범주를 설정하지 않는다. 그에게 18세기 중엽 소설을 발생시킨 작가들은 디포우, 리차드슨, 필딩에다가 로렌스 스턴(Lorence Sterne)과 토비아스 조지 스몰릿(Tobias George Smollett)을 합친 남성작가들 뿐이다. 와트의 이런 남성 중심적 가정은 여성주의 비평의 가장 큰 목표물이 될 뿐 아니라 실증적 차원에서도 많은 비판을 받고 가장 많이 부정되고 있다.[72]

이 글에서는 우선, 와트와 와트 류 비평가들의 남성 중심적 가정의 논리가 어떻게 전개되어 왔는가에 대해 검토한다. 소설발생의 남성 중심적 가정은 많은 비판과 도전을 받아도 여전히 다양한 논리로 전개되고 있다. 두 번째 '여성작가 등장과 그 배경'에서는 근대 자본주의에 와서 여성들이 작가로서뿐 아니

---

[72] 여성의 등장과 소설 발생을 다루는 이 부분은 17-8세기에 다량으로 이루어진 고대 그리스로마 소설의 번역물이나 프랑스, 스페인 등 유럽 대륙의 소설 번역물의 영향을 받지 않고 순수하게 영국만의 소설발생을 문제 삼을 때에조차 와트의 소설발생론이 문제가 있음을 보여준다. 이 글을 통하여 18세기 중엽 남성 3인조의 소설이 있기 전에 이미 17세기 중엽부터 여성작가들 중심의 소설의 시대가 있었음을 알게 된다.

라 독자로서 소설에서 거의 지배적인 위치를 차지할 정도로 많이 등장했다고 주장한다. 이러한 등장은 당시 소설 쓰기 이외에 허용된 경제활동이 거의 없던 상황에서 이루어진, 여성의 열악한 경제적 지위를 반영하기도 하지만 유사 이래 많은 성차별적 관행에도 불구하고 꾸준히 사회의 한 집단으로서 자신들의 존재를 재현해온 전통을 반영하기도 한다는 것이다. 또한 여성성 담론을 통해 여성소설가들을 통제, 제어한 문화적 통제가 와트의 '소설의 발생'과 깊은 연관을 가지고 있음도 밝힌다. 세번째로는 '젠더화 이데올로기와 소설의 발생'에서는 여성성 담론이 소설을 중심으로 젠더화 이데올로기로 변해가는 과정을 살펴보고, 마지막으로는 『파멜라』가 소설 발생작으로서 이런 이데올로기를 어떻게 재현하고 있는지 고찰하기로 한다.

1) 남성작가 주도의 소설발생설의 논리

여성과 소설의 발생을 본격적으로 다루기 전에 '남성작가 주도의 소설발생설'의 논리와 전개과정을 살펴보는 것도 유용하다고 생각한다. 백스카이더와 리체티는 자신들이 공저한 『여성들이 쓴 대중소설 1660-1730』 서문에서 맥킬롭의 『영국소설의 초기 거장들』(1956)과 와트의 『소설의 발생』이 철저한 남성 중심적 가정에 토대를 두고 있다고 비판하면서 초기 소설생산에서 여성이 지배적이었다고 한다.

> 영향력있고 유력한 이들 책이 지닌, 말하지는 않으나 암묵적인 남성중심적인 가정은 이제 곤란할 정도로 명백하게 드러났다.... 이 수정주의적 역사가 재발견하고 재평가한 것은 실제로 영국에서 초기 소설의 생산을 지배했던 것은 여성들이 쓴 다량의 허구였다. 그래서 영국소설의 '발생'에 관한 주제나 과정에 대한 어떠한 토론도 이 총서에 실린 여성들, 즉 소설사의 중요

한 부분이라고 말해지거나 나이든 세대의 문학사가들이 추적한 리얼리즘적이고 도덕적인 소설의 경쟁자이거나 동등 자격자인 이들을 무시할 수 없게 되었다. (*Introduction* ix)

실제로 18세기 영국소설의, 흔히 정전이라고 일컬어지는 가장 낯익은 작품들은 남성들이 쓴 것이긴 하지만 18세기 내내 생산된 소설의 대부분은 여성들이 쓴 것이었다. 그래서 리체티는 영국의 소설발생에 관해서 여성을 제외하고는 논의할 수 없으며 이들 여성들의 작품들은 리얼리즘 소설에 못지않게 중요하다고 한다.

와트는 18세기 중엽 소설 발생을 주도한 작가는 디포우, 리차드슨, 필딩 그리고 스턴과 스몰릿 등이라 하였다. 지금 스몰릿은 역사의 무대에서 부각되지 않고 있으며, 스턴은 모더니즘적 경향의 작가이므로 소설의 '발생과 성행, 전개'의 과정을 맞추기 위해 예비해둔 작가이다. 실제로 와트가 형식적 리얼리즘의 범주 틀로 소설의 발생을 설명하고자 하는 작가는 디포우, 리차드슨, 필딩 남성 3인조들이다.

와트가 몇 군데에서 17세기 후반에서 18세기 초반까지 약 70년의 기간에 걸친 여성 3인조 소설가들을 언급하기는 하지만 그들을 함께 묶어 시대적 특징으로 판단하지 않는다. 그뿐 아니라 호머나 번연 등과 같은 이전의 다양한 장르의 작가들과 함께 끼워서 말하기 때문에 이들 3인조 여성작가들은 소설을 쓴, 근대의 역사적 실재물이 아니라 먼 옛날의 서사시인이나 중세의 로망스 작가들과 동렬에 놓이면서 그 실재가 해체된다.

와트는 남성작가들이 18세기 중엽 소설을 발생시켰다는 주요한 전제를 『소설의 발생』의 주요 논문들에서 충분히 풀어낸 다음 마지막 글 「리얼리즘과 그 이후의 전통」("Realism and the Later Tradition")에서 비로소 여성들과 소설

발생의 상관성을 제시한다. 그러나 제인 오스틴에 가서야 여성 소설가가 확실히 등장하였다고 본다.

> 18세기 소설의 대다수는 실제로 여성들이 쓴 것이나 이것은 오래 동안 순수하게 양적인 측면에서만 지배를 한 것으로 평가받았다. 패니 버니(Fanny Burney)가 시작하고 훨씬 더 중요한 문제에서 남성적 특권에 도전한 작업을 완성한 것은 제인 오스틴이었다. 그의 예는 여성적 감수성이 몇몇 방식에서 개인적 관계의 복잡성을 드러내는 데 더 우수하며 따라서 소설의 영역에서는 실제적인 이점을 지닌다는 것을 보여준다. (1984, 298)

와트는 여성들이 실제로 18세기의 대다수 소설을 썼으나 양적 측면에서일 뿐이고 질적으로는 소설이라 할 수 없는 것이었다 한다. 그래서 그들의 존재는 무시되어도 무관하다고 본다. 여성들이 소설 발생에 기여한 것이 있다면 여성적 감수성이 개인적 관계의 복잡성을 드러내는데 더 우수한 장점을 가지고 있었던 것뿐이다. 이 여성적 감수성이 실제로 소설의 영역에서 이점을 발휘한 것도 19세기 초의 제인 오스틴에 와서일 뿐이다.

와트의 이러한 견해는 실증적 자료를 무시할 수 없기 때문에 여성들과 소설 발생의 상관성을 부정할 수는 없지만 그들을 소설발생에서 배제하고 싶은 강한 남성 중심적 충동에 사로잡혀 있음을 보여준다. 와트 이후 대다수 와트 류 비평가들이 이러한 입장을 견지했다. 이러한 입장에서 보면 여성은 감수성의 희생자이며 남자들의 도움 없이는 여성들이 문학적 형식을 스스로 창조할 수 없다는 것이다.

와트는 여성들에게 문학적 대상과 소비자로서의 역할을 넘어 문화에서 어떤 능동적 조형적 역할을 부정한 반면에 남성적 주체와 사회 질서 사이의 새로운 관계를 위한 모델로서 여성적 감수성을 이용한 자로서 18세기 '근대적인' 것의 등가물로서 성격지울 수 있을지 모른다. 이 모델 내에서 여성은 더 이상 감수성의 구현체가 아니고 따라서 그 희생물이며 그들 이전에 남성적인 건국 아버지들의 모범 없이는 적절한 문학적 형식 속으로 자신을 조형시키는데 필요한 거리를 결여하게 된다. (Ballaster 10)

밸러스터에 의하면, 와트는 여성을 소설 소비자로서, 문학적 대상으로서 여기기는 하지만 스스로 문학적 형식을 창조해낼 수 없었다고 본다. "남성적 주체와 사회 질서 사이의 새로운 모델로서 여성적 감수성"을 이용한 남성들의 작품을 근대적이라 볼 뿐이다.

와트의 이러한 견해는 매키온에 가서 보다 강화되어 나타난다. 그는 벤, 맨리, 헤이우드 등에 대해 와트 류 비평가들 가운데 처음으로 진지하게 집중하여 비평적으로 읽기는 하나 그들을 여성작가로서 주목하지는 않는다. '여성작가'라는 범주로 묶어서 소설발생의 연관성을 주장하지도 않는다. 즉, 여성작가의 지위를 젠더 갈등의 재현이라는 용어로 당시의 남성들과 어떤 식으로든 구별지어 보지 않는 것이다.

매키온은 『영국소설의 기원』의 「이데올로기의 젠더화」라는 제목의 장에서 사랑이나 연애 서사가 '남성적 주체와 사회 질서 사이의 새로운 모델로서' 자리잡아가는 과정에 대해 서술한다. 사랑의 플롯은 사회적으로 의미 있는 사건으로 결혼과 결부되며 변동기 결혼은 사회 질서의 새로운 모델이다. 그는 보통 사람과 결혼하는 숙녀들이 귀족에 대해서 지키는 정절을 젠더화 이데올로기와 결부시키지 않고 계급적인 문제로 고찰한다. 숙녀의 정절을 보통 사람들의 진보적 이데올로기로 바꾸어버린다.

단지 겉보기에는 그 연관이 부재한다하더라도 사랑의 플롯이 사회적으로 의미 있는 사건인 결혼에 언제나 관련되기 때문에. 이들 중세 후기 서사들의 주요한 관심은 처음에는 귀족의 사회적 오만함과 평민 남성들의 신분상승의 변동성 사이의 갈등에 있었고 이 점에서 비록 이들 평민 남성들과 결혼하게 되는 숙녀들이 지닌 정절의 미덕을 비논리적으로 해독한다하더라도 이들 평민 남성들의 등장은 상징적이었다. 그러나 시간이 갈수록 보통 사람들의 근면한 미덕과 여성의 정절미덕 사이의 깊은 동맹이 눈에 띄게 증가하고, 발전하는 진보적 이데올로기에 의해 이용되며 귀족 유혹자와 정절의 여인 사이의 갈등으로 관심이 옮겨갔다. (255)

서사의 초점이 처음에는 평민 남성과 귀족 사이의 갈등 중심이었으나 차츰 귀족 유혹자와 정절의 여인 사이의 갈등으로 옮겨갔다는 매키온의 주장은 앞서 살펴본 그의 '변증법적 문학사'를 사랑의 서사에 축소시켜놓은 것이다. 진보적인 서사는 귀족주의적 명예가 상인이나 여성의 근면한 미덕에 대립적으로 행사되는 단순한 탐욕과 기호일 뿐이라고 주장하는 반면, 보수적인 서사는 이와 똑같은 탐욕과 기호를 진보적인 남성이나 여성 주인공의 추정된 미덕 위에 동기화하고 있는 것으로 본다. 따라서 연애의 플롯은 그 자체 또 다른 이익의 단순한 변장일 뿐임이 드러나고 특정한 이데올로기의 정교화일 뿐이라고 보는 것이다. 이런 점에서 벤과 데이비즈 부인은 진보적이며 맨리와 헤이우드는 보수적인 입장에서 소설을 전개했다고 한다.

매키온은 "여성의 정절 미덕은 진보적 서사에서 규범이 되고 여성의 명예가 되는데 이것은 프로테스탄티즘적 사상이 지닌 진보 이데올로기에서 나오는 것으로 가부장제 권력에 대항하는 것"(256)으로 본다. 여성의 정절 미덕을 가부장제 권력에 대항하는 것으로 보는 것도 일방적 시각이지만 결국 그는 여성 3인조의 존재 부각보다 프로테스탄티즘의 진보 사상에 흡수되고 남성 3인조의 소설발생으로 수렴되는 변증법적 과정의 극히 적은 일부로 이들을 조명한 것이다. 이에 대해 밸러스터는 이들 "서사물들은 단지 연애 서사물로서만 읽히기를 거부한다"(16)면서 "성적 정치의 재현과 정당정치의 재현 과정에서 여성적 권위를 얻기 위한 투쟁"(16)과 관련시켜 살펴보아야 한다고 한다. 매키온은 단지 여성 3인조의 소설들을 정당정치를 드러내기 위한 사랑 음모의 베일일 뿐이라고 본 것이다.

이러한 매키온의 주장은 와트의 명제를 더 발전시켜 실증적 결점을 없앤 것임을 알 수 있다. 실증적으로 여성들이 소설발생 과정에 개입한 것을 부정할 수 없기 때문에 그들의 존재를 인정하나, 젠더 갈등의 재현이나 젠더화 담론에 포괄하지 않고 나중에 18세기 중엽에 이루어질 확고한 소설발생의 사건에 기여하는 아직 덜 발현된 하나의 요소일 뿐이라는 것이다. 매키온의 주장처럼 여성과 남성을 구별하지 않고 일반화시켜버리는 입장은 토드가 『엔젤리카의 기호: 여성, 글쓰기 그리고 소설, 1600-1800』(*The Sign of Angelica: Women, Writing and Fiction, 1660-1800*)에서 왕정복고기와 18세기 초의 서사적 양면성과 대담한 에로티시즘을 연구하면서 나타나는 견해에서 드러난다. 그는 "심리학적이고 해체주의적 비평은 여성적 글쓰기를 여성이 쓴 글쓰기라기보다 양성 모두에게 열려진 모범(modality)으로 보기 때문에 여성의 글쓰기의 문제를 두고 '여성'이라는 인물의 글쓰기를 특권화하는 여성적 기호로 읽지 않는다"(7)고 한다.

그러면 이 글은 왜 소설의 발생을 남성과 여성을 구별하여 읽으려고 하는가? 토드의 말이 일리가 있고 매키온의 주장 역시 그럴싸하지만 우리가 남녀를 구별하여 읽을 수밖에 없는 이유는 우선 와트 류의 비평가들이 먼저 남성들이 소설 발생을 주도했다고(여성의 소설발생 기여는 없다) 주장하기 때문이고 그 다음은 소설의 역사가 젠더화 담론을 필수로 달고 다니기 때문이다.

기사도 로망스적 양식에 비해 16세기부터 그 시초가 보이는 사랑과 연애

소설은 '소설이 여성적인가 남성적인가'라는 담론을 항상 달고 다녔다. 이러한 논쟁의 결과는 항상 소설은 여성적이기 때문에 음탕하다는 것이었는데 결론이 내려진 배경은 라틴어나 고급문장이 아닌 일상어를 구사했다는 것과, 그리고 무엇보다 여성들이 작가이며 여성들의 운명을 다루고 여성들이 주 독자층이었다는데 더 큰 이유가 있다.

18세기에 소설을 여성적인 것으로 보는 견해가 지배적으로 됨에 따라 그 가치도 폄하되었다. 알렉산더 포우프(Alexander Pope)는 소설의 여성성에 대해 언급하면서 "대부분의 소설들은 특성이 전혀 없다"고 말했다. 여성에 대해 낮게 평가하는 포프의 견해에 논박하는 대신 당시 북 리뷰의 서평자들은 여성과 소설은 함께 속한다고 했다. 이것은 당시의 공통된 믿음이었다. 스펜서에 의하면, 비평가들(대부분 남자들)은 자신들의 역할을 문화적 기준의 버팀목으로 자임하면서 소설과 같은 그렇게 천박하고 여성적인 오락이 대중성을 획득한 것을 개탄했다고 한다(4). 시장에서 여성들이 성공적인 소설 판매자들일 때 그들은 문학의 타락을 더 소리 높여 외쳤으며 어떤 서평자는 여성들이 이러한 문학 산업의 분야를 거의 완전히 독점해버렸다고 불만을 터뜨리기도 했다.

이렇게 낮게 평가되고 여성들의 전유물처럼 되어 남자들이 경멸하던 소설을 와트 류의 비평가들은 어떻게 남자들이 소설을 발생시킨 것으로 완전히 바꾸어버렸는가 하는 것은 역사의 아이러니이다. 기존의 소설들의 담론이 불륜을 비롯하여 여성의 성적인 자유의 문제를 담고 있고 더구나 피카레스크 소설들에는 중하층의 범죄를 다루고 있기 때문에73) 소설은 중산층 남성의 세계에 가장

---

73) 『사실적 허구』 「7장: 범죄와 이중담론」에서 데이비스는 중하층의 범죄소설에 대해 자세히 연구하고 있다. 그가 보기에 소설이 위험한 것으로 여겨지는 것의 본질은 하층의 삶을 묘사한 데 있지 않고 이론적이고 구조적인 가정에 있다는 것이다. 소설의 전체적 기획이 본질적으로 범죄적인데 그것은 하층에서 오는 사회적 불안과 폭력의 위험과 연관된다. 창녀나 건달, 소매치기, 사기꾼이나 도둑, 아웃사이더가 없다면 소설의 장르를 상상하기가 불가능하다. 범죄인의 이미지는 복잡하고 적

위협적인 도전이었다. 그래서 소설을 무언가 교화된 것으로 만들 필요가 있었다. 소설을 교화시켜 남성의 것으로 만드는 작업을 시작한 것이 18세기 중엽 소설발생설의 핵심으로 볼 수 있다.

데이비스 역시 와트보다 더 정교하게 이 작업을 수행한다. 데이비스는 맨리의 스캔들 연대기인 짜라 여왕(Queen Zarah)의 서문에서 자신의 작품을 새로운 산문 역사의 모델로 보면서 '로망스'를 논박하는 주장에 주목한다. 그러나 헤이우드와 데이비즈 부인의 산문 소설에 대해서는 그들이 사실과 허구에 대한 양면성과 특별한 태도를 결여한 것처럼 보인다고 언급함으로써 소설적 기준에서 제외시킨다. 따라서 18세기 초의 주요한 스캔들 허구 작가인 헤이우드와 맨리는 소설로의 진입을 결정하는 데이비스의 기준에 의해 확고하게 나누어진다. 이러한 데이비스의 기획은 이 시대의 소설 담론의 구축에서 여성 소설가 집단을 정교하게 분리시켜 여성작가의 범주를 설정하지 않으며 그 담론 구축과정에서 젠더화 담론이 행한 이데올로기의 중요성에 동조하지 않는다.

다이어터 슐츠(Dieter Schulz)는 디포우와 리차드슨, 필딩 등이 로망스에 대해 공격한 것은 17세기 프랑스 로망스의 이상주의에 대해서라기보다 벤과 맨리와 헤이우드의 소설이 지닌 선정주의와 에로틱한 관능주의에 대한 반응이라고 말한다(90). 그런데 데이비스의 여성작가들에 대한 분리 작업은 자신의 의도와는 달리 오히려 17세기 후반 프랑스의 로망스와, 영국에서의 여성독자, 그리고 여성에 의한 문학 생산을 대중적으로 연결시킴으로써 영국에서의 여성들이 쓴

어도 두 가지 다른 대립되는 목적을 수행한 것 같다. 첫째로, 범죄는 죄악, 악덕, 타락의 예이다. 범죄자의 인생은 피해야 하는 것이고 그의 운명은 개탄받아야 한다. 다른 한편으로 범죄자의 전기와 소설은 후회와 구원으로 이끈다. 따라서 범죄자는 피해야 할 사례인 동시에 모방하고 싶은 이중적 기능을 가진다. 그래서 범죄인의 이야기는 억압의 행위와 사회적 항의에 대한 반응을 변증법적으로 위치 지우는데 봉사한다는 것이다. 이런 소설의 모순은 본질적으로 소설의 기획의 일부이고 소설의 이러한 이중담론은 몇몇 방식으로 소설의 불법성을 설명하는 것이다. (123-130)

소설 'novel'과 좀 더 초기의 로망스 사이의 지속성을 보장해버린다.74)

근대 초기 소설에 관한 담론에서 장르와 젠더 분화의 근사치를 보지 못하는 데이비스의 맹목은 형식적 의미에서 하나의 장르를 창조하지도 못했고, 그 장르에 속하지도 못하는 것으로 헤이우드와 데이비즈 부인의 소설을 설명해버릴 수밖에 없었다. 이에 대해 밸러스터는 "데이비스의 읽기는 뉴스 보도와 저널리즘 그리고 발라드가 고유의 소설 등장에 대한 존중받을 만한 배경을 제공하기 위해 로망스의 '여성적'인 것을 대체한다는, 오랜 소설사에 관한 새로운 하나의 버전 이상을 근본적으로 만들어내지 못한다"(13)고 본다.

데이비스의 주장대로 하면, 소설은 로망스의 여성적인 면을 사실적인 것으로 대체한 것이다. 여성에 대한 일반적인 시각과 로망스를 보는 시각이 일치한다. 그래서 여성들이 쓴 소설은 로망스가 되고 디포우, 리차드슨, 필딩 등이 쓴 소설은 소설을 발생시키는 것이 된다. 여기서 와트 류 비평가들이 소설을 남성이 쓴 것으로 볼 뿐 아니라 의식적인 젠더화 담론으로 장르 자체를 구분하려고 했음을 알 수 있다. 이런 구별은 여성들이 쓴 소설을 폄하시킴으로써 일어난다.

리체티는 초기의 책인 『리차드슨 이전의 대중 소설』(*Popular Fiction before Richardson*)에서 초기 여성 소설가들이 근대 초기 산문허구를 형성하는 데 분명하게 남성과 분리된 역할을 수행했다고 주장한다. 그는 '대중' 소설의 작동장소를 탐색하고, 그 대중 소설 서사가 지닌 유혹적 힘을 강조하였다. 18세기의 첫 십년에 벌어진 세속과 종교적 믿음 사이에서 일어난 중심적인 갈등을 밝혀내기 위한 이데올로기적 장치로서 건달과 매춘부의 전기나 여행과 해적 서사, 스캔들 연대기, 연애 소설(novella), 그리고 경건한 논쟁 등을 생각하면서 자신

---

74) 벤과 맨리, 헤이우드는 프랑스의 로망스와의 깊은 영향관계를 보여주는 작가들이고 이들 셋은 성정치학적 소설을 주로 썼다는 공통점을 지닌다. 데이비스가 맨리의 작품을 소설이라 본 것은 오히려 이들 모두의 작품들과 프랑스 로망스와 소설의 연관성을 짐작케 하는 것이다.

의 비평적 주의를 가정소설로의 진입이전의, 소설의 '하위 장르들'에 돌린다. 그렇게 함으로써, 그는 서사는 "소비의 과정에서 '허구'가 될 뿐"(7)이라고 주장하면서 산문서사의 생산 순간에서 소비의 순간으로 관심을 이동시킨다. 허구의 대중 형식은 독자의 관음적이고 에로틱한 욕망과 그들의 도덕적 기대를 동시에 만족시키는, '판타지-기계'로 묘사된다(9). 다른 말로 하면, 독자의 편에 직접적이고 정서적이고 불분명한 동의를 요구하는 이데올로기로써 대중 허구가 작동한다는 것이다(11). 리체티는 맨리와 헤이우드의 대중적 성공을 '스캔들 연대기'와 똑같은 서사형식에 나타나는 잠재적인 성적, 사회적 적대감을 이용할 수 있는 그들의 능력에 돌린다(124).

리체티는 와트 식의 소설 발생 이전을 성실하게 해명하려고 노력하지만 결국 와트 류의 결론에 머물고 만다. 그는 이 시대를 '대중예술' 등장의 유의미한 단계로 설정하지만 초기의 산문허구가 주로 도덕적으로 옹호하기 어렵고 나쁜 예술이라고 결론을 역시 내린 것이다. 이렇게 되면 3인조 여성작가들을 비롯한 그 시기의 많은 여성들의 작품들은 리브나 스콧 등이 지적한 부도덕한 소설이 되고 매키온이나 다른 비평가들이 지적한 미성숙한 소설이나 로망스가 되어버린다. 그리하여 '박해받는 순진함의 신화'라는 젠더화 이데올로기가 아직 정치적으로 사용되고 있지는 않지만[75] 명백하게 자극적인 도덕적 정서적 확신의 묶음으로 사용되는 과정을 거쳐야 된다고 본다. 1720년대에 아우빈과 제인 바커의 경건한 논쟁이 본질적으로 보수적인 감상적 도덕주의를 옹호하여 성적이고

---

75) '박해받는 순진함의 신화'는, 여성 3인조의 소설에서는 여성들이 순진한 상태에서 유혹받고 버림받고 박해받았으나 차차 그것을 극복하여 더 이상 순진하지 않고 처세술에서 능란한 여성으로 변해가지만, 『파멜라』에서 여성은 여전히 순진한 채로 남아있고 B씨를 포함하여 주변 사람들이 파멜라를 알아봐주는 것으로 나타난다. 이 과정에서 그 순진함 때문에 박해받는 것은 여성이라기보다 귀족계급에 대해 도덕적으로 순진하고, 따라서 도덕적으로 우월한 중산층으로 치환되어 '박해받는 순진함의 신화'는 정치적으로 이용된다고 볼 수 있다.

정치적인 소설을 억누르는데 성공한 18세기 페미니즘의 기호로 해석된다(181).

대체적으로 와트 류 비평가들의 '남성주도 소설발생설'이 지닌 다양한 측면들을 살펴보았다. '남성 주도 소설 발생설'에는 남성만이 소설을 발생시켰다는 와트의 노골적인 주장에서 여성들이 부분 기여를 했으나 결국 남성만의 소설발생을 위한 변증법적 정반합의 일부를 구성했다고 보는 매키온에 이르기까지, 그리고 헤이우드는 로망스 작가로, 맨리는 소설가로 나누어 여성작가들을 하나의 범주로 설정하지 않으며 소설 담론의 구축과정에서 젠더화 이데올로기의 중요성에도 동조하지 않는 데이비스에서부터 근대 초기 여성들이 소설을 사실상 지배, 발생시켰음을 확실히 주장하지만 대중 소설로서 나쁜 예술에 그쳤기 때문에 사실상 디포우와 리차드슨에게 공을 넘겨야 하지 않겠는가 하는 리체티의 주장에 이르는 다양한 스펙트럼이 존재하지만 이들의 공통점은 남성들 주도의 근대화 담론과 맥락을 같이 한다.

2) 여성작가 등장과 그 배경

17세기 이후 여성작가들이 많이 등장하였다. 벤, 헤이우드, 맨리 등 경제적으로 자립하고 명성과 지위를 얻었던(사후 평가는 좀 다르지만 생전에) 3인조 여성작가들을 제외하고도 엄청난 여성작가들이 쏟아졌다. 『신여성 잡지』(*The New Lady's Magazine*)는 '여성문학'이라는 제목의 논문에서 이들에 대해 말하고 있다. 그 글은 "코크번(a Cockburn), 로우(a Rowe), 몬태규(a Montagu), 카터(a Carter), 샤포느(a Chapone), 모어(a More), 그리고 바볼드(a Barbauld) . . . 시워드(a Seward)와 윌리엄즈(a Williams) . . . 버니(a Burney)를 잊을 수 없기 때문에 기쁨을 느낀다"(3)는 내용이었다. 스펜서는 여성작가들에 대한 뿌듯한 이런 낙관적 논조는 오늘의 우리에게는 아이러니컬하게 들릴 수 있다고 본다. 그것은 우리 사회는 여성들의 업적에 대해 기억상실증에 걸려 이들 가운데 많은 이름들을 거의 망각해왔기 때문이다.

실존인물인 캐더린 트로터 코크번(Catharine Trotter Cockburn)은 극작가이며 나중에는 철학저술가로 알려졌고 엘리자베스 싱어 로우(Elizabeth Singer Rowe)는 종교시와 산문으로 유명했다. 그 외 이들은 블루 스타킹으로 알려진 문학적 지적 집단의 중심인물인 엘리자베스 몬태규(Elizabeth Montagu), 지성인으로서 『스토아 에픽테투스』(the Stoic Epictetus)의 번역자인 엘리자베스 카터(Elizabeth Carter), 교훈적 산문글로 유명한 헤스터 멀소 샤포느(Hester Mulso Chapone), 그리고 극과 시로 유명한 한나 모어(Hannah More) 등이다. 아니면 무수하게 등장했다 사라지는 비슷한 이름의, 이름 없는 여러 여성들의 한 명일 수도 있다.

단지 이들 가운데 패니 버니만이 소설가로서 명성을 얻었다. 스펜서는 목록에서 보이는 이러한 경향은 여성 소설가들이 부족했다기보다 상대적으로 낮은 소설의 지위를 보여준다고 본다(3). 소설의 지위가 낮음에도 불구하고 무수한 여성작가들의 등장은 계속해서 18세기 이후 갈수록 증가했다.[76] 여성소설가들은 날로 증가했고 1760-1790까지 서한체 소설의 2/3에서 3/4까지 썼다면 위협으로 느끼든지 축하할만한 명분이 되든지 간에 여성들이 소설을 인수했다는 일반적 인식을 줄 만큼 충분한 증거였다. 그것은 18세기 말경 소설 분야에서 여성들이 강력하게 성장할 수 있는 전통에 토대를 충분히 제공했다. 더구나 그들 여성 소설가들 몇몇은 비평가로부터 존경을 받을 만한 것으로 장르의 위치를 올리는데 상당히 기여했다(스펜서 4).

스콧이 소설가 샤롯데 스미스(Charlotte Smith)에 대해서 평가하는 비망록을 썼을 때 문학의 분야에서 우월하게 자신들을 드러내는 높은 재능을 지닌 여

---

[76] 1773년 『월간 리뷰』(Monthly Review)에서도 "거의 완전히 숙녀들이 소설을 독점했다"고 쓰고 있다.

성들의 수에 대해 언급할 수 있었다. 오스틴, 패니 버니, 마리아 에지워스(Maria Edgeworth), 앤 래드클리프(Ann Radcliffe)와 몇몇의 여성들이 그의 목록에 있었다. 그는 "똑같은 시공간에서 이들 여성들의 이름만큼 남성 경쟁자들의 수를 똑같이 짝지운다는 것은 불가능할 것이다"(1827, 62)라고 말한다.

사실상 어떤 다른 형식보다도 수많은 여성들을 출판이라는 남성지배적인 세계로 끌어들인 것은 소설이었던 것이다. 버지니아 울프(Virginia Woolf)는 『자기만의 방』에서 "18세기의 말 무렵에, 내가 역사를 다시 쓰고자 한다면, 보다 충분히 묘사해야 하고 십자군 전쟁이나 장미전쟁보다 더 중요하다고 생각하는 변화가 일어났다. 중산층 여성이 글을 쓰기 시작했다"(104)고 한다. 작가로서 울프 자신이 있기 위해서 18세기 말에 일어난 중산층 여성들의 글쓰기가 있었다는 것에 대해 경이로운 감탄을 하고 있다.

그러면 여성들이 글을 쓰기 시작했다는 것, 작가들이 되었다는 것이 이처럼 경이로운 대단한 일인가? 여성작가들의 등장이 의미하는 바는 무엇이며 역사상 많이 등장하게 된 배경은 무엇인가? 많은 사람들이 이러한 여성작가들의 등장을 진보적인 사회의 진보적 결과로 찬양했다. 18세기 말에 많은 영국작가들은 자신들의 시대를 '진보의 시대'로 축하하길 좋아했다. 새비지 부인(Mrs. Savage)이 쓴 『다양한 주제와 행위에 관한 시모음집』(*Poems on various Subjects and Occasions*) 시집 한 권을 비평하면서 어느 남성이 열광했다. "그렇게 짧은 시간에 결코 그런 많은 가치있는 진보가 일어난 적이 없었고 결코 그렇게 많은 편견이 폐지된 적도 없었다. 고대의 유일한 여성 시인 사포 대신에 우리는 서정시라는 좁은 한계에 자신들의 능력을 묶어두지 아니하고 산문이나 운문 둘 다에서 다양한 글쓰기로 무엇보다 뛰어난, 그와 동등한 많은 이름들을, 그보다 뛰어난 자질을 지닌 몇 명의 이름을 모아볼 수 있다."[77]

---

[77] Review of *Poems on various Subjects and Occasions* by Mrs. Savage *Critical Review* 44 (1777),

그런데 여성작가의 등장이라는 사실 자체만을 놓고 볼 때는 진보적일지 모르나 여성작가라는 것은 여성들에게 허용된 유일한 사회적 직업이었기 때문에 여성들에게 허용되지 않은 많은 사회적 일자리를 반증하는 것이라 보는 부정적인 견해가 더 많다. 자본주의가 본격적으로 진행됨에 따라 여성들은 거의 모든 일자리에서 배제되었다. 몇몇 역사가들은 17세기 후반과 18세기에 중상주의와 커다란 재산을 가진 사업체들의 발달이 그전 시대에서는 참여시켰던 사업체와 장원적 생산에서 여성들을 축출했다고 기록한다. 여성들은 '공적 영역'에서 쫓겨났다. 봉건주의는 몇몇 공적인 기능을 여성에게 허용했다. 중세의 가계는 부모와 자녀만으로 이루어진 것이 아니라 친척과 하인들, 사제와 병사까지 포함하여 수십 명에서 수백 명으로 구성되었다. 이들 모두가 입고 먹는 것에 대한 책임은 여주인에게 있었다. 여주인은 봉건영지를 관리할 능력을 갖추어야 하고 법을 알고 남편 부재시 판결도 해야 하며 관리인을 감독하기 위해 농사일에 대해서도 정통해야 했고 심지어 전쟁에 대한 대응에도 능숙해야 했다. 남편이 이웃 성을 점령하는 동안 공격을 받으면 성을 방어할 수 있어야 했기 때문이다.

중세 말에서 근대 초기로 오면서 여주인의 위상에 변화가 생겨났다. 성은 주거용 저택으로 변했고 성과 영지의 관리와 경영은 관리인이나 가정부와 같은 전문인들이 돌보게 되었다. 부지런하고 성실하고 영향력이 컸던 안주인은 이제 장식적 인물로 변했다(우트리오 80-81). 상업체계 하에서는 가능하지 않지만 이따금씩 귀족 혈통이 위계에서 젠더를 능가할 수도 있었다. 자본주의가 되면 신분이나 지위의 차이보다 젠더의 차이가 본질적으로 인간의 정체성을 규정했기 때문에 여성들은 모든 계급 뒤에 오는 최후의 계급이 되었다.

자본주의에서 여성은 아내 아니면 딸로서만 존재했고 독신이나 과부, 이혼녀가 경제적으로 자립해서 살 수 있는 길은 주어지지 않았다. 미혼여성의 신분

---

p. 151. (스펜서 p. 3 재인용)

이 평가절하된 주요한 원인은 노처녀(spinster)란 말의 변화에서 잘 암시되고 있다고 와트는 보고 있다(1984, 145). 처음에는 물레잣기가 아주 중요한 일이었기 때문에 결혼하지 않은 여성들에게 처음 사용되었던 'spinster'란 말은 '여성 제조업자들의 일'을 가리켰으나 그 직업적 관련성을 상실하고 있었다. 'spinster'는 이제 특정한 직업이 없는 미혼여성이 되었고 이것은 미혼 여성의 실제적 지위에서 생긴 변화를 반영했다. 이전 시대에 거의 자족적인 가계에서는 언제나 결혼하지 않은 여성의 노동이 필요했다. 18세기 동안 상업이 팽창하고 상업적 생산이 점차 실잣기, 옷감짜기, 빵굽기. 비누와 양초 만들기, 표백하기, 양조 등의 일들을 떠맡음에 따라 이들 여성들의 중요성은 감소했던 것이다(스펜서 12).

중세 이후 사회에서 여성들이 가질 수 있는 가장 독립된 지위를 유지한 것은 과부였다. 남성적 권위에서 자유로와진 여성들은 자신의 장부로 상업을 하고 많은 경우 죽은 남편의 사업을 이어받았다. 하지만 18세기 동안 전통적으로 독립적이고 의지가 굳센 과부는 자신의 경제력의 많은 부분을 잃었다. 디포우는 1720년대에 "남편이 죽은 후 상업에 종사하는 과부가 지금 한 명이 있는 곳에 20명 정도까지는 아니라 하더라도 이전 시절에는 10명의 과부가 있었다고 감히 말할 수 있다"(1726, 352)고 했다. 여성들이 경제력을 잃게 된 배경은 상인들이 젠트리 층처럼 되고 싶은 열망에 있었다. 그에 의하면 "상인들은 어리석게도 자신의 아내를 숙녀로 만들려고 했다. 그래서 아내를 응접실의 상석에 앉혀 방문객을 접대하며 차를 마시고 이웃을 즐겁게 하거나 마차를 타고 해외로 나가려고 했다. 그러나 사업에 대해서 아내는 접근하지 말아야 하며 조수와 직공을 두었다"(1726, 355). 이렇게 되면 장원의 경영에서 축출된 안주인처럼 이들 여성들도 일을 포기하고 환경에 굴복해야 했다. 사망률이 높았던 당시에 남편이 죽거나 하면 여성들은 다시 일어설 수 없었고 살아있다 해도 자신의 경제적 기여도가 낮기 때문에 그 실질적 지위는 높지 않았다고 볼 수 있다.

이것은 번성하는 중류 계급과 중하층 계급에게 영향을 미쳤고 디포우의 언급처럼 한가한 아내는 남자의 지위를 나타내는 상징이 되었다. 중산층의 딸들에게는 이런 것이 좋지 않게 나타났는데 젠트리적인 여유로움을 받쳐줄 만한 충분한 돈이 없을 경우 그의 지위는 비참했다. 메리 울스톤크래프트(Mary Woolstoncraft)는 "거의 대부분의 여성들이 생계를 벌 방법이 없었고 그것은 매우 굴욕적이었다"(69)고 말한다. 점점 더 계급의식을 자각해나가는 사회에서 가사하녀가 될 수 없다면, 또는 할 의사가 없다면 도대체 무슨 일을 할 수 있었을까? 메린 윌리엄즈(Merryn Williams)는 "교육받은 여성들 사이에 상당한 좌절과 불행이 있었다. 그들 가운데 많은 수가 쓰기 시작하던 소설에서 그런 감정을 표현할 수 있었다. 여성들이 대부분의 직업에서 배제된 반면 문학의 경우는 언제나 그들에게 열려 있었다"(1)고 한다.

여성들이 일터에 쫓겨나고 아무 직업도 허용되지 않은 가운데 유일한 선택이 소설 쓰기였고 유일한 관심사가 장차 경제적 문제를 해결해줄 남자를 만나기 위한 결혼과 연애였다고 보는 것은 너무 여성을 비참하게 보는 것이다. 정말 대책 없이 여성들은 소설가의 길로 갔을까? 그렇지만은 않다고 본다. 여성들이 소설을 쓰게 된 것은 오랜 전통의 결과라고 본다. 우선 가까운 17세기의 상황을 보면, 번역본이든 창작본이든 소설의 서문에는 여성에 대한 수많은 헌사가 있고 '아름다운 성'에 대한 인사말이 있다. 조지 쏘언리(George Thornley)는 『다프니스와 클로에』가 주로 여성독자용임을 가정하고 있었다. 두디는 이러한 증거는 17세기에 적어도 그 전반기에 여성이 후원자일 뿐 아니라 허구의 구매자로서의 존재를 인지하고 있었음을 보여준다는 것이다(1996, 275). 프랑스와 영국에서는 17세기 후반기에 여성들이 글쓰기 협동체(fraternity)의 많은 구성원이었다. 중세 말 이후 여성들이 많은 길드의 구성원이었고 남편의 사후 사업체를 직접 운영하는 경우도 많았기 때문에 이런 사실들은 충분히 개연성이 있다.

고대로부터 중세까지 알려지지 않은 많은 여성작가들이 있을 수 있다. 그들은 익명으로 혹은 남자 이름으로 출판할 수도 있었을 것이다. 마치 마들레느 드 스뀌데리(Madeleine de Scrudéry)가 오빠의 이름 죠지로 글을 쓴 것처럼, 처음에는 그것으로 충족이 되었는데 나중에는 'George Sand'나 'George Eliot' 등 좀더 뻔히 들여다 보이는 것으로 되었다. 고대의 여성시인으로는 사포만 알고 있지만 『켐브리지판 고대 문학사』(The Cambridge History of Classical Literature) 1권은 '여성 시인들'의 범주를 새로이 설정했는데, 사포는 다른 범주에 포함시키고 코리나(Corinna), 미르티스(Myrtis), 텔레실라(Telesilla), 등을 포함하였다(158). 이것을 보면 고대에서부터 중세까지 여성작가들의 부재는 여성작가의 존재가 없어서라기보다 여성작가의 존재를 확신하고 발굴하려는 노력이 부족했기 때문일 가능성이 더 크다. 호머의 서사시로 알고 있는 『오디세이』가 여성의 작품일거라는 주장은 끈질기게 나온다. 거기에 나오는 나우시카 공주를 저자로 보기도 한다. 사실 오디세우스는 여성들(키르케, 칼립소, 페넬로페, 나우시카 공주)에 의해 재탄생되고 있지 않은가?[78)]

고대에도 여성 소설가들이 있었을 수도 있지만 우리는 알지 못한다. 하지만 고대소설 가운데 남녀 주인공 이름이 제목으로 된 작품들 가운데『뢰키페와 클레이토폰』(Leukippe and Kleitophone)은『뢰키페』만으로 불리기도 하고『카이레아스와 칼리로에』에서 여성 주인공 칼리로에가 남자 주인공보다 훨씬 더 비중있게 다루어지는 것을 보아 이 작품의 저자가 여성의 운명에 지극한 관심을 가지고 있었다는 사실들을 볼 때, 밝혀지지는 않았지만 여성작가들에 의해 씌어졌을 가능성을 충분히 가늠할 수도 있다. 여성들의 운명과 삶과 고난과 기

[78)] 에바 칸타렐라(Eva Cantarella)는 "호머의 영어본 번역자인 사무엘 버틀러(Samuel Butler)는 19세기 말에 여성적 주제에 집중한 관심사나 인물들에 대한 깊이 있는 심리학적 분석은 여성이 이 작품을 썼다는 것을 제시할 정도라고 말했다. 그리고 나우시카 공주로 나오는 인물 속에 자서전적으로 묘사되었으리라 여겨지는 시슬리의 트라파니의 한 귀족여인이 아마 저자일거라고 했다"(25)고 한다.

쁨에 여성과 남성 가운데 누가 관심이 많겠는가? 칼리로에는 편지를 보내기도 하고 받아서 읽는다. 충분하지는 않아도 여성 식자들이 존재하며 글쓰기와 읽기에 능숙한 여성들이 어느 정도 있었다는 것을 방증한다. 자료가 희귀한 고대의 여성작가들에 대해서는 이처럼 추측만 할 뿐이지만 17세기에 여성 소설가의 존재는 공공연한(public) 사실이었다고 본다.

스펜서는 18세기 여성의 법적 상태를 분석했다. 그는 여성이 여전히 아버지와 남편의 권위 아래 있는 동산이었고 여성이 가져온 재산을 남편이 함부로 쓸 수 없었던 것은 아내의 권리를 인정한다기보다 처가의 이해를 보호하려고 의도된 것이라 보았다. 사실상 여성의 개인성은 법적으로 사라졌고 기혼여성은 실제로 법적으로 비존재자였다. "결혼으로 남편과 아내는 한 몸이 되었다. 말하자면 여성의 존재 또는 법적 존재는 결혼동안 유보되었다. 아니면 적어도 남편의 존재 속에 조화되어 있거나 통일되었다"(12).

스펜서 역시 법적 상태가 이렇다고 해서 실제로는 여성들이 그렇게 무력하지는 않았다고 본다. 헤이우드는 남편의 권위를 효과적으로 벗어나 자신의 수입을 관리했다. 스미스는 그녀가 남편을 떠날 때 지참금을 돌려받지는 않았지만 자신의 통제 아래 출판사들이 지불한 돈을 관리했다. 이러한 경험들은 흔한 것은 아니나 특별한 것 역시 아니었다. 17세기 동안 기혼여성들은 종종 상인들이거나 길드의 구성원이거나 법정소송의 주체이기도 했다는 증거들은 많다. 따라서 18세기에 소설쓰기라는 새로운 직업을 가지게 된 것은 놀랍지 않다는 것이다(12).

이런 여러 가지 상황을 종합해볼 때 여성 소설가의 등장은 양면성을 지닌 것이었다. 한편으로는 여성들에 의한 오랜 서사적 전통 아래, 중세 말 이후 18세기 이전까지 진행되어오던 여성 지위의 상승에서 오는 여성들의 사회적 자신감의 측면과 함께, 자본주의화가 본격적으로 진행됨에 따라 전통적인 여성의 직업에서 쫓겨남에 따라 어쩔 수 없는 선택이었던 측면79)이 함께 작용했다고 볼 수 있다.

여성들이 이처럼 많이 등장하게 된 또 하나의 배경으로 소설의 문체적 속성을 들 수 있다. 클로드 뒬롱(Claude Dulong)은 「대화에서 창작으로」에서 17세기에 살롱의 재능있는 여성들이 "오래된 문체에 싸움을 걸고 있다"(577)고 비난받았다고 한다. 이런 비난은 옳았는데 오히려 그들은 그것을 자랑으로 여겼다. 뒬롱에 의하면 "이들은 자신들이 페미니스트로서만이 아니라 학자같은 현학적인 단어, 낡아빠진 단어, 지나치게 전문적인 단어를 없애려는 근대인으로 행동하고 있음을 자각했다"(577). 당시 프랑스어 순화에 힘썼던 보즐라(Claude Favre de Vaugelas)는 『프랑스어 바로 쓰기』(Remargues sur la Langue Française)에서 "언어 사용에서 의문이 생길 때는 여성이나 . . . 전혀 공부하지 않은 사람들에게 묻는 편이 가장 낫다. 이들은 말하고자 하는 바 듣고자 하는 바를 그대로 말하기 때문"(578)이라고 했다. 이처럼 역사의 아이러니 때문에 라틴어를 금지당한 여성의 불운이 행운으로 전환했다.

소설의 발생도 이런 측면에서 추론할 수 있다. 옹은 "문학의 장르와 문체에 대해서 여성이 끼친 영향에 관해서 우리가 이해하지 못하여 생겨난 크나큰 간격이 있다. 구술성에서 문자성에, 그리고 인쇄에 이르는 이행에 주목한다면 그러한 간격 부분에 다리를 놓고 그 틈을 메울 수 있을 것이다"라고 본다(1). 그는 이런 것에 대한 연구가 아직 하나도 나타나 있지 않으나 소설 장르의 문체적 속성과 함께 그 소설을 발생시킨 것은 여성이라며 다음과 같이 말한다.

---

79) 소설가로 나설 수 있는 중산층 출신의 여성에 비해 하류층 여성들의 절도 역시 많이 있었는데 가정을 먹여 살리는 최후의 보루였던 어머니가 할 수밖에 없는 취후의 선택인 경우는 경미하게 처벌받거나 때로는 면제되기도 했다.

19세기에 이르기까지 서양문체의 대부분은 어떠한 방식으로든 학문적인 수사학에 의해서 형성되었다. 그러나 현저한 예외가 하나 있다. 그것은 여성작가의 문체이다. 16세기 이래 단행본의 저자로서 많은 여성이 등장했으나 그러한 여성 가운데 학문적인 수사학의 훈련을 받은 사람은 거의 없었다. 중세 이래로 여자 교육은 종종 상당한 힘을 들여서 행해졌고 그 결과로 유능한 가사 경영자를 낳았다. 가사라 하더라도 때로는 50명에서 80명의 식구를 뒷바라지하는 상당한 큰 작업이었던 것이다. 그러나 이러한 여자 교육은 라틴어를 비롯한 그 밖의 모든 학과를 가르치고 있었던 학문적인 시설을 통해서 행해지지는 않았다. 17세기에 들어서자 소수이지만 여성도 학교를 다니기 시작했는데, 그러나 그때도 그녀들이 입학한 곳은 주요 교육기관인 라틴어 학교가 아니라 새로 생긴 일상어 학교(vernacular schools)였다. 이러한 일상어 학교는 장사나 가사에 유용한 실용적인 것을 가르쳤음에 반하여, 라틴어 교육을 기본으로 하는 종래의 학교는 성직자, 법률가, 의사, 외교관 그밖에 관리를 겨냥하는 사람들을 가르쳤다. 그러나 확실히 여성작가들도 그들이 읽은 저작에서 영향을 받았음에 틀림없다. 그리고 그 저작들은 라틴어에 입각한, 그리고 학문적인 수사적인 전통에 젖어 있었을 것이다. 그녀들 자신은 보통 다른 목소리로, 즉 연설적인 목소리에서 훨씬 떨어진 목소리로 스스로를 표현했으며, 이것이 소설의 발생에 크게 연결되었던 것이다. (171)

옹은 초기의 여성소설가나 그 밖의 여성 저작자들은 일반적으로 구술적인 전통과 별로 관계없이 작업하였기 때문에 여성의 문체는 남성에 비해 격식바른 구술 표현적 부분이 매우 적다고 본다. 여성 저술가에게 적합해 보이는, 수사법을 사용하지 않는 문체가 확실히 오늘의 소설을 만드는데 힘이 되었으며, 강단에서의 연설보다 여느 일상 회화가 근대소설의 바탕이 되었다는 것이다.

위와 같은 옹의 언급은 문체적 속성만이 아니라 여성들이 사태를 좌지우지할 수 있는 경영능력을 갖추고 있기 때문에 소설의 구상과 내용에서도 결코 부르주아 중산층의 핵가족에서 남편에 순종하는 온순한 여성상이 처음에 소설의 주제가 되지 않았을 거라는 것을 추측케 한다. 중세의 여성은 핵가족의 가정 주부로 대표되는 자본주의 여성상과는 달랐음이 분명하다. 루터의 아내인 카테리나는 성직자도 결혼해야한다는 그의 주장을 듣고 수도원에서 청어절임 통에 숨어 도망쳐서 그를 찾아간다. 남편감으로 다른 남자를 권유받았으나 넌즈지 루터에 마음이 있음을 비쳐 그와 결혼하게 된다. 결혼 후 카테리나는 루터가 결혼 선물로 받은 수도원에서 자신의 아이 6명과 고아가 된 친구나 친척의 아이들 12명, 남녀 하인들, 기숙학생들 등 60여명 이상의 식솔들의 밥을 해먹이며 글만 쓰고 병약하고 선병질적인 루터에 비해 기숙학교의 유능한 경영자가 되었다(옐름 180-82).

17세기의 대표적 작가인 벤 역시 이와 다르지 않다. 밸러스터는 『유혹의 형식』에서 17세기 소설에 대해 글을 쓰는 자신의 의도를 드러낸다. 벤은 정숙한 여인이 아니라 당당하게 남성들과 겨뤄 자신의 몫을 성취해내는 작가였다.

> 오히려 이 책은 영국소설을 만드는데 기여한 특정한 역사적 순간의 공시적 분석을 제공한다. 이 책은 초기 여성작가는 대부분의 역사들이 가정하려고 했던 정숙하고 아마츄어적인 문학인들이 결코 아니라고 주장하여 부르주아 소설에 대한 관례적(역사주의와 형식주의)인 역사와 페미니스트 역사 모두를 공격한다. 그들은 오히려 이익에 대한 욕망에서 악덕거래하는 펜의 창녀였고, 이런 점에서 그 당시 남성 동시대인들 다수와 결코 다르지 않았다. 벤, 맨리, 그리고 헤이우드는 '분리된 영역'(정치학과 로망스, 남성적인 것과 여성적인 것, 커피하우스와 내실)을 철학적으로 강요하는 것에 결코 종속되지 않았음을 스스로 보여주었다. (29)

밸러스터는 여성 문학인을 부르주아 중산층의 여성성으로 재단하는 것에 반대한다. 벤은 남성중심 사회였던 극작가의 세계에서 누구 못지않게, 그리고 철저히 이익을 악덕거래하는 창녀라고 본다.80) 특히 선정적 에로티시즘이라고 공격받고 창녀라고 비판받아도, 다른 남자 작가들은 그런 말을 써도 비판하지 않고 왜 자신만 비판하는지 그 차별적 태도에 여성작가로서의 자의식을 지니고 맞받아 비판했다.

니나 래트너 겔바트(Nina Ratner Gelbart)는 「여성 언론인들」에서 영국의 여성 언론인들의 활동에 대해 자세히 서술한다. 겔바트가 보기에 17세기 말에서 18세기 중엽까지는 남녀 모두가 정기 저널이나 신문의 독자로 상정되거나 여성 언론인들이 많이 출현했다고 본다. 그런데 18세기 중엽에 가면 레녹스의 『숙녀들의 박물관』(Lady's Museum)을 끝으로 이들은 무대에서 사라진다.

17세기 말부터 남성들이 여성들을 위한 잡지를 창간하기도 하고 남녀 모두 독자로 상정하기도 하는 것으로 보아 그때만 해도 남성들은 여성들과 함께 정치적인 것, 사회문화적인 것을 공유하고자 했다.81) "그 당시는 여성들도 사유하는 존재로 높이 평가하는 분위기였기 때문에"(598) 일부 여성들은 스스로의 손으로 잡지를 편집하려고 했다. 맨리는 크라켄소프(Crackenthorpe) 부인이라는 가명으로 1709년에 『여성을 위한 수다꾼』(Female Tatler)을 창간했다. 그는

---

80) 여기서 창녀라는 의미를 '순수하게 몸을 판다'는 의미로 받아들여서는 안된다. 당시 극장과 매춘을 동일시하거나 여배우를 창녀로 보는 견해가 많았다. 여자 배우가 많은 남자들 앞에서 몸을 드러낸다는 의미에서 창녀라고 보고 남자들의 시선만 받아도 창녀라는 분위기 속에서 벤은 수없이 창녀라는 소리를 들어도 이런 상황을 이겨내고 극장과 극작의 문제를 대단히 성공적으로 수행해내었다.
81) 던톤은 『아테네의 머큐리』에 이어 계속 확대되고 있는 여성 독자 시장을 개척하기 위해 1693년에 『숙녀 머큐리』(The Lady's Mercury)를 창간했고 수학선생이던 존 티퍼(John Tipper)는 수학잡지 『숙녀들의 다이어리』(Lady's Diary)를 편집했는데 그는 십자말 풀이, 복잡한 계산, 수수께끼 등을 신문에 실어 여성들도 명석한 판단력과 기민한 재주, 통찰력이 있음을 보여주고자 했다. 게다가 애디슨과 스틸이 여성성의 담론에 앞장서기도 했지만 사회문화 영역에서의 여성들의 공적 언어에도 주목했다. 그들은 여성들도 『수다꾼』이나 『관찰자』, 『가디언』 등을 읽을 것을 권고하고 모두 남녀 독자들의 교양을 개발하고 삶을 세련시키려는 것을 목적으로 삼기도 했다.

열렬한 토리당 지지자로 이 신문은 휘그당 지도자들 간의 음모와 추문을 폭로하는데 앞장섰다. 명예훼손법으로 투옥되어 석방된 후에도 스위프트와 함께 『검사관』을 편집하기도 했다. 1721년에는 앤 도드(Ann Dodd)라는 여성이 야당지인 『런던 저널』의 주요 배포자였다. 정치 종교적으로 급진적이었던 그는 남녀 독자들 모두에게 지도자에 대한 사실을 전달해주고 이를 통해 정신의 독립을 고취시켜야 한다고 믿었다. 1737년에는 귀족이자 휘그당 지지자였던 몬태규 부인이 시사 정치 주간지 『상식의 넌센스』(*The Nonsense of Common Sense*)를 창간했다. 그리고 소설가인 헤이우드는 가장 유명한 언론인이었는데 그녀의 잡지 『여성 관찰자』(*Female Spectator*)(1744-46)는 영국 뿐 아니라 유럽의 다른 나라들, 심지어 대서양 저쪽의 식민지 특히 뉴욕, 코네티컷, 펜실베니아에서도 큰 인기를 끌었다. 이 잡지는 가정 일이나 배우자를 찾는 법 등에 관해 주로 다루었지만, 여성들이 공부하는 것이 유행이 되고 있다고 격려하면서 과학공부가 여성에게 잘 어울리기 때문에 종교교리만 아니라 과학도 딸에게 함께 가르쳐야 한다고 주장했다. 아일랜드의 소설가로 존슨의 절친한 친구이기도 했던 레녹스는 1760년부터 61년까지 『숙녀들의 박물관』지를 발행했는데 그에 의하면 여성에게 지성과 미는 양립가능했다. 레녹스 이후로 여성언론인들은 표면에서 완전히 사라진다. 이제 남성들이 '숙녀를 위한 잡지'를 표방하면서 여성용 잡지를 만들기 시작했는데 이러한 여성 잡지는 여성(성)의 통속화를 상징했다. 이에 대해 겔바트는 다음과 같이 말한다.

> 영국의 여성 언론인들은 감시받고 정부 당국의 핍박을 받고 심지어는 투옥될 위험을 무릅써야 했다. 행동이나 직업이 비정통적인 것이었기 때문에 항상 의혹의 대상이 되었다. 아무튼 여성 언론인들은 1760년 이후에는 거의 사라져버리는데 왜, 어떻게 이렇게 되었는가를 탐구하는 것은 상당히 흥미

로울 것이다. 특히 같은 시기에 프랑스에서는 여성 언론인들이 맹렬하게 활동하고 있었기 때문에 더욱 더 그렇다. (601)

이처럼 여성 언론인들이 탄압받고 사라지게 된 것은 와트가 주장하는 '소설의 발생'과 어떤 깊은 연관을 가지고 있음을 부정할 수 없다. 이것은 쇄플러가 말하는 "재청교도화"와도 깊은 관계를 가지고 있다. 프랑스에서는 남녀 모두가 힘을 합해야 왕권과 귀족계급에 저항하여 승리할 수 있지만 영국은 이미 중산층이 왕권에 대항해 승리한 계급이 되었다. 지배계급이 된 이들 중산층은 싸워 이겨낸 권리를 독점하면서 중하층 대중과 여성들을 공적 무대에서 철저하게 소외시킨 것이다.

여성 언론인들에 대한 통계자료는 많은 부분 여성 소설가들과 겹치는 것으로 보아 여성 소설가들이 소설 창작에만 머물러 있었던 것이 아니라 여성들의 정치적 관심과 교육 및 계몽에도 적극적이었음을 보여준다. 비록 일부에서이긴 하지만 당당히 사회의 한 주축으로 성장해가던 여성작가들이나 여성들의 역량은 차츰 젠더화 담론에 적응할 수밖에 없는 상황으로 몰려가고 있었다. 18세기 들어 소설이 여성과 무식한 자, 젊은이 등에 미치는 해악에 대한 초조한 언급들이 많이 나타나면서[82] "소설을 봉쇄할 수 있는 방법"을 찾아야 했다(두디 1996, 278). 여기서 가장 효과를 발휘하는 것이 여성성의 문제 즉 젠더화 담론이었다. 젠더화 담론은 젠더화 이데올로기가 되어 자본주의 시대 여성의 지위를 규정하고 소설을 통제하는 수단이 되었다.

---

82) 존슨은 『램블러』지에 "이들 책들은 주로 젊은이, 무식한 자, 게으른 자 . . . 등을 위해 씌어졌다"고 했다. 여기서 여성은 젊고 무식하며 게으른 자 모두를 공통으로 가진 자라 할 수 있다.

3) 젠더화 이데올로기와 '소설의 발생'

여성의 등장은 무시할 수 없는 현상이 되었다. 계몽주의가 만인의 자유와 만인의 이성을 내세워 보편적 이념으로 작용함으로써 여성들도 오랜 성적 차별적 관행을 뚫고 새로운 희망에 차 있었던 것이다. 하지만 부상하는 중산층이 자신들의 정치적 목적을 달성하자 계몽주의 담론을 통해 퍼뜨린 자유와 이성을 거두어들이기 시작했다. 이것은 소설과 여성의 관계에서도 적용되었다.

소설을 읽는 여성독자와 그 소설을 쓰는 여성작가들의 등장이 사회의 지배적인 현상이 되자 소설의 여성성과 함께 소설이 미치는 영향의 진원지에 여성이 있다는 것과 함께 여성에 대한 것이 사회적 불안감의 원천이 되었다. 여성작가의 작품들은 한편으로는 여성들을 사랑에 옭아맴으로써 악의 꽃 역할을 하기도 하여 풍속 타락을 염려하는 대상이 되기도 했지만 다른 한편으로는 여성들이 작품을 읽고 갈수록 깊어가는 자본주의적 가부장제의 논리에 대한 여성들의 항의와 불만의 출구가 될까 두려워하기도 했다.

> 소설이 젊은이나 젊은 여성들에게 너무 많은 항의와 불만을 불러일으키게 할까봐 언제나 두려워했다. 말하자면 젊은이들이나 가난한 사람들이 자신의 개인 생활을 신화로 느끼는 것은 불편한 것이다. 그러한 불만은 나태한 자기 몰입으로 성급하게 이름지어졌다. 보봐리즘은 몰리에르가 예견했듯이 소설을 많이 읽은 결과이다. 행실서가 18세기에 쏟아져 나온 것은 여성들이 유해한 소설에 영향을 받아 자만심에 빠지고 스스로를 지나치게 진지하게 여기지나 않을까하는 사회적 두려움을 증언한다. (Doody 1996, 280)

두디의 말대로 소설은 타락시킬 뿐만 아니라 불만에 가득차게 하며 반항정신을 부추긴다고 보았던 것이다. 정숙해야 될 여성들이 소설을 읽었을 때 그대로 모방할까봐 전전긍긍했다. 여성독자들이 문화적 방어물로 생각되었던 것이다. 이러한 예는 루쏘에게 잘 나타나는데 그는 『신엘로이즈』(Julie ou la Nouvelle Heloise)의 2판 서문에서 극단적으로 이 문제를 몰고 가서 정숙한 소녀라면 어느 누구도 소설(livres d'amour)을 읽어서는 안된다고 말한다. 소설을 읽었다면 이미 탈선했다. '덕을 지닌 여성 소설독자'란 말은 실제로 용어상으로 모순이 된다고 보았던 것이다.

소설의 여성성 문제는 16세기 이후 소설이 새로이 부흥하게 됨에 따라 두고 두고 논쟁거리가 되었다. 왜 소설은 불륜의 사랑을 다루고 여성들을 부추겨 사회적 풍속을 혼란시키는가? 그리고 이러한 소설에 대한 방어로, 여성독자들에 대한 방어로 젠더화 담론이 효과적으로 작동하는가?

16세기에 고대 그리스로마 소설의 번역본들이, 17세기에는 프랑스의 영웅 로망스에 이어 다양한 연애소설들이 번역되어 들어오면서 영국은 17세기에 소설과 연극의 붐을 이루고 있었다. 벤과 맨리, 헤이우드 등 여성작가들의 인기와 명성 역시 대단했다. 그런데 이들 소설이나 연극의 주제는 대부분 남녀관계를 통해서 벌어지는 배신, 음모, 갈등, 유혹이 중심양상을 이루었다. 중세 봉건 시대에서 자본주의로 넘어오려면, 부르주아 계급의 영업상의 자유와 정치적 권리가 문제가 되는 개인주의의 발달도 일어나야 하지만 역시 가정 내의 여러 봉건적 관계들이 타파되어야 했다. 부르주아 계급의 개인주의가 주로 정치적 시민적 투쟁의 형태를 취했다면 가정 내의 개인주의, 즉 아버지로부터 아들과 딸의 독립, 남편으로부터 아내의 자유 등의 문제가 주로 연극이나 소설이라는 문학적 재현의 형태를 취했던 것이다.

소설이 불륜을 다루는 것은 정치사회적 영역에서 시민혁명이, 종교의 영역에서 종교개혁이 일어나는 것과 똑같다. 그것은 가정 내의 남녀 관계의 혁명인 것이다. 다만 정치 사회영역에서는 귀족계급의 몰락과 왕권의 몰락을 통한 부르주아 계급의 승리가, 종교 개혁에서는 프로테스탄티즘의 승리가 일어났지만 가정에서의 남녀관계는 여전히 남성이 주도권을 쥔 상태에서 일어나는 미완의 혁명이다. 미완의 혁명에서 도전하고 저항하는 자는 불순한 자이며 타락한 자로 처벌을 받기 마련이다.

셰익스피어 극 『로미오와 줄리엣』이 가부장으로부터 사랑의 자유를 얻으려는 아들과 딸의 갈등과 투쟁을 그린다면, 『말괄량이 길들이기』에서는 강력한 남편의 통제 하에 들어오는 말괄량이 아가씨를 그린다. 이것은 아버지로부터의 딸의 독립이라는 것이 결과적으로 남편의 아내에 대한 권리를 강화하는 선에서 이루어진다는 것을 의미하였다. 비극에 비해 희극의 소재는 아버지로부터의 사랑의 자유를 얻으려는 딸의 투쟁보다 복종하지 않는 아내가 단골로 등장하는 것이었으나 소설의 주제는 남편에 의한 성의 예속에 대해 가장 즉물적으로 문제삼는 불륜을 그리게 되었다. 궁정의 스캔들이 대부분 '남녀 대등한 바람피우기'에서 보여지듯 이 시대는 여성의 불륜에 대한 처벌이 가혹하지 않았다. 라파예트 부인(Marie Madeleine Lapayette)의 『클레브 공주』(The Princesse de Clèves)에서 바람피우는 아내를 어떻게 하면 마음 상하게 하지 않을까 염려하는 남편의 태도가 나올 정도이다.

이 시대는 고전주의 시대인 동시에 소위 '외설문학'의 시대였다. 굴모는 당시 외설문학의 개념은 창녀에 대한 글일 뿐이며 '음란한'이란 말과 '에로틱' 하다는 말이 혼용되었다고 보면서 그 당시의 유례없는 외설문학의 범람에 대해 다음과 같이 말한다.

> 만약 도덕과 문학을 혼동하고 심상과 표상의 역사에서는 위대한 작품만이 언급될 가치가 있다고 믿는다면 이러한 제안은 엉뚱해 보일 수도 있을 것이다. 이 시기에 외설문학은 명확히 정의되지 않았으며 비정상적일 정도로 성

공을 거두었음을 기억해야 한다. '음란한(obscene)'이라는 단어는 거의 사용되지 않았으며 외설문학이란 '창녀에 대한 글'을 지칭했다. '바람기가 있는(gallant)'이나 '성애적인(erotic)' 그리고 '음탕한'은 서로 혼용되었다. 성애문학의 고전적 작품들이 출판된 것은 고전주의 시대 동안이었다. 대표적인 작가들— 영국의 아프라 벤 등 18세기의 위대한 문인들 가운데 어느 누구도 성애묘사의 유혹을 이기지 못했다. 디드로는 『경솔한 아가씨들』, 몽테스키외는 『니드 사원』이라는 작품을 출판했다. 볼테르 역시 『캉디드』에 소개된 늙은 여인의 이야기와 같은 성애에 관한 짧막한 일화들을 수없이 선보였다. 고결한 루소조차도 젊은 시절 그런 글들에 몰두하여 '단번에' 읽어냈던 기억을 회상했다. 분명한 사실은 사람들이 그 존재를 인정했건 아니건, 합당한 이유를 들어 그것을 비방했건 찬양했건 아무튼 성애문학이 18세기에 매우 중요한 현상이었다는 점이다. (굴모 514)

굴모는 지금의 도덕이라는 잣대로 과거 17-8세기의 외설문학을 보면 이 시대의 사람들은 모두 음탕하며 비도덕적이며 상상력 자체가 성에 관한 것이었음을 보고 좀 충격을 받을 수도 있다고 한다. 하지만 그 당시 사람들은 모두 성적인 것에 대해 열광했고 그것을 하나의 새로운 인생의 전환으로 보았다. 르네상스가 자연과 인간 육체의 아름다움을 발견했다면 근대 초기는 인간 육체의 표면 밑에 흐르는 인간의 성적 욕망에 주목하고 열광했던 것이다.

이것을 니체는 『선악의 저편』에서 오랜 단식 후에 폭식을 하듯이 오랜 금욕의 통제 시간을 거친 정념의 폭발로 묘사했다. "왜 바로 유럽의 그리스도교 시대 그리고 일반적으로 그리스도적 가치 판단의 압력 아래 비로소 성충동이 사랑(사랑의 정념)으로 승화했는가 하는 저 역설적인 문제를 해명하는 암시도 여기에서 주어졌다"(144)라는 니체의 표현은 성에 대한 폭발적인 충동이 사랑의 정념으로 양질전환하게 되었다는 것을 보여준다.

이처럼 성적 욕망과 사랑의 정념의 폭증은 근대의 시작을 알리는 것임과 동시에 근대의 한 특징이라 볼 수 있다. 와트는 『근대 개인주의의 신화』에서 근대를 연, 근대 개인주의를 연 신화적 인물에 욕망의 화신인 돈 후앙을 첨가한다. 대체적으로 근대소설의 효시로 대부분의 남성 비평가들은 『파우스트』『돈키호테』『로빈슨 크루소』가운데 하나를 잡는다. 이들은 주어진 상황을 거부하고 시간적으로 공간적으로 확장하는 자들이다. 로베르는 돈키호테를 최초의 근대소설로 보면서 "끊임없이 스스로를 찾아나섬으로써 스스로에게 질문하고 스스로를 문제 삼고 그 자신의 메시지에 대해서 자신의 의문과 믿음으로 자신의 이야기의 주제를 삼고 있는 문학의 움직임을 근대성"(9)이라 한다. 와트가 보기에 돈 후앙은 욕망을 좇는다는 점에서만 다르지 역시 무엇인가를 찾아간다는 점에서 근대성을 구현한 인물이다.

그러면 파멜라도 이런 의미에서 근대성을 구현한 인물일까? 아니면 근대의 이율배반의 한쪽 극일 뿐일까? 『파멜라』를 형식적 리얼리즘이 가장 잘 구현된 작품으로 보는 와트는 그 반대의 극으로 돈 후앙을 근대적 개인주의를 개시한 신화적 인물로 본다. 이렇게 되면 와트의 이분법이 완성된다. 엘리아스는 『문명화과정』에서 궁정사회의 방탕한 생활이 청년기라면 자본주의 시대는 성인기로 남녀 모두 절제하는 과정으로 문명화가 진행된다고 했지만 와트의 '소설의 발생'이 의미하는 것은 파멜라처럼 수동적이고 비주체적인 여인상과 실컷 바람을 피우다 자기보다 예쁘기는 하지만 여러 가지로 지위가 낮은 여인을 만나 결혼하고, 결혼하고 나서도 여전히 다른 여인들과 놀아나는 남성상이다. 돈후앙의 이미지가 파우스트나 크루소와 겹치게 되면 남성의 욕망은 여전히 공격적, 침략적 다자적으로 즉 제국주의적 욕망이 되고 여성의 욕망은 탐하는 대상이 되어 침탈되어 빼앗기는 식민지적 피동체가 된다.

벤이 1684년에 쓴 『귀족과 그 누이가 주고 받은 편지』(*Love-Letters*

between a Nobleman and his Sister)에 나오는 실비아(Sylvia)와 1742년에 리차드슨이 쓴『파멜라』의 주인공 파멜라를 비교해보자. 우선 이들 둘 작가의 삶 자체가 대조적이다. 벤은 전업 작가로 그의 작품들은 대체로 정치적이며 성적으로 대담한 표현을 즐겨쓰는 데 비해 리차드슨은 전업작가가 아니고 주된 수입의 원천으로 출판사를 경영하였으며 작품의 도덕성은 엄청나게 강조하지만 정치적 언급은 하지 않는다. 이 두 주인공 실비아와 파멜라의 공통점은 둘 다 자신의 체험을 글로 적는 사람으로서 대단히 편지를 잘 쓰며 둘 다 자신이 지닌 미덕으로 보답받는다는 것이다. 그 둘은 하지만 다른 방식으로 자신의 연애사의 재현 장면을 통제하였다. 파멜라가 B씨의 존경을 얻을 수 있었던 것은 자신의 편지를 끊임없이 가로채 읽은 B씨가 감동받았기 때문이다. 실비아는 유혹당한 후 버림을 받았으나 희생자가 되지 않고 자유부인(libertine)의 위치에 설 수 있었는데 그것은 편지로 재현을 조절해내는 능력과 편지가 지닌 복잡성(duplicities)에 드러난 실비아의 교육 덕택이었다. 둘 다 인생의 승리자로 그려지는데 "파멜라가 무지, 자의식의 결여, 마음의 고결함 때문에 승리한 반면에 실비아는 교묘하게 조정해내는 거만함 때문에 승리한다"(밸러스터 1).

약 60년 동안 어떤 과정에 의해, 실비아라는 인물은 파멜라로 바뀌었을까? 유혹을 받았을 때 자신의 욕망을 드러냈고, 버림을 받았으나 자신이 상황을 스스로 주도해내고 스스로 부자도 되고 남성들의 존경도 받는 인물이 된 실비아에서, 유혹을 받았으나 욕망을 드러내지 않고 끝까지 상황 속에서 주도권을 한 번도 쥘 수 없는 순결하나 자의식이 결여된 비주체적 여성인 파멜라로 바뀌는 과정에 개입하는 것이 바로 젠더화 담론, 즉 젠더화 이데올로기이다. 이 이데올로기는 파멜라가 18세기 중엽의 대표적 여성상에서 20세기 중엽 와트에 의해서도 그 자리를 지키게 되기까지 끊임없이 작동한다.

이 젠더화 담론은 두 가지 방향으로 진행된다. 첫째는 정치적인 것과 사적인 것의 분리가 일어난다. 이것은 와트가 소설발생과정의 과도기로 잡는 애디슨과 스틸의 『관찰자』지에서 『신사의 잡지』로의 이행에서 보여지는 담론의 비정치화과정과 맥락이 닿아있다. 토리당과 휘그당의 양당체계에서 열심히 정치적 권리를 주장하고 시민적 동원을 격려하던 『관찰자』에서 "가정생활에 대한 실질적인 정보와 개선과 오락의 결합"이 중심적인 『신사의 잡지』로의 변화는 휘그당 중심의 정치개편과 관련된다. 금융자본과 군사적 사업의 동맹이 이루어졌고 이제 시민은 각자의 자리로 돌아가 정치에서 관심을 떼는 것이 정치가들에게는 유리했던 것이다.

18세기는 '사적 영역'으로 '가정'(domestic)의 영역을 창출한 것으로 생각되었다. 공적인 것과 사적인 것은 시민을 정의하는 관점이다. 남자시민은 공적인 존재이지만 여성은 공적인 시민이 아니라 사적인 존재로 공적인 시민인 남성을 지원해야 한다. 앞서 여성언론인들의 운명에서 보다시피 17세기와 18세기 사회문화적 영역에서 활발하게 활동하였던 여성들은 가정으로 돌아가야 했다.

두 번째는 이런 분리과정이 여성을 공적 관심사에서 사적 관심사로 전환시키려는 의도와 결합한다는 것이다. 공적인 것에서 여성을 배제하는 길이 바로 여성을 사적 관심사로 묶어두는 것이기 때문이다. 정치적 무관심을 조장하고 사적인 문제로 관심을 돌리려는 시도는 휘그당 일당체제 하에서 노골적으로 드러났지만 여성작가들을 가정으로 돌려보내고 그들의 작품을 폄하시키려는 시도는 지속적으로 있어왔다. 이것은 '여성성'이란 무엇인가라는 논쟁과 연결되었다. 18세기 초 애디슨과 스틸 역시 그 당시 젠더화 담론에 적극 가담한다. 우선 『수다꾼』에서 애디슨과 스틸은 여성의 영혼과 남성의 영혼이 다르다고 한다.

> 영혼들은 성에 따라 종류가 다르다고 말할 때 확실히 나는 여성들에게 해를 끼치려고 의도한 것은 아니다. 나는 여성들을 화나게 하지 않도록 주의하겠

> 지만, 이 주제로 여성들을 화나게 하지 않게 하는 것이 어렵다는 것도 안다. 하지만 나는 계속 말해야만 한다. 남성의 영혼과 여성의 영혼은 그들에게 맡겨지는 일에 따라서 매우 다르게 만들어졌다는 것을 . . . 미덕은 각각 남성적인 역과 여성적인 역을 지닌다. (304)

이들은 그 당시의 가장 지적인 명사였다. 이들이 '계몽을 통한 사적 지배'에 대한 열의가 강한 만큼 여성성에 대한 담론 역시 주도했다고 볼 수 있다. 영혼이 맡은 임무가 다르듯 남녀의 영혼의 본질 역시 다르고 미덕 또한 성에 따라 다르다고 본다.

영혼에 대한 젠더화 담론은 로크에 의해 형이상학적으로 추진된다. 로크가 영혼 개념을 쓴 것은 영혼은 자아에 자리를 넘겨준 후 해체되어야 하기 때문이다. 애디슨과 스틸의 주장에서 영혼은 후천적 경험적 자질로 전환된다. 로크의 영혼론은 형이상학적이지만 그것은 이전 시대의 형이상학을 해체하고 개인의식의 물질적 토대를 제공하기 위해서다.

> 감각이 생각할 거리를 제공하기 전에 영혼이 생각한다는 것을 믿을 만한 이유를 알지 못한다. 그리고 감각이 제공한 개념들이 많아지고 보유되듯이 훈련에 의해 영혼은 그 몇몇의 부분들에서 생각의 능력을 증진시키게 된다. 나중에는 그러한 개념들을 섞어서 영혼 자신의 작동을 성찰할 뿐 아니라 영혼은 기억하고 상상하고 추론하는 능력과 다른 사고의 양식들 뿐 아니라 자체의 저장량도 늘린다. (Vol. I. Book II. chp. I)

영혼은 감각이 제공되기 전에는 스스로 생각할 수 없다. 로크의 영혼은 자아 발전의 과정이 시작하기 전에 존재하는 것일 뿐이다. 로크는 인간 오성이 개인의 정신과 사물의 세계 사이의 교환, 즉 언어가 중재하는 교환을 통해서 발전한다고 본다. 영혼이 물러간 자리에 자아는 언어로 채워진다. 그래서 개인의 정신인 자아는 사회적 규범을 받아들이는 과정에서 작동하는데 그 규범의 하나가 젠더화된 것이다. 이런 의미에서 여성의 본질적인 자아는 보통 젠더의 용어로 이해되었다. 즉 영혼 자체가 젠더화된 것이다.

이런 형이상학적 영혼론을 통해 젠더화 담론을 끌어가는 한편으로 보다 노골적인 주장도 늘어났는데 스펜서는 그 가운데 가장 반동적인 주장은 여성의 글쓰기 능력 자체를 부정하는 것이라 한다. 여성작가들이 점점 더 증가한다는 증거들이 드러나자 글쓰기로부터 여성을 배제시키려는 이론들이 나타났는데 그 가운데 1702년에 '여성작가'는 용어에서 모순이라고 주장하는 비평가 채그린(Chagrin))의 예를 들 수 있다. "나는 이들 패티코트 — 저자들을 증오한다. 여성작가는 잘못된 문법이다. 라틴어로 여성적이라는 것은 없고 그것은 완전히 남성적 젠더에 해당하는 말이다. 언어는 '그녀-작가'와 같은 것을 산출하지 않는다"(스펜서 6 재인용)고 한다. 그러나 그 이후 출간된 익명의 작품『두 개의 무대 사이의 비교』(Comparision between the two Stages)에서 상상적 인물 채그린이 과거에 살고 있는 현학적인 라틴어학자로 나타난다. 거기서 그의 친구들이 그에게 18세기 영국에 극작가인 진짜 여성들의 예— 맨리, 매리 픽스(Mary Pix), 캐서린 트로터(Catherine Trotter) 등을 인용하면서 그의 잘못을 교정해주는 장면이 나오는 것을 볼 때 여성들이 그냥 당하고만 있지 않음을 알 수 있다(스펜서 6).

여성작가들이 폭넓게 등장하면서 그들의 인기와 영향력이 높아지자 이를 감소시키기 위해 선별적인 방법이 취해졌다. 똑같이 성적으로 대담한 표현을 쓰거나, 아니 오히려 덜 대담한 표현을 써도 여성이라는 이유로 더 많이 비난받았고 이런 비난은 갈수록 심해졌다. 따라서 여성작가들의 수용 여부는 그들의 여성성을 근거로 이루어졌고 그들에 대한 평가기준은 독자들이 그런 여성적 자질에 대해 어떠한 개념을 가지고 있느냐에 따라 달랐다. 그래서 어떤 사람에게 여성적 글쓰기가 에로티시즘을 의미했다면 다른 사람들에게는 순결을 의미하기도 했다. 쉽게 말해 여성작가가 정숙하고 겸손하면 에로틱한 표현을 써도 순결하게 받아들여졌고 그들이 대담하고 자신의 삶에 독립적일 때는 곧 준 포르노적인 작가로 취급당했다. 그것은 18세기 들어 여성성의 기준이 뚜렷이 분화되었다는 것을 뜻했다.

18세기가 지나감에 따라 섬세함과 예의바름이라는 여성적 자질은 부르주아 사회에 점점 더 중요한 가치가 되었다. 여성작가들은 그들이 섬세함과 예의바름이라는 중심 가치의 재현체로 여겨질 수 있기 때문에 보다 많이 수용된 만큼 보다 엄격히 제한되었다. 스펜서는 "삶에서의 정절과 글쓰기에서의 도덕적 일치성은 여성작가의 명성에 필수적인 토대가 되었다"(75)고 한다. 벤, 맨리, 헤이우드에 대한 태도에서의 변화는 이것을 잘 보여준다. 18세기 초에는 중산층 여성들에게 벤, 맨리, 헤이우드와 같은 '사랑의' 여성작가들이 하나의 대안적 모델이 될 수 있었다. 하지만 대중들의 취향에도 뚜렷한 변화가 있었다. 그 이전에 남녀가 대등하게 대립하고 때로는 여성들이 더 우위에 있기도 했던 연극이나 소설에서의 여성의 지위는 이제 소극적 수동적 도덕적 인물로 바뀌었다.

'존경받는 삼두마차'에서 '악명 높은 여성 3인조'로 바뀐 벤과 맨리, 헤이우드 가운데 18세기 초에 활동했던 헤이우드의 변화는 젠더화 담론의 효과가 시장에서 발휘되고 있음을 보여준다. 헤이우드의 『어찌할 바 모르는 공작부인: 혹은 보상받은 배반행위』(*The Perplexed Dutchess: Or, Treachery Rewarded*)(1727)는 벤의 『예쁜 바람둥이』(*The Fair Jilt*)(1688)와 비슷한 여주인공을 그리고 있다. 벤의 여주인공 미란다는 자신의 바람기 있는 행동으로 사랑, 부, 사회적 지위, 그리고 법의 제재로부터도 자유를 얻는다. 수년간에 걸친 범죄행위와 공격적 성행위에 대한 보상으로 조용한 전원생활과 그의 말이라면 뭐든지

다 들어주는 남편을 얻기 때문이다. 그러나 헤이우드의 공작부인은 미란다와는 달리, 그의 성공의 절정의 순간에도 그 수단이 부정했다하여 죄악과 공포로 시달리며 또한 친구도 없고, 그 누구의 동정도 받지 못하는 더할 나위 없이 외로운 처지에서 자신의 인생을 마감한다. 그의 속임수의 대상이 되고 있는 도덕적인 부부에게는 정치권력과 가정의 행복이 주어지는 반면, 그에게는 그 엄청난 재산을 가지고도 죄책감으로 인한 마음의 고통으로부터 단 한순간의 평화도 살 수 없는 아니러닉한 상황이 연출된다.

1727년 이후 헤이우드의 저서에 일어난 이러한 논조의 변화는 사용된 어휘가 아직 성적이긴 했지만 개인적 개종으로 받아들여졌다. 후기 헤이우드의 도덕적 글쓰기는 성적 타락에서 벗어난 것으로 여겨졌던 것이다. 우리는 18세기 여성 소설가들에 대한 평판의 패러다임이 바뀌었음을 알 수 있다. 처음에는 선정적인 것(amorous)이 찬양받았으나 비도덕적인 것으로 혹평을 받았고 그러다가 마침내는 여성성을 제약시키는 새로운 어휘들을 사용하게 됨에 따라 조건부 수용되었던 것이다.

여성작가들이 여성들의 꿈과 욕망, 그리고 곤궁함과 소망을 거침없는 상상력으로 표현하다가 여성성의 이데올로기에 갇히는 과정이 그렇게 쉽게 일어난 것은 아니었다. 두디는 17세기나 18세기 중엽까지도 "여성작가들은 결코 전투와 폭력, 살해 그리고 음모와 여행, 모험의 장면에서 결코 움추려 든 적은 없고 그러한 것들이 남성작가에게서보다 환상적인 것에 끌린 것도 더하거나 덜하지 않다"(1996, 279)고 본다. 헤이우드와 같은 작가의 경력을 보면 사람들은 자신의 주제와 관심사를 1740년대와 1750년대의 새로운 요구사항에 적응시키는데 어려움을 겪는 것을 보게 된다. 교훈적 요구와 절충을 시도하던 헤이우드는 1736년에 아담 이전의 시대를 배경으로, 인물들과 언어를 창세기의 명령에서 해방시킨 – 아담 이전의 언어를 중국어로 아마 번역한 소설집인, 풍자적이고 지적 환타지인『에오바이』(*Eovaii*)를 출간했다. 그러한 실험은 1750년에 끝났다.

　　18세기 중엽 이후 여성작가들이 사라지거나 철저하게 타협하며 '여성적인 길만' 따라간 것처럼 보이지만 두디는 이러한 타협이 전면적으로 일어났다고 볼 수는 없다고 한다. 다만 배제와 조작을 통해 그 이후에 해석한 것에 지나지 않는다는 것이다.

> 가정이 체계의 핵인 것처럼 사적인 것은 공민이 될 수는 없지만 그것을 지원해야 한다. 소설은 이제 적어도 공식적으로는 '사적'이고 '가정적'이 되도록 요구받는다. 현재의 다른 많은 비평가들과 달리 나는 문화적 통제자들이 원했던 어떤 것을 충분히 묘사한 것이긴 하지만 이것이 실제로 소설에 일어났던 것에 대한 묘사라고는 한순간도 믿지 않는다는 것을 말하고 싶다. (1996, 278)

두디는 여러 비평가들이 지적한 '가정소설의 전면화'에 대해 실제로 그런 소설만 있었던 것은 아니라고 생각한다. 하지만 주된 사회적 가치가 여성성을 강조하는 분위기로 흐르면서 시장에서 살아남기 위해, 많은 재능 있는 여성작가들이 자신의 명예와 지위를 위해 타협의 길을 갔으리라는 것은 충분히 추론할 수 있다. 스펜서의 다음 글은 이러한 여성작가의 이율배반적인 타협을 잘 보여준다. 여성작가의 전향은 여성독자들을 '여성적인' 영역에 가두어버리는 대가로 경제력과 함께 공적 지위를 얻게 했던 것이다.

> 여성의 글쓰기는 '여성적' 길을 따라 고무되었다. 여성작가의 추정된 여성적 기술들은 여성소설가들에게 특별한 역할을 부여했다. 그는 주로 한가한 시간의 오락거리 뿐 아니라 좁은 여성적 영역에 매력과 의미를 부여해주는 우화들을 찾는 중산층 여성 청중을 위해 여성의 특정한 문제들과 욕망들에 관

해 쓸 수 있었다. 역설적이게도 중산층 여성 대다수에게 독립을 위한 경제력과 기회의 엄격한 제한은 소설을 썼던 여성들 가운데 극히 소수자에게는 경제력과 함께 공적 경력을 창출해주었다. (22)

스펜서의 위의 주장은 여성작가들이 여성적 길을 따라, 즉 여성의 이익을 배반하는 여성적 길을 따라감으로써 자신의 경제력과 독립심을 얻는 아이러니를 잘 지적하고 있다. 여성의 글쓰기는 좁은 여성적 매력에 한정되었고 이 영역에 매력을 느끼고 의미를 지닐 수 있도록 여성들을 고무시켜야 했다. 중산층 여성들은 여성작가들의 소설을 읽음으로써 좁은 여성적 영역에 갇혀 울고 웃는 주인공의 삶 속에 갇히게 되었다. 자신들의 경제적 자립과 기회를 위해 대다수 여성의 삶을 사랑과 가정이라는 극히 제한된 영역으로 몰아넣었던 것이다.

경제적으로 열악한 여성의 지위는 당연히 결혼을 통한 경제적 불안의 해소가 목표로 보여지고 그러한 목표는 사랑과 가정에 헌신하는 여성상을 낳았던 것은 사실이다. 이것이 그 당시의 문화적 통제자들이 바라던 바이기도 했다. 가장 제국주의적 침략이 왕성하던 시기에 영국의 소설들은 대부분 '가정소설'로 나아갔다. 암스트롱은 소설의 발생을 이 '가정소설'의 발흥으로 잡는다. 소설발생의 문제에서 시각차는 존재하지만 그는 기본적으로 소설의 발생을 젠더화 담론과 연결시킨다. 암스트롱은 이것 자체가 하나의 새로운 정치권력의 형식으로 보았다.

> 구애와 결혼의 서사는 사실상 여성적인 것을 말할 모든 권한을 위임받았고 가문과 족보에 특권과 권력을 부여하는 친족관계의 지배적 개념을 논박하기 위한 것이었다. '성애를 표현하는 이러한 투쟁은 집단 체제가 있는 곳을 개별화시키고, 경쟁하는 집단들의 공개적인 정치적 행위였던 것에 심리학적 동기를 부여하며 가정 속의 여성이 귀족적 파트너에 대해 우월적 입장을 고양

시키는 도덕적 규범에 따라서 평가하는 투쟁의 형태를 취했다. 나는 여성들이 그밖에 그 어떤 것보다도 경쟁하는 이데올로기들 간의 투쟁의 결과가 달려 있는 인물이었음을 말하고자 한다. (5)

가정의 중산층 여성이 귀족적 파트너에 대해 우월한 입장을 취하는 형태로 나아간 것은 소설 역시 귀족계급에 대항한 하나의 무기가 되었음을 알 수 있다. 정절을 지키고자 하는 중산층 여성의 미덕이 방탕한 귀족이나 젠트리의 유혹을 이겨냄으로써 중산층의 미덕이 승리하는 식이다. 여성의 정절은 프로테스탄트화된 윤리로 재포장되어 귀족적 가부장제를 공격했다. 와트에게 이것은 분명 계급의 투쟁으로 읽혀져야 했다. 이렇게 되면 매키온이 정절 이데올로기를 프로테스탄트나 부상하는 중산층의 윤리로 본 것과 결합이 된다.

소설에 대한 문화적 방어물로 등장한 수많은 행실서(conduct books)들은 중산층 여성들의 귀족 여성에 대한 계급투쟁의 일환으로 문제를 제기한다. 이 행실서들은 지위와 재산을 가진 여성들보다 아내감으로 바람직한 여성상을 제시했다.[83] "육체적으로 매력적인 외모보다 심리학적 깊이를 지닌 여성 다른 말로 하자면 남자와 자신을 차별화할 수 있는 자질에서 뛰어난 여성의 양성"(암스트롱 20)을 목표로 했다. "새로운 성적 동전의 다른 한쪽이 되는데서 귀족 여성은 깊이 대신에 표면을 나타내고 도덕적 가치 대신에 물질적 가치를 구현했으며 다른 사람들의 복지에 대한 지속적인 조심과 지칠줄 모르는 관심 대신에 게으른 관능을 연출했다"(암스트롱 20).

그런데 문제는 그렇게 간단하지 않다. B씨와 파멜라의 갈등과 대립은 초기

---

83) 이 행실서들에 대해서 집중적으로 분석한 책은 암스트롱과 레오나드 텐넨하우스(Leonard Tennenhouse)가 공동 편집한 『행위의 이데올로기』(*The Ideology of conduct*)가 있다. 행실서에서 나오는 욕망에 대한 표현들이 사실상 가장 기본적이고 강력한 형식으로, 즉 문화가 스스로 자연이라 칭하는 이데올로기를 구성한다는 것을 보여준다.

에는 귀족 여인과 중산층 여인의 계급 간 투쟁과 갈등으로 읽혀지다가 나중에는 남녀의 심리적 투쟁으로 해석되었던 것이다. 중산층 여성들이 귀족 여성들에 비해 심리적으로 우월한 위치를 차지하는 순간은 다른 한편으로 이들 여성들이 중산층 남성에 종속되는 순간이기도 했다. 이것은 귀족에 대항한 중산층 남녀의 동맹을 분명히 했지만 상호보충적인 의무와 특성은 남녀의 대립적 차이로 나타나고 종속된 내용을 지녔다.

남녀의 대립적 차이는 남성이 이성과 냉정함, 합리성을 나타낸다면 여성은 감성과 감수성, 공감의 능력을 가진 것으로 되었다. 낸시 밀러(Nancy K. Miller)는 『여주인공들의 책』(*The Heroine's Text*)에서 "여성의 연약한 운명에 대한 남성의 시나리오"(154)를 강박적으로 각인시켰다고 18세기와 19세기의 소설가들을 비판했지만 오히려 소설을 통해 형상화된 여성들은 감성과 감수성 공감의 능력으로 남성을 치유하는 면을 드러냈다. 그 시대의 프랑스와 영국처럼 식민주의적이고 호전적이며 팽창주의적인 사회에서 남성적 경험은 점차 왜소해져 갔다. 남자들은 합리적이며 성공할 수 있으리라 기대되었다. 그들에게 강요되는 신화는 감정적 여유를 없애고 남성의 영혼을 황폐하게 만들었다. 내적인 동요, 꿈, 악몽과 불안은 약하거나 악당 같은 남자나 하층 계급의 남성에게만 허용되는 것이었다.

암스트롱은 이러한 황폐한 위기를 겪고 있는 남성이 19세기 소설에서는 정서적 인간으로 변모해가고 있음을 보여준다. 그런데 이러한 경향은 18세기 가정소설에서는 여성에게만 드러난 것이었으나 이미 남성에게도 준비된 것이라 볼 수 있다.

정서적 본성이라는 용어로 정의되는 것은 처음에는 여성뿐이었다. 일반적으로 남자들은 여성의 주관적 자질을 개발시키고 주관성을 여성의 영역으로 만들었던 글쓰기에서 정치적 정체성만을 지녔다. . . . 그러나 19세기 소설에서 남자들은 더 이상 정치적 동물이 아니고 욕망의 산물이었으며 가정적 삶의 생산자였다. 개인들 사이에 젠더가 가장 중요한 차이를 나타내게 됨에 따라 남자들은 여전히 남자들이고 여자들은 여전히 여자들이었지만 남자와 여자의 차이는 각자가 지닌 정신의 자질들로 이해되었다. 심리적 차이는 남자들을 정치적으로 만들고 여자들을 가정적으로 만들었고 그리하여 둘 다 이전에는 여성적 본성만을 규정했던 개인적 자질을 토대로 하여 정체성을 획득했다. (4)

그 이전에는 여성적 자질로만 규정되었던 가정적인 자질이라든가 감성적 자질이 이제 남녀가 공유하는 자질이 되었다. 여기서 비록 불평등한 조건에서 출발하지만 낭만적 사랑의 관계가 탄생한다. 히스클리프가 집시적 특징을 벗어버리고 캐서린과의 사랑과 성적 욕망에서 자신의 모든 행동을 동기화한다든지, 『제인 에어』에서 로체스터가 결말 부분에서 귀족적 태도를 버리고 한 여자가 주목하는 순수하게 정서적인 관계망 내에서의 역할을 맡는 것을 예로 들 수 있다.

암스트롱은 이러한 변화가 가능한 것은 "이들 소설들이 사회적 관계에 가져오는 질서는 젠더에 근거한 것에 모든 사회적 차이를 종속시킴으로써"(4) 이루어졌다고 본다. 그래서 "중산층 권력은 중산층의 사랑과 모든 관계를 지니고 있다"(4)고 결론내릴 수 있다. 암스트롱의 이러한 분석은 중산층과 사랑, 소설의 발생이라는 또 하나의 3중적 명제를 성립시킨다.

그런데 젠더화 이데올로기 속에서 가정소설 속의 사랑을 중산층의 권력관계와 연결시킨 것은 충분히 공감할 수 있으나 그렇다고 해서 이 삼중적 명제에서 그가 소설발생을 가정소설로 잡는 것에는 찬동할 수 없다.[84] 연애와 구애,

---

[84] 암스트롱은 여성과 젠더화 이데올로기의 측면을 제외하고는 '소설의 근대영국 발생론'에 적극 동조한다. 여기서 '소설의 근대영국 발생론'에 적극 찬동하는 대부분의 여성주의 비평가들이 빠지는 함

결혼과 사랑을 집중적으로 다룬 소설은 자본주의에 고유한 것이 아니다. 메니푸스 풍자나 소크라테스 로망스에서 유래하는 풍자소설이나 전기 소설을 제외한다면 결혼과 사랑에 관한 서사는 현존하는 고대 그리스로마 소설의 가장 큰 특징이다. 전사계급이 중심인 고대와 중세 사회에서 여성의 삶 역시 결혼과 사랑, 가정에서 많은 비중을 차지할 수밖에 없었다. 이들의 실존적 조건이 이러했기 때문에 여성들이 독자로서 작가로서 재현해낸 형식은 자연히 사랑과 결혼에 관한 서사이다. 다만 영국의 근대 가정소설과의 가장 큰 차이점은 신분상의 엄청난 변화가 많다는 것이다. 이것은 고대 헬레니즘 시대와 영국 18세기 전후의 사회경제적 차이에 기인한다. 근대 영국의 전쟁터는 국내가 아니라 해외식민지 쟁탈이기 때문에 자국 내에 있는 사람은 그 전쟁의 소용돌이를 피할 수 있을 뿐 아니라 해외에서 유입되는 많은 부로 인해 결혼을 잘만 한다면 경제적 상승을 노릴 수 있는데 비해 고대 헬레니즘 시대는 상공업이 발달한 개방적인 사회이기는 하나 자국민을 보호하는 국가적 공권력이 결여된 시대여서 신분상 엄청난 유동성을 지닐 수밖에 없기 때문에 남녀 모두 신분상의 우여곡절이 많을 수밖에 없다. 그러므로 근대 가정소설에서는 돈이 없는 중류층 집안의 참한 여자가 돈많은 남자를 만나는 것이 중심 주제라면, 고대소설에서는 그런 조건보다는 남녀가 모두 자신에게 처해진 위기를 겪으 '시련을 통해 단련된 사랑'을 통해 인간에 대한 보편적 신뢰를 회복하고자 하는 갈망이 더 큰 주제가 된다.

고대소설에서는 젠더화 이데올로기가 관철되지 않고 오히려 대등한 남녀관

정이 드러난다. 역사주의 비평만이 여성주의가 취할 수 있는 견해라고 생각한다는 것이다. 즉 여성에 대한 억압은 자본주의에 특수한 역사적 특징이기 때문에 그 여성 억압의 이데올로기가 결합한 가정소설 역시 자본주의에 특수한 문학형식인 소설이라는 것이다. 억압의 역사적 측면을 정확히 안다는 것은 중요하지만, 그리고 자본주의 소설의 역사적 양상을 정확히 안다는 것도 중요하지만 그렇다고 소설을 자본주의에만 있는 고유한 형식으로 생각해서는 안된다. 여성에 대한 억압이 자본주의에만 있는 것이 아니듯 소설도 역시 자본주의에만 있지 않기 때문이다. 여성억압에 대한 자본주의적 특수성은 자본주의적 소설의 특수성이지 보편 장르로서의 소설의 문제는 아니다.

계를 설정하여 당시 남녀 보통사람들의 소망이 표현되었던 반면 와트나 암스트롱이 말하는 '소설의 발생'은 철저히 젠더화 이데올로기가 관철된 것이다. 소설 속에 나타난 남녀관계는 그 관계를 둘러싼 치열한 권력다툼의 결과가 소설 속에서 재현된 것일 뿐 아니라 그 권력관계에서 선점하기 위해 서로가 벌이는 기호와 상징, 실천들의 투쟁이다.[85]

벤, 맨리, 헤이우드 여성 3인조의 소설이나 디포우의 『몰 폴랜더즈』은 여성들이 적극적으로 그 기호와 상징, 실천을 재현해내는 것이었다면 리차드슨의 『파멜라』는 젠더화 이데올로기의 기호와 상징이 이미 자리를 잡아가고 있는 과정을 보여준다. 소설을 젠더화 이데올로기의 기호와 상징, 실천만으로 볼 수 없는 이유도 여기 있다. 그 반대의 기호와 상징, 실천의 투쟁으로 된 것 역시 소설이기 때문이다.

4) 여성적 글쓰기 전통 속의 『파멜라』와 그에 드러난 젠더화 이데올로기

여기서는 리차드슨은 과거의 전통과 단절되지 않았으며 특히 여성적 소설 쓰기 전통의 연장선상에 있었음을 밝힘과 동시에 『파멜라』에 드러난 젠더화 이데올로기를 살펴보기로 한다.

바흐친은 필딩의 『톰 존스』를 고전적 가정소설의 효시로 잡지만(438) 리차드슨의 『파멜라』는 근대적 가정소설의 효시이다. 이런 의미에서 『파멜라』는 소설이라는 장르의 발생작이 아니라 가정소설의 효시이거나 와트적 의미의 형식적 리얼리즘이 시작된 작품들 가운데 하나일 뿐이다. 사실상 『파멜라』는 그 당시의 어떤 작품보다도 가장 관습적이다. 리차드슨은 어릴 적부터 동네 여성

---

[85] 와트의 주장처럼 소설은 아무런 의도나 유형을 지니지 않은, 거울일 수는 결코 없다. 암스트롱은 소설은 "전략적으로 강력한 기호들, 상징들, 그리고 실천들을 장악하려는 투쟁"(268)으로 보아야 한다고 한다.

들에게 책을 읽어주었으며 연애편지를 무수히 대행했다. 이런 경험은 와트의 말처럼 "사회적 선호감정이나 문화적인 관계를 훨씬 넘어서 여성과 자신을 개인적으로 깊이 동일시했음"(1984, 153)을 시사하는 부분이 많게 했다. 이런 배경에 대해 두디는 『자연적 열정』(*A Natural Passion*)에서 다음과 같이 말한다.

> 루소와 달리 리차드슨은 스스로 어떤 의미에서 철학자로 생각함으로써 자신을 구속하지 않았다. 자신의 예술과 관련된 한 아주 직접적으로 그는 주로 여성들인 수많은 군소 소설가들이, 그들은 사랑에 빠진 여성에 대하여 써왔었는데, 이루어놓은 어떤 소설적 관례들을 단지 차용했을 뿐이다. (17)

사랑에 빠진 여인들에 대해서 쓴 많은 군소 소설가들의 작품들에서 이루어진 관례를 차용했다고 두디가 보는 것에서 알 수 있듯이 모든 문학 작품처럼 리차드슨의 작품들도 그들 자신의 시대의 산물이지만 많은 부분은 문학적 영향의 결과임은 사실이다. 또한 와트가 아무리 형식적 단절을 강조하고 유례없는 형식적 조건들을 강조하더라도 『파멜라』에 나오는 목가적인 전통, 우화 서한집, 희극 등이 『파멜라』에서 결합되었음을 부인하기 어렵다.

암스트롱은 『로빈슨 크루소』에 비해 『파멜라』가 소설의 발생작으로 볼 수밖에 없는 이유를 왕성한 재생산력에 두고 있다. 『로빈슨 크루소』는 그 이후의 모방작들이 하나도 나오지 않고 역시 디포우조차 연작을 쓸 수 없었지만 『파멜라』에는 무수한 아류들이 뒤따랐다고 한다. 대표적인 예로 필딩의 『세멜라』를 들 수 있지만 여성작가들도 많이 비슷한 모방작을 내놓았다. 리차드슨 이후 많은 여성소설가들은 그의 모방자로서만 보여졌고 훨씬 더 일찍 시작했던 여성적 글쓰기의 전통에 참여한다는 점은 무시되었다. 이에 대해 스펜서는 리차드슨 이후에 무수한 아류들이 나온 것이 아니라 그가 여성 소설의 전통 위에서 글을 쓴 것이라고 한다. 그의 글은 리차드슨이 여성적 글쓰기의 전통에 있음을 확실하게 보여준다.

> 리차드슨 그 자신은 여성들이 대부분 썼던 서한체 소설이라는 오래된 전통을 따랐으며 그의 업적은 여성적 글쓰기라는 문화적 정의와 여성작가들이 세운 전통에 많이 덕을 보았다. 많은 여성들은 확실히 『파멜라』와 『클라리싸』 그리고 특히 『찰스 그랜디슨 경』의 풍속희극에서 영감을 끌어냈지만 리차드슨을 통하여 직접적 간접적으로 영향을 행사하던, 그들 이전의 여성적 전통과 단절된 것은 아니었다. 여성소설가들에게 리차드슨의 중요성은 그가 모방하고자 하는 모델을 제공했다기보다는 여성소설가들이 수용될 수 있는 풍토를 창출해내는데 도움을 주었다는 데 있다. (89)

여성소설가들에게 리차드슨의 중요성은 새로운 모델의 제시에 있지 않다. 그것은 리차드슨이 여성적 글쓰기 전통에서 글을 쓴 것이기 때문이다. 하지만 리차드슨이 하나의 획을 긋는 것은 여성작가들이 배척받는 상황에서 어떤 측면에서는 그들이 수용될 수 있는 풍토를 창출한 것이라고 스펜서는 말한다.

이러한 스펜서의 주장 역시 양면적이기는 하다. 여성작가들의 소설들이 수용되지 못하게 한 문화적 통제자들이 바로 리차드슨의 소설을 받아들이게 했기 때문이다. 이 문화적 통제자들은 프로테스탄트 목사이거나 정기 저널이나 신문, 잡지 등의 남성 편집인이었다. 이들 문화적 통제자들이 앞장서 젠더화 담론을 개시했고 그 담론의 소설적 반영이 『파멜라』에서 본격적으로 드러났기 때문에 순회도서관을 타고 목사의 설교를 통해 홍보가 되면서 새로운 소설적 분위기를 개시한 것이다. 이것을 한편으로는 도덕적으로 고상한 소설의 새로운 시작으로 볼 수도 있고 다른 한편으로는 젠더화 담론에 소설이 갇히게 됨에 따라 소설은 더욱 협소한 범위로 제한되고 여성성의 소설이 여성성을 가정과 사랑 속에 묶어두어 여성을 배반하게 하였다고 볼 수도 있다.

그러면『파멜라』는 어떤 측면에서 소설을 개시했다고 주장하는가? 와트는 형식적 리얼리즘이라 주장하지만 그것은 형식적인 것일 뿐이고 내용적으로는 젠더화 이데올로기가 관철된 것이라 볼 수 있다.『파멜라』는 젠더화 이데올로기가 전면적으로 주장되기 시작했다는 의미에서 소설을 개시했다고 할 수 있다.

B씨는 데버즈 부인(Lady Davers)과 논쟁하면서 신분이 낮은 여자와 자신의 결혼이 결코 서로의 역할들이 뒤집어지는 만큼 충격적인 것은 아니라고 주장한다(389). 당시 여론 주도층의 일원이던 존슨 박사는 인정 있는 사람은 여성이 자기보다 낮은 신분의 남자와 결혼하는 것을 타락이라고 간주했다고 한다. 이런 불평등한 결혼이 지닌 함축성은 크게 두 가지로 나뉜다. 하나는 프로테스탄트 윤리에서 본 여성의 성적 감정과 관련된, 직접적인 젠더의 문제이고 나머지 하나는 계급의 문제로 치환된 젠더화 이데올로기다.

우선 여성의 성적 감정과 관련해서 어떤 프로테스탄트적 윤리가『파멜라』에서 관철되었는지 와트의 말을 통해서 보기로 한다. 와트는 불평등한 결혼에서 경제적 동기가 성적 동기보다 앞서는 것을 여성이 성적 욕망을 드러내지 않기 때문이라 본다.[86]

> B씨는 그의 환상을 적절하게 따르며 자기 신분보다 낮은 여성과 결혼할 수 있었는데 이는 남자들이 성적인 정열에 복종되기 쉽다는 것이 부인할 수 없고 되돌이킬 수 없는 사실이기 때문이다. 그러나 여성에게 있어서 남성처럼

---

[86] 리차드슨이 1751년『램블러』지에 인기리에 기고하면서 설명하였듯이, 구애에서 여성의 역할이란 여자로 하여금 그녀에게 구혼자가 실제로 청혼할 때까지 그에 대한 사랑의 감정을 느끼도록 스스로 허락하는 것은 지각없는 짓일 뿐 아니라 부도덕한 짓이라고 여기게 만들었기 때문이었다. 월터 그래햄(Walter Graham)에 따르면 97호는 그때까지 발행된『램블러』지 가운데 가장 인기 있었던 신문이었다(*English Literary Periodicals*, New York, 1930, p. 120.)고 한다. (와트 1984, 166 참조)

행동을 취한다는 것은 그녀가 성적인 감정에 빠지게 되었음을 인정하는 일이 될 것이다. 그런데 성적 감정에 물들지 않는다는 것은 『파멜라』에서 최근까지 영국소설에 등장하는 여주인공들이 변하지 않고 지니고 있는 독특한 태도들 가운데 하나이며 이의 갑작스런 붕괴는 20세기 소설의 깜짝 놀랄 만한 특징이 되었다. (1984, 164)

남성은 성적인 정열에 복종하기 쉬우며 마땅히 그래야 하기 때문에 신분을 그렇게 따지지 않지만 여성들이 만약 남성처럼 신분을 가리지 않고 사랑에 빠진다는 것은 성적 감정을 우선시하기 때문이라는 것이다. 와트가 보기에 이런 『파멜라』의 특징은 거의 200여년에 걸친 영국소설의 특징이다. 와트는 이런 성적 구별이 인위적인 것이라 보고 싶지는 않지만 "리차드슨에게서 발견하는 성의 개념이 리처드슨 이전의 시대보다도 남성과 여성의 역할 사이를 보다 완전하며 포괄적으로 분리시켜 놓고 있음은 확실한 사실"(162)이라 한다.

여성주의 비평가들은 프로테스탄티즘 윤리에 포함된 여성의 욕망을 은폐와 억압으로 보지만 와트는 이것을 중산층의 도덕적 승리로 본다. 리차드슨은 성 관계에서 최초로 소설이 문체의 분리와 철저히 결별하게끔 시도하였다고 할 수 있는데 이에 대해 와트는 "'고귀하고' '비천한' 삶의 분리도 같은 이유로 해서 와해시켜 버렸다. 도덕적 개혁의 움직임은 중산층에 의해 주로 지지받는 경향을 보였는데 이 중산층의 사람들은 그들보다 사회적으로 우월한 자들이 도덕적으로 열등하다는 가정을 지닌 집단으로서 자신들의 생각을 강화시켰기 때문"(1984, 166)이다. 이런 예는 '방탕한 시골의 지주 대 미천하지만 덕이 있는 하녀'라는, 『파멜라』에 나오는 상황이다.

이처럼 와트는 젠더의 문제를 계급의 문제로 치환한다. 와트에게 소설은 전형적으로 "사회계층간의 갈등을 이용"(1984, 166)한다. 그리고 "소설의 문학적 양식은 급진적이라 할 정도로 독특하지만 소설은 개인적인 행동들과 인물들이 보다 커다란 사회적인 문제들을 대변하게 함으로써 보편적인 의미를 성취한다" (1984, 166)고 한다. 와트 소설론의 구체적 전개는 계급의 문제를 보편적인 의미로 치환한다. 그래서 그는 "『파멜라』에 나오는 행동의 훨씬 커다란 단순성은 파멜라와 B씨의 투쟁들로 하여금 두 계층과 그들의 삶의 방식간의 당시의 보다 커다란 갈등들을 훨씬 용이하게 비치도록 만든다"고 본다. 그래서 미천한 중산층이 고귀한 시골지주를 재교육시켜 청교도화시킨다. 성윤리에서 중산층의 규범이 거둔 확고한 승리는 연애나 사랑이나 성적 감정이 아니라 오로지 결혼을 통해 드러나는 것이다. "물론 이러한 것들은 주로 주관적인 개인의 가치들에 관한 문제이며 이들의 조정은 소설 전체를 통해서 주인공들의 내적인 삶들을 정치적으로 드러내는 것을 포함하고 있는데, 이러한 폭로는 남주인공의 개종이 워낙 완전해서 대버즈 부인의 입장에서 보는 한 그가 '청교도'가 될 때까지 계속된다"(1984, 166). 와트에게 파멜라의 결혼은 중산층의 승리인 동시에 프로테스탄티즘 도덕의 승리이다.

그런데 앞서 말했듯이 『파멜라』는 도덕적인 소설만은 아니다. 와트도 "『파멜라』를 초오서의 『트로일러스와 크리세이드』(Troilus and Criceyde), 또는 셰익스피어의 『로미오와 줄리엣』와 비교해보면 비록 리차드슨이 언어와 개방적인 태도들에 있어서 대단히 순수하다고 하더라도 그의 작품은 성관계 자체에 훨씬 독점적으로 집중되어 있음이 명백히 드러난다"(1984, 171)고 본다. "그렇게 소란법석을 떠는 정략적 정숙"(1984, 172)을 리처드슨이 강조한 것이라든지 "설교단에서 칭찬받을 수도 있으나 외설적인 작품으로 공격받을 수도 있는 작품, 설교와 스트립쇼가 결합된 매력들로 독서대중들을 만족시켰던 작품을 창조해내고자"(1984, 172) 한 것에 대해 와트 역시 비판적이다. 와트는 이런 이중성에 대해 다음과 같이 설명한다.

> 이러한 이중성이 발생하는 요인— 우리 시대에서처럼 리차드슨의 시대에서
> 도— 은 아마 금기시되는 대상이 언제나 이를 금하는 사회의 가장 깊은 관심
> 을 가리키고 있다는 점일 것이다. 결혼 외의 성적 관계에 대한 금제들을 강
> 화시키고자 결합된 모든 힘들은 인간 생활의 총체적인 양상에서 성의 중요
> 성을 실제로 증가시키는 경향이 있었다. (1984, 171-2)

와트는 금기시되는 것이 사회의 가장 깊은 관심이고 결혼 외의 성적 관계를 금기시함으로써 오히려 성에 대한 담론이 범람하고 증가하였다고 본다.

그런데 이런 일반적 설명만으로는, 와트 스스로 인정하듯이 "리차드슨이 비록 청교도적이긴 하지만 이전에 만들어진 적이 있었던 어떤 단일한 사랑 플롯보다 더 세세한 설명을 했던 이 작품이 문학사에 성공적으로 진입하여 유명하게 되었다"(1984, 172)는 사실에 대해 해명할 수 없다. 이 모순성을 성적 모호함에서 비롯되었다고 보는 와트는 이에 대한 해명을 하지 못하고 다만 "소설이 구성하는 사회의 가장 근본적인 신비 속으로 허구상의 입문의식을 행해온 것"이라고 모호하게 얼버무리고 만다(1984, 172). 와트의 이런 모호함과 얼버무림은 앞서 말했듯이 소설을 계급갈등을 비추는 거울, 즉 사회를 비추는 거울로만 보기 때문이다.

와트의 주장처럼 귀족과의 갈등에서 승리하는 중산층적 계급투쟁만 보여주는 것이 소설이 아니다. 오히려 와트적 의미의 '소설의 발생'은 중산층 남성에 의한 중산층 여성의 종속을 보편규범으로 만들어놓는 것이다. 유물론적 비평가들은 소설을 계급갈등으로만 읽으려고 함으로써 양성의 전쟁을 은폐하는데 와트 역시 '성적 모호함'이란 표현을 통해 양성간의 전쟁을 은폐하고 젠더화 이데올로기를 모호하게 처리한다.

『파멜라』이후 소설 비평계는 그 이전 작품을 소설로 인정하기는 했지만

비도덕적인 것이라 비난했다. 엘리자베스 그리피스(Elizabeth Griffith)는 『수정된 소설집』(Collection of Novels, Selected and Revised)(1777)을 내면서 젠더화 담론에 충실하여 여성소설들을 많이 삭제했다. 결혼에서의 불충실성이나 남성의 성적 폭력, 능동적인 여성의 욕망, 여성의 이중성과 개인적 야망 등과 관련된 소설들을 텍스트에서 삭제했다. 남아있는 이야기는 남성적 권력에 의해서라기보다 운명의 손아귀에서 고통 받는 여성이 겪는 애처로운 멜랑꼬리를 강조것뿐이었다(밸러스터 208).

소설은 양적인 면에서만 여성들이 지배한 것은 아니다. 양적인 면의 지배라 하더라도 그것이 6-70%가 넘을 때는 단순한 양적 지배를 넘어선다. 초기의 리체티의 주장처럼 여성들이 남자들에 비해 교육이나 정치 측면을 비롯하여 여러 가지로 훌륭하게 될 가능성이 부족했기 때문에 여성들의 작품의 질이 낮은 것은 아니다. 오히려 옹이나 보즐라의 말처럼 고전 교육에서 자유로웠기 때문에 소설적 문체와 표현에서 더 탁월했다.

이들의 작품을 질 낮은 것으로 여긴 것은 여성성에 대한 담론이 여론을 장악했기 때문이고 따라서 여성작가들은 젠더화 이데올로기에 의해 선별되고 비난받고 탄압받으며 조롱받는 가운데 역사의 뒤안길에 서있을 수밖에 없었다. 재청교도화로 특징지을 수 있는 18세기 중엽의 젠더화 담론에 의해 리차드슨과 필딩의 남성작가들이 득세하는 가운데 일시적으로 여성작가들이 갈 길을 잃고 방황했지만 여성작가들은 끊임없이 형식을 실험하고 자신의 주어진 존재조건에만 머무르지 않고 보다 높은 꿈을 품고 노력하였다. 그 결과 18세기 말 이후 제인 오스틴의 등장과 함께 19세기 소설은 다시 여성들이 중심 무대를 차지하는 영역이 되었던 것이다.

VI. 결론

　이 글은 고대소설에 대한 연구와 여성주의적 시각을 바탕으로 와트의 소설의 근대영국 발생론이 지닌 이론적 편향성을 지적하고자 하였다. 특히 이 글은 고대소설 발생론이 자본주의 중심주의와 영어권 쇼비니즘, 중산층 중심의 소설발생설 등을 부정할 역사적 근거를 제공하고 있음에 주목하였다. 문제인식의 출발점은 근본적으로는 비영어권이며 비제국의 여성이라는 필자의 실존적 조건이지만 와트에 대한 수정주의적 비평에 많은 도움을 받은 것 역시 사실이다.
　고대소설 발생론은 고대 동서양이 만났던 지중해 문명권에서 소설이 발생되어 고대 헬레니즘과 고대 로마시대에 번창하였다고 본다. 이러한 관점은 역사 실증적 차원에서 올바를 뿐만 아니라 아랍이나 아프리카, 아시아 지역의 소설발생의 독자적 여지를 제공한다는 점에서 탈식민지적 관점이다. 따라서 고대소설 발생론과 여성주의 시각이 결합되어야만 개략적이나마 온전한 소설발생론의 윤곽을 그릴 수 있고, 와트의 소설발생론에 대한 대항담론을 생산해낼 수 있다.

　'소설의 발생'을 논한다는 것은 소설이 원래부터 존재하던 것이 아니라 일정한 역사적 시점에서 특수한 조건에 의해 발생되었다는 것을 의미한다. 정신의 형식으로서 소설 장르가 미리 앞서서 주어져 있던 것을 갱신시킨 것이 아니라 처음으로 창출 발생된 것은 언제부터일까? 와트의 주장대로 18세기 중엽 영국에서 리차드슨을 비롯한 남성 3인조에 의해 처음으로 발생된 것일까? 와트의 『소설의 발생』이 지닌 함의에 영국소설의 발생을 추적하는 문제와 소설 자체의 발생 문제를 추적하는 문제가 섞여있어『소설의 발생』에 대한 비판을 통하여 소설 발생의 기원 문제를 정확하게 잡아내기는 어렵다. 와트의 소설 발생론에 대한 비판이 마치 발생의 내재적 조건을 무시하고 영국소설이 외부의 영향 관계에 의해서만 발생되었다는 것으로 비출 수도 있기 때문이다.

　하지만 유럽 다른 나라에 비해 소설의 내재적 발생과 발전이 늦었다는 조건 속에서 오히려 영국소설의 발생을 보편 장르로서의 소설 발생의 문제로 대치시킨 것은 발생의 신화가 갖는 이데올로기적 혐의를 가지게 한다. 기원과 발생의 문제를 추적하는 것을 마르크 블로흐(Marc Bloch)는 "역사의 옳고 그름을 파악하려는 또 하나의 악령"(58)으로 보고 있다. 이런 점에서 발생의 시기를 연대기적으로 추적하기보다 소설이 시공간을 벗어난 인간정신의 보편적 형식이라는 가정 하에 역사상 소설이 번성했던 '소설의 시대'를 살펴보는 것이 더 타당하다.

　소설은 정신의 형식으로서 시작했다. '소설이 정신의 형식으로 시작했다'는 것은 두 가지 커다란 함축성을 지닌다. '정신의 형식'이란 말은 경험 이전의 선험성을 지닌다는 것이고 '시작했다'는 것은 어느 특정한 역사적 시점이 존재한다는 것이다. 그것은 정신의 형식인 문학 장르의 법칙으로서의 선험성과 사회역사적 법칙으로서의 사회역사성이 소설이라는 장르를 규정하기 위해 함께 존재한다는 것이다. 그러면 문학 형식의 법칙과 사회역사적 법칙의 관계는 어떻게 되는가? 이 문제에 대한 해명을 통해서만이 소설의 발생문제를 해결할 수 있다.

이 두 법칙이 완전히 일치하는 것으로 보는 입장은 와트와 루카치에게 나타나고 그들에게 소설은 자본주의만의 산물이 된다. 와트에게 소설은 역사상 가장 독특하게 장르의 법칙과 자본주의 사회역사적 법칙이 함께 일치하는 유일한 형식이다. 루카치의 견해 역시 사회역사성과 소설의 발생을 자본주의적으로 규정짓는다는 점에 대해서는 와트와 일치하지만 처방은 다르다. 그는 총체성을 잃어버린 자본주의적 특수성을 강조하기 때문에 사회주의 리얼리즘만이 총체성을 회복하는 소설이라 본다.

모레티는 이 두 법칙을 분리시켜, 다윈의 진화론을 문학사에 적용하여 무작위적인 변이의 수사적 혁신과 필연적인 선택인 사회적 선택으로 나눈다. 그는 형식주의 비평과 사회학적 비평으로 나누어진 하나의 문학사를 구축하고자 하는데 문학의 사회적 측면은 문학의 형식 속에 있고 형식은 자체의 고유한 법칙을 가진다고 한다(25-26). 그는 부르주아적 개인의 운명을 그린 소설과 달리 우주와 인류의 운명을 다룬 서사시들은 근대에도 존재한다고 본다. 그는 와트와 달리 형식의 문제를 사회구성체와의 관계로 환원시키지 않는다.

필자는 형식의 법칙과 사회역사적 법칙(사회구성체)이 소설에서만 일치한다는 와트와 루카치의 유물론적 입장에 대해서는 기본적으로 부정적이다. 그리고 모레티가 이 둘을 분리시켜 내용의 사회적 측면에 유물론적 법칙을 적용한 것에 대해서는 어느 정도 인정하지만 형식의 법칙을 진화론적으로 설정한 것은 반대한다. 형식은 정신의 미약한 기미나 징후에서 조금씩 진화되어 집합되고 자연 선택되어 일어난 것이 아니라[87] '어느 시점'에 발생, 융성해서 시대적, 지

---

[87] 소설 발생의 사건이 뚜렷하게 주어진다기보다 소설이 최초로 융성한 시대의 장르적 특징 속에서 소설의 존재가 발생, 시작되었음을 알게 된다. 최초의 한 단어에서 출발했다는 언어에 대한 진화론

역적 편차와 변용만 거칠 뿐이라고 본다.[88] 그래서 이 '어느 시점'을 밝혀내고자 하는 것이 소설 발생에 관한 연구가 될 수밖에 없다. 그런데 본문의 제3장 2절 고대소설 발생론과 장르시론에서 동방기원설이나 그리스 소설의 내재적 기원설 등에 대해 언급하기는 해도 어디까지나 최초로 소설이 융성했던 시대를 살펴보았지 기원으로서의 발생학적 사건을 규명하려고 하지는 않았다. 와트는 디포우, 리차드슨, 필딩 등의 소설들이 18세기 중엽 영국에서 일어난 발생학적 사건이라 보는데 비해 필자는 고대 헬레니즘과 로마 시대에서 유럽 문학사상 최초의 소설의 시대를 찾고자 하였다.

문화란 "우리의 본능에 따라 유도된 표현양식"(7)으로 보는 매트 리들리(Matt Ridley)의 견해가 소설에 그대로 적용될 수 있다. 소설은 본능에 따라 유도된 표현양식이기 때문에 지역과 시대에 따라서 차이가 나고 영향관계와 파생관계가 성립되어 수용되고 전파될 수 있다. 따라서 소설은 우리의 본능에 따라 유도된 정신의 한 형식이다. 여기서 "본능은 변화 불가능한 유전적 프로그램이 아니라 학습가능한 특성이며 인간이 본능을 가지고 있다는 믿음은 인간이 교육의 산물이라는 믿음에 비해 특별히 결정론적이지 않다는 것"(리들리 7)이다. 이러한 학습가능한 선험성을 인정하는 가운데 소설은 정신의 한 형식으로 시작했다. 소설은 사회와 역사에 따라 내용적 형식적 변이를 가지는데 그것은 정신이 사회와 역사에 따라 재현해내는 능력 속에 소설이 존재하기 때문이다.

소설이 모든 역사적 상황 속에서 항상 존재한 것은 아니다. 소설의 존재양식은 시간과 공간에서 불연속적이다. 따라서 전제되어야 할 것은 소설이 특수

적 기원이 부정되듯이 소설의 형식발생 문제 역시 비슷하다 할 수 있다.
[88] 소설이 정신의 형식으로 시작했다는 의미는 정신의 형식이 지닌 선험성을 지적한다는 점에서 프라이의 원형성을 어느 정도 받아들이나 프라이가 역사진보론적 관점에서 사회구성체와 대략적으로 형식의 문제를 일치시키려고 했다는 점에서는 다르다. 소설은 융성을 위해 특수한 시대적 조건을 필요로 하는 것이지 특정한 사회구성체와 직접 결부되지 않는다.

한 존재조건들을 요구한다는 것이다. 소설의 시대는 역사상 5개의 큰 역사적 시점을 지닌다고 볼 수 있다. 고대 헬레니즘과 고대 로마시대, 13세기 기사도 로망스 시대, 17세기 고전주의의 절대왕정시대, 18세기 중엽 이후 19세기까지 부르주아 의회주의 사회, 그리고 마지막으로 20세기 전반기의 사회주의 혁명 전후의 시대 등이다. 이처럼 불연속적인 소설의 시대가 지닌 차이들을 가늠해 보면 소설의 조건들이 '사회구성체'라는 단 하나의 주춧돌로부터, 또는 이데올로기적 종교적 담론들로부터 규명할 수 없게 된다. 그래서 소설의 조건들은 횡단적이라 볼 수 있다. 이 횡단적인 조건들에서 불변인 것은 소설은 정신의 한 형식으로서 산문 서사 허구라는 것이고 철학과 담론의 시대가 곧 소설의 시대였다는 것이다(바흐친 32).

횡단적인 소설의 시대는 대부분 중하층과 여성들의 등장과 관련되어 있고 지배담론에 대한 대항담론이 왕성한 시기로 특징지울 수 있다. 이것은 소설이 원심성과 민중성을 지님을 보여준다. 하지만 와트의 소설 발생에 해당하는 네 번째 소설의 시대만은 구심적이고 지배담론에 유용한 형식으로 존재한다.

소크라테스 이후 그리스 철학은 사회와 개인의 관계를, 인간 행위의 존재론적 문제를 진리, 미와 선(윤리), 에로스의 관점에서 고찰한 중심적 지배적 담론이라면, 헬레니즘 시대 이후의 고대 그리스 로마 소설은 여성들과 중하층 부르주아가 자신의 생활상에 대한 관심과 이해를 소설이라는 허구적 형태를 통해 풀어낸 주변적 대항적 담론이라 볼 수 있다. 이 소설들은 남자 자유인과 사회의 관계를 위치지우는 사회의 구성이라는 중심 담론의 1차적 관심사가 아니라 남녀 간의 사랑을 통한 개인의 실존적 조건의 탐색이라는 문제를 통해 자신의 신분 동요와 가난에 대한 불안을 드러낸 주변부 담론이라 할 수 있다. 귀족이나 전사계급이 아닌 몰락한 하급귀족이나 평범한 중하층, 자유 노예 등의 등장은 당시의 개인주의와 상업발달을 반영한 것이다.

12-3세기 궁정풍 사랑을 읊은 투르바도르 시인들의 노래는 켈트 신화와 결합하여 아더 왕 로망스라는 최초의 궁정 소설(the first courtly novel)을 낳았다 (Rougemont 123). 노래는 신화를 만나 서사로 전환되었던 것이다. 궁정풍 연가들은 12세기 교황 중심의 지배담론에 대항하는 카타르 파[89]가 지배적이었던 프랑스 남부 지방을 중심으로 번성했으며, 수많은 연작 시리즈를 낳았던 아더 왕 로망스를 비롯한 기사도 로망스는 장자 상속권에서 배제된 차남 이하의 귀족계급 출신의 기사들이나 중하급의 기사들이 장원의 실권을 장악한 귀부인(남편과 귀족계급 출신의 기사들이 전쟁에 나간 권력의 공백기)과의 이상화된 사랑을 통해 그들의 신분 안정과 상승, 그리고 부에 대한 갈망을 반영한 것이라 할 수 있다(매키온 141).

　17세기 절대왕정의 고전주의 시대는 선정소설과 파카레스크 범죄소설이 양 날개를 취하고 있었다. 그 이전의 비희극들이 주로 남성에 의해 씌어진 반면, 궁중 스캔들 중심의 소설들은 주로 여성작가들에 의해 씌어졌다. 방탕한 귀족들이 순진한 여성을 짓밟는 내용이 주된 소재로 수많은 여성을 사랑의 재물로 삼은 점도 없지 않지만, 여성 3인조 소설에서는 여성의 욕망을 남성들의 욕망과 동등하게 인정하고 남녀 사랑과 욕망의 관계를 당시의 권력관계에 빗대어 파악함으로써 남녀 관계를 정치적 문제로, 정치적 문제를 남녀의 문제로 치환시켰다. 이 시기의 소설들은 오랜 중세적 가부장 질서를 벗어나고자 하는 남녀 관계의 새로운 정립이라는 양성간의 전쟁을 보여주었고, 결론에 가서는 항상 욕망을 과감하게 드러낸 여성들이 성공하고 자립하고 자신에만 충실한 남편을 얻는 것으로 그려 여성우위의 반 지배담론을 보여주었다.

---

[89] 12세기에 카타르파는 알비주아 파 교단의 피의 숙청(the bloody Albigensian crusade)에도 불구하고 수백만 명의 개종자를 거느린, 로마 교황청에 최대 위협 세력으로 부상했다. 교리는 영과 육, 선과 악, 빛과 어둠을 나눈 이원적인 체제로 그리스도의 육화를 부정한다.

이에 비해 범죄를 다룬 피카레스크 소설은 기존 질서에 대항하는 중하층 계급의 일탈과 위반을 보여주는 것이었다. 이 소설들은 일반적인 사실주의 소설에서처럼 하층의 삶에 대한 묘사를 통해 새 사회에 대한 열망을 드러내는 것이 아니라 기획 자체가 본질적으로 범죄적이다. 창녀나 건달, 소매치기, 사기꾼이나 도둑, 아웃사이더가 없다면 소설의 장르를 상상하기가 불가능할 정도다. 범죄자는 처형되기 직전에 후회하고 범죄는 지탄의 대상이 되지만 중하층의 억눌린 심정에서 모방하고 싶은 충동을 야기한다. 이들 중하층의 범죄를 통한 일탈과 위반은 운이 좋다면 성공하여 부르주아로 변신하는 기회를 제공한다. 특히 식민지에서의 중하층의 범죄는 한 밑천 잡아 부유한 신사가 되어 귀국하여 중상층으로 부상하는 계기가 되기도 한다.

18세기 중엽 이후 부르주아 의회정치 시대의 소설의 융성은 와트가 '형식적 리얼리즘'이라 일컫는 소설의 시대이다. 이 시기는 20세기 초 모더니즘 시대까지 이어진다고 볼 수 있다. 18세기 들어 사회가 안정되어 계급이 어느 정도 고착되면서 중하층이 신분상승할 수 있는 기회는 극히 제한되었다. 토리당과의 대결에서 승리한 휘그당이 일당 중심의 의회정치를 펴는 때이기도 하는 이 시대는 소설에 대한 이데올로기적 통제와 조작이 유례없이 행해지던 시대라 보아야 한다. 그 이전의 시대는 소설의 담론 생산층과 소설의 소비층이 중하층 계급과 여성들을 대변하는 익명의 작가들로 일치했으나 이 시대에 오면 이 두 층이 서로 분리된다.

와트는 자신이 형식적 리얼리즘의 창시자로 예찬한 디포우의 작품 가운데 『로빈슨 크루소』만 정전에 포함시켰다. 암스트롱과 텐넨하우스는 이 작품이 정전에 포함된 것에 대해 크루소가 여주인공의 방식대로 행위하는 디포우의 유일한 주인공이기 때문이라 한다(1992, 201). 몰 플랜더즈는 오히려 리차드슨의 남자주인공처럼 행세한다. 디포우에게 여성들은 언제나 기업가이고 식민지에서 성공하는 탁월한 사업가이다. 이들 여성들은 유혹자를 물리침으로써가 아니라 정열에 몸을 내맡김으로써 성공하고 유명해진다. 이런 의미에서 디포우는 17세기 절대왕정의 고전주의 시대의 마지막 소설가이자 『로빈슨 크루소』로 형식적 리얼리즘의 최초의 소설가 가운데 하나가 된다. 크루소는 무인도라는 폐쇄된 자급자족의 공간에서 돈도 필요 없고 오로지 근면과 신에 대한 경배로만 살아가는데 이러한 크루소의 삶은 가정에 속한 여성의 삶을 나타낸다고 보아 에지워스 부녀(Maria Edgeworth and Robert L. Edgeworth)는 『실천적 교육』 (*Practical Education*)에서 여성들에게 얼마나 『로빈슨 크루소』가 유용한 작품인가를 설파했다.[90] 디포우는 젠더의 게임이 바뀐 것을 알지 못했던 반면 리차드슨의 『파멜라』는 프로테스탄트적 윤리에 따라 젠더화 이데올로기에 충실하였기 때문에(암스트롱과 텐넨하우스 1992, 201) 와트에 의해 (형식적 리얼리즘) 소설의 발생작으로 불리게 된 것이다.

20세기 전반기는 사회주의 리얼리즘이 사회주의 혁명이 성공하든 하지 못하든, 사회주의 혁명이 일어나든 아예 일어나지 아니하든, 러시아나 유럽이나 미국 뿐만 아니라 일본, 한국 등 아시아 지역에서도 휩쓸고 지나간 시대이다. 이때는 지배담론에 대항하는 노동자를 포함한 중하층 계급과 여성들이 자신들의 대항담론과 소설의 생산 소비를 일치시킨 시대이다.

이처럼 소설의 시대는 불연속적이고 횡단적으로 역사에 존재하고 있을 뿐 사회구성체와 일치하여, 아니면 이데올로기적으로나 종교적으로나 지배담론과 일치하여 소설이 융성한 것은 아니다. 와트가 소설의 발생의 시대로 잡은 것은 역사상 네 번째의 융성기로 볼 수 있다. 부르주아 의회주의 시대의 소설의 융성기를 전체 일반의 소설의 발생과 융성으로 바꾸어버린 것이다. 앞서 말했듯이

---

90) Maria Edgeworth and Robert L. Edgeworth. *Practical Education*. vol. II (London, 1801), p. IX, viii.

나머지 네 시기들에 비해 이 시기는 소설 담론과 이데올로기 생산의 주체와 소설 소비층이 분리되는 시기인데 그것은 오랜 세월동안 소설의 주된 담당층이었던 중하층 계급의 일부가 중상층 부르주아로 신분상승하게 됨에 따라 이루어진 분열현상이었다. 중세에 중하층 신분이었던 이들의 신분상승은 그에 따라 그들이 향유하던 소설형식도 일정하게 신분 상승하게 되는 기회를 가지게 되었던 것이다.

　부상하는 중상층 계급은 18세기 중반 들어 자신의 계급적 기반이 확고해지자 자신에게 위협적인 세력은 더 이상 귀족이나 왕권이 아니라 도시 노동자와 여성을 포함한 광범위한 중하층 대중임을 알게 된다. 그런데 이들 대중은 그들에게 위협적이긴 하지만 함께 사회를 꾸려나갈 동반자이다. 귀족계급으로만 향하던 눈길을 거두어 이들 중상층은 자신의 지배를 확고히 하기 위해 이데올로기 작업을 확실하게 수행한다. 이전과는 달리 주변부 문학이었던 중하층의 장르인 소설이 문자 해독율의 증가와 인쇄술의 보급, 만민평등사상에 힘입어 지배적인 장르가 되었다. 이런 상황에서 여성을 비롯한 중하층의 장르인 소설에서 중상류층으로 구성된 지배층이 문학 헤게모니를 어떻게 장악할 것인가를 고민하게 되었는데 '18세기 중엽에 소설이 발생했다'는 것은 그들이 소설에 대한 헤게모니를 장악하여 여성을 비롯한 중하층의 대중을 통제할 수 있게 되었다는 것과 다름이 없다. 그것은 소설에서 프로테스탄트적 개인주의가 관철되었음을 말하기도 한다. 이에 대해 와트는 아예 소설의 발생 자체를 중산층에 의한 것으로 고착시켜 발생학적으로 고뇌의 짐을 덜어주었다.

　그동안 18세기 소설연구의 영미 비평계에서는 와트의 소설의 근대영국 발생론에 대해 부분적으로 문제점들을 인식하면서도 전체적으로 동조하는 인식이 대부분이었다. 이것은 장르론이나 전체 문학사 속에서 소설을 위치지우는 연구가 부족하고, 그동안 미시사에 대해 확대경을 들이대는 문화연구가 18세기 소설에 관한 연구에 지배적인 방법론으로 자리잡았기 때문이다. 2000년에 『18세기 소설』과 『스탠포드 인문학 리뷰』에서 『소설의 발생』을 기념하여 『『소설의 발생』을 다시 생각하며』와 『비평적 역사: 이안 와트의 생애』를 각각 출간하였는데, 이것은 어디까지나 와트의 주장을 보강하여 재확인하는 것이었다. 다양한 수정주의적 비판에도 불구하고 영미문학계에서 여전히 소설의 근대영국 발생론이 정설로 제도화되어 있음을 입증하는 실례라고 할 수 있다.

이런 상황에서 전체와 중심을 반대하는 포스트모던적 인식론은 많은 시사점을 제공한다. 그 어느 하나의 이론이 전체를 대표하고 하나의 문학사가 전체를 대변하던 역사 인식은 사라져야 한다고 본다. 와트의 소설발생에 관한 이론도 형식적 리얼리즘에 관한 기원의 문제로 좁혀져야지 18세기 중엽의 일정한 경향을 지닌 소설들이 그 당시의 영국소설을 대표하고 나아가 자본주의의 소설을 대표하고 나아가 전 세계, 전 역사의 유일한 형식으로 자리 잡는다는 주장은 무리가 있다. 따라서 와트의 소설의 발생은 형식적 리얼리즘의 발생으로 자신의 위치를 제한해야 한다.

와트의 소설연구가 문학사에서 과도하게 확대된 것은 장르론에 대한 연구 부족과 문화연구가 지닌 방법론적 결함에도 그 원인이 있지만 주체를 과도하게 강조함으로써 타자성을 상실하는 문학사연구방법론에 기인한 것으로도 보인다. 타자성을 인정하면 전 근대의 사람들도 소설(산문허구)을 즐겼을 개연성은 훨씬 높아진다. 극이나 회화, 철학, 시, 소설 등은 인간 고유의 정신적 형식으로서 어디서나 발견되는 것들이다. 여성들은 이성이 없다고 주장하는 남성 중심적 사고를 탈피한다면 여성들도 자신과 세계에 대한 재현욕구를 지니고 있으며, 문학적 관계를 당연히 맺게 된다는 것을 인정할 것이다. 남성들만이 소설가일 수는 없다. 절반 이상의 여성들이 독자를 구성하고 있으며, 고대소설에서든 근대소설에서든 남녀주인공이 동등하거나 오히려 여성주인공이 더 중심이 되는 작품들도 많은데 어떻게 여성 소설가가 없을 것이며, 그들이 '소설 발생'에 기여한 바가 없다고 할 수 있겠는가? 물론 여성작가와 독자들이 많이 등장했다고 하여 여성들만이 소설을 발생시켰다고 주장하지는 않는다. 페미니즘 문학사도 하나의 부분사로서 인정되고 전체 문학사 속에서 여성작가들의 공과가 검토되어야 하는 것이다.

와트의 『소설의 발생』은 18세기 소설연구에 대단한 업적을 쌓았지만 앞에서 살펴보았듯이 '그들만'의 편향은 많은 이데올로기적 함축성을 지니고 있다. 유물론과 형식주의적 개인주의 미학 사이에 이루어지는 종합의 시도는 블랙홀처럼 생각되어 그동안 전면적 비판에서 방어물로서 작용했다. 이 책은 냉전 시대의 사회학과 심리학인 기능주의와 행동주의적 사고방식이 관철된 것이다. 60년대 이후 기능주의 사회학과 행동주의 심리학은 자신이 배태된 고향인 미국에서조차 전면적으로 비판받고 수정되었다. 하지만 와트의 『소설의 발생』은 자본주의 국가들에서 여전히 소설에 관한 이론서로 각광을 받고 있다.

이렇게 된 배경에는, 소설의 기능과 역할을 최대로 높이 사서 소설을 정신과학의 최고 자리로 옮겨놓은 것에 대해 소설 연구자들의 이기주의가 작동하여 거의 비판받지 않은 점도 있었지만, 처음에 말했듯이 소설의 제도화로 인해 어느 정도 심리적 마비가 있었던 점은 부인할 수 없다. 이런 심리적 마비를 벗고 탈식민주의적 비판 작업을 통하여 와트의 『소설의 발생』에 대해 활발한 이론적 검토가 이루어져야 한다. 와트의 『소설의 발생』에 대한 비판적 작업이 별로 이루어지지 않은 풍토에서 와트 명제의 모순을 밝히는 반증 작업에 주로 집중하다보니 소설 발생에 대한 적극적 대항담론을 만들어내는 데는 소홀하였다.

이 글은 와트의 『소설의 발생』이 냉전 시대의 사회학적, 문학적 상상력의 산물이며, 역사 속에서 소설이 융성했던 여러 시대 가운데 '18세기 이후 부르주아 의회정치 시대의 소설'의 특징을 제도화한 것이기 때문에 근대 영국소설의 한 형식인 형식적 리얼리즘의 발생사라는 소설의 부분 발생사로 재평가하는 것이 온당하다고 본다. 이 글의 목적은 부분 발생사를 전체 소설 일반의 발생사로 탈바꿈시킨 영미문학계의 제도화된 관점에 비판적 시각을 제공하고, 소설은 고대로부터 내려오는 인간 상상력과 언어의 산물이며, 여성을 비롯한 중하층의 보통사람들이 만들고 즐겨 읽는 민중적인 장르였음을 드러내는 것이었다.

■ Abstract

A Critique of Ian Watt's Theory of the Rise of the Novel

    Ian Watt's *The Rise of the Novel* has been acclaimed as an important canonical work. His argument that the novel originated in England in modern times has enjoyed the status of a classical theory. Most theorists, including those who deny the English origin of the novel, accept his following premises: there is a correlation between the then rising capitalist middle class and the rise of the novel; only male authors, not women writers, contributed to the novel's rising out of the various English discourses such as Protestantism, individualism, and capitalism; and being the only formal realism, the novel is different from the romance in the literary species. According to Watt, the originators of the novel are Daniel Defoe, Samuel Richardson, and Henry Fielding.

These premises, however, have been criticized and attacked by many revisionist theorists. The critiques of *The Rise of the Novel* may be divided into several groups. The first one is suspicious of the English chauvinism. The second privileges the ancient rather than modern origin. And the third feminist group critiques the view that only male authors were responsible for the rise of the novel. In this study, I attempt to critically analyse the premises of *The Rise of the Novel* with such critiques in mind.

Literary histories can do much in forming the consciousness of various social groups as well as the national traditions and identities. What is problematic with Watt's theory is that it excludes the non-English, the feminist, the colored races, and the poor and ignorant. His theory is imperialistic, male-centered, and middle-class-centered. He accentuates the ideas of novelty, singularity and distinctions, while ignoring the traditional, the universal, and the similar. Though they seem to be dialectical synthesis of Marxist materialism and I. A. Richards's formalism, Watt's theoretical methods are based on Talcott Parsons's functionalism and Weberism. These thoughts were influential in the Cold War era, but have been challenged from the 1960s on. For Watt, the fictional works produced in the mid-18th century are marked by features of formal realism, such as a focus on daily life in particularized settings and a sense of information and immediacy. Watt's central concern is with the formal aspects of realism or narrative techniques. He turns away from the voices and reality of the low-class and women, while paying full attention to formal aspects of realism.

My arguments are as follows. First, the origin of the novel goes back to the low-middle class and women in the ancient Greek-Roman period. Second, the novel is the legitimate child of the romance, and now the romance should be included in the novel. The standards distinguishing the novel from the romance are not a matter of genre but only a matter of narrative mode. Formal realism is a mode rather than a genre. My third argument is that the novel did not rise out of the prose discourses characteristic in English, even though they might have been deeply influenced by them.

Fourth, I criticize the contextual aspect of his argument, that is, the close relationship between the rise of the novel and the rise of the middle class. The middle class in Watt's theory is the high-middle class in actuality, which were a part of the ruling classes. English high-middle class lacked the impulse required to create the novel self-consciously. The subjects in the rise of the novel were rather the low-middle class in the ancient or modern times. Last, I argue that there is a deep and meaningful correlation between the rise of women writers and female readers and the revival of realistic novel.

Since the seventeenth-century, the low-middle class and women enjoyed reading novels reflecting their desires and lives, which were not much different from those written in the ancient ages. The rising middle class tried to control the themes and contents of the novel with their Protestant standards and gender ideology. Watt erroneously called this tendency "the rise of the novel." It was not the rise of the novel, but the appropriation of it by the high-middle class. After two hundred years from the mid-18th century, Watt and his contemporary theorists, wittingly or unwittingly, contributed to the domination and control of various social groups under the middle class's leadership by institutionalizing the novel.

Key words: Ian Watt, *The Rise of the Novel*, functionalism, the ancient novel, prose discourses, formal realism, the rising middle class, the low-middle class, women writers.

2부

장르정치학: 소설의 발생과 영어권 쇼비니즘

장르정치학: 소설의 발생과 영어권 쇼비니즘

1. 문제제기

　이 글은 근대 소설이 자본주의 체제, 언문일치, 내면과 사적인 것의 등장 속에서 발생했다고 전제하고 이것을 기준으로 『소설의 발생』과 영어권 쇼비니즘의 관계를 고찰하고자 한다. 1958년에 출간된 『소설의 발생』(*The Rise of the Novel*)에서 이안 와트(Ian Watt)는 독서대중의 등장과 중산층의 등장, 소설의 발생이라는 삼 겹의 명제 아래, 18세기 중엽 영국의 남성작가인 다니엘 디포우(Daniel Defoe), 사무엘 리차드슨(Samuel Richardson), 헨리 필딩(Henry Fielding) 들이 소설을 발생시켰다고 주장하였다. 그는 이 책에서 소설(novel)을 로망스(romance)와 엄격히 구분하여 형식적 리얼리즘으로 규정짓고 영국만의 형식으로 전유한다.[1]

---

[1] 소설을 영국만의 장르로 규정지은 것이 와트 소설발생론이 지닌 모호성(ambiguity)의 진원지이다.

'소설이 근대 영국에서 발생했다'는 와트의 주장은 영국문학사의 한계를 넘어 하나의 장르로서 소설의 발생적 기원을 근대 영국에 두고 있다.

문학사가 지닌 공통의 기능 가운데 아주 중요한 하나는 민족 공동체와 국가 정체성의 감정을 지탱시키는 것이기 때문에 자국 중심주의가 불가피할 수도 있다. 하지만 근대 영국소설이 서구 근대 소설이나 일반적인 소설 장르의 기원이 된다는 것[2])은 영국 미국 모두를 포함한 영어권 쇼비니즘적 경향을 지닌다. 18세기 중엽 영국에서 소설이 발생되었다는 주장을 제도화시킨 것은 1958년 미국의 제도권 아카데미즘에서이다. 기원을 추적하는 문제는 항상 그 추적하는 시점과 관련되어있다. 즉 현재의 어떤 필요에서 과거의 문제를 재해석한다는 것이다. 이 말은 곧 『소설의 발생』에서 소설의 영국적 기원을 추적해나가는 문제가 1950년대 미국의 장르 정치학이라는 것이다.

첫 번째로, 영국 근대 소설의 기원을 서구 근대 소설의 발생으로 전도시키는 것은 영국적 민족주의를 통해 일어난다. 일반적으로 인정하듯이 자본주의에서 근대 소설의 기원이 비롯된다고 보면 자본주의의 발달 정도와 언문일치, 내면과 사적인 것의 등장이라는 문제가 근대 소설 발생 담론의 주요한 것이 된다. 하지만 영국 민족주의 문학사가들은 어느 지역이든 근대성과 근대 문학의 등장

현재 소설은 중세 로망스를 제외하고는 리얼리즘 소설뿐만 아니라 근현대의 로망스까지도 모두 포함한 것으로 사용됨으로써 실제로는 그러한 개념 규정이 거의 모든 곳에서 수정되고 있다. 하지만 영국에서 유독 소설 발생을 문제삼을 때에만 형식적 리얼리즘으로 소설을 제한함으로써 기원의 신화가 조작된다. 영국을 제외하고는 거의 모든 나라가 소설과 로망스를 구별하여 쓰지 않는다. 프랑스의 le roman, 이탈리아의 il romanzo, 독일의 der Roman은 로망스가 아니라 모두 소설로 번역된다.

2) 와트의 주장에는 근대 영국소설이 소설 일반의 기원으로 되는 문제와 서구 근대소설의 기원이 되는 문제, 영국의 근대소설의 기원이 되는 문제가 섞여 있지만 이 글에서는 근대 영국 소설의 기원을 서구 근대소설의 기원의 문제로 본 것에 대해 초점을 맞춘다. 필자는 소설이 자본주의만의 산물이라는 데는 찬성하지 않지만, 그리고 서구 근대소설의 기원이 동서양을 막론하고 일반 소설의 기원이 되는 것에 찬성하지 않지만, 서구 근대소설의 기원을 고찰하는 것이 고대 소설의 기원을 살펴보는 것보다 더 시급한 것이라 생각한다.

배경이 되는 이런 요인을 제쳐두고 중산층의 등장과 프로테스탄티즘의 여부, 영국적인 것의 여부를 주요 기준으로 삼는다.3) 따라서 17세기 스페인의 『돈키호테』(*Don Quixote*)4)(1605)나 프랑스의 마리 드 라파이예트(Marie de Lafayette)의 『클레브 공주』(*Madame de Cleves*)5)(1678) 뿐 아니라 17세기 영국의 아프라 벤(Aphra Behn), 일라이자 헤이우드(Illiza Heywood), 들라비에르 맨리(Delaviere Manley) 등 여성 3인조의 작품들도6) 소설에서 배제되고 로망스로 폄하된다.

두 번째는 미국의 장르 정치학과 연관되어 있다. 『소설의 발생』이 1950년대에 미국에서 제도화된 것에 대해 호머 브라운(Homer Brown)은 "영국문학이 미국 고유의 것으로 간주된다는 것, 그리고 미국 자체의 제도 속에서 특이하게 미국적인 방식으로 읽힌다"(1996, 28)는 것이라 본다. 『소설의 발생』을 제도화시킨 대학교육을 비롯한 미국 제도권의 의도는 비미국적인 영문학의 정전 수립을 통해 미국비평이 영국문학을 전유하려는 것으로 볼 수 있다. 영문학을 영국문학이 아니라 영어로 된 문학으로 범위를 확대한다면 그것은 미국 문학의 우산으로 들어오게 된다는 것이다. 이렇게 해서 영국이라는 영토의 강조가 아닌, 영어라는 언어의 강조는 스페인과 프랑스 소설을 기원에서 배제하는데서 영국

---

3) 이러한 문제인식에 따라 이들은 소설 개념을 아주 영국적으로 특수하게 제한한다. 거의 대부분의 나라에서 소설은 사적인 것을 다루는 산문 허구로서 성격을 가지는 반면 영국에서 소설은 허구라기보다 산문담론과 저널기사 등 18세기적 영국의 특징을 지닌 사실에 토대를 둔 산문에 가깝다. 이를 와트는 형식적 리얼리즘이라 불렀는데 어떤 개념을 택할 것인가에 따라 소설의 기원 문제도 달라진다. 하지만 만약 이런 소설 개념을 사용한다면 소설은 한편으로는 산문담론이나 신문 기사 등으로 변하고, 다른 한편으로는 근현대의 로망스까지 포함한 지금의 소설로 변하여 이미 사라지고 없는 18세기 중엽의 과도적 장르일 뿐이다.
4) 김현창은 『스페인 문학사』에서 이 책이 "내용이나 성격면에서 근대 소설의 효시라는 문학적 가치를 지닌다"(171)고 한다.
5) 김붕구는 라파이예트 부인이 이 작품으로 "17세기에는 보기 드문 심리 소설가가 되었다"(85)고 한다.
6) 일반 소설 장르나 서구 근대소설이 아닌 영국 근대소설은 이 여성작가들에 의해 발생되었다는 것이 필자의 주장이다.

적 민족주의의 구미를 충족시킬 뿐만 아니라 영국으로부터 영어 종주국의 위치를 빼앗으려는 1950년대 미국의 문화 정치학과도 결합하게 되는 것이다.

　이 글은 소설의 기원을 둘러싼 이러한 전도와 전유를 밝히기 위해 다음과 같이 구성된다. 2장에서는 절대주의 시대의 소설 등장을 근대 소설의 기원으로 설정하는데서 해결되어야 할 문제를 고찰한다. 3장에서는 영국적 민족주의 문학사가 소설의 기원을 전도시켜 전유해나가는 과정을 몇 가지 논쟁을 중심으로 다룬다. 하나는 18세기 중엽 이전부터 소설을 두고 벌인 젠더와 도덕의 문제이고, 두 번째는 민족주의에서 비롯된 영국적인 것의 강조가 소설 일반의 발생 문제로 전화되는 과정이다. 4장에서는 『소설의 발생』을 제도화하는 것을 넘어 급기야 소설의 발생을 미국에서 찾는 미국 민족주의의 문제를 다룬다. 『소설의 발생』이 미국에서 제도화되는 과정에서 일어난 장르 정치학에 대한 고찰과, 근대 민족주의의 기원을 미국에 두는 베네딕트 앤더슨(Benedict Anderson)의 『상상의 공동체』(Imagined Communities)에 영향을 받은, 낸시 암스트롱(Nancy Armstrong)과 레오나드 텐넨하우스(Leonard Tennenhouse)가 『상상의 청교도』(The Imaginary Puritan)에서 소설의 기원을 미국적으로 전유해나가는 과정에 대한 탐색이다.

2. 절대주의 시대와 소설 발생 담론

　마가렛 앤 두디(Margaret Anne Doody)는 소설 발생 주체를 영국 청교도들과 상인들로 보는 영어권 비평가들의 경향은 장르와 역사에 관해서 매우 편협한 견해라고 보고 "어떤 쇼비니즘이 영어권 비평가들로 하여금" 16세기와 17세기 초기에 매우 뚜렷하게 보이는 스페인 소설들을 무시하고 소설이 본질적으로 영국적이고 영국이 소설 쓰기의 선구자인 것처럼 보이게 했다고 비판한다(Introduction 1). 두디는 스페인의 『돈키호테』를 두고 보아도 가톨릭과 근대 초기의 경제적 배경 역시 소설을 발생시킬 수 있음을 알 수 있다는 것이다.

이러한 두디의 문제제기는 서구 근대 소설의 기원을 근대 초기 절대주의 시대로 거슬러 올라가 찾을 것을 요구하고 있다. 사실 근대 소설의 기원을 추적하는 문제는 근대를 구성하는 자본주의, 민족주의 및 근대 국가의 형성과 불가분 연관되어 있다. 그래서 근대 소설의 기원의 문제는 거꾸로 자본주의나 민족국가의 기원이나 발생과 깊이 연관을 지니고 논의되고 있다. 이 장에서 필자는 서구 근대 소설의 기원이 절대주의 시대에서 비롯되어야 보편적인 근대 소설 발생 담론의 문제를 제기할 수 있다고 보아 우선 절대주의의 성격을 다룬다. 그것은 서구의 절대주의 시대가 본질적으로 자본주의이며, 근대 민족국가가 형성되고 민족주의가 등장하기 시작했던 출발점이며, 언문일치와 내면과 사적 개인의 등장이 뚜렷하게 이루어졌던 시대라는 점에서, 소설 발생론의 주요한 문제들을 거의 다 포함하고 있기 때문이다.[7]

산업혁명이 18세기 영국에서 일어났다는 통념이 지배적이게 된 이후, 17세기까지는 상업자본이 지배적이었으며 산업혁명 이전의 중상주의 시대로 중세와 근대의 징검다리 정도로 인식되었다. 그런데 기본적으로 절대주의는 자본주의 국가이며 근대 국가의 출발점이다. 『국부론』(*An Inquiry into the Nature and Causes of the Wealth of Nations*)에서 아담 스미스(Adam Smith)가 상업자본이 아닌 산업자본이 고전적 자본주의의 토대이며 18세기가 중상주의나 절대

---

[7] 가라타니 고진은 『일본 정신의 기원』에서 영국, 프랑스, 독일 등에 비해 비록 늦은 19세기 후반이기는 하지만 일본에서와 마찬가지로 중국, 한국, 불가리아, 그리스에서도 거의 같은 시기에 언문일치 운동이 일어나고 근대 국민국가 형성이 일어나는 가운데 근대 소설이 발생했다고 말하고 있다(14).

주의 시대와는 단절되는 산업혁명의 시대라고 주장하였다는 것은 후대의 해석일 뿐이다. 비비엔느 브라운(Vivienne Brown)은 산업혁명은 18세기 말이 아니라 19세기에 발생했으며 심지어 그 당시에조차 이전에 생각했던 것보다 점진적이고 단편적인 사건일 뿐이었다고 한다(202). 그는 "18세기에 일어났던 경제적 변화과정은 느리고 불균등했다. 18세기 경제는 전 산업경제였으며 스미스가 이후의 근대적 산업경제를 염두에 두고 있었다고 생각하는 것은 시대착오적이다"(224)라고 한다. 18세기의 많은 관찰자들은 역시 '상업'이 성장을 촉진한다고 보았다. 그런데 "상업은 자국의 활동이었던 만큼이나 국제적인 활동"(비비엔느 브라운 209)이었다. 18세기동안 수입은 4배 이상 증가했고 이는 국내 생산보다 매우 큰 증가율이었다. 국제적 상업은 적극적인 식민 정책과 병행되었는데 18세기 동안 산업의 발전이 아니라 국제적 상업이 영국의 경제발전의 견인차였다.

이런 주장들은 자본주의란 어떤 시기에 일어난 경제적 비약이나 단절이 아니라고 보며 중세와의 급격한 차이를 통해서 자본주의 자체를 절대화하는 관점을 비판한다. 자본주의는 중세 때의 농업혁명에서부터 점진적으로 이루어진 결과였다고 본다.[8] 가라타니 고진은 『마르크스 그 가능성의 중심』에서 산업자본의 무의식은 상업자본에 있음을 추적한 마르크스의 방법적 측면에 대해 감탄하면서 상업자본과 산업자본의 화폐 성격 분석에 초점을 맞추고 있다(2장, 3장 참조). 그는 산업자본과 상업자본을 분리시키는 것 자체가 불가능함을 말하고 있다. 즉 자본주의 자체가 지닌 폴리포니는 산업자본 자체의 성립을 원천적으로 불가능하게 하기 때문이라는 것이다. 이것은 중상주의 시대로 일컬어지는 절대주의 시대가 근본적으로 자본주의 시대의 무의식이자 원형이라는 것이며 투기

---

[8] 앤더슨은 "역사가 끊임없는 인과적 사슬이라거나 과거와의 급격한 단절이라는 개념이 없었던 중세 기독교도들의 사고(46)"에 대해 언급한다. 그런데 앤더슨이 자본주의적 역사 개념으로 내세우는 이 두 명제는 모순된다. 역사를 인과적 사슬로 보는 자본주의적 역사인식이라면 중세와의 인과관계가 배제된, 급격한 단절로서의 근대를 상정할 수 없기 때문이다.

적 속성의 상업자본이 자본의 가장 원형적 특성이라는 것이다.9)

근대 국가와 민족국가도 절대주의에서 비롯되었다. 데이비드 헬드(David Held) 역시 "절대주의와 여기서 비롯된 국가 간 체계가 현대 국가의 가장 가까운 원천이었다"(132)고 주장한다. 그에 따르면, 절대주의는 정치권력을 집중시키고 중앙 집권적 지배체계를 창출하기 위해 노력하면서 현세적이고 국민적인 권력체계로 나아가는 길을 닦았다. 절대주의 시대는 기독교권이라는 중세의 제국에서 해체되어 나오는 과정이었고 그 시대에 이루어진 무수한 전쟁과 전투를 통해 영토적 경계를 근대 민족 국가의 국경선으로 고정시킴으로써 근대 국가의 핵인 행정적 통치력을 갖게 된 시대였다. 민족국가나 국민국가라는 개념이 한 국가의 인민이 반드시 강한 언어적, 종교적, 상징적 통일성을 공유해야 한다는 함축을 갖는다고 여길 필요는 없다(C. Tilly 2-3). "국민을 민족국가로 통합하는 것은 ... 민족주의라는 정서의 존재가 아니라 다른 민족국가와의 복합에서 정확하게 규정된 영토적 경계에 대한 행정기구의 통일성"(172)이라는 앤소니 기든스(Anthony Giddens)의 주장은 절대주의 시대와 민족국가의 형성과의 관련을 명확하게 설명한 것이라 할 수 있다.

자본주의와 근현대 국가의 원형이 만들어진 절대주의 시대에 라틴어라는 기독교 세계의 문자에서 독립하여 자국의 말과 자국의 문자를 일치시키는 언문일치는 근대 소설, 민족국가와 거의 동시에 발생했다. 언문일치가 가속적으로 일어나게 된 것에 대해 앤더슨은 기본적으로 인쇄술이라는 기술적 혁신이 바탕이 되긴 했지만 종교개혁, 자본의 논리, 행정 지방어 등 3가지 요인을 들고 있다(67-70). 마르틴 루터의 독일어판 바이블이나 영국의 영어판 위클리프(Wycliffe) 바이블은 종교개혁에서 일어난 언문일치다. 루시앙 페브르(Lucien

---

9) 투기적 속성을 지닌 상업자본이 산업자본보다 우선한다는 것은 요즈음의 세계 자본주의의 상황을 보면 더욱 분명해진다.

Fevere)와 헨리 마틴(Henri Martin)에 의하면, "자본주의의 논리에 의해 일단 라틴어 엘리트 시장이 포화되자 단일어 사용자인 대중들에 의해 대표되는 잠재적인 대규모 시장을 겨냥하게 되었"(195)고 2억권 정도의 책들이 1600년까지 제작되었다. 인쇄술이 "세계의 모습과 상태"를 변하게 했다고 프란시스 베이컨이 믿었던 것도 놀라운 일이 아니다. 종교개혁에 대한 반동으로 일시적으로 쇠퇴하기는 했으나 "유럽 전역에서 자금이 부족해지자 인쇄업자들은 값싼 지방어판 책을 만드는 데에 더욱더 생각을 돌리게 되었다"(195)고 한다. 또한 앞으로 절대군주가 될 가능성이 있는 요직에 있는 사람들에 의해 행정의 중앙집권화의 도구로서 특정 지방어가 지역적으로 서서히 불균등하게 보급된 점을 들 수 있다. 앤더슨은 행정 지방어는 16세기 인쇄술의 발달과 종교적 격변이 있기 전에 탄생하였다고 하는데 이는 절대주의 시대에 행정지방어가 이미 사용되고 있었고 행정단위에서 언문일치가 일어나고 있음을 말한다.[10]

이러한 언문일치를 촉진시켜 대중에게 전파시킨 것은 무엇보다 소설이었다. 16-17세기는 고대소설이 번역과 인쇄를 통해 유럽 전 지역에 유통되고 있었고 영국도 예외적 상황은 아니었다.[11] 벤, 헤이우드, 맨리 등의 소설이 쇠퇴하기 시작한 시점에서도 18세기 초까지만 해도 꾸준히 외국 소설들이 번역, 소개되었다.[12] 절대주의 시대에 이미 인쇄 자본가가 등장했으며 바이블뿐만 아니라 많은 소설들이 언문일치를 통해 자국어로 공급되었음을 알 수 있다. 절대주의 시대의 작품을 근대 소설의 기원으로 보게 되면 워너나 두디의 말대로 당연 스

---

[10] 앤더슨은 언문일치가 일어난 요인에 대해 과학적 분석을 하지만 절대주의 시대의 민족국가 형성 및 민족주의의 등장을 거부하기 위해 행정지방어의 바탕에는 원형적 민족적 충동도 없었다고 폄하한다(70). 그는 종교개혁과 자본의 논리만을 민족형성의 주요한 외부적 요인으로 지적한다. 이러한 앤더슨의 의도에 대해서는 4장에서 논의하기로 한다.
[11] 두디, 10장 참조.
[12] 1708년에 영어로 출판된 새로운 소설이 10가지가 넘었는데 그 가운데 7가지는 번역물이었다(다우니 312).

페인이나 프랑스가 그 기원의 영토가 된다. 스페인의 『돈키호테』나 프랑스의 『클레브 공주』 등은 모두 절대주의 시대의 언문일치를 보여주는 작품으로 영국의 최초의 소설보다 앞선다. 하지만 영국의 민족주의 문학사가들은 이들 작품들을 배제하고 기원의 영토에서 이들 나라를 제외했다.

근대 소설 발생 담론에서 보편적으로 제시되는 3번째 주요한 문제인 내면과 사적 개인의 등장 역시 서구에서는 절대주의 시대에 일어난다. 와트는 "소설의 일차적인 판단 기준은 개인의 체험, 항상 독특하고 따라서 항상 새로운 개인의 체험에 비추어 진실한가 하는 것이다"(13)라고 말하면서 바로 그러한 이유 때문에 소설이라 불린다고 한다. 이처럼 와트가 소설의 아주 중요한 판단기준으로 삼은 사적 체험의 문제는 사실 18세기 중엽 영국에서 처음으로 발생한 것이 아니라 고전주의로 일컬어지는 절대주의 시대에 등장한 것이다(이에 대해서는 I부 IV장 2절 2항 '개인적 체험과 진실성'을 참조할 것).

절대주의 시대에서 서구 근대소설의 기원을 찾는 소설 발생론의 문제를 살펴보았다. 자본주의의 문제, 민족국가의 형성, 언문일치, 내면적이고 사적이며 성적인 것의 등장 등은 서구에서 뿐만 아니라 동아시아 지역에서도 근대 소설의 기원의 문제와 연관되어 있다. 와트가 주장하는 것처럼 프로테스탄트 교인과 상인들이 영국이나 미국에서 소설을 발생시켰다는 것은 영국의 근대 소설과 미국의 근대 소설에 특징적인 담론일 뿐이다(워너 33). 와트를 비롯한 영미권 주류 문학사가들의 소설 발생설을 되풀이하는 것은 그 이전에 다른 지역에서 소설이 발생했을 가능성을 원천적으로 배제하는 것일 뿐이다. 영미국의 근대 소설들이 원본이고 프랑스나 스페인 뿐 아니라 한국, 일본 등 여타지역의 소설들은 항상 영미국 근대소설의 복사본으로서, 불완전한 장르로서의 위치만 부여받게 된다.

3. 소설의 발생과 영국 민족주의

프로테스탄티즘 윤리에 침윤된 도덕적 소설이, 그리고 프랑스적이거나 유럽적이지 않은, 영국적인 소설이 소설의 기원으로 1958년 미국 대학에서 제도화되기까지는 약 200년에 걸친 오랜 여정이 있다. 이 오랜 소설의 여정은 에드워드 사이드(Edward Said)가 "부르주아의 정복"(144)이라 부르는 서구 사회 정복의 일부분으로서 소설의 제도화 과정이라 할 수 있다. 호머 브라운(Homer Brown)은 "제도화는 기원을 의미하는 한편으로 '최초'로 새로운 것을 확립하는 것을 의미하거나 사회적 수용, 재인식, 인정, 합법화를 의미"(1996 20)한다고 하는데 여기에는 제도화란 말 속에 숨어있는 역설적 의미가 정확히 포착되고 있다. 그래서 장르의 기원이나 발생을 두고 벌이는 논쟁은 제도화의 기원을 포착하는 것이 된다.

영국의 근대 소설을 소설의 기원으로 만드는 소설 제도화 과정은 젠더와 도덕과 민족의 문제가 교차한다. 따라서 젠더와 도덕, 민족이 교차하는 소설 발생론의 실체를 밝히기 위해서는 영국소설사의 몇 가지 쟁점을 따라갈 필요가 있다. 첫째는 여성적인 것과 도덕성의 문제이고 두 번째는 유럽적인 것과 영국 민족주의의 문제이다. 소설 읽기보다 소설 쓰기를 강조하는 새로운 연구경향 역시 언문일치나 민족주의 문제와 관련되어 있다.13) 세 번째는 중산층과 소설의 관계를 통해 소설을 국민문학이자 세계문학의 모범으로 제도화시켜 나가는 것이다.14) 이 과정은 모두 도덕의 이름으로 이루어졌다. 그래서 영국에서 소설의

---

13) 이것은 와트의 근대 영국 소설 발생설이 많은 비판을 받자 소설 자체의 발생을 주장하기보다 소설 발생의 아우라를 강조하는, 자민족중심주의적 경향을 보이는 문화 연구의 일환이다. 여기서도 역시 소설은 산문담론이나 저널기사 등을 포함하거나 그로부터 유래한, 과거와 다른 새로운 것이다.
14) 이에 대한 비판적 검토는 I부 V장 1절 '중산층의 등장과 소설의 발생'에서 다루고 있으므로 여기서는 소설 읽기와 분리된 소설 쓰기의 문제제기 가운데 발생하는 중산층과 소설 발생 문제만 간략하

제도화는 곧 소설의 도덕화 과정이었고 도덕적 차이가 소설의 종적 차이로 확대되었던 것이다.

소설의 여성성 여부와 도덕성을 둘러싼 논란은 현대의 문학사가들이 소설의 발생기라 주장하는 1740년대 이전에 이미 일어나고 있었다. 그것은 태아의 성감별을 통해 부모와 의사가 낙태를 시킬 것인가 말 것인가 하는 문제와 같은 것이었다. 소설은 태어나기 전부터 여성적인가 남성적인가의 문제를 통해 이미 여성적이라는 판결을 받은 것이었다. 16세기부터 그 시초가 보이는 사랑과 연애 소설은 소설이 여성적인가 남성적인가라는 담론을 항상 달고 다녔다(Doody 274). 이러한 논쟁의 결과는 항상 소설은 여성적이기 때문에 음탕해서 비도덕적이라는 것이었는데 그 근거는 라틴어나 고급문장이 아닌 일상어를 구사했다는 것과, 그리고 무엇보다 여성들이 작가이며 여성들의 운명을 다루고 여성들이 주 독자층이었다는데 있다.

18세기에 소설을 여성적인 것으로 보는 견해가 지배적으로 됨에 따라 그 가치도 폄하되었다. 알렉산더 포우프(Alexander Pope)는 소설 자체가 여성적이기 때문에 여성작가 뿐 아니라 많은 남성 작가들에 대해서도 악의에 찬 비평을 했다. 하지만 특히 여성작가에 대한 기존의 선입견을 가지고 헤이우드를 더러우며 단정하지 않으며 불쾌하게 성적이며 창녀라고 공격하였다(Jane Spencer 4 참조). 당시 북 리뷰의 서평자들 역시 여성과 소설은 함께 속한다고 했다. 이것은 당시의 공통된 믿음이었다. 스펜서에 의하면, 비평가들(대부분 남자들)은 자신들의 역할을 문화적 기준의 버팀목으로 자임하면서 소설과 같이 그렇게 천박하고 여성적인 오락이 대중성을 획득한 것을 개탄했다고 한다(4). 시장에서 여성들이 소설 판매자로서 성공할 때 그들은 문학의 타락을 더 소리 높여 외쳤으며 어떤 서평자는 여성들이 이러한 문학 산업의 분야를 거의 완전히 독점해버

게 다루기로 한다.

렸다고 불만을 터뜨리기도 했다.

　이렇게 낮게 평가되고 여성들의 전유물처럼 되어 남자들이 경멸하던 소설을 영국의 주류 비평가들은 남자들이 소설을 발생시킨 것으로 완전히 바꾸어버렸다. 이것은 역사의 아이러니이다. 기존의 소설들이 여성의 성적 자유의 문제를 담고 있고, 더구나 피카레스크 소설들에는 중하층의 범죄를 다루고 있기 때문에 소설은 중산층 남성의 세계에 위협적인 도전이었다. 더구나 남성의 힘에 의존하지 아니하고 오히려 남성보다 더 성공하는 여주인공의 등장은 훨씬 더 위협적이었다.15) 소설을 읽는 여성독자와 그 소설을 쓰는 여성들의 등장이 사회의 지배적인 현상이 되자 소설의 여성성과 함께 소설이 미치는 영향의 진원지에 여성이 있다는 것이 사회적 불안감의 원천이 되었다. 여성작가의 작품들은 한편으로는 여성들을 사랑에 옭아맴으로써 풍속 타락을 염려하는 대상이 되기도 했지만 다른 한편으로는 갈수록 깊어가는 자본주의적 가부장제의 논리에 대한 여성들의 항의와 불만의 출구가 될까 두려워하기도 했다. 두디는 젊은 여성이나 "젊은이들, 가난한 사람들이 자신의 개인 생활을 신화로 느끼는 것은 불편한 것"(280)이라고 하면서 "행실서가 18세기에 쏟아져 나온 것은 여성들이 유해한 소설에 영향을 받아 자만심에 빠지고 스스로를 지나치게 진지하게 여기지나 않을까하는 사회적 두려움을 증언한다"(280)고 보았다.

　두디의 말대로 소설은 여성을 타락시킬 뿐만 아니라 불만에 가득차게 하며 반항정신을 부추긴다고 여겨졌다. 정숙해야 될 여성들이 소설을 읽었을 때 그대로 모방할까봐 전전긍긍했다. 여성독자들이 문화적 방어물로 생각되었던 것이다. 따라서 프로테스탄트 윤리에 따라 소설을 무언가 교화된 것으로 만들 필

---

15) 아프라 벤의 『귀족과 그 누이가 주고 받은 편지』(*The Letters between a Nobleman and his Sister*)에 나오는 여주인공 실비아(Sylvia)나 디포우의 여주인공 록사나(Roxanna)와 몰 플랜더즈(Moll Flanders)는 대표적인 경우다. 이들은 남성의 유혹에 응했다가 정조를 잃고 버림을 받았을 때 매달리거나 자결하지 않고 스스로 자유부인이 되어 남성들을 조절하고 대사업가로 성장한다.

요가 있었는데 이것이 소설을 남성적으로 전유해가는, 첫 번째의 과정이었다. 이것이 18세기 중엽 소설 발생의 제도화의 첫 걸음이라 할 수 있다.

이런 상황에서 리차드슨의 업적은 소설을 발생시켰다기보다 여성들의 소설을 받아들일 만한 것으로 도덕적으로 개선시킨 것에 있다고 볼 수 있다(Spencer 89). 그는 두 가지 검열에 확실히 맞설 수 있었다. 그 당시 가장 중요한 검열은 여성작가에 의해 씌어졌는가의 문제였기 때문이고 또 하나는 여성적인 것은 음탕하다는 통념을 프로테스탄트적인 도덕적인 것으로 바꿨기 때문이다. 『파멜라』(Pamela)나 『클라리싸』(Clarissa)는 남성작가에 의해 씌어진 프로테스탄트적인 대표적 작품이라 할 수 있다.

이처럼 소설은 태어나기도 전에 여성적이라는 비판과 비도덕적이라는 비난을 받았다. 그런데 이 도덕화 과정이 민족의 이름으로 행해졌다는 것이 소설 제도화의 두 번째 쟁점이다. 비도덕적인 것은 비영국적인 것으로 프랑스적이거나 유럽적이거나 동양적인 것이다. 도덕적인 것은 영국적인 것이며, 영국적인 것은 세계를 대표한다는 오만한 쇼비니즘적 논리가 소설사에 깊숙이 개입한다. 이런 논리 속에서 17세기 후반기 이후 약 반세기 이상을 주름잡았던 3인조 여성 소설가들의 작품들과 무수한 다른 여성작가의 작품들, 그리고 디포우의 『몰 플랜더즈』(Moll Flanders)는 비도덕적인 소설이기 때문에 '소설'이라는 범주에 넣기에는 함량 미달인 것으로 로망스로 폄하된다.

존 던롭(John Dunlop)이 1814년에 쓴 『소설의 역사』(History of Fiction)에서 도덕과 젠더가 민족의 문제와 결합되는 양상을 볼 수 있다. 던롭은 벤의 소설에 대해서는 노골적으로 비난하지 않지만 벤을 모방한 헤이우드에 대해서는 "그녀의 남성 인물들은 아주 방탕하다. 그녀의 여성 인물들 역시 스페인 기사 로맨스에서의 사라센 공주들처럼 열정적이다"(워너 27에서 재인용)라고 지적한다. 이러한 지적은 1683년과 1730년 사이에 출판된 가장 인기 있는 소설들

몇몇을 동양적, 여성적, 유럽적, 부도덕한 것으로 묘사함으로써 주변화시키는 전략으로 영국 민족주의의 장르 정치학의 시초를 보여준다 할 수 있다.

이처럼 17세기 여성 3인조의 소설을 부도덕한 것으로 비난하는 것은 프랑스나 스페인 소설들을 부도덕한 것으로, 비소설적인 것으로 비난하는 부수적 효과를 얻는다. 이 과정에서 남성작가에 의해 씌어진 18세기 중엽의 일부 소설들은 도덕적인 것이며 영국적이며 민족적인 것으로 격상된다. 클리포드 시스킨(Clifford Siskin)은 소설의 담론이나 소설에 관한 담론에서 비판적인 자기반영성은 모두 국가(또는 민족)에로 전환되었다고 한다(431). 당시 영국은 신흥 선진 자본주의 국가인 스페인과 프랑스에 대립하면서 포르투갈이나 네덜란드와 동맹을 맺고 있었다. 영국은 오랫동안 포르투갈과 네덜란드 같은 오랜 동맹국들과의 무역을 장려한 반면, 프랑스와 스페인 같은 오래된 적국들과의 무역을 억제했다(비비엔느 브라운 210). 제국주의의 선봉을 둘러싼 경쟁과 쟁탈의 과정에서 소설에 대한 민족적 자의식은 "로망스ー통제되지 않은, 따라서 잠재적으로 통제할 수 없는 것ー같은 외국적인 것을 경고했는데, 그것은 낭만적 행동, 말하자면 비영국적인 것으로 코드화되는 행동을 유발해낼 수 있는 것"(Siskin 431)이었다.

그런데 이런 민족주의적 경향에 의해 소설과 로망스의 차이가 조금씩 확대되다가 장르적인, 즉 문학에서의 종적 차이로 영국 민족주의 문학사에서 정착하는 것은 후대에 와서 이루어진 것이다.[16] 이것은 소설이란 용어 자체가 진화해나가는 것으로 나타난다. 약 200년에 걸쳐, 프랑스나 유럽에서 온 소설이란

---

[16] 소설이라는 용어는 왜 정착되지 못하고 오랜 세월을 기다려야 했을까? 그것은 그 당시의 작가들이 소설을 로망스와 차별적으로 쓰려고 했음에도 불구하고 로망스와 소설의 차이보다는 둘 다 "개연적이기는 하나 꾸며진 이야기"로서의 공통점이나 유사점이 더 많았기 때문이다(Downie 참조). 즉 '일정한 길이를 가진 산문으로 된 허구'라는 지금의 소설적 정의나 그 당시 사람들이 로망스나 소설에 대해서 가진 일반적 통념이 크게 다르지 않았던 것이다.

용어가!7) 와트의 『소설의 발생』에 와서는 근대 영국 소설만으로 범위가 좁혀짐과 동시에 모든 소설의 기원을 지닌, 시원적인 것으로 변화했다. 로망스의 유사변종으로 여겨졌던 새로운 이야기 소설이 정관사가 붙은 소설로 보편적 명칭을 갖게 되는 과정은 영국의 장르 정치학을 잘 보여준다.18)

20세기에 오면 주류로서 영국민족주의 문학사가 본격적으로 가동된다. 영국 민족주의 문학사의 계보를 살펴보면, 영국 문학사가들인 월터 롤리(Walter Raleigh)의 『영국소설』(*The English Novel*)(1894), 조지 세인츠베리(1913), 그리고 월터 앨런(Walter Allen)(1954)에 의해 씌어진 일련의 문학사들 가운데서 영국소설은 그 주제이면서 그 이름의 시조 격인 주인공이 된다(워너 33). 국수주의적 입장은 윌리엄 라이온 펠프스(William Lyon Phelps)의 『영국소설의 발달』(*Advance of the English Novel*)(1916)이나 어네스트 베이커(Earnest Baker)의 『영국소설의 역사』(*History of the English Novel*)(1924-1936)와 아놀드 케틀(Arnold Kettle)의 『영국소설 입문』(*Introduction to the English Novel*)(1951) 등에서 다시 나타나고 있다. 그리고 80년대 접어들면서 마이클 매키온(Michael McKeon)의 『영국소설의 기원 1600-1740』(*The Origins of the*

---

17) J. A. 다우니(J. A. Downie)는, "스스로 소설이라 부르는 글쓰기는 『로빈슨 크루소』가 출판되기 150년 전에 영어로 출판되어 나타나고 있다. 이것은 여러 가지 측면에서 와트의 주장을 복잡하게 한다. 많은 사람들은 그 용어가 대륙으로부터 온 것 같다"(311)고 한다.
18) 영국의 장르정치학은 역사적으로 3단계를 지닌다. 첫째로 17세기에 사용된 소설이라는 용어는 중세 사회의 계급제도를 충실히 반영했던 중세 로망스와는 차별적으로 쓰려고 시도했다는 주장이 소설 용어의 출발점이자 그 이후 모든 소설의 공통분모이다. 두 번째는 '소설' 용어는 17세기의 소설과 차별을 두기 위한 18세기 남성중심적 전략으로 쓰인다. 다이어터 슐츠(Dieter Schulz)는 디포우와 리차드슨, 필딩 등이 로망스에 대해 공격한 것은 17세기 프랑스 로망스의 이상주의에 대해서라기보다 벤과 맨리와 헤이우드의 소설이 지닌 선정주의와 에로틱한 관능주의에 대한 반동이라고 주장한다(90). 셋째로, 20세기 들어서는 떠오르는 세계의 제국주의로서의 위상에 걸맞게 소설을 영국적으로 전유하는 시기이다. 영국적 장르로서의 소설의 정착은 18세기 말에서 19세기 초에 이루어지나 일반 소설의 기원을 전유하는 것은 20세기 들어서다.

English Novel 1600-1740)과 폴 헌터(Paul Hunter)의 『소설 이전: 18세기 영국 소설의 문화적 맥락』(*Before Novels: The Cultural Contexts of Eighteenth Century English Fiction*)에서 더욱 확고하게 전개된다.

그런데 최근에 소설의 영국 발생론 연구는 보다 세련된 방향으로 나아간다. 문화연구가 영미국의 아카데미즘에서 제도화된 담론이 됨에 따라 문화 유물론적으로 근대 영국의 소설기원의 물질성을 강조하는 연구가 나타난 것이다. 이 연구들은 18세기 중엽의 소설발생설을 의도적으로 강조하지는 않지만 18세기 중엽의 문화적 상황에 대한 세밀한 점검을 통해 와트 소설발생설의 아우라를 형성한다고 할 수 있다. 이러한 연구 가운데 중요한 것은 문자해독이나 언문일치의 문제에서 읽기와 쓰기를 분리하는 것이다. 읽기와 쓰기의 분리는 두 가지 연구방향으로 나아간다. 우선 하나는 소설과 민족주의의 연관 문제이고 다음은 독서대중과 소설 생산자층으로서 지식인의 분리라는 문제이다.

읽기의 강조는 자연 17세기로 거슬러 올라가서 절대주의 시대에 서구 근대 소설의 기원을 두게 되지만, 쓰기의 강조는 영국의 18세기 중엽에서 일어난 문화적 현상을 강조함으로써 소설과 민족주의를 연결시키게 된다. 시스킨은 "글쓰기에 아주 오랫동안 익숙하게 살았기 때문에 우리는 18세기 내내 영국에서 글쓰기가 광범위하게 퍼지면서 수반됐던 충격을 재구성해야 한다"(426)고 했다. 저자의 시대로 불리는 18세기 중엽의 특징은 독자가 저자로 변신한 것이라고 보았다. 16-17세기는 고대 그리스 로마 소설과 스페인, 프랑스 소설의 번역 유입이 일어났던 시대로 영국은 독자로서, 청중으로서 쓰기가 아닌 읽기의 주체였다. 17세기 후반에 이르러서야 아프라 벤은 극작가에서 소설가로 변신했고 헤이우드와 맨리 들이 뒤를 이었다.

앞서 살펴보았듯이 언문일치는 절대주의 체제에서 일어난다. 언문일치가 일어나려면 자국어 문자해독률의 증가가 뚜렷해져야 한다. 사실상 폴 헌터가 지적한 것처럼 가장 믿을만한 연구는 주요한 문자 해독 "붐"이 18세기의 첫 3/4분기가 아니라 17세기의 3/4분기에 일어났기 때문에 "1775년에 어린이가 1675년의 어린이보다 더 잘 읽는 것을 배울 거라고는 전혀 확신할 수 없다"는 것을 보여준다(67). 이것은 실제로 독서대중의 괄목할만한 등장은 17세기 후반기, 즉 절대주의 시대에 일어났음을 의미한다. 이렇게 보면 와트가 독서대중의 등장과 소설의 발생을 연결시켰던 문자해독률의 문제는 잘못된 사실에 기반한 셈이다.

따라서 17세기가 아니라 18세기 중엽에 소설 발생을 뒷받침할 뚜렷한 다른 증거가 제시되어야 한다. 그 증거는 독서대중의 문제, 즉 읽기의 문제가 아니라 저자의 문제, 즉 쓰기의 문제로 전환되어 제시되었다. 시스킨은 "문자해독자의 비율이 18세기의 80년대 초에 증가하지 않을 수도 있었던 반면에 증가한 것은 글쓰기의 양 — 인쇄 종류와 양에서의 증가와 그러한 실천을 요구하는 상황의 증가"라고 말한다(426). 인쇄를 통한 글쓰기의 고조는 그 당시 사무엘 존슨을 놀라게 했다. 그는 "저자의 시대"로 자신의 시대를 지상(紙上)에서 찬양했는데 글쓰기의 힘을 압도되는 감각과 연결시켰다.

쓰기의 문제를 강조하면 소설 발생은 18세기 중엽이 된다. 글쓰기는 소설 형식에서 뿐만 아니라 이와 평행을 이룰만한 정기간행물이라는 형식을 통하여 증폭되었다. 소설 쓰기는 다른 유럽에 비해서 늦었지만 신문이나 정기간행물 같은 언론 분야는 프랑스보다 영국이 단연코 앞섰다. 날로 증가하는 수많은 독자들은 저자가 되고 자본의 흐름을 유도하는 기부금의 흐름을 만들었다. 거의 모든 자료들이 무상으로 제공되어 새로운 정기간행물은 자본없이도 착수, 유지될 수 있었다(Siskin 427 참조). 소설 쓰기와 신문, 정기간행물 투고의 형태로 이루어진 쓰기의 문제는 독자의 저자로의 변신과 함께 새로운 것(novelty)에 대한 요구를 충족시키는 것이었다. 즉 소설과 신문은 novel과 news로 새로운 것에 대한 요구를 수용하는 것이었다. 정기간행물이라는 문화적 흐름을 통해 산문답론에서 소설이 발생했다고 주장하는 헌터의 주장[19])과 별로 다르지 않게 시스킨은 이러한 새로운 것에 대한 요구를 소설주의(novelism)로 칭하여 소설 속에 소설과 담론을 모두 포괄한다. 소설 발생의 정치학은 은폐되고 18세기 문화 연구는 더욱 그 정치학을 정치하게 작업함을 알 수 있다.

그 당시 글쓰기는 현실에 대한 1차적 글쓰기로 창작이라기보다 글쓰기에 관한 글쓰기로 평가된다. 이것은 글쓰기가 자기반영적으로 증식함을 뜻한다. 이런 자의식적, 자기반영성은 그 이전의 작품 즉 프랑스 소설이나 여성 3인조 소설에 대한 모방이 아니라 새로운 것으로서 자신에 관한 것, 자국에 관한 것 즉 영국적인 것에 대해 탐문하게 되는 계기가 되었다. 헌터는 리차드슨이나 필딩의 새로운 것에 대한 이러한 요구를 소설의 발생으로 보았고(15-16), 시스킨은 로망스의 관례적 모방이 아닌 글쓰기의 자국화를 초래하는 것으로 보아 소설쓰기와 민족의 문제를 연결시켰다(431). 찰스 제너(Charles Jenner)가 의무를 지니고 몇 십 년 후에 주목했듯이(1770) 이 새로운 것(novel)에 대한 요구는 글쓰기의 자기반영적 전환을 규범화했다(시스킨 431 참조). 한편으로 필딩은 자기반영적 전환을 소설 자체를 정식으로 분별하는 부분으로 만들었고 『톰 존스』 도입부를 "관찰과 성찰"로 이름지었으며, 다른 한편으로 리차드슨은 초고를 사전에 유통시키고 그에 대한 비판들을 모으고 이 비판에 답변을 씀으로써 비판적으로 자신의 소설을 상호 콘텍스트화하였다. 확장된 서문에 그 모든 재료들을 모아서 소설주의의 텍스트 외적인 전화의 기준을 설정하였다.

쓰기에 대한 강조가 민족주의를 경유하여 진실된 것이라는 도덕적 가치로 전화된다. 제랄드 뉴먼(Gerald Newman)은 글쓰기와 소설의 역사에서 영국민

---

[19] 헌터에 의하면, '소설'은 커다란 새로움(novelty)의 두 문화적 흐름에 의해 정착된다. 제 1의 새로움의 물결은 존 던톤(John Dunton)의 『아테네 보도자』(*The Athenian Mercury*)에서 비롯되었고, 제 2의 새로움의 물결은 리차드슨, 디포우 등에 의해 이루어졌다(15).

족주의를 연결시키는 이유는 "하나님이 영국인"이라는 오래된 맹신적 생각이 학문적 세계에 재현했기 때문이라고 본다. 다른 민족들 — 프랑스인, 독일인, 멕시코인, 아일랜드인 — 도 자신들의 민족주의, 자신들의 신앙을 가지고 있지만 이런 것들은 어리석은 편견에 가득찬 것이다. 반면에 영국인은 진실을 가지고 있으며 어떤 의미에서 진실 자체이다(xx). 뉴먼의 이런 진단은 진실성의 도덕을 영국인의 특질로 보고 민족과 소설을 연결시키는 중간논리가 된다.

글쓰기를 "새로운" 것으로 하는 것은 모방의 범주 내에 글쓰기를 포함함으로써 글쓰기를 자국화시키는 것이었다. 이것은 거꾸로 글쓰기가 모방할 수 있고 모방해야 하는 어떤 것으로서 실제의 삶과의 근사치 속으로 글쓰기를 가져옴으로써 글쓰기는 글쓰기를 모방한 삶에 책임을 지녀야 한다고 주장될 수 있다(시스킨 434). 글쓰기가 삶을 모방하는 것이 아니라 삶이 글쓰기를 모방하는 것으로 바뀌는 것이 리차드슨과 필딩의 새로운 요구이고 소설은 도덕적 선과 맺는 모방적 관계를 가정하게 된다. 이때의 도덕적 선은 프로테스탄트 윤리로 소설을 통해 민족과 젠더를 연결하는 고리가 됨을 알 수 있다.

그런데 진실된 것, 영국적인 것, 새로운 것이라는 삼 겹의 명제는 리차드슨과 필딩에서 고양되어 절정의 순간을 만들고는 곧 해체되는 역설을 보여준다. 『파멜라』나 『톰 존스』 등이 근대 서구 소설의 기원이 되려면 그러한 서사가 상승곡선을 그려야 하지만 갑작스럽게 고양되었다가 갑작스럽게 김빠진 것이다. 18세기 말에 가까워져 옴에 따라 모방을 하라는 경고는 부적절해졌다. 이미 글쓰기 모방의 대상이 리차드슨과 필딩은 아니고 다양한 모델이 만들어졌다. 새로운 것에 대한 요구, 즉 소설이라는 것의 발생은 그들에게서 절정을 이루었다가 곧 사라진다. 로렌스 스턴(Laurence Sterne)의 『트리스트람 샌디』(*Tristram Shandy*)는 그 결정적 증거이다. 소설은 발생되자마자 사라지는 것이다. 그래서 시스킨은 그것을 "소설의 발생"으로서는 아니고 소설주의의 문제라고 보며, 워너는 "기원으로 오인된 소용돌이"(26)로 보고, 고진은 "오히려 novel 이란 서양이든 비서양 세계든 온갖 다양한 종류의 것을 전부 넣을 수 있는 형식"이라고 보면서 "근대 소설이 확립될 바로 그 시기에 이미 그것을 근본적으로 해체해버리는 작품이 씌어졌다는 것을 뜻한다"고 본다(2004, 228).

리차드슨과 필딩에게 나타났던 새로운 것으로서의 요구, 즉 소설의 발생 아우라를 북돋우고자 읽기와 쓰기를 분리했던 이런 기획은, 시스킨도 인정하다시피, 사실 절대주의 시대 여성 3인조 작가들에게까지 추적 가능한 것이다. 예를 들면, 아프라 벤의 『오루노코』(*Oroonoko*)에서 말해진 언어가 속임수의 무기로서 불명예스럽게 기능하게 하는 반면 글쓰기는 백인의 계약상의 도구로서 그 자체로 쓰여진다(131). 글쓰기의 자기반영성에 관한 보다 더 놀라운 예는 맨리의 『새로운 아틀란티스』(*The New Atlantis*)(1709)인데 글쓰기 자체를 주제로 삼는 글쓰기를 발견한다는 바로 그 이유 때문에 오늘날 우리에게 아주 이상하게 읽혀지는 작품이다. 추정된 연애 음모에서 유혹자들은 "가벼운 로망스들이거나 희곡들이거나 위험한 소설들이며 느슨하고 교묘한 시들"이다(30). 파멜라가 부모에게 보내는 편지를 가로채 읽음으로써, 즉 편지를 통해 파멜라의 내면으로 끊임없이 들어감으로써 Mr. B 또한 재현에 의해 유혹되는 데 이런 글쓰기의 자기반영성은 리차드슨에게서 시작된 것이 아니라 이미 이들에게서 시작되고 있었던 것이다. 이처럼 읽기와 쓰기를 분리하여 쓰기의 시대에 일어난 새로운 요구, 즉 소설의 발생 아우라를 북돋우더라도 기원의 문제는 역시 절대주의 시대로 거슬러 올라간다.

두 번째로 읽기와 쓰기의 분리는 소설을 중하층 대중에게서 빼앗아 중산층 지식인들이 전유하려는 기획의 일부이다. 문학은 누가 읽느냐와 누구를 대변하느냐가 누가 쓰는가의 문제보다 더 중요하다. 어느 장르이든지 글로 된 문학에서 쓰는 자는 어느 정도 문자해독이 능통한, 즉 중산층 지식인인 경우가 많다.

어느 층을 대변하고 있는 가의 문제도 아니고, 누구를 대상으로 글을 쓰느냐에 대한 것도 아닌, 단지 '글 쓰는 자'에 대한 강조는 자연히 18세기 중엽 소설 담론의 이데올로기 생산의 문제로 옮겨진다. 부상하는 중산층(the rising middle-class)을 대변하는 자들은 18세기 중엽에는 이미 휘그당 체제에 편입되거나 그 방계 지식인이다. 18세기 중엽 영국의 시민사회의 요구는 민주에 대한 요구가 아니라 자유에 대한 요구일 뿐이다. 민주에 대한 요구는 19세기 말 노동계급과 여성들에 의해서 이루어진다. 하우저가 보기에 17-8세기 담론의 아주 중요한 부분을 차지하는 '노동'과 '자유'의 문제는 보편적 이념으로 출발한 것이 아니라 부르주아의 자기계급적 이해 관철의 포장일 뿐이다. 그래서 결국 하우저는 "영업의 자유라는 요구가 우선적으로 겨냥했던 목표는 단순한 청부업자들에 비해 숙련된 장인들이 가지고 있던 유일한 이점을 박탈하려는 것이었다"(84)고 말한다. 그 당시 자유에 대한 요구는 영업상의 자유이지 결사와 사상의 자유를 포함한 민주적 자유의 문제는 아니었던 것이다. 따라서 소설 담론의 이데올로기는 신의 이름으로 영업상의 개인적 자유를 추구하는 프로테스탄티즘과 신의 이름으로 여성의 예속을 정당화하는 프로테스탄티즘 윤리이다. 이런 이데올로기가 가장 잘 관철된 소설이 가장 영국적인 것이고 프로테스탄티즘은 자본주의와 더불어 소설 발생의 한 축으로 설파되었던 것이다. 장르 정치학에서 중산층 지식인 남성들은 이데올로기 생산 주체에 머무르지 않고 소설 장르 자체를 발생시키는 자들이다. 그래서 쓰는 것의 강조는 당시 일어나고 있는 것은 중산층 남성이 아니라 일반 여성을 비롯하여 중하층 남성들이라는 것을 은폐시킨다.

    소설이 민족의 문제와 결합하기 위해서는 이들 대중이 국가의 행정 단위에 포섭되는 것이 필요하다. 19세기 말 대영제국 위기 상황에서, 민족이라는 이름으로 분열된 계급적 위기와 제국의 위기를 봉합하는데 소설의 역할이 중요시됨에 따라 소설 담론에서 중산층에 대한 강조가 두드러졌다. 사실상 소설 발생에서 중산층 역할의 강조는 18세기 중엽이 아니라 1차 세계대전 이후 리비스와 그의 아내 Q. D. 로스(Queenie Dorothy Roth), 그리고 I. A. 리차즈(I. A. Richards) 들과 같은 지방 중하층 부르주아 출신의 영문학 연구가들에 의해서 제기되었다(이글턴 51). 2차 대전 이후 냉전체제에서 프롤레타리아의 리얼리즘이 아니라 중산층의 리얼리즘을 주창할 필요성이 대두되었고 와트의 『소설의 발생』은 이러한 필요성을 가장 잘 충족시킨 책이라 할 수 있다.

읽기의 강조가 아닌 쓰기의 강조는 18세기 소설발생의 아우라를 위해 동원되지만 쓰기보다 한발 더 나아간 인쇄에 대한 엄청난 강조는 앤더슨을 통해 미국에서의 민족주의 발생과 소설발생을 연계시키는 주요 매개변수로 작동한다.

4. 소설의 발생과 미국 민족주의

와트가 18세기 중엽에 '소설 발생'을 강조하는 것은 18세기 중엽에 소설이 제도화되었다는 것이 아니라 미국에서 1958년에 『소설의 발생』이 출간될 때 소설이 제도화되었다는 것을 의미한다. 전시의 민족주의의 등을 타고 권좌에 오른 영국의 영문학의 입지에 따라, 그리고 스탈린 시대와 메카시즘 사이의 황폐한 문화적 풍토에서 소설은 새롭게 미국 대학에서 제도화되기 시작했다. 2차 대전 후 미국은 영국을 능가하는 자본주의 진영의 종주국으로 짧은 역사와 전통의 부재라는 특유의 미국적 콤플렉스를 해소하고자 했는데 소설과 관련해서 이루어지는 장르 정치학 역시 그 작업의 일환이다. 더 나아가 콤플렉스 해소에 멈추지 않고 근대 민족주의가 미국에서 기원했다는 주장과 함께 소설 역시 미국에서 발생했다는 주장에 이르기까지 근대성의 기원을 전유하려는 전도성을 보여준다. 이러한 과정이 『소설의 발생』을 둘러싸고 일어나는 제도화와 장르정치학에서, 앤더슨의 『상상의 공동체』와 암스트롱과 텐넨하우스의 『상상의 청교도』에서의 민족주의와 소설의 미국적 전유에서 잘 나타난다.

    1945년 이후 10여 년 간은 와트처럼 소설을 존중할만한 것으로 만든 책들은 출간되지 않았지만 1950년대에는 소설에 관한 많은 기초적 저서들이 구상되고 씌어졌다.[20] 이 가운데서도 와트가 『소설의 발생』을 출간한 1958년은 무엇보다 중요한 해이다. 시 중심의 신비평에서 50년대가 되면 소설 중심으로 비평계가 이동하고 미국 대학교육에서 소설 교육이 제도화된 시기이다. 와트의 개입이 미국 대학들에서 이루어진 소설의 제도화에 결정적인 순간에 이루어졌다는 것은 당시 소설 이론에 관한 책의 출판 상황을 보면 알 수 있다(Homer Brown 21). 와트의 『소설의 발생』보다 한 해 앞서 1957년에 리차드 체이스(Richard Chase)의 『미국소설과 위대한 전통』(*The American Novel and Its Tradition*), 노스롭 프라이의 『비평의 해부』(*Anatomy of Criticism*), 윌리엄 윔사트(William K. Wimsatt Jr.)와 클린 부룩스(Clean Brooks)의 『문학 비평』(*Literary Criticism: A Short History*), 그리고 아우얼바하의 『미메시스』 영역본이 출간되었고 요세 오르테가 이 가세트(Jose Ortega y Gasset)의 『돈키호테에 관한 성찰』(*Meditation on Quixote*)에서의 「첫 성찰」("First Mediation")이 『허드슨 리뷰』(*Hudson Review*)에서 「소설의 본질」("The Nature of the Novel")로 번역되었다. 이들 책들은 역시 미국에서, 특히 소설에 관한 한 모더

---

[20] 1954년 리비스의 『위대한 전통』(*The Great Tradition*)이 미국에서 출간되었고 같은 해에 월터 알렌의 『영국소설』(*The English Novel*)과 도로시 밴 겐트(Dorthy Van Ghent)의 『영국 소설: 형식과 기능』이 미국에 등장했다. 와트는 1958년에 『소설의 발생』을 출간했다. 다음에는 레이몬드 윌리엄즈가 『문화와 사회』(*Culture and Society*)(1958), 에른스트 피셔(Ernst Fisher)가 『예술의 필요』(*The Necessity of Art*)(1959)를, 그리고 웨인 부스(Wane Booth)가 『픽션의 수사학』(*The Rhetoric of Fiction*)(1961)을 출간했다.

니즘의 위기로 묘사될 수 있는 전환기에 나타났다.

1958년에 소설에 관한 책들이 성운처럼 몰려 있었다는 것은 와트의 『소설의 발생』을 제도화시키는 맥락을 이해하는데 중요해 보인다(Homer Brown 22). 이러한 맥락은 미국 대학과 전문학교의 문학연구 교과의 지위를 고양시키는, 주목할 만한 학자들과 비평가들의 에세이 모음집인 『현대문학연구: 비평적 리뷰』(Contemporary Literary Scholarship: A Critical Review)가 1958년에 동시에 출판된 것을 보면 더욱 분명해진다. 이 책은 학자들과 비평가들이 단순히 교과를 검토한 것은 아니었다. 1958년이 대학과 문학 둘 다에게 결정적인 변화의 순간이라는 의미가 책 전체에 걸쳐 존재한다.

20세기 중반 이후의 소설 비평은 대학의 보호막에 있었다고 볼 수 있다(Lennard Davis 485). 이것은 국가가 그리고 여러 교육제도들이 합심해서 소설을 제도화시켰다는 것을 의미하며 이 과정에서 이중적 의무가 수행되었다. 첫째로는 소설은 문화적 의무를 감당할 수 있는 것으로 노동 계급들이나 이민자들과 같이 거대도시 외곽에 거주하나 영국과 미국 사회에 들어온 자들을 문화적으로 만드는 형식으로 보여졌고, 둘째로는 이에 못지않게 몇몇 새로운 과학적, 준과학적 원리들로부터 복잡한 분석의 무게를 감당할 수 있는 문학형식으로도 보여졌다(Davis 485). 이러한 분석은 소설이 사회 통합을 위한 이데올로기로서 학술적 차원에서 본격적으로 연구되고 고전문학과 대등한 위치를 지닌 근대문학의 지위를 합법적으로 가지게 되었음을 의미했다.

그러면 왜 미국 대학에서 영문학을 그렇게 열심히 연구하는가? 그리고 『소설의 발생』이라는 작업에 대해 영국보다 미국에서 더 열광하는가? 이것은 장르 정치학의 문제로 미국 대학에서 영문학 정전을 수립하려는 일련의 과정을 보면 잘 알 수 있다. 와트의 『소설의 발생』이 출간되기 한 해 전에 출간된 『미국 소설과 전통』(1957)에서 체이스는 미국소설과 영국소설을 영문학이라 묶어서 보지 않고 뚜렷하게 대비시킨다. 그는 영국소설은 제국적 혐의가 짙고 정복을 통해 전유하거나 문명화시키려고 하는데(4) 비해 미국 소설은 신세계라는 새로운 세계를 탐색하고 그 탐색 과정에서 나오는 변칙과 딜레마를 반영하는 비제국적인 작품으로 인간 마음의 깊고 사적인 내면을 본다고 주장한다(5).

그런데 체이스의 이러한 언급은 영국 소설에 대한 비판에 있다기보다 미국 문학의 정체성을 규명하여 독자적인 미국문학을 수립하려는 의도에 있다고 볼 수 있다. 이러한 기획은 R. W. B. 루이스(R. W. B. Lewis)의 「현대 미국문학」("Contemporary American Literature")에서 더욱 강화된다. 리비스에게까지만 해도 문학은 과거의 것이었고 그 과거는 유기체적 이상을 가지고 있기 때문에 현대를 치유할 수 있는 것이었지만 루이스는 "현재 순간에 대한 긴박한 전념은 … 스스로 자신을 규명하려는 미국의 반복된 노력의 일부"(201-202)라고 하면서 현대문학연구를 강조한다.

사실상 루이스가 여기서 기술하고자 하는 것은 비미국적인 영문학의 정전 수립이다. 제도적 차원에서 루이스가 비미국적인 영문학의 정전 수립으로써 의도하는 것은 사실상 미국적인 "민족적 정체성의 구성으로 영국 문학에 대한 미국의 비평적 전유"(Homer Brown 1996, 28)이다. 미국에서 세우고자하는 문화적 계보학이 아무리 전통적이라 할지라도 이런 제도적 기획은 새로운 것이었다. 당연히 미국 현대문학에서는 미국문학이 중심이 되고 영국문학은 그 주변부에 배치된다. 근대 초기 영국문학을 보는 것도 마찬가지다. 예를 들어 암스트롱과 텐넨하우스는 『상상의 청교도』에서 존 밀턴의 작품들을 미국적으로 읽는다. 밀턴의 실낙원, 복낙원은 미국의 문제이고 영국보다는 미국에서 계승되는 것을 보여준다(215 참조). 그것은 "영국 문학이 미국 자신의 고유의 것으로 간주된다는 것" 즉 미국 자체의 제도 속에서 특이하게 미국적인 방식으로 읽혀진다는 것이다(Homer Brown 1996, 28). 이제 영문학은 영국문학이 아니라 영어로 된 문학으로 미국문학의 우산아래 들어오게 된다. 영토의 강조가 아니라 영어라는 언어의 강조에서 작동하는 미국의 장르 정치학은 콤플렉스 해소의 차원을 넘어 영어의 종주국으로서 위치를 굳히는 것이라 할 수 있다.

호머 브라운은 이런 과정에서 와트의 『소설의 발생』이 출간된 것은 놀랍지 않으며 "새로이 합법성을 얻는 소설의 제도적 발생의 이야기가 로망스 플롯을 가지고 있다는 것은 그것 역시 이중적으로 로망스적인 제도적 역사의 일부라는 사실을 완전히 전복하지는 않는다"(1996, 12)고 한다. 결국 호머 브라운의 주장대로 하면 와트의 『소설의 발생』은 미국이 영국문학을 비평적으로 전유하기 위한 일련의 작업 과정의 절정에서 이루어진 것이며 그러한 과정을 로망스적이라 볼 수 있다는 것이다. 소설의 기원을 훑어가는 것도 역사의 기원을 훑어가는 것이므로 그 자체가 로망스가 되기도 한다.

미국 소설의 기원은 프로테스탄티즘적이기는 하나 리얼리즘 소설이 아니라 로망스이다. 미국소설의 기원의 문제는 영국에서 유래한 것이 아닌 차별적인 것이다. 여기서 미국소설의 정체성은 규명되는데 그 로망스적 기원의 문제를 탐색해나가는 것이 로망스 플롯이며 그 과정의 산물이 (영국)소설의 기원을 리얼리즘으로 본 것이었다. 호머 브라운은 여기서 우스꽝스러운 아이러니가 발생한다고 본다. "미국에서 소설의 운명을 관계 짓는 것이 로망스라는 것은 (영국에서) 그 파생관계가 완고하게 거부된 옛 가족이라는 점에서 훨씬 아이러니" (1996, 12)라는 그의 언급은 미국의 로망스라는 젊은 장르는 영국문학에서 낡고 허황된 것으로 거부되어 저차원의 장르로 인식되어 소설과는 완전히 다른 것으로 취급받았다는 점에서 아이러니이고, "소설의 나중 경험이 소설의 오래되고 보다 원초적이며 보다 귀족적인 선배를 산출해낸다는 기이한 현상을 문학사가 만들어낼 수밖에 없게 된다"(1996, 32)는 점에서 또 하나의 아이러니이다. 이러한 두 겹의 아이러니는 학제간의 정치학과 장르 정치학이 미국이 영국적 기원에 빚지고 있다는 콤플렉스를 어떻게 떨쳐버리고자 한 것인지 가늠하게 한다.

근대 영국 자본주의에서 소설이 발생했다는 와트의 명제가 일단 미국에서 제도화되면 두 가지 현상이 생긴다. 첫째는 소설 기원의 문제가 서구 근대 소설의 기원인가 아닌가에 대한 의문과 서구 근대 소설의 기원이 과연 근대 영국에서 일어났는가 아닌가라는 근본적인 문제는 은폐, 배제되고 당연히 소설은 근대 영국에서 발생한 것으로 전제된다는 것이다. 둘째는 영국과 미국의 관계가 전도된다는 것이다. 앞서 살펴보았듯이 영국에서 기원이 되는 소설이 리얼리즘이고 미국에서 기원이 되는 소설이 로망스라는 전도된 관계는 언제든지 영국 기원설을 미국이 전유하게 될 가능성을 내포하고 있다는 것이다.

이런 영국 기원설의 미국적 전유가능성은 다만 가능성으로 머물지 않고 현실화되어 나타났다. 암스트롱과 텐넨하우스가 1992년 『상상의 청교도』에서 주장한 '소설의 미국 기원설'이 불러일으킨 흥분과 문제성은 아직도 지속되고 있다(Folkenflik 474). 암스트롱은 미국적 예외주의를 논리로 내세운다. 소설의 근대영국 기원설이 유럽문학의 전통에서 하나의 예외라는 영국적 예외주의에서 출발했다면 미국적 예외주의 역시 주장할 수 있다는 것이다. 그들의 문제의식은 "영국문화가 식민지적 환경 속에서 어떻게 변했는지를 보여준 반면 식민지의 글쓰기가 대서양을 가로질러 영국으로 되흘러 갔을 때 일어났던 것을 탐색해보려고 하는 학자들은 거의 없다"(1992, 197)는 데서 출발한다.[21] 그들이 보기에 "소설은 무엇보다 최초로 유럽적 장르가 아니고 오히려 식민지 경험을 동시에 기록하고 기록했던 장르"(1992, 197)이다. 그것을 가능하게 했던 것은 식민지에서 영어(English) 정체성의 새로운 토대를 창조했던 인쇄문화라는 것이

---

21) 그들은 이런 종류의 문화적 기원의 문제에 대한 재고가 중서부적 기원을 지닌다고 생각한다. 어느 말기 백혈병 환자와 그의 자녀들이 자신의 죽음을 앞두고 전 재산을 정리하여 바이킹 배를 재현하여 노르웨이 해안에 닿으려는 시도를 1988년 9월에 미니아폴리스의 어느 공영 텔레비전에서 다큐멘타리 방영한 것을 예로 들어 사고의 역전을 강조한다(198).

다(1992, 197).

소설이 최초로 식민지 미국에서 발생했다는 이런 파격적(?) 주장이 있기 위해서 그 전사로서 있어야 되는 것이 앤더슨의『상상의 공동체』이다. 앤더슨은 근대 초기의 유럽 역사에 대한 전통적인 설명을 폐기하고 신세계인 미국으로 초점을 이동한다. 이 책에서 앤더슨이 강조하는 것은 민족이 상상의 공동체라는 것보다 미국이 근대 민족주의가 최초로 기원한 나라라는 것이다. 앤더슨은 개정증보판 서문에서 자신의 이러한 주장이 제대로 알려지지 않고 주목받지 못한 것에 분개하면서 "현 세계의 모든 중요한 것은 유럽에서 기원하였다는 기만에 익숙한 유럽 학자들에" 반기를 들고 "민족주의가 신세계에서 발원했다는 것을 강조하는 것이 나의 원래 계획의 일부였다"(13-4)고 주장한다. 이처럼, 아메리카 대륙, 특히 미합중국에서 발원한 민족주의가 유럽으로 건너가 언어 민족주의를 유발시켰다는 것은 소설이 미합중국에서 발생해서, 기원의 소설로 주장되는 영국의『파멜라』에게 영향을 미쳤다는 것과 같은 논리구조를 이루고 있다.

"민족은 상상의 공동체"라는 주장이 갖는 미덕은 전통적으로 민족은 혈연이나 지연 등 자연적 여건에서 출발한 것이기 때문에 어쩔 수 없는 필연적 선택이라는 강박관념을 철저하게 거부하는데 있다. 따라서 이러한 그의 주장이 사회주의가 몰락하고 등장하는 '인종청소'로 표현되는 종족 민족주의의 부활에 대한 하나의 해독제가 될 수도 있다. 하지만 그의 논리는 곧바로 암스트롱과 텐넨하우스의 '소설의 미국 발생설'을 불러일으키듯이 제국의 자신감에서 나온 미국적 쇼비니즘의 일환임을 간과해서는 안된다.

그의 주장이 미국적 쇼비니즘일 수밖에 없는 이유는 여러 가지일 수 있지만 이 글에서는 절대주의에서 근대 서구소설의 기원을 다루고 있기 때문에 소설발생담론으로서 중요한 언문일치 즉 근대 언어의 문제와 민족의 문제에 관해서 고찰하기로 한다. 우선 근대 소설의 발생이나 근대 국가 형성의 주요한 배경으로 삼는 언문일치의 문제를 통하여 앤더슨의 미국적 쇼비니즘에 대해 고찰해보기로 하자. 그는 3장에서 민족을 상상하게 하는데 서적, 특히 인쇄자본주의가 한 역할에 관하여 자세하게 논의한다22). 앤더슨에 의하면, 16세기에 서구사회에서는 지금보다 훨씬 다양한 구어가 다양한 방언 형태로 쓰이고 있었다. 이윤을 위한 지방어 서적의 대량 출판은 다양한 방언들을 소수의 표준어로 활자화함으로써 가능하게 되었다. 그 결과 동일한 지방 활자어 서적을 읽는 독자들은 다른 지방 활자어를 읽는 사람들과 구별되는 유대를 상상하고 의식할 수 있게 되었다. 지방 활자어로 된 서적의 발달은 언어가 민족의 경계선을 정하는 역할을 할 여지를 열어놓는다. 그는 언문일치가 종교개혁, 자본주의, 절대주의 시대의 지방행정어 등에 의해서 이루어졌다하더라도 수많은 방언들이 난립해 있었고 이를 차츰 해소하여 민족의 경계를 정할 정도의 독점적 언어의 지위를 차지하게 할 수 있었던 것은 활자어로 보고 있다. 즉 "민족주의를 발명한 것은 특정한 언어 자체가 아니라 활자어(print-language)이다"(174)라는 단적인 주장은 이를 잘 보여주고 있다.

이 활자어들은 신문과 소설을 통해 나타난다. 그에 따르면, 신문과 소설은 시계와 달력에 의해 측정되는 동질적이고 공허한 시간 안에서의 동시성을 가장

---

22) 그에게 상상의 공동체는 민족만이 아니다. 중세 제국도 종교적 "상상의 공동체"이고 "세계사적 조건에서 자본가는 본질적으로 상상의 기반 위에서 결속력을 성취한 최초의 계급"이라는 주장에서 보듯이 자본가 계급 역시 상상의 기반 위에 서 있다(111). 자본가 계급을 결속시키는 것 역시 앤더슨에게는 활자어로 소설과 신문이 되어야 하지 않을까? 이런 논리대로라면 직접 대면하고 살아가는 규모 이상의 공동체이면 근대적인 것 뿐 아니라 모든 것이 상상의 산물이 된다. 그런데 그가 상상의 공동체로서 민족을 형성하는데 활자어로 된 소설과 신문의 역할을 중점적으로 놓은 것은 일종의 문화적 기술주의이다. 이것은 거꾸로 하면 그가 주장하는 중세의 상상의 공동체로서 종교 공동체를 형성하는데 시각적인 것, 스테인드글라스나 종교적 조각 등이 절대적 역할을 했다는 주장이 될 수도 있다. 문화의 물질성을 밝힌다는 것이 문화가 물질성을 만들어내는 것처럼 전도된 분석방법을 쓰고 있다.

잘 드러내는 형식이다(48). 그는 "사회적 유기체가 동질적이고 공허한 시간을 통해 달력의 시간에 맞추어 움직인다고 생각하는 것은 역사를 따라 앞으로(혹은 뒤로) 꾸준히 움직이는 견실한 공동체로 민족을 생각하는 것과 정확히 비유가 된다"(50)고 하면서 민족의 기원과 소설의 기원을 동일시하고 있다. 활자어와 인쇄자본주의에 대한 그의 강조는, 앞서 절대주의 시대의 소설 발생에서는 언문일치를 통한 읽기의 문제가 강조되고, 와트의 18세기 중엽 소설의 영국 기원설을 보강하는 데는 쓰기를 강조하는 것과 대비된다. 엘리자베스 아이젠슈타인(Elizabeth L. Eisenstein)이나 매키온 그리고 발터 벤야민이[23] 인쇄와 소설의 관계를 강조하고 있지만 앤더슨의 인쇄에 대한 강조는 민족과 소설을 함께 묶어 상상의 실재로 만드는데 있다. 이렇게 되면 소설소비층으로서의 독자에 대한 강조나 소설생산자로서의 작가나 지식인에 대한 강조가 아니라 인쇄자본가 즉 자본의 힘에 의해 유통 생산되는 시장의 산물로 소설의 정의는 넘어가게 된다.

그에 따르면, 초기 서적시장은 라틴어를 아는 소수 엘리트를 겨냥하였으나 인쇄술이 발달하여 16세기 초에 이미 '기계제 재생산'의 시대에 들어서서 인쇄자본가들은 대량출판에 눈을 돌렸다. 그리고 인쇄자본주의는 "교환과 소통의 통일된 장을 마련했고 언어에 새로운 고정성을 부여했으며 옛 행정 지방어와는 다른 종류의 세력어를 창조했다"고 한다(74). 이러한 그의 주장은 이미 16세기에 인쇄가 상상의 공동체를 매개할 수 있는 수준에 와 있음을 말한다. 그러면 왜 하필 아메리카 대륙에서의 인쇄만이 최초로 상상의 공동체를 형성케 하여 민족됨(nationness)을 먼저 자각하게 했을까? 이 질문에 대한 설명에서 앤더슨은 인쇄된 자국어물들은 단지 "잘 자리 잡은 추정된 절대주의 전제정"을 중앙

---

[23] 아이젠슈타인과 매키온은 소설발생을 인쇄에 의한 것으로 보고 있지만 벤야민은 소설 기원을 고대 소설에 둔다는 점에서 이들과 다르다(171).

화의 도구로 제공했을 뿐이다. "왕조의 다양한 백성들에게 언어를 체계적으로 부과한다는 생각은 없었다"(71)는 것이다. 그의 답변은, 절대주의 체제에 대한 필자와의 인식의 차이를 드러내지만, 무엇보다도 민족됨이 공화국의 문제임을 주장하기 위한 예비과정이다. 그는 언어와 종교의 공통성을 가지고 있음에도 불구하고 서로 전쟁을 했던 크리올과 본토인의 차별의 문제로 전환한다. 앤더슨은 근대 민족국가의 구체적 형성이 결코 특정 활자어가 결정적으로 도래한 것과 동일한 것은 아니라고 하면서 "의식적으로 스스로를 민족이나 공화국이라 정의한 1776년에서 1838년 사이에 서구에서 나타난 큰 무리의 새로운 정치실체들로 주의를 돌리는 것이 필요하다"고 한다(76). 그에게, 이들 나라는 민족이나 공화국이라는 이름으로 세계무대에 출현한 최초의 국가들이기 때문이다.

아메리카 대륙의 백인 이주민들과 그 자손인 크리올들이 대부분의 유럽인들보다 훨씬 이전에 자신들의 민족됨을 자각하였다는 앤더슨의 주장에서(93) 결정적인 결함은 민족의 문제에서 국가를 배제하였다는 것이다. 영어의 nation이 국가와 민족 두 가지 뜻을 모두 가지고 있듯이 그리고 기든스가 국민을 민족국가로 통합하는 것은 "영토적 경계에 대한 행정기구의 통일성"이라고 주장하는데서 보여지듯이 근대에서 더욱 중요한 것은 민족이 아니라 국가의 문제이다. 사실상 이들이 자각한 것은 민족됨이 아니라 독립국가의 형성 필요성이었다. 즉 그들이 자각하여 이루고자 한 것은 민족됨이 아니라 국가였던 것이다.24) 크리올들은 "자신의 권리를 성공적으로 주장할 수 있는 정치적 문화적 군사적 수

---

24) 헬드는 근대성을 창출하고 형성하는 과정에서 국가가 수행한 적극적인 역할을 강조한다. 19세기와 20세기에 나타난 사회변동에 대한 선구적인 관점들은 대개 사회변형의 기원을 사회 내적 과정, 무엇보다도 사회경제적 요인들에서 찾을 수 있다고 강조했다. 이러한 관점에서는 국가와 사회 간의 상호관계를 거의 탐구하지 않았다. 헬드는 역으로 국가가 전쟁을 수행할 수 있는 능력과 국내적 세계적 사건들 속에서 국가가 수행하는 역할에 초점을 맞춘다. 이러한 접근 방식은 국가의 역사에 대한 최근의 주목할 만한 학술적 추세를 반영한다고 볼 수 있다(115 참조).

단을 지니고 있었고"(앤더슨 91) 이것은 곧 국가수립으로 나갈 수 있는 물적 토대가 되었다. 국가를 정착 유지시켜가는 과정에서 민족(nation)이 형성되었다고 볼 수 있지 그 거꾸로는 아니다.

아메리카가 "민족됨"을 최초로 자각했다는 주장에 대한 또 하나의 반증은, 앤더슨도 강조하는 것처럼, 북미 독립운동을 한 13개 식민주의의 많은 지도자들은 노예를 소유한 부자 농업가들이었다는 사실에 있다(79). 토마스 제퍼슨도 1770년대에 정부 전복의 음모를 꾸미는 주인과 결별하는 노예를 자유롭게 해준다는 영국왕파 주지사의 법령에 분격한 농장주들 중 하나였다. 이것은 이들 독립파들은 사실상 인디언이나 흑인 노예 그리고 프랑스나 스페인계의 일반인들과는 다른, 거의 봉건시대 영주들과 비슷한 지위를 지닌 자들이었다. 이것은 근대 민족개념에서 최소한의 합의로서 일반 국민을 범주로 정할 때 미국 독립전쟁 당시에는 민족 개념에 장애가 있다는 것을 말한다. 사실상 미국 nation의 형성은 다른 유럽계나 인디언들을 정벌, 복속시켜 가는 동안, 그리고 19세기 중엽 노예 해방 이후에야 이루어졌다고 할 수 있다.

세 번째의 반박의 근거는 앤더슨이 민족주의의 기원으로 삼은 아메리카 민족주의의 개념은 "민족국가, 공화제도, 보통 시민권, 인민주권, 국가, 그리고 국가 등의 상상된 실재들"(115)이었다는데 있다. 그가 근대 민족주의의 전형으로 삼은 이런 민족주의의 개념틀은 영국의 입헌군주제나 유럽의 절대군주제 등의 민족주의를 부정하기 위해서 제시한 것이지만 스스로도 '관주도 민족주의'라는 자신의 또 다른 민족주의의 개념으로 그것을 허물고 있다. 그는 인도가 동인도 회사령이었다가 영국령으로 바뀌는 것이 1857년이라는 근거를 통해 영국민족주의가 19세기 중엽에 시작되었다고 하고 있다. 그러면서 그가 내세우는 주장은 100년 전쟁 이후 17세기에 행해진 해외영토 정복에 대해 "이 정복의 정신은 아직도 근본적으로는 민족주의 이전 시대의 것"(125)으로 정리한다. 해외 식민지 정복은 선박의 건조나 군대, 엄청난 경비 등으로 인해 스페인이든 프랑스이든 영국이든 국가적 지원체계가 꾸려지지 않으면 안되는 것이고 따라서 절대주의 체제나 그 이후에서만 가능한 것이었다. 앞서 살펴보았듯이 이런 절대주의 체제는 침략적 민족주의의 형태로 이루어진 것이고 아메리카나 동아시아의 민족주의는 그에 대한 대응으로 생겨난 것이다. 하지만 그는 민족주의의 시원을 식민지 본국으로부터 차별을 당하는 크리올의 반항에서 비롯된다고 보고, 또한 그것을 모방하여 유럽이 민족주의체제로 나아갔다는 전제 아래 절대주의 체제에서의 민족국가의 문제를 배제하였다.

근대적 민족됨을 최초로 미국이 자각했다는 앤더슨의 주장을 이어받아 미국 비평계 일부에서는 서구 근대 소설의 기원을 미국에 두는 경지에까지 나아간다. 유럽에서 가장 늦게 발생한 영국 근대소설이 서구 근대 소설의 기원으로 전환된 데 이어 이 영국 근대소설에 영향을 미쳐서 소설을 발생시킨 것은 미국소설이다.

암스트롱은 가정소설의 폭넓은 대중성과 인기는 18세기에 혁명이 무엇을 의미하는지 영국적인 것이 무엇을 의미하는지에 대한 개념을 변화시켰다고 본다(1987, 59-95). 영국의 힘과 자신들의 안전이 영국 귀족제의 복지와 건강 내에서 배타적으로 존재하지 않고 존경할 수 있는 보통 사람들의 존재와 삶에 대한 가정적 방식이 중요해지는 것이 영국적인 것, 혁명적인 것의 시작이며, 이런 점에서『파멜라』는 영국소설의 기원의 문제로 설정될 수 있다고 한다. 그는 영국소설의 기원이라 하지만 사실 소설과 로망스의 이분법을 사용하기 때문에 영국소설의 기원은 곧 소설의 기원이 된다.

암스트롱과 텐넨하우스가 제기하는 문제는『파멜라』이전에 글쓰기 능력만을 지닌 평범한 여성의 육체를 중요시하는 소설들이 영국 내에서 없다고 할 때 이런『파멜라』의 전통은 어디서 왔는가하는 것이다. 그들은 귀족에 대한 담론과 보통 사람에 대한 담론이 소설에서 분기하는 지점은 영국적 미국인인 메리 롤란드슨(Mary Rowlandson)이 쓴『되찾은 포로』(*The Redeemed Captive*) (영국판 1682)에 있다고 보고 영국 산문의 원천이 되는 것은 17세기 말과 18세기 동안 북 아메리카 식민지들에서 씌어진 포로 서사라고 한다(1992, 203). 로망스로부터의 파생관계나 스페인이나 프랑스로부터의 영향관계를 철저히 부정하고 영국을 예외로 보는 헌터가 지적하는 소설의 모든 구성 요소들(교훈적인 지침서, 영적 자서전, 선정적인 저널리즘, 기적이야기, 여행서사)은, 그들이 보기에, 확실히 소설 이전의 영국문화에서 존재했지만 그 요소들을 결합해내는 비법은 근대 영국의 지리적 경계 밖에서 발전될 수밖에 없었다는 것이다. 이런 관점에서 볼 때 소설은 식민지적 형성물이라는 것이다(1992, 262).

암스트롱과 텐넨하우스에 따르면, 17세기 인디언 포로서사에서 장르가 증식되고 분화하는 것을 볼 수 있다(1992, 203). 이들 포로서사의 주인공이나 작가는 초기에는 성직자이거나 남자였으나 이들이 문제로 삼은 것은 북아메리카에서 평범한 가정을 이룬 유럽 이주자인 여성들이다. 롤란드슨은 납치된 몸으로 신세계에서 영국을 대표한다. 그는 인디언 즉 비영국적 문화 가운데서 문자해독의 힘을 보여준 영국여성으로서 영국적 미국의 경험이 되는 원천이다(1992, 264). 그런데 미국에서 영국적인 것을 생각해야 되기 때문에 이들 포로서사가 독자들에게 영국적이라고 생각하는 것을 바꾸길 요구하는 데 그것은 문자해독능력 곧 영어를 읽고 쓰는 능력의 문제이다. 특히 프랑스 혁명기 동안 프랑스 인들은 영국인 등장인물에 위협이 되었지만 후기의 포로서사에서 영국인 개인을 유럽 태생의 남녀와 구별해주는 것은 영어에 대한 문자해독능력이었다. 이렇게 해서 "영어"는 영국적인 것의 핵심이 되고 식민지에서 근대 국가의 탄생 문제와 결합한다.

앤더슨은 식민지 모국인 영국에서 독립할 때의 민족의 문제에서는 언어를 배제했지만 독립한 이후 민족의 문제에서는 활자어인 영어를 다시 중심에 놓았다. 영어로 된 인쇄물이 유통됨에 따라 그들은 스스로 자국어인 영어를 읽고 쓰는 사람들로 구성된 하나의 민족으로서 스스로 상상하기 시작했다고 한다. 암스트롱과 텐넨하우스에 따르면, 롤란드슨의 포로체험에서 청교도적인 것도 중요하지만 롤란드슨의 영어공동체에로의 귀환은 영어와 민족의 문제를 생각하게 하는 근대적 체험에서 더욱 중요하다. "서사는 인쇄된 자국어에 토대를 둔 문자해독능력의 형식을 영국적 아이덴터티의 새로운 토대로 전화시킨다"는 것이다(1992, 208).

롤란드슨이 귀환했을 때 그의 가치의 가장 강력한 증거는 인쇄된 말― 포로서사 그 자체이다. 인쇄된 설교집과 나란히 달력이나 지역 신문은 영국인 디아스포라에 참가했던 모든 사람들의 유대를 강화하는 수단을 제공했다. 암스트롱과 텐넨하우스는 "자국어 인쇄물이 식민지 경험이 갈기갈기 찢었던 것을 재통합할 수 있다고 확신하면서 이들은 스스로를 위해 영어를 재창조했다"고 한다(1992, 212). 이런 기능과 역할을 통해 인쇄는 문학으로 연결되어 있었던 기원의 유럽 나라들로부터 분리된 민족이라는 전반적으로 새로운 국가 개념을 만들어냈던 것이다. 이것은 영국적 예외주의가 미국적 예외주의가 되는 것이며 영어를 둘러싼 신세계 민족주의의 형성의 문제이기도 하다.

이 지점에서 암스트롱과 텐넨하우스는 앤더슨의 "상상의 공동체"에 정확히 조응하는 소설 기원의 역사를 만들어낸다. "영어가 말과 동떨어져서 그 말이 기원한 공간으로부터 그리고 특히 예전에 준거를 지녔던 사물로부터 떨어져서 생명력을 어떻게 지니게 되는가"(214)를 천착하는, 활자어와 인쇄자본주의를 강조하는 앤더슨 뿐 아니라 인쇄된 영어로 씌어진 포로서사에 대한 암스트롱과 텐넨하우스의 강조는 영어를 전세계에 배타적 언어로 내세우는 영어권 쇼비니즘의 일환임을 보여준다. 소설과 신문을 통해 활자어로 된 영어 인쇄물을 통해 하나의 민족임을 상상할 수 있는 토대가 되었다는 앤더슨이나 암스트롱과 텐넨하우스의 이러한 견해는 소설이 본질적으로 무엇인가를 떠나서 장르 정치학의 놀라운 귀결을 보여준다 할 수 있다.

5. 마무리

근대 소설의 발생 담론을 자본주의 체제와 언문일치, 내면과 사적인 것의 등장에 두고 『소설의 발생』과 영어권 쇼비니즘의 관계에 천착하여 고찰하였다. 이런 근대 소설 발생설은 자본주의의 근대 소설 형성 문제에 대해 시기에서 편차는 존재하지만 동아시아든 유럽이든 지역적으로는 거의 보편성을 지니고 있다. 하지만 『소설의 발생』은 프로테스탄티즘과 자본주의 두 축을 소설 발생의 핵심 요건으로 삼아 스페인이나 프랑스에 비해 늦게 나타난 영국 소설을 서구 근대 소설의 기원으로 두고 영국적으로 전유한다. 이러한 전유는 비단 영국 민족주의만의 문제는 아니고 미국 민족주의 문제이기도 하다는데 영어권 쇼비니즘의 장르 정치학이 개입한다.

기존의 문화연구는 소설을 배태시킨 환경을 엄밀하게 영국 내에서 찾아야 된다는 견지에서 18세기 영국 사회가 지닌 물질성과 중산층의 자유정신에 몰두했다. 영어와 정기간행물, 인쇄에서 영국 사회의 물질성을 찾았고, 남성작가들이 소설을 합목적적, 자의식적으로 발생시킨 것으로 보아 중산층의 자유정신을 강조했다. 이 글의 의도는 이러한 소설 발생 연구가 어떻게 영어권 쇼비니즘을 지탱, 강화시켜주는 것으로 나타나는가를 보여주는 것이었다. 소설을 공화제, 민족국가, 영어, 프로테스탄티즘, 인쇄, 중산층이라는 근대적 특질, 그 가운데서도 영국적 미국적 특질만으로 조성된 것으로 볼 때 소설은 인간정신의 보편적 형식으로서의 지위를 가질 수 없다. 서구 근대 소설의 기원 뿐만 아니라 동아시아나 다른 대륙의 소설의 기원 문제에서도 어느 정도 보편적인 발생담론의 문제를 살펴보아야 하는 것도 소설을 인간정신의 보편적 형식으로 다시 회복하기 위해서다.

국내에서는 와트의『소설의 발생』을 아예 정전으로 삼아 논의하지 않지만 국외에서는 많은 비판적 연구와 함께 새로운 소설발생담론을 개발하고 있다. 우리나라에서도 영문학에서 벗어나면 국문학이나 다른 지역의 문학연구에서는 서구 근대 소설의 기원뿐만 아니라 일반 소설의 기원을 고대에 두고 문명권 마다 다른 기원을 찾는 연구결과를 내놓고 있다. 이런 연구에서 서구 소설의 고대적 기원을 고대 그리스 로마 소설에 두기도 한다. 와트의『소설의 발생』에서 제기되는 것이 영국 근대 소설의 기원인지, 서구 근대 소설의 기원인지, 일반 소설의 기원인지를 분명히 한정시킬 필요성과 아울러 18세기 중엽 근대영국에서 소설이 발생했다는 전제 아래, 그 기본전제를 검증 강화하기 위해 18세기 하위문화의 요소들(저자, 인쇄, 쓰기, 정기간행물, 여론, 독자, 공공영역 등)에 몰두하는 공시적 미시적 문화연구에 통시적이고 보편사적인 연구가 결합될 필요성이 있다.

key words:『소설의 발생』, 장르 정치학, 영어권 쇼비니즘, 절대주의, 민족국가, 언문일치, 자본주의

■ Abstract

Genre Politics:
The Rise of the Novel and the English Chauvinism

The main point I make in this paper is that Ian Watt's *The Rise of the Novel* is a product of the English chauvinism. His view that the novel originated in modern England has made the origin of the modern English novel believed as the rise of the genre 'the novel' itself. Except in the Korean academic circle of English literature, it is generally acknowledged that the rise of the modern novel in the Eastern Asia as well as in the West is correlated to the rise of capitalism, the unity of speech and writing, and the emergence of being internal and being private, in the age of Absolutism.

I am going to inquire into the Genre politics in the institution's history of the novel in the England nationalism, and the institutionalization of *The Rise of the Novel* in the American nationalism. First, I tries to deal with matters as feminity, morality, and the nation state, nationalism, and the verisimilitude, which have been problematic in the history of the English novel. Then I will examine what has been taking place in a view of the American genre politics since 1958. That is the American critical appropriation of

English literature as a component of its own national identity. In brief, not as the literature of the United Kingdom but as the literature in English, the English literature comes under the umbrella of the American literature. Nancy Armstrong and Leonard Tennenhouse maintain, in *the Imaginary Puritan* stimulated by Benedict Anderson's *Imagined Communities,* that *Pamela* was influenced by the captive narratives in the North America in the 17th-century. According to them, the novel originated from English-writing women's captive narratives in the modern North America.

The existing cultural studies in the field of the English and the American literature try in vain to justify the rise of the novel in modern England. If we consider the novel as out of Protestantism, capitalism, English, print-language, nationalism, it will be downgraded from the universal form of the human mind into the one of only the English novels which have had a specific bias since the mid eighteenth century.

■ 인용문헌

겐트, 도로시 밴.『영국소설론』. 최진영 옮김. 서울: 종로서적, 1987.
겔바트, 니나 래트너.「여성 저널리스트들」.『여성의 역사』3-하권. 서울: 새물결, 1999. 559-93.
고진, 가라타니.『마르크스 그 가능성의 중심』. 서울: 이산, 2003.
＿＿＿.『일본근대문학의 기원』. 박유하 옮김. 서울: 민음사, 2004.
＿＿＿.『일본정신의 기원』. 송태욱 옮김. 서울: 이매진, 2003.
굴모, 장 마리.「문학행위 또는 사생활의 공개」.『사생활의 역사』3권 서울: 새물결, 2002. 473-520.
김봉률. <중산층의 등장과 소설의 발생: 이안 와트의 소설발생론 비판>. <<영어영문학>>. 제72호. 2004.
김붕구 외. <<새로운 프랑스문학사>>. 서울: 일조각, 1997.
김현창. <<스페인문학사>>. 서울: 민음사, 1995.
니체, 프리드리히.『비극의 탄생』. 김대경 옮김. 서울: 청사, 1992.
＿＿＿.『선악의 저편. 도덕의 계보』. 김정연 옮김. 서울: 책세상, 2002.
니콜슨, 에릭 A.「연극: 여성들의 이미지」.『여성의 역사』. 3-하권. 서울: 새물결, 1999. 425-45.
뒬롱, 클로드「대화에서 창작으로」.『여성의 역사』3-하권. 서울: 새물결, 1999. 559-93.
러셀, 제임스 버튼.『날조된 역사』. 박태선 옮김. 서울: 모티브, 2004.
로베르, 마르트.『기원의 소설, 소설의 기원』. 김 치수 외 옮김, 서울: 문학과 지성사, 2001.
롱구스『다프니스와 클로에』. 이가형 옮김.『세계고전문학전집』. 서울: 한국, 1982.
루카치, 게오르규.『미학서설』. 홍승용 옮김. 서울: 실천문학사, 1987.
＿＿＿.「묘사냐 서사냐」. 김복순 옮김.『리얼리즘과 문학』. 최유찬 외 역. 서울: 지문사, 1985.
리들리, 매트.『이타적 유전자』. 신좌섭 옮김. 서울: 사이언스 북스, 2001.
리체티, 존.「서문」.『영국소설』. 김정숙 옮김. 서울: 신아사, 2000. 7-15.
리쾨르, 폴.『시간과 이야기』2권. 김 한식, 이 경래 옮김. 서울: 문학과지성사, 2000.
모레티, 프랑코『근대의 서사시』. 조형준 옮김. 서울: 새물결, 2001.
바흐친, 미하일.『장편소설과 민중언어』. 전승희 외 옮김. 서울: 창작과비평사, 2001.
백낙청.『민족문학과 세계문학』. 서울: 창작과 비평사, 1985.

베버, 막스.『프로테스탄티즘의 윤리와 자본주의 정신』. 박성수 옮김. 서울: 문예출판사, 1999.
벤야민, 발터.「얘기꾼과 소설가」.『발터 벤야민의 문예이론』. 반성완 편역. 민음사, 2000.
브라운, 비비엔느.「경제의 출현」.『현대성과 현대문화』. 서울: 현실문화연구, 1996.
블로흐, 마르크.『역사를 위한 변명』. 고봉만 옮김. 서울: 한길사, 2002.
뷔르거, 페터.『미학 이론과 문예학 방법론』. 김경연 옮김. 서울: 문학과지성사, 2000.
비어, 길리언.『로망스』. 문우상 옮김. 서울: 서울대출판부, 1987.
사르티에, 로제.「글의 관행들」.『사생활의 역사』. 3권. 서울: 새물결, 2002. 155-214.
사이드, 에드워드.『문화와 제국주의』. 김성곤 외 옮김. 서울: 창, 1995.
스넬, 보르노.『정신의 발견』. 김재홍 옮김. 서울: 까치, 1994.
스키너, B. F.『행동주의』. 김영채 역. 서울: 교육과학사, 1978.
아뿔레이우스, 루시안.『황금 당나귀』. 이가형 옮김.『세계고전문학전집』. 서울: 한국, 1982.
알렉산더, 제프리.『현대사회이론의 흐름』. 이윤희 옮김. 서울: 민영사, 1993.
앤더슨, 베네딕트.『상상의 공동체』. 윤형숙 옮김. 서울: 나남, 2004.
엘리아스, 노베르토.『문명화과정』 2권. 박미애 옮김. 서울: 한길사, 2000.
옐름, 마릴린.『아내』. 이호영 옮김. 서울: 시공사, 2003.
여건종.「근대 시민사회의 형성과 소설의 발생」.『안과 밖』. 서울: 영미문학연구회, 1997. 제 2호. 8-40.
____.「소설의 발생: 소설형식의 역사성과 근대의 등장」.『18세기 영국소설 강의』. 근대영미소설학회 지음. 서울: 신아사, 1999. 57-86.
옹, J. 월터.『구술문화와 문자문화』. 이기우 외 옮김. 서울: 문예출판사, 1995.
우트리오, 카리.『이브의 역사』. 안미현 옮김. 서울: 자작, 2000.
와트, 이안.『근대 개인주의의 신화』. 이시연, 강유나 옮김. 서울: 문학동네, 2004.
울프, 버지니아.『자기만의 방』. 이미애 옮김. 서울: 예문, 1990.
워너, 윌리엄.「쾌락의 검열」.『콜롬비아 판 영국소설사』. 이경란 역. 신아사, 2000. 16-35.
웰렉, 르네.「문학연구에 있어서 리얼리즘의 개념」. 유재천 역.『리얼리즘과 문학』. 서울: 지문사, 1985.
이글턴, 테리.『문학이론입문』. 김명환 외 번역. 서울: 창작과비평사, 1986.
이두원.『언어와 정신, 신비에서 문제로』. 서울: 한국문화사, 2003.
이종영.『성적 지배와 그 양식들』. 서울: 새물결, 2001.

임의경. 『스키너의 행동주의적 인간관』. 서울: 문학과지성사, 1993.
최주리. 「18세기 문학과 도시」. 『안과밖』. 9권. (2000). 31-52.
카리톤. 『카이레아스와 칼리로에』. 김선희 옮김. 서울: 지정, 1999.
크랑프-카스나베, 미셸. 「18세기 철학 저서에 나타난 여성의 이미지」. 『여성의 역사』. 3-하권. 조형준 옮김. 서울: 새물결, 1999. 453-496.
칸트, 임마누엘. 『순수이성비판』. 최재희 옮김. 서울: 박영사, 1974.
터너, 제임스 그래덤. 「리차드슨의 삶과 작품 세계」. 정이화 옮김. 『영국소설사』. 서울: 신아사, 2000. 86-110.
터너, J. H. 『사회학 이론의 구조』. 김보균 외 옮김. 서울: 한길사, 1989.
푸코, 미셸. 『앎의 의지』. 『성의 역사』 1권. 이규현 옮김. 서울: 나남, 1993.
하우저, 아르놀트 『문학과 예술의 사회사』 1권. 염무웅, 반성완 옮김. 서울: 창작과비평사, 2002.
헬드, 데이비드. 「현대국가의 발전」. 『현대성과 현대문화』. 서울: 현실문화연구, 1996.

Addison and Steele. *Tatler*. No. 172 (May 16, 1710). Ed. George A. Aitken. London: Duckworth, 1898.

Anderson, Benedict. *Imagined Communities: Reflections on the Origin and Spread of Nationalism*. Rev. ed. London: Verso, 1991.

Armstrong, Nancy. *Desire and Domestic Fiction: A Political History of the Novel*. New York: Oxford UP, 1987.

_____. and Leonard Tennenhouse. *The Ideology of Conduct: Essays on Literature and the History of Sexuality*. London: Methuen, 1987.

_____. and Leonard Tennenhouse. *The Imaginary Puritan: Literature, Intellectual Labor, and the Origins of Personal Life*. Berkeley: U of California P, 1992.

Auerbach, Eric. *Mimesis: the Representation of Reality in Western Literature*. Princeton: Princeton UP, 1953.

Backscheider, Paula R., and John J. Richetti, eds. *Popular Fiction by Women 1660-1730: An Anthology*. Oxford: Clarendon, 1996.

Ballaster, Ros *Seductive Forms: Women's Amatory Fiction from 1684 to 1740*. Oxford: Clarendon, 1992.

Behn, Aphra. *Love Letters between a Nobleman and His Sister*. Harmonthworth and Middlesex: Virago Press, 1987.

____. *Oroonoko, The Rover, and Other Works*. Ed. Janet Todd. London: Penguin, 1992.

Bender, John. *Imagining the Penitentiary: Fiction and the Architecture of Mind in Eighteenth-Century*. Chicago: U of Chicago P, 1987.

Bernal, Martin. Black Athena: *The Afro-Asiatic Roots of Classical Civilization*. vol. 1. New Brunswick: Rutgers, 1987.

Brown, Homer. "Why the Story of the Origin of the (English) Novel Is an American Romance (If Not the Great American Novel)." *Cultural Institutions of the Novel*. Eds. Deirdre Lyncy and William B. Warner. Durham: Duke UP, 1996. 11-43.

____. *Institutions of the English Novel from Defoe and Scott*. Philadelphia: Pennsylvania UP, 1997.

Cantarella, Eva. *Pandora's Daughters: The Role and Status of Women in Greek and Roman Antiquity*. Trans. Maureen B. Fant. Baltimore: Johns Hopkins UP, 1987.

Carnochan, W. B. "A Matter Discutable: *The Rise of the Novel*." In *Reconsidering the Rise of the Novel*. *Eighteenth-Century Fiction* 12.2-3 (2000): 167-84.

Cassirer, Ernst. *The Philosophy of the Enlightenment*. Boston: Beacon, 1951.

Castle, Terry. *Masquerade and Civilization: The Carnivalesque in Eighteenth-Century English Culture and Fiction*. Stanford: Stanford UP, 1986.

Chase, Richard. *The American Novel and Its Tradition*. Garden City. N.Y.: Doubleday, 1957.

Congreve, William. *Incognita: or, Love and Duty Reconciled*. London, Printed for P. Buck. 1692.

Cressey, David. *Literacy and the Social Order: Reading and Writing in Tudor and Stuart England*. Cambridge: Cambridge UP, 1980.

Dahrendorf, Ralf. "Out of Utopia: Toward a Reorientation of Sociological Analysis." *American Journal of Sociology* 64.2 (1958): 115-27.

Davis, Lennard J. *Factual Fictions: The Origins of the English Novel*. Philadelphia: U of Pennsylvania P, 1997.

____. "Reconsidering Origins: How Novel Are Theories of the Novel." In *Reconsidering the*

Rise of the Novel. Eighteenth-Century Fiction 12.2-3 (2000): 479-99.

_____. *Resisting Novels: Ideology and Fiction.* New York: Methuen, 1987.

Davys, Mary. *The Works of Mrs. Davys: Consisting of Plays, Novels, Poems, and Familiar Letters.* London: H. Woodfall, 1725.

Defoe, Daniel. *The Complete English Tradesman.* London: Charles Rivington, 1726.

_____. *Moll Flanders.* Ed. G. A. Starr. Oxford: Oxford UP, 1971.

Doody, Margaret Anne. *A Natural Passion: A Study of the Novels of Samuel Richardson.* Oxford: Clarendon, 1974.

_____. *The True Story of the Novel.* New Brunswick: Rutgers UP, 1996.

_____. and Peter Sabor, eds. *Samuel Richardson: Tercentenary Essays.* Cambridge: Cambridge UP, 1989.

Downie, J. A. "The Making of the English Novel." *Eighteenth-Century Fiction* 9 (1997): 249-66.

_____. "Mary Davys' 'Probable Feign's Stories' and Critical Shibboleths about 'the Rise of the Novel.'" In *Reconsidering the Rise of the Novel. Eighteenth-Century Fiction* 12.2-3 (2000): 309-26.

Eagleton, Terry. *The Rape of Clarissa: Writing, Sexuality and Class Struggle in Samuel Richardson.* Minneapolis: U of Minnesota P, 1982.

Easterling, P. E., and B. M. W. Knox, eds. *The Cambridge History of Classical Literature I: Greek Literature.* Cambridge: Cambridge UP, 1985.

Edgeworth, Maria., and Edgeworth, Robert L. *Practical Education.* vol. II London, 1801.

Eisenstein, Elizabeth L. *The Printing Press as an Agent of Change: Communications and Cultura Transformations in Early-Modern Europe.* Cambridge: Cambridge UP, 1979.

Fevere, Lucien and Martin, Henri. *The Coming of the Book: The Impact of Printing, 1400-1800.* London: New Left Books, 1976.

Fielding, Henry. *Joseph Andrews.* Ed. Martin C. Battestin. Middletown: Wesleyan UP, 1959.

Folkenflik, Robert. "New Model Eighteenth-Century Novel." In *Reconsidering the Rise of the Novel. Eighteenth-Century Fiction* 12.2-3 (2000): 459-478.

Folkenflik, Robert. "New Model Eighteenth-Century Novel." In *Reconsidering the Rise of the Novel. Eighteenth-Century Fiction* 12.2-3 (2000): 459-478.

Fowler, Alastair. *Kinds of Literature: An Introduction to the Theory of Genres and Modes*. Cambridge: Harvard UP, 1982.

Frye, Northrop. *Anatomy of Criticism*. Princeton: Princeton UP, 1967.

Gallagher, Catherine. *Nobody's Story: The Vanishing Acts of Women Writers in the Marketplace, 1670-1820*. Oxford: Clarendon, 1994.

Giddens, Anthony. *Social Theory and Modern Society*. Cambridge: Polity Press, 1987.

Greene, Donald, ed. *Samuel Johnson*. Oxford: Oxford UP, 1984.

Guillory, John. *Cultural Capital: The Problem of Literary Canon Formation*. Chicago: U of Chicago P, 1993.

Hägg, Thomas. *The Novel in Antiquity*. Oxford: Blackwell, 1983.

Heiserman, Arthur *The Novel Before the Novel: Essays and Discussions about the Beginnings of Prose Fiction in the West*. Chicago: U of Chicago P, 1977.

Hunter, J. Paul. *Before Novels: The Cultural Contexts of Eighteenth-Century English Fiction*. New York: Norton, 1990.

_____. "The Novel and the Social/Cultural History." *The Cambridge Companion to the Eighteenth-Century Novel*. Ed. John Richetti. Cambridge: Cambridge UP, 1996.

Johnson, Samuel. *Rambler* 4 (31 March 1750). Eds. W. J. Bate and Albrecht B. Strauss. Yale Ed. of *The Works of Samuel Johnson*. New Haven: Yale UP, 1969.

Kettle, Arnold. *An Introduction to the English Novel*. London: Hutchinson, 1969.

Konstan, David. *Sexual Symmetry: Love in the Ancient Novel and Related Genres*. Princeton: Princeton UP, 1994.

Lewis, R. W. B. "Contemporary American Literature." Lewis Leary. ed. *Contemporary Literary Scholarship: A Critical Review*. New York: National Council of Teachers of English, 1958.

Locke, John. *An Essay Concerning Human Understanding*. Vol. 1. New York: Dover, 1959.

Lukacs, Georg. *The Theory of the Novel*. trans. Anna Bostock. Massachusetts: The Mit Press, 1985.

Manley, Delaviere. *The New Atlantis*. 1709. Reprint. ed. Rosalind Ballaster. London: Penguin, 1991.

McBurney, William Harlin. *A Check List of English Prose Fiction, 1700-1739*. Cambridge: Harvard UP, 1960.

McCullough, Bruce W. *Representative English Novelists: Defoe to Conrad*. New York: Harper, 1946.

McKeon, Michael. *The Origins of the English Novel, 1600-1740*. Baltimore: Johns Hopkins UP, 1987.

Menzies, Ken. *Talcott Parsons and the Social Image of Man*. London: Routledge, 1976.

Merryn, Williams. *Women in the English Novel, 1800-1900*. London: Palgrave, 1984.

Miller, Nancy K. *The Heroine's Text: Readings in the French and English Novel, 1722-1782*. New York: Columbia UP, 1980.

Min, Eun Kyung. "The History of the Novel?—Some Pedagogical Considerations." 『영미문학교육』 6권 2호 (2002): 239-250.

Nash, Paul. *Models of Man: Explorations in the Western Educational Tradition*. New York: Wiley, 1968.

Newman, Gerald. *The Rise of English Nationalism: A Cultural History, 1740-1830*. New York: St. Martin's, 1987.

Nietzsche, Friedrich. *On the Advantage and Disadvantage of History for Life*. Trans. Peter Preuss. Indianapolis: Hackett, 1980.

Parsons, Talcott. *The Social System*. New York: Free, 1951.

_____. *The Structure of Social Action*. New York: Mc-Graw-Hill, 1937.

_____. and Neil J. Smelser. *Economy and Society: A Study in the Integration of Economic and Social Theory*. New York: Free, 1965.

Perkins, David. *Is Literary History Possible?* Baltimore: Johns Hopkins UP, 1992.

Perry, Ben Edwin. *The Ancient Romances: A Literary-Historical Account of Their Origins*. Berkeley: U of California P, 1967.

Petronius, Gaius. *The Complete Works of Gaius Petronius: Comprising The Satyricon and Poems*. Trans. Jack Lindsay. New York: Willey, 1944.

Richardson, Samuel. *Pamela, or Virtue Rewarded*. Ed. Peter Sabor. Harmondsworth: Penguin, 1980.

Richetti, John. "The Legacy of Ian Watt's *The Rise of the Novel.*" *The Profession of Eighteenth-Century Literature: Reflections on an Institution.* Eds. Leopold Damrosch and Leo Damrosch. Madison: U of Wisconsin P, 1992. 95-112.

_____. *Popular Fiction Before Richardson: Narrative Patterns, 1700-1739.* Oxford: Clarendon, 1969.

Rieder, John. "Wordsworth and Romanticism in the Academy." *At the Limits of Romanticism: Essays in Cultural, Feminist, and Materialist Criticism.* Eds. Mary A. Favret and Nicola J. Watson. Bloomington: Indiana UP, 1994. 21-39.

de Rougemont, Denis. *Love in the Western World.* New York: Harper & Row, Publishers, Inc., 1974.

Schmeling, Gareth L. *Chariton.* New York: Twayne, 1974.

Schulz, Dieter. "'Novel,' 'Romance,' and Popular Fiction in the First Half of the Eighteenth Century." *Studies in Philology* 70 (1973): 77-91.

Scott, Sir Walter. "Charlotte Smith." *Miscellaneous Prose Works IV.* Edinburgh: Cadell, 1827.

_____. "An Essay on Romance." 1824. Rpt. in *Essays on Chivalry Romance and the Drama.* Freeport: Books for Libraries P, 1972. 127-216.

_____. Unsigned Review of *Emma* by Jane Austen. 1816. Rpt. in *Jane Austen: The Critical Heritage.* Ed. B. C. Southam. London: Routledge, 1968. 58-69.

Showalter, Elaine. *A Literature of Their Own: British Women Writers from Bronte to Lessing.* Princeton: Princeton UP, 1977.

Siedel, Michael. "The Man Who Came to Dinner: Ian Watt and the Theory of the Novel." In *Reconsidering the Rise of the Novel. Eighteenth-Century Fiction* 12.2-3 (2000): 193-212.

Siskin, Clifford. "Epilogue: The Rise of Novelism." *Cultural Institutions of the Novel.* Eds. Deirdre Lyncy and William B. Warner. Durham: Duke UP, 1996. 423-440.

Skinner, B. F. *Beyond Freedom and Dignity.* New York: Alfred A. Knopf, 1971.

_____. *Science and Human Behavior.* New York: Macmillan, 1953.

Spencer, Jane. *The Rise of the Woman Novelist: From Aphra Behn to Jane Austen.* Oxford: Blackwell, 1986.

Stoneman, Richard. *The Greek Alexander Romance.* Harmondsworth: Penguin, 1992.

Tilly, C. *Coercion, Capital and Eurpean State, Ad 990-1990*. Oxford: Blackwell, 1990.

Todd, Janet. *The Sign of Angelica: Women, Writing and Fiction, 1660-1800*. New York: Columbia UP, 1989.

Trenkner, Sophie. *The Greek Novella in the Classical Period*. Cambridge: Cambridge UP, 1958.

Warner, William Beatty. "Staging Novel Readers Reading." In *Reconsidering the Rise of he Novel. Eighteenth-Century Fiction* 12.2-3 (2000): 391-416.

Watt, Ian. "Flat-Footed and Fly-Blown: The Realities of Realism." In *Reconsidering the Rise of the Novel. Eighteenth-Century Fiction* 12.2-3 (2000): 147-66.

_____. *The Rise of the Novel: Studies in Defoe, Richardson and Fielding*. Berkeley and Los Angeles: U of California P, 1984.

_____. "Serious Reflections on The Rise of the Novel." *Novel* 1.3 (1968): 206-25.

Wellek, René. and Warren, Austin. *Theory of Literature*. New York: Harcourt, Brace, 1949.

Wittgenstein, Ludwig. *Philosophical Investigations*. Trans. G. E. M. Anscombe. Oxford: Blackwell, 1968.

_____. *Remarks on the Philosophy of Psychology*. Eds. G. E. M. Anscombe and G. H. von Wright. Trans. G. E. M. Anscombe. Oxford: Blackwell, 1980.

Wollstoncraft, Mary. *Thoughts on the Education of Daughters*. London: J. Johnson, 1787.

■ 찾아보기

ㄱ

『가르강뛰아와 빵따그리엘』 131
가정소설 133, 264, 265, 268, 269, 270
가족 유사성 103
개인적 체험 29, 189, 200
개인주의 29, 50, 89, 169, 254, 283
개인주의 미학 47, 49, 67
『걸리버 여행기』 99, 197
『검사관』 251
『검은 아테네』 117
경험적 도덕주의 28
경험주의・경험론적인 전통 46, 47, 61, 79, 168
계몽주의 61, 63, 64, 65, 66, 202, 253
고대소설 36, 110, 122
고대소설 발생론 44, 111, 279
공적 영역 242
과거의 타자성 27, 93
『관찰자』 145, 147, 149, 155, 196, 259
광고 195, 196, 197
광장의 언어 131
구술문화 138, 139, 141, 142
구조기능주의・기능주의 28, 47, 49, 53, 54, 57, 289
구체적 특수성 170, 194, 195, 200, 201
『국부론』 301

국수주의 문학사가 35
국수주의적 입장 33
┌민족주의 19, 306, 311, 319, 324, 328
└쇼비니즘 17, 20, 22, 300, 324
궁정풍 사랑 284
『귀족과 그 누이가 주고 받은 편지』 257
그리스 로망스・그리스로마 소설 107, 115, 120, 168, 269
근대적 실재론 170, 180
글쓰기・쓰기 265, 268, 313, 314, 315, 316, 329
기법의 리얼리즘 173, 174
기사도 로망스 88, 234, 283, 284

ㄴ

남성 주도 소설 발생설 239
남성 중심적 가정 17, 37, 39
남성중심주의 120
낯설게 하기 51
내면과 사적인 것의 등장 297
내밀성 133
내용의 리얼리즘 134, 137, 173, 174
뉴스 매트릭스 151
뉴스/소설 99, 154, 155

ㄷ

『다프니스와 클로에』 244
단순 추상체 43, 79
단절과 차이 84
단편소설 36, 107
대중산문담론 150, 151, 160
『데카메론』 196
독서 대중·독서 인구·독서계 208, 210, 217, 221, 223
『돈키호테』 19, 123, 159, 257, 305
동방기원설 121, 122
동시대성 89, 115
동어반복 59, 68, 171
『되찾은 포로』 330

ㄹ

『램블러』 87, 90
『로미오와 줄리엣』 255, 275
┌로망스/역사 153
└로망스와 역사 94, 102
『로빈슨 크루소』 90, 98, 127, 190, 196, 216, 257, 271, 285, 286
『뢰키페와 클레이토폰』 245
루카치의 특수성 194
『리뷰』 196
리얼리즘 21, 28, 39, 50, 52, 89, 94, 97, 172
리얼리즘 충동 177, 178

ㅁ

마르크스주의 40, 47
마르크시즘 28, 48
『말괄량이 길들이기』 255
모험적 시간 128
목가소설 133
목적론 57, 59
『몰 폴랜더즈』 98, 190, 270, 309
『문명화과정』 56, 177, 257
문자 해독 221
문자문화 138, 139, 141, 142
┌문자해독능력 223, 330
└문자해독률 222, 312, 313
문학사 연구방법론 26, 68, 76, 84
문화연구 40, 162, 332, 333
미국적 콤플렉스 20
『미메시스』 23, 176
민족국가 303
민족주의 문학사 32
민중 225, 283

ㅂ

발라드 154
범죄소설 226
변이와 파생관계 27
변증법적 유물론 82
부르주아 희극 112, 113, 114
부상하는 중산층 206, 210

비극 116
비판적 역사관 81
『비평의 해부』 124

사적 개인 131, 131
사적 유물론 28
사회구성체 281, 283, 286
사회주의 리얼리즘 24, 53, 107, 137, 199, 281
산문담론·담론 29, 67, 153
산업자본 302
산업혁명 301
상상의 공동체 324, 331
『상상의 공동체』 300, 319, 324
상업자본 301, 302
새로운 것(novelty) 56
새로움·새로운 형식 68, 70, 71, 72, 74, 90, 93
새로움(novelty) 51
서구중심주의 119
서술절차 171, 173
서적상 214, 218, 219, 220
『선악의 저편』 256
선정소설 38, 39
설교 227, 272, 275
세부묘사 41, 140, 198, 199
소설의 도덕화 32, 33, 307
소설의 여성성 235, 253, 307
소설의 제도화·제도적 책략 32, 33, 69, 84, 108, 289, 306, 319
소설주의 314
소설화 과정 114, 115
『수다꾼』 152, 196, 259
수요공급 법칙 214, 217, 218, 221
수정주의 31, 35, 36, 42, 45
『숙녀들의 박물관』 250, 251
순회도서관 216, 217, 223
스캔들 연대기 237, 238
『신사의 잡지』 145, 149, 259
『신엘로이즈』 254
심리적 실재 170, 185, 188, 190

아이러니 125
아이러니 양식 126
알렉산드리아 36, 110, 213
언문일치 297, 303, 304, 305, 306, 312, 324
'언어와 실재'의 일치 63
언어와 존재의 일치 29, 170, 190, 191, 194, 195
에로티시즘 262
『에페시아카』 201
『엠마』 102
『여성 관찰자』 251
여성 소설가 229, 231, 240
여성 언론인 250, 252, 259
『여성을 위한 수다꾼』 250
여성작가 232, 236, 259, 261, 263, 277, 307
영국적 민족주의 298, 300

영어공동체 331
영어권 쇼비니즘 297, 298
예외주의 323, 331
『오카신과 니콜레트』 135
『오트랜토의 성』 80
와트의 특수성 194
외설문학 255
유물론적 281
유물론적 리얼리즘 47
유사성과 차이 74, 75, 85
『율리시즈』 197
의식의 흐름 23, 199, 202
이상주의 168, 172, 236
이상형 55, 204
이야기성 138
이율배반 63, 65, 202
『인간 오성론』 192
인쇄문화 139, 162, 323
인쇄자본주의 326
『인코그니타: 사랑과 의무의 화해, 하나의 소설』 90
『일리어드』 177
일상어 학교 248
읽기 66
읽기와 쓰기의 분리 312, 316

자원론・자원적 행위이론 56, 57, 60
자유연애소설 185, 186, 190
장르 정치학 299, 310, 317, 318, 322, 332

재청교도화 29, 166, 226, 252
전형성 131, 194
절대주의 301, 302, 303, 305, 316, 324
정기간행물 313
정절 233, 262
제국주의 22, 146, 159, 257, 265
『제인 에어』 268
젠더화 38, 40, 41, 176, 229, 232, 259, 270
젠더화 담론 252, 254, 260, 272, 277
젠트리층 211
『조셉 앤드류스』 167
종교서적 163, 165
중간층 207, 208
중산층 15, 16, 18, 24, 29, 61, 203, 205, 253, 299, 316
중상주의 302
중상층 25, 64, 66, 206, 207, 210, 220, 227
중하층 17, 18, 24, 45, 64, 66, 109, 114, 202, 205, 207, 220, 224, 225, 227, 285, 316, 317
지구 평면 과오설 81
진화론 82, 105, 281

차이와 유사성 27, 82, 103
철학적 리얼리즘 178, 179
철학적 이원론 83, 84
청교도 19, 21, 72, 74, 176, 300, 331
청교도의 미학 200
청교도적 도덕성 227

ㅍ피카레스크 291
ㄴ피카레스크 소설 235, 308

ㅎ

하위모방양식 124
하층민 172, 175
행동주의 28, 47, 53, 54, 61, 62, 65, 182, 289
헤겔 22, 47, 50, 65
헬레니즘 28, 109, 111, 114, 116, 121, 225, 282, 283
형식의 리얼리즘 137
형식적 리얼리즘 18, 23, 26, 27, 29, 42, 47, 50, 51, 52, 55, 64, 75, 82, 84, 88, 91, 97, 100, 106, 107, 124, 134, 181, 188, 199, 270, 285, 288
형식주의 50, 51
활자어 325, 327, 331
『황금 당나귀』 127, 135, 158
히스클리프 268

ㄱ

『카리톤』 156
『카이레아스와 칼리로에』 120, 127, 158, 245
크로토노프 128
ㅡ클라리싸 196
ㄴ『클라리싸』 309
『클레브 공주』 255, 305
『클로에와 다프니스』 120

ㅌ

타자성 288
『톰 존스』 76, 270, 315
『트로일러스와 크리세이드』 275
『트리스트람 샌디』 315

ㅍ

『파멜라』 41, 59, 90, 104, 187, 190, 217, 226, 257, 270, 271, 272, 275, 309, 315, 329
파생관계 20, 85
판타지-기계 238
프로테스탄트 266
프로테스탄트 윤리 273, 286, 306, 308, 315, 317
프로테스탄티즘 29, 56, 57, 80, 121, 146, 162, 165, 169, 204, 233, 299, 317, 332

〈인명색인〉

ㄱ

가라타니 고진 301, 302, 316
가세트, 요세 오르테가 이(Gasset, Jose Ortega y)
갈레이거, 캐서린(Gallagher, Catherine) 41, 42, 95, 96, 97, 154
겐트, 도로시 벤 겐트(Ghent, Dorothy Van) 46
겔바트, 니나 래트너(Gelbart, Nina Ratner) 250, 251
굴모, 장 마리(Goulmaut, Jean Marie) 132, 183, 185, 186, 188, 256
그리피스, 엘리자베스(Griffith, Elizabeth) 277
기든스, 앤소니 303, 327
길로리, 존(Guillory, John) 148

ㄴ

누스봄, 펠리시티(Nussbaum, Felicity) 40
뉴먼, 제랄드(Newman, Gerald) 315
니체, 프리드리히(Nietzsche, Friedrich) 35, 36, 81, 116, 117, 121, 158, 160, 256

ㄷ

다우니, J. A.(Downie, J. A.) 23, 24, 92, 99, 100
대너히, 마이클(Dannahy, Michael) 37, 38
던롭, 존(Dunlop, John) 21, 34, 101, 106
던톤, 존(John Dunton) 93
데이비스, 레너드(Davis, Lennard) 24, 42, 43, 44, 50, 53, 82, 95, 99, 100, 106, 154, 155, 171, 182, 236, 320
데이비즈, 메리(Davys, Mary) 25, 93, 98, 164, 165, 233, 236, 237
데카르트, 르네((Descartes, René) 62, 170, 178, 180, 181, 182
도드, 앤(Dodd, Ann) 251
두디, 마가렛 앤(Doody, Margaret Anne) 19, 35, 117, 119, 122, 160, 162, 201, 213, 252, 263, 271, 301, 304, 308
뒬롱, 클로드(Dulong, Claude) 247
디포우, 다니엘(Defoe, Daniel) 16, 37, 43, 71, 75, 84, 93, 98, 105, 127, 134, 142, 151, 192, 243, 270, 285, 309

ㄹ

라블레, 프랑스와(Rabelais, François) 94, 131, 132
라파예트 부인(Lapayette, Marie Madeleine) 255, 299
래드클리프, 앤(Radcliffe, Ann) 251
러셀, 제프리 버튼 81
레녹스, 샤롯데(Lennox, Charlotte) 201, 250,

251

레비-스트로스, 끌로드(Levi-Strauss, Claude) 139, 140, 142

로드, 어윈(Rohde, Erwin) 119, 121

로베르, 마르트(Robert, Marthe) 159, 160, 257

로우, 엘리자베스(Rowe, Elizabeth) 25, 240

로체스터 268

로크, 존(Locke, John) 46, 61, 170, 182, 184, 192, 260

롤리, 월터(Walter Raleigh) 33

롱구스(Longus) 120

롤란드슨, 메리(Rowlandson, Mary) 330, 331

루디코프스키(Ludikovsky) 121

루소 254, 256, 271

루카치, 게오르그(Lukacs, Georg) 47, 48, 52, 122, 123, 124, 125, 131, 194, 195, 198, 281

루터, 마르틴(Martin Luther) 249, 303

리델, 로버트(Liddell, Robert) 46

리들리, 매트(Ridley, Matt) 282

리브, 클라라(Reeve, Clara) 21, 34, 89, 101, 238

리비스, F. R.(Leavis, F. R.) 32, 48, 318

리차드슨, 사무엘(Richardson, Samuel) 16, 37, 43, 71, 75, 84, 93, 105, 134, 142, 151, 165, 192, 197, 270, 272, 309

리차즈, I. A.(Richards, I. A.) 48, 50, 182, 318

리체티, 존(Richetti, John) 38, 45, 213, 229, 237, 238

리쾨르, 폴(Ricoeur, Paul) 190

마르크스, 칼(Marx, Karl) 47, 80, 204

매키온, 마이클(McKeon, Michael) 24, 34, 43, 73, 78, 79, 82, 95, 133, 139, 153, 156, 167, 209, 210, 211, 227, 233, 284, 311, 326

맥걸로우, 부루스 (McCullough, Bruce) 45

맥킬롭, A. D.(McKillop, A. D.) 39, 229

맨리, 들라비에르(Manley, Delaviere) 25, 40, 156, 157, 167, 209, 211, 227, 233, 236, 238, 239, 250, 254, 284, 299, 326

멘딜로, A. A.(Mendilow, A. A.) 46

모레티, 프랑코(Moretti, Franco) 123, 281

모어, 한나(More, Hannah) 239, 240

몬태규, 메리 워틀리(Montagu, Mary Wortley) 37, 239

몬태규, 엘리자베스(Montagu, Elizabeth) 240

민은경 82

밀턴 88, 148, 150

밀러, 낸시(Miller, Nancy) 267

바르트, 롤랑(Barthes, Roland) 41

바우어즈, 토니 오쇼네시(Bowers, Tony O'Shaughnessy) 40

바커, 제인(Barker, Jane) 25, 164, 238

찾아보기 351

바흐친, 미하일(Bakhtin, Mikkail) 42, 52, 110, 114, 122, 127, 132, 133, 137, 158

백스카이더, 폴라(Backscheider, Paula R.) 39, 229

밸러스터, 로스(Ballaster, Ros) 37, 39, 232, 234, 237, 249, 258, 277

버니, 패니(Burney, Fanny) 240, 241

버니, 프란시스(Burney, Frances) 37

베버, 막스(Weber, Max) 26, 49, 55, 80, 203, 204, 205

베이커, 어네스트(Baker, Earnest) 33, 311

벤, 아프라(Aphra Behn) 25, 35, 40, 233, 249, 254, 257, 262, 299, 316

벤더, 존(Bender, John) 97, 100

벤야민, 발터(Benjamin, Water) 52, 111, 139, 197, 326

보즐라, 끌로드 파브르 드(Claude Favre de Vaugelas) 247, 277

보카치오 161

볼테르 186

브라운, 로라(Brown, Laura) 40

브라운, 비비엔느(Brown, Vivienne) 302

브라운, 호머(Brown, Homer) 16, 20, 32, 33, 69, 109, 299, 306, 322

브렌크만, 존(Brenkman, John) 199

브룩스, 클린(Brooks, Clean) 319

블로흐, 마르크(Bloch, Marc) 280

블로흐, 막스(Bloch, Max) 52

비어, 길리언(Beer, Gillian) 163, 164

비트겐슈타인, 루드비히(Wittgenstein, Ludwig Josef Johann) 102, 103

사르티에, 로제(Chartier, Rosé) 66

사이드, 에드워드(Said, Edward) 118, 306

샤포느, 헤스터 멀소(Chapone, Hester Mulso) 239, 240

세인츠베리, 조지(Saintsbury, George) 33

셰익스피어 88, 148, 201, 255, 275

소크라테스 35, 116, 139, 269, 283

슐츠, 다이어터(Schulz, Dieter) 236

스뀌데리, 드 마들렌느 245

스몰릿, 토비아스 조지(Smollett, Tobias George) 228, 230

스미스, 샤롯데(Smith, Charlotte) 240

스미스, 아담(Smith, Adam) 301

스위프트, 조나단(Swift, Jonathan) 100, 251

스콧, 월터(Scott, Water) 32, 35, 101, 106, 238, 240

스키너, B. F.(Skinner, B. F.) 28, 54, 61, 62, 63, 64, 65, 66

스턴, 로렌스(Sterne, Lorence) 83, 84, 228, 230, 315

스테이브즈, 수잔(Staves, Susan) 37

스트롭, 크리스티나(Straub Kristina) 40

스틸, 리차드(Steele, Richard) 66, 148, 152, 196, 259, 260

스팩스, 패트리셔 마이어(Meyer Spacks, Patricia) 37

스펜서, 제인(Jane Spencer) 37, 239, 246, 261, 264, 271, 272

시델, 마이클(Siedel, Michael) 135, 195, 196,

200
시스킨, 클리포드(Siskin, Clifford) 312, 313, 315

아도르노, 데오도르(Adorno, Theodore) 49, 52
아리스토텔레스 95, 156, 178
아뿔레이우스 118, 161
아우구스티누스 118
아우빈, 페넬로프(Aubin, Penelope) 25, 99, 238
아우얼바하, 에릭(Auerbach, Eric) 49, 176, 319
아이젠슈타인 엘리자베스(Eisenstein, Elizabeth) 326
암스트롱, 낸시(Armstrong, Nancy) 40, 184, 185, 265, 266, 321, 300, 321, 323, 329, 330, 331
애디슨, 조셉(Addison, Joseph) 48, 66, 148, 152, 196, 259, 260
앤더슨, 그래햄(Anderson, Graham) 122
앤더슨, 베네딕트(Anderson, Benedict) 300, 303, 318, 324, 325, 326, 327, 328, 330, 331
앨런, 월터(Allen, Walter) 33
에스텔, 메리(Astell, Mary) 37
에우리피데스 121
에지워스, 마리아(Edgeworth, Maria) 37, 241
에지워스, 로버트(Robert L. Edgeworth) 241

엘리아스, 노베르트((Ellias, Nobert) 56, 183, 257
엡스테인, 줄리아(Epstein, Julia) 40
여건종 16, 151, 152, 153
옐름, 마릴린 249
오디세우스 114, 196, 245
오스틴, 제인(Austin, Jane) 23, 83, 84, 102, 231, 277
오쏘브스키, 스타니슬라우(Stanislaw Ossowski) 173
옹, 월터 J.(Ong, Walter J.) 147, 247, 248, 277
와트, 이안(Watt, Ian) 15, 54, 69, 72, 76, 134, 135, 136, 137, 146, 149, 150, 168, 172, 173, 174, 177, 179, 181, 192, 207, 214, 215, 218, 219, 221, 230, 231, 257, 274, 281, 285
우트리오, 카리 242
울스톤크래프트, 메리(Mary Woolstoncraft) 244
울프, 버지니아(Woolf, Virginia) 23, 199, 241
월폴, 호레이스(Walpole, Horace) 80, 107
웰렉, 르네(Wellek, René) 23, 83, 175, 176, 199
웰즈, H. G.(Wells, H. G.) 33
위에, 삐에르 다니엘(Huet, Pierre-Daniel) 117, 118, 223
윌리엄, 워너(Warner, William) 18, 33, 67, 101, 146, 186, 304, 305, 309, 316
윌리엄즈, 레이몬드(Williams, Raymond) 46
윌리엄즈, 메린(Williams Merryn) 244
이글턴, 테리(Eagleton, Terry) 16, 32, 148, 201

ㅈ

조이스, 제임스(Joyce, James)　23, 170, 197
제임스, 헨리(James, Henry)　32, 33
존슨, 사무엘(Johnson, Sammuel)　87, 90, 313

ㅊ

체이스, 리차드(Chase, Richard)　319, 320
초오서　88, 135, 275

ㅋ

카터, 엘리자베스(Carter, Elizabeth)　240, 239
카테리나　249
캐슬, 테리(Castle, Terry)　40
컨스탠, 데이비드(Konstan, David)　36, 119, 120, 129
케틀, 아놀드(Kettle, Arnold)　33, 311
코크번, 캐더린 트로터(Cockburn, Catharine Trotter)　239, 240, 261
콩그리브(Congreve)　90, 91
크래독, 패트리셔(Craddock, Patricia)　37
크레시, 데이비드(Cressy, David)　222
크리스테바, 줄리아(Kristeva, Julia)　140, 141

ㅌ

텐넨하우스, 레오나드(Tennenhouse, Leonard)　266, 300, 321, 323, 329, 330, 331

터너, 그랜덤 제임스(Grantham Turner, James)　227
터너, J. H.(Turner, J. H.)　56, 58
토드, 자넷(Janet, Todd)　37, 234
트렌크너, 소피(Trenkner, Sophie)　122

ㅍ

파슨즈, 탈코트(Parsons, Talcott)　26, 28, 47, 49, 53, 54, 55, 56, 57, 60, 203
퍼킨스, 데이비드(Perkins, David)　17, 27, 68, 70, 75, 84, 102
페넬로페　114, 195
페리, 루스(Ruth Perry)　37
페리, 벤 에드윈(Perry, Ben Edwin)　113, 121
페브르, 루시앙(Fevere, Lucien)와 마틴, 헨리 (Martin, Henri)　303
펠프스, 윌리엄 라이온(Phelps, William Lyon)　33
포우프, 알렉산더(Pope, Alexander)　235, 307
폴락, 엘렌(Pollak, Ellen)　40
폴켄플릭, 로버트(Folkenflik, Robert)　41
푸코, 미셸(Foucault, Michel)　40, 42, 155, 184
프라이 노스롭(Frye, Northrop)　122, 125, 126, 319
플라톤　116, 121
픽스, 매리(Pix, Mary)　261
필딩, 헨리(Fielding, Henry)　16, 37, 71, 76, 78, 84, 105, 151, 166, 167, 210, 211, 270, 271, 314, 315

ㅎ

하린, 윌리엄(Harlin, William) 161

하우저, 아르놀트(Houser, Arnold) 29, 36, 111, 112, 113, 114, 212, 226, 317

하이저만, 아더(Heiserman, Arthur) 35, 107, 116

헌터, 폴(Hunter, Paul) 24, 34, 70, 72, 73, 80, 89, 93, 95, 312, 314

헤이우드, 일라이자(Heywood, Illiza) 25, 40, 233, 236, 237, 239, 246, 251, 254, 262, 263, 299

헤겔 22, 47, 49, 65, 153

헬드, 데이비드(Held, David) 303, 327

헬리오도로스 161

호머 34, 101, 134, 137, 177, 197, 245

흄, 데이비드(Hume, David) 148

지은이 **김봉률**
서울대 사회교육과 졸업, 부산대 영문학 박사
번역 및 편역서는 클로드 메이야수의 『자본주의와 가족공동체: 여성,곡창,자본』(까치, 1989), 『세계의 여성운동』1, 2권(동녘, 1988)이 있고
소설발생과 관련된 논문은 「중산층의 등장과 소설의 발생: 이안 와트의 소설발생론 비판」(『영미어문학』, 2004), 「장르 정치학 – 『소설의 발생』과 영어권 쇼비니즘」(『영어영문학』, 2005)이 있고
장르 발생과 변천에 관한 논문은 「장르비평에서 본 고대 그리스 서사시에 나타난 남성중심성」(『영미문학페미니즘』, 2004), 「고대그리스 계통발생과정에서 본 라깡의 주체형성과정: 장르발생과정을 중심으로」(『영어 영문학 연구』, 2005), 「사랑의 상처와 사유의 발생: 아르킬로코스와 사포의 서정시를 중심으로」(공저, 『고전 르네상스 영문학』, 2005), 「장르변천에 따른 고대 그리스 신화와 성의 정치학」(공저, 『영미어문학』, 2006)이 있다.

이안 와트의 소설발생론과 장르 정치학

초판 1쇄 발행일 2007. 3. 25

지은이	김봉률
펴낸곳	도서출판 동인
펴낸이	이성모
주 소	서울시 종로구 명륜동 아남주상복합빌딩 118호
전 화	(02)765-7145, 55
팩 스	(02)765-7165
HomePage	www.donginbook.co.kr
E-mail	dongin60@chol.com
등록번호	제 1-1599호
ISBN	978-89-5506-322-6
정 가	18,000원

※ 잘못 만들어진 책은 바꾸어 드립니다.